Colophonius Nicander :

Nikandrou Theriaka kai Alexipharmaka Nicandri Theriaca et Alexipharmaca

Colophonius Nicander :

Nikandrou Theriaka kai Alexipharmaka Nicandri Theriaca et Alexipharmaca

ISBN/EAN: 9783337223847

Hergestellt in Europa, USA, Kanada, Australien, Japan

Cover: Foto ©Andreas Hilbeck / pixelio.de

Weitere Bücher finden Sie auf **www.hansebooks.com**

ΝΙΚΑΝΔΡΟΥ
ΘΗΡΙΑΚΑ
ΚΑΙ ΑΛΕΞΙΦΑΡΜΑΚΑ

NICANDRI
THERIACA ET ALEXIPHARMACA.

IOANNES GORRHAEVS
LATINIS VERSIBVS REDDIDIT
ITALICIS VERO
QVI NVNC PRIMVM IN LVCEM PRODEVNT

ANT. MAR. SALVINIVS.

ACCEDVNT

Variantes Codicum Lectiones , Selectae Adnotationes ,

ET GRAECA EVTECNI SOPHISTAE METAPHRASIS
Ex Codicibus Mediceae , & Vindobon. Bibliothecae
Defcripta Ac Nondum Edita

CVRANTE

ANG. MAR. BANDINIO I. V. D.
S. C. M. REGIO MEDICEAE BIBLIOTHECAE
ET PVB. MARVCELLIANAE PRAEFECTO.

———————

FLORENTIAE EX OFFICINA MOÜCKIANA.

cIɔ. Iɔ. cc. LXIIIL

ALL' ILLVSTRISSIMO SIGNORE

IL SIG. FRANCESCO

MARVCELLI

PATRIZIO FIORENTINO.

E' Molto tempo, ILLVSTRISSIMO SIGNORE, che io andava meco penſando di rendervi qualche pubblica teſtimonianza, ed un eterno ſegnale

di quella fincera eftimazione, che del
nobiliffimo animo Voftro mi anno fatto concepire le rare virtudi, ed eccel-
fe prerogative, che in Voi mirabilmen-
te rifplendono. Quindi è che avendo
io di verfioni, e di fcelte notizie ar-
ricchiti i due Poemi del Greco Poeta
NICANDRO, mi è fembrata quefta un'
occafione molto propizia per foddisfare
in parte all' ardente mio defiderio, di
fargli comparire alla pubblica luce fotto i Voftri favorevoli aufpici.

Poichè effendo Voi naturalmente
propenfo con una fagacità di mente mirabile alla cognizione non folo de' più
gravi, e riguardevoli ftudi, ma della
buona ed utile poefia; e nutrendo al-
tresì un amore infaziabile verfo quelle
arti, che più neceffarie fembrano alla
umana confervazione, fpero che gode-
re-

fete non poco, perchè io abbia refo
palefe il valore di quefto celebre antico Poeta, che à con indicibile utili-
tà, e leggiadria trattata la materia de'
Veleni, a' quali pur troppo l' umana
vita foggiace; col mentovare infieme
gli antidoti loro. Aggiungafi a tutto
ciò l' effere ftata da me trafcritta la
tofcana verfione del celebratiffimo Antonio Maria Salvini da' fuoi medefimi
originali manofcritti, i quali efiftono
nella Voftra pubblica Biblioteca; che
ad onta del tempo divoratore, man-
terrà fempre viva la memoria del fuo
celebre fondatore Abate Francefco; An-
tenato di Vs. ILLVSTRISSIMA, e di
tanti altri valentuomini, che fino da'
più remoti tempi à prodotti la nobilif-
fima Voftra Famiglia nella Repubblica
Sacra, e Civile.

Ac-

LETTERA

Accettate adunque, ILLVSTRISSI-
MO SIGNORE, il prefente dono con quella ferena fronte, con cui vi degnate
di ricevere l' autore, e di feco trat-
tenervi nel magnifico Voftro Palazzo,
ove le opere de' più rari Dipintori,
una fcelta Voftra privata Biblioteca,
e molte medaglie, e monete da Voi
con molto ftudio raccolte fi ammira-
no ; mentre intanto augurandovi dal
Cielo una lunga, e profpera vita per
follievo delle lettere, e delle arti, col
più profondo rifpetto mi fofcrivo

Di VS. Illuftrifs.

Firenze 15. Maggio 1764.

Vmilifs. Obbl. Servidore
ANGELO MARIA BANDINI .

AL DISCRETO LETTORE

Angelo Maria Bandini.

*T*I promifi, amico Lettore, nella Prefazione al
Callimaco da me pubblicato nell' anno de-
corfo di darti in appreffo una bella ferie di Poeti
Claffici Greci, da me di verfioni, di note, e di
varie lezioni adornati. Eccoti adunque in queft'
anno i due leggiadri Poemetti di NICANDRO fopra i Veleni, e i Contravveleni, da me con molta diligenza corretti, ed illuftrati. Attefa la
rarità de' medefimi, cadde in mente al celebre Giovanni Pottero, come fi ricava dalla Prefazione da effo premeffa alla Aleffandra di Li-
cofrone, impreffa in Oxford nell' anno 1702. in fogl.
di procurarne una nuova corretta edizione. Ma
non avendo egli potuto trovare di Nicandro alcun
Codice manofcritto, ne depofe il penfiero, e tutto alli ftudi Ecclefiaftici fi dedicò, a me lafcian-
do la gloria di darlo nuovamente alle ftampe.
   L' autore della elegantiffima traduzione in
verfi Latini, e delle note, che in piè di ciafche-
dun Poemetto fi leggono, è l' infigne Medico
Parigino Giovanni Gorreo, il quale nell' anno 1557.
pubblicò in quarto a Parigi colle belliffime ftampe
del Morello la corretta rariffima edizione di quefto illuftre Poeta; che io potei acquiftare dall' ere-
dità del fu Dottore Antonio Cocchi di fempre glo-
riofa memoria. Quella poi in verfi Tofcani è ftata

ta da me accuratamente trafcritta dall' originale
del gran Salvini, afficurandoti non effere piccolo
il tedio, e la fatica nel rintracciare il giufto fenfo
delle di lui traduzioni, e per la difficultà del carattere, e perchè non cominciava i verfi da capo, e perchè molte volte vi framifchiava ciò che
di mano in mano gli cadeva nella fantafia. Le
varie lezioni che occorrono in piè di pagina fono
ftate da me eftratte da due ottimi manofcritti,
uno de' quali di cattivo carattere diftinto colla
lettera M. cartaceo in quarto fi conferva nella Li-
breria Laurenziana Pluteo XXXII. Cod. XVI. L' altro pure in carta notato colla lettera R. efifte nella
Biblioteca Riccardiana K. II. in quarto n. XVIII.
e fu prima poffeduto da Giano Lafcari, indi da
Vgolino Martelli Vefcovo di Glandeva. In quefto
fecondo Codice, oltre al tefto di Nicandro, fi legge il Greco Scoliafte già pubblicato nella mentova-
ta edizione del Gorreo, e che io averei quivi in-
ferito, fe non mi foffi rifoluto di darti in quel
cambio la Metafrafi Greca inedita di Eutecnio So-
fifta, della quale ti parlerò a fuo luogo.

 Godi intanto, amico Lettore, delle noftre
nuove fatiche, e fappi, che tengo già in ordine
per la ftampa, di Arato Solefe i Fenomeni, ovvero le Apparenze, il leggiadro poemetto di Mu-
feo fopra gli amori di Ero, e di Leandro, di
Coluto Tebano il Rapimento di Elena, di Trifio-
doro Egizio la Prefa di Troia, di Teognide Me-
garefe le Sentenze Elegiache con i Verfi d'Oro di
Pittagora, ed il Poema Ammonitorio di Focili-
de; e vivi felice.

DE NICANDRO
ET ILLIVS AETATE.

*Eius Theriaca, & in haec scholia Graeca quae exstant,
tum Scholiastae varii deperditi. Alexipharmaca,
& duplicia scholia edita, Eutecniique inedita
Paraphrasis. Epigramma Nicandri in Othryadem.
Scripta deperdita Nicandri. Variae editiones,
& interpretationes.*

I.

NICANDER Damnaei, ut ipse auctor est, Xeno-
phanis vero, ut Suidas habet filius, Gram-
maticus, Medicus, & Poëta inclytus fuit. Patria
passim a veteribus dicitur Colophonius, etiam in
veteri Epigrammate lib. I. Anthologiae c. 39. in
Medicos p. 85. quo Colophon, quae est Ioniae Civitas, celebratur eo potissimum nomine, quod duo in-
signia lumina protulerit, Homerum, & Nicandrum.
Equidem scriptor Graecus vitae Nicandri testatur
Dionysium Phaselitem in libro de Poësi Antimachi,
cuius imitator & ζηλωτὴς Nicander fuit, tradidisse,
quod Aetolus genere fuerit. At idem Dionysius
in libro de Poëtis retulit, Nicandrum a maioribus
suis hereditate accepisse Sacerdotium Apollinis Cla-

A   rii,

rii, qui lucum, & fanum habuit, non procul Co-
lophone. Oppidum quoque fuiffe Clarum, quod
video eruditiſſimum Cellarium addubitare T. II.
Notitiae orbis antiqui p. 77. docere videtur Nicander in extremo Theriacon, ita de ſe loquens :

... τὸν ἔϑρεψε Κλάρου νιφόεσσα πολίχνη.

Ceterum in Aetolia quoque verſatum, vitae
auctor ait patuiſſe ex eius de Aetolia commenta-
riis, quibus non modo res Aetolorum, ſed quoque
ſitum regionis, plantaſque, quas illa profert, di-
ligentiſſime deſcripſerat. Floruit temporibus Attali
Pergami Regis, qui ſceptrum tenuit ab Olymp.
CLV $\frac{2}{1}$ ad CLX $\frac{1}{4}$. Huic librum inſcripſit, unum
ex iis, qui perierunt, adloquutuſque Regem eſt
his verſibus ;

Τευϑρανίδης, ὃς κλῆρον ἀεὶ πατρώϊον ἔσχεις
Κέκλυϑι· μηδ' ἄμνηστον ἀπ' ἄκτος ὕμνον ἐρύξῃς
Ἄτταλ', ἐπεὶ σέο ῥίζαν ἐπέκλυον Ἡρακλῆος
Εἰσέτι Λυσιακῆς τε περίφρονος, ἰὼ Πελοπηΐς
Ἱπποδάμεια φύτευσεν, ὅτ' Ἄπιδος ἤρχατο τιμίω.

Facile ex hoc temporum diſcrimine Scriptor
Graecus (1) Vitae Arati ſub Ptolemaeo Lago ac
Philadelpho clari Poëtae refellit fabulam, quam
.non-

(1) In Vranologio Petavii pag. 149. edit. Amſt.

nonnulli pridem temere tradiderunt , quaſi aequa-
les ambo vixiſſent Aratus , & Nicander apud An-
tigonum Macedoniae Regem , & hic, Arato, qui
Medicus fuerit , praecepiſſet, ut Phaenomena cae-
leſtia ſcriberet , Nicandro contra Aſtrologo , &
rei Medicae imperito , iniunxiſſet ſcribenda Theriaca , & Alexipharmaca . Tam parum credibilis
eſt haec fabula , totaque commentitia , ut ne Gy-
raldo quidem velim adſentiri , qui ex ea, Nicandrum quemdam a Poëta noſtro diverſum , Arati aequalem Aſtrologum colligit. Neque ſcriptori Graeco vitae Theocriti per Aldum edito credo, aequa-
les fuiſſe ſub Ptolemaeo Philadelpho Aratum , Cal-
limachum , Nicandrum . Hoc ſaltem eſt certiſſi-
mum , diu poſteriorem Arato Nicandrum noſtrum
fuiſſe , & in Georgicis quidem , ut docet Cicero ,
non autem in ceteris ſuis monumentis res a ſcien-
tia ſua , & ſtudio alienas litteris tradidiſſe . Effigies
Nicandri , qui Medicis a Plinio plus ſimplici vice
accenſetur , inter Medicos occurrit altera manu te-
nens librum , altera ſerpenti adrepenti medicamen
obvertens, in vetuſtiſſimo Codice MS. Dioſcoridis
Bibliothecae Auguſtiſſimi Imperatoris , ex quo dedit
illam Lambecius T. II. Comment. p. 596. & e
Lambecio Neſſelius Par. III. p. 7. & Gronovius in
Theſauro Antiquitatum Graecar. T. III. litt. hh.

II. Ex ſcriptis Nicandri duo tantum haec Poëmata heroica ſuperſunt, quamquam Poëmata ne-
gat eſſe Plutarchus (1), quia licet verſibus ſcripta
ſint, nihil tamen fingunt more Poëtarum. Vnum
eſt ΘHPIAKA (2), ſive *de beſtiis venenatis & adverſus illas remediis*, ad Hermeſianaĉtem amicum
ſuum. Hoc ſine ratione Nicandro abiudicare au-
ſus fuit Scholiaſtes ineditus Dionyſii Thracis, in
loco, quem deſcripſit Fabricius Bibl. Graec. lib. 1I.
c. 8. §. 11. Tribuunt enim Theriaca Nicandro,
praeter veterum codicum fidem, ſcriptores antiqui,
Strabo lib. XVII. p. 641. Galenus de Theriaca ad
Piſonem T. 1I. p. 461. ubi verſum 150. cum ſeq.
adducit; Athenaeus, Plutarchus, Apuleius in A-
pologia, Artemidorus 1I. 13. Epiphanius, aliique
quamplurimi. Metaphraſin Θηριχχῶν Nicandri iam-
bis Graecis MCCCLXX. ſcripſerat Marianus quidam
ſub Anaſtaſio Imp. teſte Suida. Hodie *Graeca Scholia*
in iſtud Nicandri carmen exſtant incerto auĉtore,
antiqua tamen, & doĉta, quae forte legit auĉtor
Ety-

(1) Plutarch. de audiendis Poëtis p. 16. ἀκ ἴσμεν δὲ ἄμυθον
ἀδὲ ἀψευδῆ ποίησιν. Τὰ δ' Ἐμπεδοκλέας ἴπη κὴ Παρ-
μενίδε κὴ Θηριακὰ Νικάνδρε κὴ γνωμολογίαι Θεογνιδὃ-
λόγοι εἰσί, κιχρημέναι παρὰ ποιητικῆς ὥσπερ ὄχημα
τὸν ὄγκον κὴ τὸ μέτρον, ἵνα τὸ πεζὸν διαφύγωσιν.

(2) Galenus IV. Epidem. T. V. p. 515. edit. Baſil. καλᾶται
δὲ Ἀλιξιφάρμακα μὲν ὅσα τοῖς δηλητηρίοις ἀντίςχται.
Θηριακὰ δὲ, ὅσα τὰς τῶν θηρίων ἰάτας δεξιις.

Etymologici Magni in ἀτίζων , quum ait : οὕτως εὗρον ἐν ὑπομνήματι Νικάνδρου ἐν Θηριακοῖς . Multi autem Nicandrum olim , & hoc potiſſimum Poëma , interpretati ſunt Grammatici . Stephanus Byzantinus in κορώπη , quum verba e Nicandri Theriacis v. 613. protuliſſet , ſubiungit : οἱ δὲ ὑπομνηματίσαντες αὐτὸν Θέων καὶ Πλούταρχος καὶ Δημήτριος ὁ Φαληρεύς φασι , &c. Plutarchum intelligit Chaeroneum , inter cuius ſcripta Lamprias memorat εἰς τὰ Νικάνδρου Θηριακά . Sed Demetrius utique iunior aliquis intelligendus , quia celebris ille Demetrius Phalereus , Nicandro , ut notum eſt , antiquior fuit , unde vocabulum *Phalerei* ab aliena manu in Stephani codices inrepſiſſe ſuſpicabatur Ionſius p. 210. Demetrium vero Medicum , Galeni aequalem , & M. Aurelii Imp. Archiatrum reſpici exiſtimaverim , cuius · meminit ille c. 12. de Theriaca ad Piſonem , & lib. 1. de Antidotis c. 1. vel Demetrium Chlorum , qui in Scholiis Graecis ⸜ ſubinde adlegatur . Porro iam animadverſum eſt a doctiſsimo Holſtenio , ea , quae ex Grammaticis illis Stephanus dicto loco profert , in Scholiis , quae habemus non reperiri . Pamphili Grammatici Ariſtarchei εἰς τὰ Νικάνδρου ἀνεξήγητα Suidas memorat in πάμφ . *Diphilum* Laodicenſem ἐν τοῖς περὶ τῶν Νικάνδρου Θηριακῶν adlegat Scholiaſtes Theocriti

Idyll. x. Athenaeus VII. pag. 314. Iſaacium Tzet-
zen Nicandri interpretem Ambroſius Calepinus
in dictionario , ubi agit de locuſtis ; quod Ge-
ſnero mirum merito viſum . Eutecnii (alii Eu-
technium , vel Euthenium male ſcribunt) Sophi-
ſtae Paraphraſis inedita Theriacorum , & Alexi-
pharmacorum Nicandri latet in Bibliotheca Imperatoris , teſte Lambecio lib. 1I. Commentar. p.
566. & 594. Latet etiam in Bibliothecis Galliae ,
ut notat Labbeus in Bibl. nov. MS. p. 123. &
386. At icones inſectorum venenatorum , quae deſcribit Nicander ex codice Bibl. Caeſareae cum in-
terpretatione exhibuit Lambecius lib. VI. pag. 294.
ſeq. & poſt Lambecium Neſſelius in Catalogo MSS.
Bibl. Caeſareae parte 1II. poſt paginam octavam .

III. Alterum Poëma heroicum Nicandri , quod
habemus , inſcribitur ΑΛΕΞΙΦΑΡΜΑΚΑ , *de reme-*
diis adverſus venena , non ictu vel morſu beſtiae
inflicta ; de illis enim Theriaca agunt , ſed per
cibum, vel potum hauſta , ad Protagoram Cyzicenum . In haec praeter Eutecnii paraphraſin inedi-
tam , de qua iam dixi , *duplicia ſcholia Graeca*
exſtant ſaepius vulgata , breviora altera , altera
prolixiora , incertis auctoribus: quamquam Mi-
chaël Nicander, ubi ſcriptores in Gnomologia Sto-
baeana adlegatos recenſet p. 11. laudat Athenaeum ,

                                                    Scho-

Scholiorum Graecorum in Alexipharmaca Nicandri auctorem .

Epigramma in Othryadem fub Nicandri nomine , incertum an noftri , occurrit in Anthologia lib. III. c. 5. p. 299. Legitur & alius verficulus Nicandri in eadem Anthologia lib. I. p. 125. fed quem petitum ex Theriacis v. 767. iam obfervavit Io. Brodaeus .

IV. *Scripta Nicandri deperdita.*

Αἰτωλικά . Etymol. M. in ἀτέληνα . Tzetzes ad Lycophronem: fcriptor Graecus vitae Nicandri , tum Nicandri , & Apollonii Scholiaftes , qui tertium librum adlegat. Tertium etiam librum Athenaeus VII. p. 296. Primum ibidem , & XI. p. 377. & Harpocratio in θύσιον , & Macrobius v. 20.

Ex Nicandri Βοιωτιακῷ binos verfus hexametros profert Athenaeus VII. p. 329.

Γεωργικά . Suid. Laudat & Euftathius ,& Schol. Ariftophanis & faepe Athenaeus. Cicero autem I. de Oratore : *De rebus rufticis* , inquit , *Nicander homo ab agro remotiffimus poëtica quadam faculta- te , non ruftica , fcripfit praeclare .*

Γλῶσσαι . Euftathius , Scholiaftes Ariftophanis, Athenaeus VII. p. 288. Νίκανδρος ὁ ἐποποιὸς ἐν τρίτῳ γλωσσῶν .

A 4   E'τι-

Ἑτεροιουμένων (ita legendum, non ἐταιροιου-
μένων viderunt viri docti Rutgerſius ιI. 18. Var.
Lect. Ionſius p. 183. Harduinus ad Plin. T. 1. p. 122.
Voſſius ιv. 14. de Hiſt. Gr.) libri v. Suid. Primum
Stephanus Byzantinus in ἀππαλάθεια . Quartum
adlegat Antoninus Liberalis c. 12. & Athenaeus vii.
p. 305. Reſpicit hoc opus Antoninus Liberalis cap.
35. & Tzetzes ad Lycophronem. Laudat & Schol.
Apollonii ad lib. 1. v. 47. Athenaeus ιιI. p. 82.

Εὐρωπείας , ſive περὶ Εὐρώπης librum ιI. adlegat Schol. Apollonii ιv. 7. Confer Rutgerſium
ιI. 18. Var. Lect. Voſſium p. 474. de Hiſt. Graecis.
Librum v. laudat Stephanus in ἄθως .

Ἡμίαμβοι . Schol. Nicandri .

Θηβαϊκῶν librum ιιI. laudat Schol. Nicandri . Reſpicit Plutarchus de Herodoti malignitate .

Θρακικὰ Nicandrum ſcripſiſſe ſuſpicatur Ionſius ex loco Scholiaſtis Apollonii lib. 1. v. 29.
ſed non eſt neceſſe , quum Thraciae urbis Zonae
in alio meminiſſe opere Nicander potuerit.

Ἰατέων συναγωγή . Suid. Neſcio unde hauſe-
rit doctiſſimus Bartholinus quod p. 100. de Medicis Poëtis adfirmat , hoc Nicandri opus ſcriptum
fuiſſe verſibus ſenariis .

Κολοφωνιακῶν librum ιιI. Athenaeus vii. p.
296. XIII. p.569. librum vi. Harpocratio in πάνδημος .

Με-

Μελισσουργικά. Athenaeus II. p. 68.

Νύμφαι. Schol. Nicandri.

Οἰταϊκῶν librum 1. Schol. Apollonii 1. 50. librum II. Athenaeus VII. p. 282. & IX. p. 411.

Nicandrum ἐν Ὀφιακῷ laudat Schol. Nicandri. Suidas in πάμφιλος ait Grammaticum hunc fcripfiffe εἰς τὰ Νικάνδρου ἀνεξήγητα, καὶ τὰ καλούμενα Ὀτικά. Quo in loco Ὀφιονικὰ legit Lambec. II. de Bibl. Vindob. p. 541. fufpicatus Nicandrum fuiffe auctorem illorum Ὀφιονικῶν, quae fub commentitii *Conchlacis* nomine edita memorat, & explodit Galenus lib. VI. de fimplic. Medic. T.II.p.68.feq.

Nicander ἐν ἕκτῳ περιπετειῶν. Athen. XIII. p. 906. Ionfius p. 153. legit περὶ πετεινῶν.

Περὶ ποιητῶν. Parthenius Erotic. c. 4. περὶ τῶν ἐν Κολοφῶνι ποιητῶν Schol. Nicandri. In hoc libro Nicander Homerum Colophoniis adferuit, ut ex vita Homeri, & illa, quam Plutarcho tribuunt, & illa, quam Allatius edidit, obfervat Ionfius.

Προγνωστικῶν Hippocratis Metaphrafis carmine heroico. Suid.

Σικελία. Schol. Nicandri. Librum x. Steph. in ζάγκλη.

Ὑάκινθος. Schol. Nicandri.

Ὕπνος. Schol. Nicandri.

Περὶ χρηστηρίων πάντων libros III. Suid. Male Lonicerus, libros v.   V. Ni·

V. Nicandri editiones Graecae.

Prodierunt Theriaca , & Alexipharmaca Ve-
netiis primum ex Aldi officina A. 1499. fol. una
cum Scholiis Graecis margini ſtatim adſcriptis
ad calcem Dioſcoridis .

Deinde recuſa ſunt ab eodem Aldo ibidem ,
cum Graecis Scholiis , & ἐξηγήσει ςαθμῶν , μέ-
τρων , σημείων καὶ χαρακτήρων A. 1523. 4. & a
Io. Sotere , & Coloniae A. 1530. 4.

Denique ſine Scholiis , ſed perquam nitide
& emendate inter Poëtas Principes H. Stephani
Pariſ. 1566. fol.

\ *Latinae , & Graeco-Latinae .*

Latina proſa , & Nicandrum , & Scholiorum
ſelecta ʼtranſtulit Ioannes Lonicerus , cuius ver-
ſio vidit lucem Coloniae 1531. 4.

Carmine Latino Alexipharmaca pariter &
Theriaca non infeliciter (etſi paullo licentius quandoque) reddidit Euricius Cordus Medicus Mar-
purgenſis ac Poëta , inter cuius Poëmata ab Hen-
rico Meibomio collecta legitur Helmſtad. 1614. 8.
Prodierat antea ſeparatim Francof. 1532. 8.

Ioannes quoque Gorrhaeus Medicus Pariſien-
ſis metaphraſi poëtica eleganti donavit Nicandrum,

cum

cum qua editus eft Graece & Latine Parif. 1557. 4.
apud Morellum , additis etiam Graecis Scholiis
antiquis , & Gorrhaei notis . Alexipharmaca cum
eiufdem Gorrhaei verfione & notis prodierant A.
1549. 8. Exftat praeterea Nicander Graece &
Latine cum Loniceri verfione in corpore Poëtarum
Graecorum , quod a Iacobo Lectio editum eft ,
Genevae 1606. fol.

Ottonem Brunsfelfium in Iatrii fui Medica-
minum lib. iv. veluti Epitomen retuliffe totius
Nicandri , notavit Gefnerus in Bibliotheca .

Gallicae .

Verfibus Gallicis Nicandrum complexus eft
Iacobus Grevinus (1), quem nec Latino, utut niti-
do interpreti Gorrhaeo , nec Graecis ipfis cedere
elegantia fcripfit Thuanus ad A. 1570. Prodiit Gre-
vini interpretatio una cum duobus eius libris de
venenis , & antidotis Antwerpiae apud Chriftoph.
Plantinum . A. 1567. 4.

Italicae .

Ant. Mar. Salvinius , aeterni nominis vir ,
Nicandrum Italicis verfibus reddidit , quos ex au.
tographo diligentiffime defcriptos noftrae huic edi-
tioni fubiicimus .

ΓE-

(1) Vide de hoc Grevino & eius fcriptis Verderii Bibl. Gal-
licam p. 604. feq.

ΓΕΝΟΣ
ΝΙΚΑΝΔΡΟΥ.

ΝΙΚΑΝΔΡΟΝ τὸν ποιητὴν, Διονύσιος ὁ Φα-
σιλήτης, ἐν τῷ περὶ τῆς Ἀντιμάχου ποιή-
σεως, Αἰτωλὸν εἶναί φησι τὸ γένος· ἐν δὲ τῷ περὶ
ποιητῶν, ἱερέα φησὶν αὐτὸν τοῦ Κλαρίου Ἀπόλλωνος, ἐκ προγόνων τὴν ἱερωτύνην δεξάμενον. καὶ
αὐτὸς δὲ ὑπὲρ αὐτοῦ ἐν τῷ τέλει τῆς βίβλου φησὶ,

...τὸν ἔθρεψε Κλάρου νιφόεσσα πολίχνη.

Κλάρος δὲ τόπος ἐστὶν Ἀπόλλωνος ἱερός· υἱὸν δέ φησιν
αὐτὸν Δαμναίου, οὕτω λέγων,

Αἰνέσσεις υἷα πολυμνήστοιο Δαμναίου.

χρό-

χρόνῳ δὲ ἐγένετο κατὰ τὸν Ἄτταλὸν , τελευταῖον ἄρξαντα Περγάμου , ὃς κατελύθη ὑπὸ Ῥωμαίων , ᾧ προσφωνεῖ λέγων οὕτως ,

Τευθρανίδης , ὃς κλῆρον ἀεὶ πατρώϊον ἴσχεις ,
Κέκλυθι· μηδ᾽ ἄμπηστον ἀπ᾽ οὔατος ὕμνον ἐρύξῃς
Ἄτταλ᾽· ἐπεὶ σέο ῥίζαν ἐπέκλυον Ἡρακλῆος
Εἰσέτι Λυσιακῆς τε περίφρονος , ἣν Πελοπηῖς
Ἱπποδάμεια φύτευσεν , ὅτ᾽ Ἄπιδος ἤρατο τιμήν.

διέτριψε δὲ ἐν Αἰτωλίᾳ τοὺς πλείονας χρόνους , ὡς φανερὸν ἐκ τῶν περὶ Αἰτωλίας συγγραμμάτων , καὶ τῆς ἄλλης ποιήτεως , ποταμῶν τε τῶν περὶ Αἰτωλίαν καὶ τόπων ἐκεῖσέ τε καὶ ἄλλων διαφόρων διηγήσεως , ἔτι δὲ καὶ φυτῶν ἰδιότητος .

ΕΚ ΤΩΝ ΣΟΤΙΔΑ.

Νίκανδρος , Ξενοφάνους , Κολοφώνιος , κατὰ δέ τινας Αἰτωλός · ἅμα γραμματικός τε καὶ ποιητὴς , καὶ ἰατρὸς , γεγονὼς κατὰ τὸν νέον Ἄτταλὸν , ἤγουν τὸν τελευταῖον , τὸν Γαλατονίκην , ὃν Ῥωμαῖοι κατέλυσαν. Ἔγραψε Θηριακὰ , Ἀλεξιφάρμακα , Γεωργικὰ , Ἑταιρειου-
μί-

μένων βιβλία πέντε , Γάτεων συναγωγὴν , Προγνωστι-
χὰ δι᾽ ἐπῶν· μεταπέφρασαι δὲ ἐκ τῶν Ἱπποκράτους
προγνωστικῶν. Περὶ χρηστηρίων πάντων βιβλία τρία ,
καὶ ἄλλα πλεῖστα ἐπικῶς .

ΕΙΣ ΝΙΚΑΝΔΡΟΝ.

Καὶ Κολοφὼν ἀρίδηλος ἐνὶ πτολίεσσι τέτυκται ,
    Δοιοὺς θρεψαμένη παῖδας ἀριστονόους·
Πρωτοτόκον μὲν Ὅμηρον , ἀτὰρ Νίκανδρον ἔπειτα ,
    Ἀμφοτέρους μούσαις οὐρανίησι φίλους .

ΑΔΗΛΟΝ.

Φάρμακα πολλὰ μὲν ἐσθλὰ μεμιγμένα , πολλὰ δὲ
    λυγρὰ
Νίκανδρος κατέλεξεν , ἐπιστάμενος περὶ πάντων
Ἀνθρώπων . ἦ γὰρ παιήονός ἐστι γενέθλης .

ADR.

A D R.   T V R N E B I

In Clariffimum Medicum

D. IOAN. GORRHAEVM

NICANDRI THERIACON

I N T E R P R E T E M

E P I G R A M M A.

Vipereo quae tu vulgas adverfa veneno
Carmina, Romani compta nitore foni :
Iurat Apollo deus vatum, Latiaeque camoenae,
Effe ex Albanis haec tibi nata iugis.

ΤΟΥ ΑΥΤΟΥ ΕΙΣ ΝΙΚΑΝΔΡΟΝ

καὶ Γορῤαῖον .

Πολλὰ τεῇ, Νίκανδρε μάκαρ, παρεθήκαο βίβλῳ
   Μείλιχα τῆς τινυτῆς φάρμακ᾽ ἀκεστορίης,
Ἰοβόλοις δακετοῖσιν ἀλέξια, τοῖσι Γοραῖος
   Πάντοφος Αὐσονίων γῆρυν ἐπημφίασεν.
Ὃ φθόνον οὐλόμενον καὶ βασκανίην ἀλεγεινὴν
   Ἆλκαρ ἰητρεύει, συκόφασίν τ᾽ ὀλοὴν,
Οὐδὲ σύ, οὐδέ κεν αὐτὸς ἰήιος εὕροι Ἀπόλλων·
   Τῶν κρείσσων τάσης δηγμὸς ἔφυ παλάμης .

I. ANT.

I. ANT. BAIFIVS

IO. GORRHAEO PARISIENSI MEDICO

NICANDRI ΘΗΡΙΑΚΩΝ

INTERPRETI.

———

O duplex decus , & Goraee vatum ,
Et horum quibus est datum mederi ,
Aegrotosque homines levare morbis !
Artes quem medicas docetque cantus ,
Qui dux Aoniae praeit choreae ,
Tam docte simul & laboriose ,
Tinctis Aonio lepore Musis ,
Nicandri exprimis elegans poëma ;
Quod Phoebi Clarius canens sacerdos
Serpentum docuit fugare noxam ,
Vt mens haereat , ille tu-ne pluris
Deberes fieri , auctor ille Graius ,
An tu qui aemula das Latina Graecis .

NI-

ΝΙΚΑΝΔΡΟΥ

ΘΗΡΙΑΚΑ

NICANDRI

THERIACA

OVVERO

DEGLI ANIMALI
VELENOSI.

B

ΝΙΚΑΝΔΡΟΥ

ΘΗΡΙΑΚΑ.

———

ΡΕΙΑ κέ τοι [1] μορφάς τε, σίνη τ' ὀλοφώϊα θηρων
Ἀπροϊδῆ τύψαντα, λύσιν θ' ἑτεραλκέα, κήδευς
Φίλ' Ἑρμησιάναξ πολέων [2] κυδιστατε πηῶν,
Ἔμπεδα φωνήσαιμι. σὲ δ' ἂν πολυεργὸς ἀροτρεὺς
Βουκαῖος τ' ἀλέγοι, καὶ ὁριτύπος, εὖτε καθ' ὕλην
Ἦ καὶ ἀροτρεύοντι βάλῃ ἐπὶ λοιγὸν ὀδόντα,
Τοῖα παραΦραχθέντος [3] ἀλεξητήρια νούσων.

Ἀλλ' ἤτοι κακοεργὰ Φαλάγγια, σὺν καὶ ἀνίγρους
Ἑρπηστὰς, ἔχιάς τε, καὶ ἄχθεα μυρία γαίης
Τιτήνων ἐνέπουσιν ἀφ' αἵματος, εἰ ἐτεόν περ

Ἀστ-

[1] Mutilus eſt in Codice Mediceo liber, & incipit a verſ. 6 τ.
Πολλή, x. λ. Riccardianus καίτοι. [2] R. πολλῶν.
[3] Σ. περιφρασθέντος.

LE TERIACHE

O V V E R O

DEGLI ANIMALI VELENOSI.

Io di buon grado a te degli Animali
Le varie guiſe, e le mortali offeſe

D'im-

NICANDRI

THERIACA.

━━━━

ET varias formas , & diro dente ferarum
Incautos morfus , tum quo medicamine noxam
Depellas , reliquis maior mihi fanguine iunctis
Care Hermefianax , facili tibi carmine dicam .
Te modo , five metunt , aut terram vomere verfant ,   5
Seu ligna exfciudunt , percuffi dente maligno
Agricolae obfervent haec amuleta docentem .
   Serpentes ¹ faevos , taetroque phalangia ² morfu ,
Vipereumque genus , terraeque incommoda mille ,
Titanum fama eft fufo exfiliifse cruore ,   10

                                   Ve-

D' improvveduta fubita ferita ,
E de' rimedi la vittrice poffa ,
Caro Ermefianatte , di parenti
Molti , ed amici più pregiando , e degno ,
Difpiegherò con franco ftil ficuro .
Te l' aratore faticante , in pregio
Avrà , e 'l bifolco , e quei , che taglia al monte ,
Quando pel bofco , o a lui , che arando vanne. ,
Il dente micidial fitto avran fopra ,
Che tali medicine avrai ben fcorte .
   I trifti ragni , e i dolorofi ferpi ,
Che per l' afciutto van guizzando in terra ,
Le vipere , e del fuol ben mille incarchi
Noiofi , e grevi , dicono del fangue

          B 2   Di

Ἀσκραῖος μυχάτοιο μελισσήεντος ἐν ὄχθαις
Ἡσίοδος κατέλεξε παρ' ὕδατι Περμησσοῖο.
Τὸν δὲ χαλαζήεντα κόρη Τιτηνὶς ἀνῆκε
Σκορπίον ἐκ κέντροιο τεθηγμένον, ἦμος ἐπέχρα
Βοιωτῷ τεύχουσα κακὸν μόρον Ὠαρίωνι,
Ἀχράντων ὅτε χερσὶ θεῆς ἐδράξατο πέπλων.
Αὐτὰρ ὅ γε στιβαροῖο κατὰ σφυρὸν ἤλασεν ἴχνευς
Σκορπίος ἀπροϊδὴς, ὀλίγῳ ὑπὸ λᾶϊ λοχήσας [1].
Τοῦ δὲ τέρας περίσημον ἐν ἄστρασιν ἀπλανὲς αὔτως,
Οἷα κυνηλατέοντος ἀειδελον ἐστήρικται.

   Ἀλλὰ σύ γε σταθμοῦ τε καὶ αὐλίου ἑρπετὰ φύγδην
Ῥηϊδίως ἐκ πάντα διώξεαι, ἢ ἀπ' ἐρίπνης,
Ἠὲ καὶ αὐτοπόνοιο χαμευνάδος, ἦμος ἂν' ἀγροὺς
Φεύγων αὐαλέος θέρεος πυρόεσσαν ἀϋτμὴν,
Αἴθριος ἐν καλάμῃ στορέσας ἀκρέσπερος εὕδῃς,
Ἢ καὶ ἀν' ὑλήεντα παρὲκ λόφον, ἢ ἀνὰ βήσσης
Ἐσχατιὴν, ὅθι πλεῖστα κινώπετα βόσκεται ὕλην,
                                                         Δρυ-

· [1] Κ. τυχήσας.

Di Titani, ſe il ver cantò l' Aſcreo
Eſiodo alle ſpiagge d' Elicona
Là preſſo l'acque di Permeſſo : e fuore
La vergine Titanide produſſe
Scorpion grandinoſo, in pungiglione
Affilato, allorchè Oarione
Beoto n' aſſalì di mala morte;
Poich' ei con mano preſi della Dea
Aveva i manti immacolati, e puri.
Or queſto ſcorpion ratto il ſerio
Sotto il calcagno della forte pianta,

                                                    Po.

Vera Meliſſaeo [3] *ſi quondam Aſcraeus* [4] *in antro*
Heſiodus cecinit Permeſſi ad flumnis undas .
At vero algiſicum Titania virgo creavit
Scorpion [5] *, armatum ſtimulo cauſaque tremendum ,*
Booto poenas ex Oarione repoſcens ,   15
Sacram auſo manibus veſtem temerare Dianae .
Qui latitans parvi caeco ſub fornice ſaxi ,
Duram improviſo violavit vulnere caicem .
Cuius ob id tamquam venantis , in aſtra relatum
Sidus [6] *, & immotum magno fulgore coruſcat .*   20

    Sed cuncta [7] *e ſtabulo longe ſeptiſque fugabis ,*
Si libet aut ima lectum conſternere terra ,
Sive alto pendere loco , quum Sirius agros
Vrit , & ardorem , ſtipula proiectus inani ,
Declinans , dormis dum temperet [8] *aëra veſper ,*   25
Seu prope frondoſum tumulum , ſeu valle ſub ima ,
Multus ubi ſilvas , atque horrida paſcitur anguis

                                    Ar-

Poſto in aguato ſotto picciol ſaſſo ;
Di cui un ſegno non errante , inſigne
Tralle ſtelle così a piantar venne ,
Non iſcorto da lui , che a caccia intende .
    Dall' abituro or tu , e dal ſoggiorno
Le ſerpi in fuga agevolmente tutte
Ne caccerai , o dal dirupo , o pure
Dal letto in terra per ſe ſteſſo fatto ;
Allorachè fuggendo per li campi ,
Arſo , d' eſtate la focoſa vampa ,
Al ſereno mettendo e paglia , e foglia ,
Tu dormirai in ſull' eſtrema ſera ,
O alle falde di ſelvoſo colle ,
O in fondo d' una valle , ove animali
Moltiſſimi ſtriſciando , la boſcaglia

               B 3   *Pa-*

Δρυμοὺς καὶ λατιῶνας, ἀμορβαίους τε χαράδρας·
Καί τε παρὲξ λιττρωτὸν ἄλω δρόμον, ἠδ᾽ ἵνα ποίη
Πρῶτα κυϊσκομένη σκιάει χλοάοντας ἰάμνους.
Τῆμος, ὅτ᾽ αὐαλέων φολίδων ἀπεδύττατο γῆρας
Μώλυς ἐπιστείχων, ὅτε φωλεὸν εἶαρι φεύγων
Ὄμματιν ἀμβλώττει· μαράθρου ¹ δέ ἑ νήχυτος ὅρπηξ
Βοσκηθεὶς, ὠκύν τε καὶ αὐγήεντα τίθησι.

    Θιμβρίω ² δ᾽ ἐξελάσεις ὄφεων ἐπιλωβέα κῆρα,
Καπνείων ἐλάφοιο πολυγλώχινα κεραίην,
Ἄλλοτε δ᾽ ἀζαλέην καίων ἐγγαγγίδα πέτρην,
Ἥν οὐδὲ κρατεροῖο πυρὸς περικαίνυται ὁρμή·
Ἐν δὲ πολυσχιδέος βλήτρου πυρὶ βάλλεο χαίτην.
Ἢ σύ γε καχρυόεσσαν ἑλὼν περιθαλπέα ῥίζην ³,
Καρδάμῳ ἀμμίξας ἰσοελκέϊ. μίσγε δ᾽ ἔνοσμον
Ζορκὸς ἐνὶ πλάττιγγι νέον κέρας ἀσκελὲς ἵστας,
Καί τε μελανθίου βαρυέος, ἄλλοτε θείου,
Ἄλλοτε δ᾽ ἀσφάλτοιο φέρων ἰσοελκέα μοῖραν.
Ἢ σύ γε θρήϊσταν ἐνὶ φλέξας πυρὶ λᾶαν,

                                             Ἢ

---

¹ R. μαλάθρȣ. ² R. θιβρὴν. ³ R. ῥίζαν.

Pascon, le macchie, e i tenebrosi fossi;
O in giro d' aia ben spianato e liscio,
O dove l' erba tenerella, fresca,
Adombra pullulando i verdi andari.
Quando il vecchiume delle secche squame
Spoglia la biscia, camminando appena;
E fuggendo il covil, la primavera,
Negli occhi à morta, abbacinata vista;
Ed infusa, e pasciuta di finocchio

                                               Re

Arbusta & dumos, & fossas luce carentes :
Seu te ampla aequato spatio tenet area, molli
Sive iaces, campos ubi primum contegit, herba,   30
Quando senectutem, & squalentia tergora serpens
Exuit egressus latebris, & corpore tardus
Luminibusque gravis conquirit vere marathrum,
Quo vigor atque acies redeant in lumina pasto.

    Nam potes ⁹ ardentes pestes depellere, cervi   35
Ramoso si vis suffire cubilia cornu,
Aut flammis etiam petram mandare gagatis ¹⁰
Arentem, rapido quae non consumitur igne,
Multifidaeve comas filicis ¹¹ accendere flamma.
Acrem quin etiam radicem canchry ¹² ferentem   40
Delige, & aequali nasturcia lance remiscens
Urito, vel iuvenis simul arida cornua damae
In trutina statues, paribusque melanthion addes
Ponderibus, vel sulphur olens, atrumve bitumen.
Threicium ¹³ pariter Vulcano trade lapillum,   45

        Qui

     Rappa, la rende alluminata, e snella.
        Fugherai delle serpi l' oltraggiosa
Cocente parca, di quelle, ch' an molte
Punte, corna di cervio, con fumacchio;
Talor di ganga arida pietra ardendo,
Cui non doma nè men gagliardo fuoco;
Metti sul fuoco la partita felce,
O tu di ramerin prendendo calda
Radice, col nasturzio mescolando
In ugual dose, l' odorato mescola
Nella lance pesando, di cervetto
Nuovo corno indurito; e di nigella
D' orrendo fiato, ed or di solfo, ed ora
Di bitume portando egual porzione,
O la Tracia bruciando in fuoco pietra,

        B 4   Che

Η῾ θ᾿ ὕδατι βρεχθεῖσα τελάττεται, ἔτβιτε δ᾿ αὐτῇ
Τυτθὸν ὅτ᾿ ὀδμήτηται ἐπιῤῥανθέντος ἐλαίου.
Τὴν ἀπὸ Θρηϊκίου νομέες ποταμοῖο φέρονται,
Ὅν πόντον καλέουτι, τόθι Θρήϊκες ἀμορβοὶ
Κρειοφάγοι μήλοισιν ἀεργηλοῖσιν ἕπονται.
Ναὶ μὴν καὶ βαρύοδμος ἐπὶ φλογὶ μοιρηθεῖσα
Χαλβάνη, ἄκνηστίς τε, καὶ ἡ πριόνεσσι τομαίη
Κέδρος πουλυόδουτι καταψηχθεῖσα γενείοις,
Ἐν φλογιῇ καπηλὸν ἄγει καὶ φύξιμον ὀδμήν.
Τοῖς δὴ χήραμα κοῖλα καὶ ὑληωρέας εὐνὰς
Κεινώτεις, δαπέδῳ δὲ πετὼν ὕπνοιο κορέσσῃ.

    Εἰ δὲ τὰ μὲν καμάτου ἐπιδεύεται, ἄγχι δέ τοι νὺξ
Αὖλιν ἄγει [1], κοίτου δὲ λιλχίεαι ἔργον ἀνύσσας [2],
Τῆμος δὴ ποταμοῖο πολυῤῥαγέος κατὰ δίνας
Ὑδρηλὴν καλάμινθον ὀτάζεο χαιτήεσσαν·
Πολλὴ γὰρ λιβάτι [3] παραέξεται, ἀμφί τε χείλη
Ἕρπεται, ἀγραύλοισιν ἀγαλλομένη [4] ποταμοῖσιν.
Ἢ σύ γ᾿ ὑποσορέταιο, λύγον πολυανθέα κόψας,

                                              Η᾿

[1] R. ἄγοι. [2] R. ἀνύσαι. [3] M. λιβάσιν. [4] M. ἀγραύλοις
ἰναγαλλομένη.

Che bagnata dall' acqua folgoreggia,
E fpegnefi, allorchè pur una ftilla
D' olio fpruzzato fopra, ella n' odori;
Cui recano i paftor dal Tracio fiume,
Che chiaman Ponto, ove i guardiani Traci,
Che le tenere carni van mangiando,
Dietro fen vanno all' oziofe gregge.
E così ancor di groffo orrendo odore
Il galbano partito fovra 'l fuoco,

                                   L' ac-

Qui lymphis madidus flamma collucet , at idem
Protinus affuso flammam restinguit olivo.
Illum carnivori , pecudes dum rure sequuntur ,
Pastores ad nos primum venere repertum
Flumine Threicio , quem Pontum nomine dicunt .   50
Quin & galbaneos ferulae succendere odores ,
Et iuvat urticam , tum serrae pectine aheno
Derasam cedrum : late haec suffimina fundit ,
Et procul exigitat tactro nidore chelydros .
Sic spelaea illi fugient , latebrisque recedent ,   55
Tuque solo recubans placido satiabere somno.
    Si gravis [14] *hic labor est , & nox iam proxima suadet*
Fessa opere exacto gratae dare membra quieti ,
Insignem foliis calamintbem ad fluminis oras
Vestiga rapidi :\liquidis uberrima crescit   60
Illa locis , & aquae magna dulcedine capta
Luxuriat ramis , fluviosque & littera cingit .
Viticis aut longae festis molire cubile

                                Cau-

L' acneſtide , e di cedro ſegatura ,
Dalle maſcelle a molti denti uſcita ,
Infiamma , porta odor fummeo , fugace.
Con queſte coſe voterai i cavi
Buchi , e i covili di ſelvoſo monte ,
E ti trarrai , al ſuol buttato , il ſonno.
     Che ſe tai coſe di procaccio an d' uopo ,
E la notte a quartiere ti coſtrigne ,
E dopo le faccende il letto brami ;
Tò calamento acquatico chiomante ,
Che in copia allato all' umido proviene ,
E ſulle rive arrugiadato creſce ,
Lieto delle vezzoſe aure di fiumi.
O tu tagliando vimine fiorito ,

                                O ſo-

Η" πόλιον βαρύοδμον, ὃ δὴ ῥίγιςον ὄδωδεν.
Ω̈ς δ' αὔτως ἐχίειον, ὀριγανόεσσά τε χαίτη,   65
Ναὶ μ̈ὺ ἀβροτόνοιο, τό, τ' ἄγριον οὔρεσι θάλλει
Ἀργεννὴν ὑπὸ βῆσσαν [1], ἢ ἑρπύλλοιο νομαίου,
Ὅς τε φιλόζωος νοτερὴν ἐπιβόσκεται αἶαν,
Ῥιζοβόλοις [2] λατίοισιν ἀεὶ φύλλοισι κατήρης.
Φράζεςθαι δ' ἐπέοικε χαμαιζήλοιο κονύζης,   70
Ἄγνου τε βρύα λευκὰ, καὶ ἐμπρίςντ' ὀνόγυρον.
Αὔτως τετρήχοντα [3] ταμὼν ἀπὸ κλήματα σίδης,
Ἠὲ καὶ ἀσφοδέλοιο νέον πολυαυξέα μόσχον,
Στρύχνον τε, σκύρα τ' ἐχθρὰ, τά τ' εἴαρι σίνατο βούτεω,
Ἦμος ὅταν σκιρῶσι [4] βόες καυλεῖα φαγοῦται.   75
Ναὶ μὴν πευκεδάνοιο βαρυπνόου, οὔτε καὶ ὀδμὴ
Θηρί' ἀποσσεύει τε καὶ ἀντιόωντα διώκει.
Καὶ τὰ μὲν εἰκαίη παρὰ̣δου καὶ ἀγραυλεῖ κοίτῃ,
Ἀλλὰ δὲ φωλειοῖσι τάδ' ἐμφράξαιο χελείαις.
    Εἴγε μὲν ἐς τεῦχος κεραμήϊον, ἠὲ καὶ ὄλπην,   80
                                                            Κε-

[1] Μ. πίζαν.   [2] Μ. ῥιζοβόλος.   [3] Μ. τετρήγοντα.
[4] Μ. σκυρόωσι.

O polio, che grave, e orrendo odora.
E così l'echico, e 'l crin del regamo,
Dell' abrotono ancora, che pe' monti
Salvatico germoglia in bianchi fondi,
E di quel che serpeggia, sermollino,
Che pasce il molle suol, vago di vita,
Che sue radici quinci e quindi ficca,
Che ognor d'irsute foglie è ricoperto.
E' dicevole ancor tenere a mente
Della conizza, che per terra vanne,
                                            Dell'

Caudicibus , poliive [15] olidis insternere ramis .
Carpe echium pariter , vel origanon , abrotoniquc [16]   65
Agrestem sobolem , quae montis valle sub ima
Candicat , & ramos serpylli [17] inquire per arva
Serpentis , quod humo natum uda repit , agensque
Radices foliis , multa propagine vivit .
Candentes agni [18] flores , humilisque conyzae   70
Lustra oculis fruticem , spinisque onogyron [19] acutis .
Aspera puniceae pariter lege germina mali ,
Et viridem asphodelum longa cervice [20] decorum ,
Strychnumque & duris scyra [21] detestanda bubulcis ,
In venerem pastu rapientia vere iuvencas .   75
Necnon peucedanum , cuius gravis aëra complens
Pellit odor colubros , hominumque occursibus arcet .
Haec strato raptim per agros compone cubili ,
Sed partem curvis [22] etiam superiniice lustris .
        Sin cedri [23] baccas figlino vase , vel olla   80
                                                    Tri-

      Dell' agno-casto i bei rampolli bianchi ,
      E l' onogiro , che qual sega straccia ;
      E di tagliare in simigliante guisa
      Di melagrano gli spinosi tralci ,
      E d' asfodelo il giovane vegnente
      Rigoglioso germoglio , e ancor lo stricno ,
      E gli odiosi sciri , che al bifolco
      La primavera portan noia , quando
      Van le vacche in amor , che ne mangiaro .
      Del peucedano ancor grave-spirante ,
      Di cui l' odore gli animali caccia ,
      E gli persegue , se gli vanno incontro ,
      E parte poni al fatto a caso letto
      Alla campagna , e parte ancor ne tura
      Con essi le lor tane , e i lor covili .
        O in un coccio di terra , o pure in urna
                                                    Tri-

Κεδρίδας ἐνθρύπτων λιπόεις ¹ εὐήρεα γῦα ,
Ἢ καὶ πευκεδάνοιο βαρυπνόου , ἄλλοτ᾽ ὀρείου
Αὖα καταψήχοιο λίπει ἐνὶ φύλλα κονύζης·
Αὔτως δ᾽ ἀλθήεντ᾽ ἐλελίσφακον ² , ἐν δέ τε ῥίζαν
Σιλφίου , ἣν κνήςῃρι ³ κατατρίψειαν ὀδόντες ,   85
Πολλάκι καὶ βροτέων σιάλων ὑποέτρεσαν ὀδμήν.
Εἰ δὲ σύ γε τρίψας ⁴ ὀλίγῳ ἐν ⁵ βάμματι κάμπην
Κηπείω ⁶ δροσόεσσαν , ἐπὶ χλωρηίδα νώτῳ ,
Ἠὲ καὶ ἀγριάδος μαλάχης ἐγκύμονα καρπὸν
Γῦα πέριξ λιπάσειας , ἀναίμακτός κεν ἰαύοις .   90
Ψύχεο δ᾽ ἐν ςέρνῳ προβαλὼν μυλόεντι θυείης
Ἐσθλῆ ἀβροτόνοιο ⁷ δύω κομόωντας ὀράμνους
Καρδάμῳ ἀμμιγδην· ὀδελοῦ δέ οἱ αἴσιον ὁλκήν ⁸ .
Ἐν δὲ χεροπλήθει ⁹ καρπὸν νεοθηλέα δαύκου
Λειαίνειν τριπτῆρι · τὰ δὲ τροχοειδέα πλάσσων ,   95
Τέρσαι ὑποσκιόεντι βαλὼν ἀνεμώδεϊ χώρῳ.
Αὖα δ᾽ ἐν ὅλπῃ θρύπτε , καὶ αὐτίκα γῦα λιπαίνοις.

Εἶ

¹ M. R. λιπόεις. ² M. ἐμειλίσφακον. R. ἀλθήεντα μιλί-
σ᾽ακον. ³ M. κρηςῆρι. ⁴ M. R. τρίψεις. ⁵ R. ἐνὶ .
⁶ M R. κηπαίην. ⁷ M.ἐν μιῇ᾽ ἀβροτόνοιο. R. ἐν μένϐ᾽ ἀβροτ.
⁸ M. R. αἴσιος ἑλκή . ⁹ M. R. χεροπληϑῆ .

Tritatovi del cedro il frutto , n' ungi
Le bene adatte membra , o in altra guisa
Del montanar peucedano putente
Pesta in olio , le foglie di conizza
Secche , e sì l' elelisfaco salubre ;
E la barba di silfio con gli denti
Di grattugia , tritata , e sminuzzata.
Sovente ancor delle salive umane

P₂.

Triveris , atque agiles humore perunxeris artus ,
Peucedanive comas gravis , aut silvestris olivo ²⁴
Caesariem arentem libet intrivisse conyzae ,
Aut quas pestiferi morsus fert salvia vindex ,
Detritam aut lima ²⁵ radicem laseris addas ,   85
[Saepe etiam humanae terrentur odore salivae]
Sive oleo intusam , quae roscida degit in hortis
Erucam ²⁶ , viridi maculatam terga colore ,
Aut malvae agrestis cymam caulesque tenellos
Artubus obducas , duces sine vulnere noctem .   90
Et pilae ²⁷ in gremio factae de marmore binos
Nobilis abrotoni frondentes intere ramos.   ·
Queis admisce obolum pendentia cardama , & una
Quantum dextra capit pertunde recentia dauci
Semina pistillo , & formati rite per orbes   95
Pastilli vento exposita siccentur in umbra.
Hos in vase teras , mox obline membra liquatis .
                                                          Sin

    Paventano l' odore ; e se tu anco
    Pestando in poca bollitura , eruca
    Ortense , rugiadosa , verde il dolso ,
    O pregna boccia di selvaggia malva ,
    Le membra t' unterai intorno intorno ,
    Dormirai incruento ; di mortaro
    Gittando dentro al macinoso petto
    Rami chiomanti due di buono abrotono ,
    Pestali , rimestati con nasturzio ,
    Di peso convenente , quanto un obolo ,
    E con un , che la mano empia , pestello ,
    Lisciar di dauco il fresco frutto , e parte
    Rotellette formando , a rasciugare
    All' ombra metti in luogo al vento esposto ,
    Spolverizzale asciutte nell' utello ,
    E impiastrane così tosto le membra .
                                                          Che

30   ΝΙΚΑΝΔΡΟΥ ΘΗΡΙΑΚΑ.

Εἴ γε μὲν ἐν ¹ τριόδοιο μεμιγμένα κνώδαλα χύτρῳ ·
Ζωὰ νέον θρνύντα καὶ ἔντορα ³ τοιάδε βάλλοις ,
Δήεις ὠλομένῃσιν ἀλεξητήριον ἄταις ⁴ .   100
Ἐν μὲν γὰρ μυελοῖο νεοσφαγέως ἐλάφοιο
Δραχμάων τρίφατον δεκάδος καταβάλλεο βρῖθος ·
Ἐν δὲ τρίτην μοῖραν ῥοδέου χοὸς, ᾧ γε ⁵ θυηροὶ
Πρώτην μεσσατίην τε πολύθριπτον καλέουσιν ·
Ἰσόμορον δ' ὠμοῖο χέειν ἀργῆτος ἐλαίου ,   105
Τετράμορον κηροῖο ⁶ . τὰ δ' ἐν περιηγέϊ γάςρῃ
Θάλπε καταστέρχων , ἔς τ' ⁷ ἂν περὶ σάρκες ἀκάνθης
Μελδόμεναι θρύπτωνται . ἔπειτα δὲ λάζεο τυκτ῀ω
Εὐεργῆ λάκτιν , τὰ δὲ μυρία πάντα ταράσσειν
Συμφύρδην ὀφίεσσιν ⁸ , ἐκὰ δ' ἀπόερσον ἀκάνθας·   110
Καὶ γὰρ ταῖς κακοεργὸς ὁμῶς ἐνιτέτροφεν ἰός·
Γῆα δὲ πάντα λίπαζε καὶ εἰς ὁδὸν, ἢ ἐπὶ κοῖτον ,
ΙΓ' ὅταν αὐαλέου θέρεος μεθ' ἀλώϊα ⁹ ἔργα
Ζωσάμενος θρίνακι βαθὺν διακρίνεαι ἄντλον.

                        Ε'

¹ M. ἐκ. R. ἐς   ² R. χύτρᾳ .   ³ M. R. ἔνθρονα .   ⁴ Deeft
    integer hic verſus in M.   ⁵ M. τι .   ⁶ R. κηρῇθ .
  ⁷ M. τῦ τ'.   ⁸ M. δ' ὀφίεσσιν ,   ⁹ M. μεταλώϊα .

Che ſe della contrada metterai
In pentola animali meſcolati
Sì fatti , vivi , viſpi , che ſu montino ;
Real rimedio a triſte ſorti ai trovo ,
Poichè metti di cervio di novello
Vcciſo del midollo tre cotanti
Di dieci dramme in peſo , e d' un roſato
Coe poni ancor giù la terza parte ,
Che quelli , che aſſiſtono agli altari ,

                                Chia-

Sin autem [28] *e triviis mistos , dum uruntur amore ,*
In veneremque ruunt , angues concluseris olla ;
Disces quo valeas medicamine tollere pestes.   100
His vero cervi , quam cingunt ossa , medullae
Haud veteris iunges terdenas pondere drachmas ,
Congii [29] *& addatur rhodini* [30] *pars tertia , primum*
Quem vocat & medium unguentarius & polytripton .
Par pondus crudi [31] *purique accedat olivi ,*
Et cerae quadrans [32] *: haec amplo vase coquantur*
Confusa , e spinis donec caro tabida circum
Concussu exciderit facili : mox accipe factum
Affabre cochlear , eumque ipsis anguibus una
Cuncta teras , sed enim spinas auferre memento ,   110
Ingenitum bis quoniam sidit crudele venenum .
Hoc seu dormis , iterve facis , circumline corpus ,
Seu post demessas fruges aestate calenti
Succinctus , furca segetum purgabis acervos .

Sin

Chiaman primier , mezzano , ultimo stillo ;
E spargi egual d' olio onsangino parte ,
Candido , crudo ; e quattro poi di cera
Parti , e tutto ne cuoci in ben rotonda
Grasta , menando ; finchè della spina
Le carni consumate sien disfatte ;
Poi piglia un ben formato menatoio ,
E queste cento cose tutte sbatti
In combutto co' serpi , e butta via
Le spine , poichè in queste vien nodrite
Il malvagio veleno , e doloroso .
Vnta tutte le membra , o in viaggio ,
O a letto ; o pur quando alle faccende
Di battitura , dell' arsiccia state ,
Accinto , co' forconi la profonda
Messe stendi sull' aia , e la ravvii .

Che

Εἰ δέ που ἐν δακέεσσιν ἀφαρμάκτῳ χροῒ κύρσῃς   115
Ἄκμηνος σίτων [1] , ὅτε δὴ κακὸν ἄνδρας ἅπτει ,
Αἶψά κεν ἡμετέρῃσιν ἐρωήσειας ἐφετμαῖς.
Τῶν ἤτοι θήλεια παλίγκοτος ἀντομένοισι ,
Δάγματι πλειοτέρη , καὶ [2] ὁλκαίην ἐπὶ σειρήν.
Τοὔνεκα καὶ θανάτοιο θοώτερος ἵξεται αἶσα.   120
Ἀλλ᾽ ἤτοι θέρεος βλαβερὸν δάκος ἐξαλέεσθαι ,
Πληϊάδων φάτιας δεδοκημένος , αἵ θ᾽ ὑπὸ ταύρου
Ὁλκαίην ψαίρουσαι , ὁλίζωνες φορέονται ·
Ἢ ὅτε [3] σὺν τέκνοισι θερειομένοισιν ἀβοσκὴς
Φωλειοῦ λοχάδην ὑπὸ γωλεὰ δίψας ἰαύει·   125
Ἢ ὅτε δὴ λίπτῃσι μεθ᾽ ὃν [4] νομὸν , ἢ ἐπὶ κοῖτον
Ἐκ νομοῦ ὑπνώσσευσα [5] κίῃ κεχορημένη ὕλης.
Μὴ σύ γ᾽ ἐνὶ τριόδοισι τύχοις , ὅτε δῆγμα πεφυζὼς
Περκνὸς ἔχις θύῃσι τυπὴν ψολόεντος ἐχίδνης ,
Ἡνίκα θορνυμένου ἔχιος , θολερῷ κυνόδοντι   130

Θου-

[1] M. ἀκμηνοσσίτων .   [2] M. δήγματι πλειοτέρη δὲ καὶ .
R. δὲ καὶ .   [3] Desunt in M. duo versus, ἢ ὅτε σὺν, κ. λ.
& φωλειὲ λοχάδην, κ.λ.   [4] M. ἢ ἔτι λίπτῃσιν μεθ᾽ ἑὸν.
[5] M. R. ὑπνώσσα .

Che ſe t' avvieni con non unto corpo
In aſpidi , o in ſerpenti aſpri mordaci ,
Non eſſendoti ancora ſdigiunato ,
Allor che il male gli uomini danneggia ,
Toſto a' noſtri precetti correrai :
De' quai certo la femmina ſdegnoſa
Con quelli , che le vengono all' incontro ,
E' più piena di morſo , e nella coda ;
Però verranne più veloce morte .

Di

Sin nullo 33 occurras serpentibus unguine tutus, 115
Atque cibi vacuus, gravis est quum noxa ferarum,
Vitabis morsus, animo haec praecepta recondens.
Femina 34 praecipiti ante omnes agitata furore
Occurrit, rictu patulo, caudaque tumente.
Inde ferit fati multo graviore periclo. 120
Et vitare 35 feras debes aestate nocentes,
Pleiadum observans ortus, quae corpore Tauri
Extremo adfixae, non omnes aethera tranant:
Aut ubi 36 cum pullis per aprica iacentibus antra
Dormit in insidiis sitiens 37 impastaque serpens: 125
Aut avida ad pastum properat, vel lumina somno
Condens, a pastu petit exsaturata cubile.
Heu triviis 38 absiste, metu dum vipera livens
Effugit atroces furibundae coniugis iras,
Turgida dum secum coëunti mordicus haeret, 130

Et

Di state or fuggi l' oltraggioso serpe,
L' apparir delle Pleiadi servando,
Che spazzando la coda, sotto al Tauro,
Si portano minori; o allor che dorme
Co' figliuoli scaldati dalla state,
Digiuna, sotto cavità di tana,
La dipsade, in aguato ivi acquattata;
O quando va bramosa a sua pastura,
O dalla sua pastura al letto torna,
Di sonno piena, e sazia di boscaglia.
Tu non ti fare allor ne' trivii incontro,
Quando fuggendo il morso, e la ferita,
Il bruno viperello se ne corre,
Di cinerizia fulminante vipera,
Allor che al viperello montatore
Con canin dente torbido attaccata

C La

Θώρακ: ὀδὰξ ἐμφῦσα κάρην ἀπέκοψεν ὀμείνου .
Οἱ δὲ πατρὸς λώβην μετεκίαθον αὐτίκα τυτθοὶ ¹
Γεινόμενοι ἐχιῆες , ἐπεὶ διὰ μητρὸς ἀραιὴν
Γαςέρ᾽ ἀναβρώσαντες ἀμήτορες ἐξεγένοντο .
Οἴη γὰρ βαρύθει ὑπὸ κύματι . τοὶ δὲ καθ᾽ ὕλην   135
Ὠοτόκοι ὄφιες λετυρⒾω θάλπουσι γενέθλην .
Μηδ᾽ ὅτε ῥικνῆεν ² φολίδων ἀπὸ γήρας ἀμέρσας
Ἂψ ἀναφοιτήσῃ νεαρῇ γε κεχαρμένος ἥβῃ ³ .
Ἦ ὁπότε σκαρθμοὺς ἐλάφων ὀχέῃσιν ἀλύξας ,
Ἀνδρὸς ἐνισκήψῃ ⁴ χολόων θυμοφθόρον ἰόν .   140
Ἔξοχα γὰρ δολιχοῖσι κινωπιςαῖς κοτέουσι
Νεβροτόκοι καὶ ζόρκες· ἀνιχνεύουσι δὲ πάντα ⁵
Τρόχμαλά θ᾽ , αἱμασιάς τε , καὶ εἰλυοὺς ἐρέοντες ,
Σμερδαλέῃ μυκτῆρος ἐπισπέρχοντες ἀϋτμῇ .

        Ναὶ μὴν καὶ νιφόεσσα φέρει δυσπαίπαλος Ὄθρυς 14?
Φωλὰ δάκη , κοίλη τε φάραγξ , καὶ τρηχέες ἀγμοὶ ,
Καὶ λέπας ὑλῆεν , τόθι δίψιος ἐμβατέει σήψ .

                                        Χροι-

¹ R. τυτθόν. ² M. ῥικνῆεν. ³ M. R. ἀναφοιτήσῃ νεαρῇ
κεχαρημένος ἥβῃ . ⁴ R. ἐνισκήψει , ita corr. in M.
⁵ M: πάντη .

La fiera , il capo tronca al fuo conforte .
Del padre il danno poi ricattan tofto
I pargoletti nati viperini ,
Che rodendo il fottil materno ventre ,
Scappanne fuori , e nafcon fenza madre ;
Poichè fola s'aggrava di pregnezza ,
Che l'altre per lo bofco ferpi ovipare
Covano razza , che da gufcio fpunta .
Nè quando via levando delle fquame

                                        La

Et dente impuro rescindit colla mariti .
At poenas [39] *repetunt natae pro caede paterna*
Viperulae ultrices , perque intestina [40] *parentis*
Rosa alvo emergunt in lucem matre carentes .
Sola etenim fetu gravida est [41] *: quum cetera in altis*   135
Ovipara excludant testacea pignora silvis .
Nec quum [42] *deposita squamis horrente senecta*
Progreditur laetus iuvenili tergore serpens :
Aut ubi cervarum vitans spiramina , lustris
Exsilit , inque hominem vibrat letale venenum .   140
Nam valde longis labentes orbibus angues
Oderunt capreae & cervi : perque aspera saxa
Vestigant , sepesque hirtas rimantur & antra ,
Et flatu exagitant naris , mirabile dictu .
   Quin & [43] *serpentes atros nimbosus & asper*   145
Othrys habet , vallesque cavae , abruptaeque salebrae ,
Et silvis iuga densa , ubi Seps sitibundus oberrat .

                Qui

La rugosa vecchiezza , indietro torna
Allegro della nuova giovinezza :
O allora , che schivate le snellezze
De' cervi nelle tane , sovra l'uomo
Scagli stizzito il suo mortal veleno :
Ch'an sovra modo i lunghi serpi a sdegno
I cervi , i daini , e le selvagge capre ,
E rintracciano tutte ricercando
Moricce , e siepi , e sotterranei giri ,
Coll'orrido del naso odor fiutando .

    Certo l'Otri nevoso , borrascoso
Mena serpenti micidiai , la cava
Valle , e i dirupi discoscesi ed aspri ,
E lo scoglio selvoso , ove ne monta
Il sitibondo Sepe . E' nel colore ,

      C 2   Di.

Χροιῇ δ' ἀλλόφατόν τε, καὶ ἢ μίαν οἰαδὸν ἴσχει,
Α᾽ιὲν ἐειδόμενος χώρῳ ἵνα χηραμὰ τεύχῃ ˙
Τῶν οἱ μὲν λίθακάς τε καὶ ἕρμακας ἐνναίοντες,   15c
Παυρότεροι τραχεῖς ˙ τε καὶ ἔμπυροι˙ οὖ κεν ἐκείνων ³
Α᾽νδράσι δῆγμα πέλει μεταμώνιον, ἀλλὰ κακηθές·
Α῎λλος δ' αὖ κόχλοισι δομῇ ἰνδάλλεται αἴης,
Α῎λλῳ δ' ἐγχλοάουσα λεπὶς περιμήκεα κύκλον
Ποικίλον αἰόλλει ˙ πολίες δ' ἀμάθοισι μιγέντες   15ϲ
Σπείρῃ λεπρύνονται ἀλινδόμενοι ψαμάθοισι.

      Φράζεο δ' αὐαλέαις μὲν ἐπὶ φρικτὴν φολίδεσσιν
Α᾽σπίδα φοινήεσσαν, ἀμυδρότατον δάκος ἄλλων.
Τῇ μὲν γάρ τε κέλευθος ὁμῶς κατ' ἐναντίον ἕρπει
Α᾽τραπὸν ὁλκαίην δολιχῷ μηρύγματι γαςρός ⁴.   16.
Η῎ καὶ σμερδαλέον μὲν ἔχει δέμας˙ ἐν δὲ κελεύθῳ
Νωχελὲς ἐξ ὁλκοῖο φέρει βάρος˙ ὑπναλέοις δὲ
Α᾽ιὲν ἐπιλλίζουσα φαείνεται ἐνδυκὲς ὄσσοις.
Α᾽λλ' ὅταν ἢ δοῦπον νέον οὔασιν, ἠέ τιν' αὐδὴν
Α᾽θρήσῃ, νωθρὸν μὲν ἀπὸ ῥέθεος βάλεν ὕπνον,   16ϲ
Ο᾽λκῷ δὲ τροχόωσαν ⁵ ἄλων' εἰλίξατο γαίῃ,

                                            Σμερ-

¹ M. τεύχει. ² M. R. τρηχεῖς. ³ R. οὐκ ἔτι κείνων.
⁴ Deeſt in M. verſus, ἀτραπὸν, κ. λ. ⁵ M. R. τροχόεσσαν.

Diverſo , nè poſſiede un ſolamente ,
Sempre al luogo ſimile , u' fa la tana.
De' quai quelli , che i ſaſſi , e le macie
Abitan , ſon minori , aſpri , focoſi.
Di loro il morſo non è all' uomo indarno ,
Ma maligno; a' terreſtri nicchi l' uno ,
Del corpo nella fabbrica è ſimile ;
A un altro , verde ſcoglio il lungo intorno
Cerchio dipigne ; e molti nell' arena   Me·

Qui cute diverſa, numquam unicolore, videtur
Aſſimilis ſemper ſedi, quam legit in arvis.
Rupibus 44 *& lapidum parvi ſtabulantur acervis*   150
Aſperi & ardentes, quorum haud impune viator
Immiti tulerit crudelia vulnera morſu.
Ille refert cochleas terreſtres: ille virentes
Indutus ſquamas immenſa volumina torquet,
Atque ſinus ducit varios: candore notantur   155
Permulti, & mediis fuſi volvuntur arenis.
　　Funeſtam 45 *& ſquamis arctibus aſpida diram*
Obſerva, qua non monſtrum eſt ignavius 46 *ullum.*
Illa viam recta 47 *repens inſiſtit, & alvum*
Longam adverſa trahens, directo tramite fertur.   160
Terrificum viſu corpus, quod tarda per ipſum
Volvit iter tractu pigro: ſemperque putatur
Nictans 48 *clauſa gravi concedere lumina ſomno.*
At ſimulac vocem vigilantibus auribus hauſit,
Aut ſtrepitum ſenſit, torpenti excuſſa veterno   165
Contortum corpus ſinuoſum verſat in orbem,

　　　　　　　　　　　　　　　　　　Hor-

　　Meſcolati imbianchiſcon nelle code.
　　　Mira in aride ſcaglie ſpaventoſo
Aſpido micidial, tra gli altri ſerpi
Scuriſſimo; ch' a quello tuttavia
Il cammino a contrario ne ſerpeggia
Vn ſentiero di ſtraſcico di coda,
Del ventre con un lungo attorcimento.
Queſto à terribil corpo, e nel cammino
Tardo dal tratto porta il peſo, e ſempre
Sembra inchinar con ſonnacchioſe luci.
Ma quando o rumor nuovo, o alcuna voce
Negli orecchi raccolga, allor dal corpo
Toſto diſcaccia l' accidioſo ſonno,
E un' aia tonda in terra fa girando,

　　　　　C 3　　　　　　E ſpa-

Σμερδαλέον δ' ἀνὰ μέσσα κάρη πεφρικὸς ἀείρει.
Τῆς ἤτοι μῆκος μὲν, ὃ κύντατον ἔτρεφεν αἶα,
Ο'ργυῆ μετρητὸν, ἀτὰρ περιβάλλεται εὖρος
Ο'σσον τ' αἰγανέην [1] δορατοξόος ἤνυσε τέκτων   17:
Εἰς ἑνοπὴν ταύρων [2] τε, βαρυφθόγγων τε λεόντων.
Χροιὴ δ' ἄλλοτε μὲν ψαφαροῖς ἐπιδέδρομε νώτοις,
Α'λλοτε μειλινόεσσα, καὶ αἰόλος, ἄλλοτε τεφρή·
Πολλάκι δ' αἰθαλόεσσα μελαινομένη ὑπὸ βώλῳ
Αἰθιόπων, οἵην τε πολύζσομος [3] εἰς ἅλα Νεῖλος   1·]
Πλησάμενος κατέχευεν ἄσιν, πρότυψε δὲ πόντῳ.
Δοιοὶ δ' ἐν σκυνίοισιν ὑπερφαίνουσι μετώπου
Οἷα τίλοι, τὸ δ' ἔνερθεν ὑπαιφαινίσσεται ὄμμα
Πολλὸν ὑπὸ σπείρῃ. ψαφαρὸς δ' ἀναπίμπλαται [4] αὐχὴν
Α'κριτα ποιφύσσοντος, ὅτ' ἀντομένοισιν ὁδίταις   18:
Α'ΐδα προσμάξηται, ἐπιζαμενὲς κοτέουσα.
Τῆς ἤτοι πίσυρες κοῖλοι ὑπένερθεν ὀδόντες
Α'γκύλοι ἐν γναθμοῖς δολιχήρεες ἐρρίζωνται

                                                     Γ'ο-

[1] R. αἰγανέης.   [2] M. R. κάπρων.   [3] R. πολύζονος.
[4] M. ἀναπίμπραται.

E spaventata la tremenda testa
Porta nel mezzo, il lungo della quale,
Che la terra nutrì il peggior del mondo,
Da un' orgia è misurabile; ma il largo,
Quanto zagaglia, abbraccia, cui lanciero
Artefice condusse a finimento
Per battaglia di tori, e di lioni,
Ch'anno profondo spaventevol suono.

                                          Cor.

Horridaque in medio dirum caput exerit alte .
Longa 49 quidem est ulnae spatio , quo penus in ullis
Haud videas natum terris , sed lata tumescit
Quantum fabrili tornatum bastile dolabra   170
Taurorum ad pugnam truculentorumque leonum .
Illa 50 cute interdum obscura , cinerisve colore
Fraxineove nitet , maculis quandoque notatur ,
Aut fuliginea est persaepe , simillima nigro
Aethiopum limo , vasta quem murmure Nilus   175
Volvit , & in pelagus septena per ostia fundit .
Huic 51 summa veluti tubercula fronte gemella
A ciliis exstant , finibusque rubentia subter
Lumina conduntur ; quum vero incanduit ira ,
Et letum minitans vementibus obvia , saevit ,   180
Squalida colla 52 tument , & lato sibilat ore .
Quattuor 53 illi intus dentes curvique cavique
Et longi maxillae altis radicibus haerent .

Hi

Corre il colore or full' arsicce spalle ,
Or verde , e vaio , ed ora cenerino ,
Or bruno , come il bolo d' Etiopia ,
E qual pattume il gemebondo Nilo
Sboccando in mare , colla piena versa .
Due sulle ciglia spuntan nella fronte
Quai calli , e l' occhio vien vermiglio sotto ,
Molto dentro la spira , e si riempie
La squallida cervice a dismisura
Sbuffando , quando morte a' passeggieri ,
Che incontra , asperge duramente irato.
Di sotto , quattro suoi denti incavati
Curvi nelle mascelle , in ordin lungo
Radicati si stanno , ed ischierati ,

C 4   Ri-

Ι'οδόκοι· μύχατος δὲ χιτὼν ὑμένεσσι [1] καλύπτει,

Ε'νθεν ἀμείλικτον γύοις ἐνερεύγεται ἰόν.   18;

Ε'χθρῶν που τέρα κεῖνα καρήασιν ἐμπελάσειε [2].

Σαρκὶ γὰρ ὔτέ τι δῆγμα φαείνεται, ὔτε δυταλθὲς

Οἶδος ἐπιφλέγεται· καμάτου δ' ἄτερ ὄλλυται ἀνήρ,

Υπηλὸν δ' ἐπὶ κῶκαρ ἄγει βιότοιο τελευτήν.

 Ι'χνεύμων δ' ἄρα μοῦνος ἀκήριος ἀσπίδος ὁρμὴν,   19

Πᾶ μὲν ὅτ ἐς μῶθον εἴσιν, ἀλεύεται, ἠδ' ὅτε λυγρὰ

Θαλπούσης ὄφιος κηροτρόφου [3] ὠεὰ γαίῃ

Πάντα διεσκήνιψε, καὶ ἐξ ὑμένων ἐτίναξε

Δαρδάπτων [4], ὀλοοῖς δὲ συνερραθάγησεν ὀδοῦσι [5].

Μορφὴ δ' ἰχνεύταο κινωπέτου, οἷον ἀμυδρῆς   19;

Ι'κτιδος, ἥτ' ὄρνισι κατοικιδίῃσιν ὄλεθρον

Μαίεται, ἐξ ὕπνοιο καθαρπάζουσα πετεύρων [6],

Ε'νθα λέχος τεύχονται ἐπ' ἴκριον, ἢ καὶ ἀφαυρὰ

Τέκνα τιθαιβώσσουσιν ὑπὸ πλευρῇσι θέρουσαι.

Α'λλ' ὅταν Αἰγύπτοιο παρὰ θρυόεντας ἰάμνους   2·:

Α'σπί-

---

[1] M. ὑμενίεσσι. [2] M. R. ἐμπελάσειαν. [3] M. κηριτρόφου ·
[4] Defunt in M. ufque ad verfum 160. qui inc. ἤτοι, κ. λ.
[5] R. συνέρραγάθησιν ὀδοῦσιν. [6] R. πιτάὃρων.

Ripieni di veleno, ed una in fondo
Tunica gli ricuopre di membrane;
Crudo quindi velen rutta alle membra.
Degl' inimici vadian fulle tefte
Questi prodigii; che nè morfo alcuno
Sulla carne n' appare, nè tumore
Infanabil s' infiamma; e fenza pena
L' uomo fi muore, e grave fonnolenza
Il termine del vivere n' arreca.

Ben

Hi virus capiunt , tunica super undique tecti ,
Indomitum , quod & inde virùm iaculatur in artus . 18 5
Hostibus occurrant tam saeva pericula nostris .
Nulla 54 *cute inflicti vestigia vulneris , ardor*
Atque tumor nullus , sensusve in morte doloris 55 *,*
Membra gravi tantum pereunt torpentia somno .
    Solus 56 *at Ichneumon innoxius aspidis ictus* 190
Declinat tantos , seu quum movet aspera bella ,
Seu quum , satiferis dum partubus incubat anguis ,
Omnia dispergit per humum , tunicisque soluta
Devorat , atque oris magno terit ova fragore .
Mustelae hic parvae , vero quam nomine dicunt 195
Ictida 57 *, persimilis , quae villae in corte volucres*
Somno irretitas tabulata per ardua rimans ,
Dum recubant , tepidoque fovent sub pectore pullos ,
E nidis raptas scelerata fraude trucidat .
Ast ubi 58 *in Aegypti iuncetis cum aspide pugnam* 200

                            In-

    Ben l' Icneumone folo fenza danno,
Dell' afpide l' affalto fcanfa , o quando
Viene a battaglia , o quando della ferpe,
Che morte rallevando , le trifte uova
Cova , tutte per terra le difperge ,
E le fmembrana lacerando , e sbruffa
Co' fuoi diftruggitor denti fchiacciandole .
Dell' animale cacciator la forma
Qual di fcura faina , ch' agli uccelli
Cafalinghi la morte va tracciando ,
Rubandoli dal fonno , da' piuoli ,
E da' palchetti , u' pofano a pollaio ,
O nutricano i debili pulcini
Sotto le loro coftole fcaldandoli .
Or quando dell' Egitto tra le verdi

                            Al-

Α'σπίσι μῶλον ἄγησιν ἀθέσφατον εἰλικοέσσαις,
Αὐτίχ' ὁ μὲν ποταμόνδε καθήλατο [1], τύψε δὲ κώλοις
Τάρταρον ἰλυόεσσαν, ἄφαρ δ' ἐφορύξατο γῦα [2]
Πηλῷ ἀλινδηθεὶς ὀλίγον δέμας, εἰσόκε λάχνην
Σείριος ἀζήνῃ, τεύξῃ δ' ἄγναμπτον ὀδόντι.   215
Τῆμος δ' ἠὲ κάρη λιχμήρεος ἑρπηςᾶο
Σμερδαλέος ἔβραξεν [3] ἐπάλμενος, ἠὲ καὶ οὐρῆς
Α'ρπάξας, βρυόεντος ἔσω ποταμοῖο κύλισσεν.

         Εὖ δ' ἂν ἐχιδνήεσσαν ἴδοις πολυδερκέα μορφὴν,
Α"λλοτε μὲν δολιχὴν, ὅτε παυρὰδα, τοῖον ἀέξη   210
Εὐρώπη τ' Α'σίη τε, τάδ' οὐκ ἐπιείκελα δήεις.
Η"τοι ἀν' Εὐρώπην μὲν ὀλίζονα, καὶ θ' ὑπὲρ ἄκραν
Ρ'ώθανας, κερχοί τε καὶ ἀργίλιπες τελέθουσιν·
Οἱ μὲν ὑπὸ Σκείρωνος ὄρη, Παμμώνιά [4] τ' αἴπη,
Ρ'υπαῖον, Κόρακός τε πάγον, πολιόν τ' Α'σέληνον.   215
Α'σὶς δ' ὀργυόεντα [5], καὶ ἐς πλέον ἑρπετὰ βόσκει,
Οἷα περὶ τρηχὺν Βουκάρτερον, ἢ καὶ ἐρυμνὸς
Αἰγαγέης [6] πρηών, καὶ Κέρκαφος ἐντὸς ἐέργει.

                                                    Τῶν

[1] R. καθήλλατο.   [2] R. γαῖα.   [3] R. ἴβρυξιν.   [4] R. Παμ-
Cώνιά.   [5] R. ἀργυόεντα.   [6] R. αἰσαγέης.

Alberete, indicibile battaglia
Agli afpidi girevoli ne porta,
Quefto repente giù nel fiume falta,
E va battendo il tartaro motofo,
E le membra di fubito s' intride,
Rivoltando nel fango il picciol corpo,
Finchè la mota ne rafciughi il fole,
E ben refifta al dente. Allora il capo
Del leccante terribile ferpente,

                                          O di

Inſtaurat , magnoque parat decernere bello ,
Se ſubito in fluvium ſaltu dedit , & quatit artus
Gurgite caenoſo , corpuſque per atra volutum
Conſpurcat foedatque luto , dum Sirius ardens
Loricam faciat , quae dentes perferat uncos 59 .   205
Inde ſerae caput erodit lambentis in imas
Inſiliens fauces , aut in muſcoſa flumenta
Praecipitat cauda raptam , mergitque ſub undis .
    Tu modo vipeream ſpeciem , variaſque figuras
Adſpice , longa illa eſt , brevis haec , diſcrimine tanto   210
Fert Aſia atque Europa , pareſque haud videris uſquam.
Namque per Europam curtae 60 , queis tubera ſummis
Naribus exſiſtunt , albaeque 61 & cornua geſtant .
Haec Scironia ſaxa colunt , Pammoniaque alta ,
Rhypaeum , Coraciſque pagum , camumque Aſelenum .   215
Aſt Aſia unam aut plus ſurgentes paſcit in ulnam 62 ,
Quales ſaxoſum Bucarteron , Aegageeſque
Culmina celſa tenent , & Cercaphus educat ingens.
                                            La-

  O di botto divora , o per la coda
Prendendolo , lo sdrucciola nel fiume.
    Ben ſcorgerai varia viperea forma
Lunga allor , quando picciola , sì creſce.
In Aſia , e Europa lor non trovi eguali ;
Per l' Europa minori , ed anno punte
Sopra le nari , e ſon cornute , e bianche .
Queſte ſotto gli monti di Scirone ,
Ed i Pammonii colli , ed il Riſco ,
E di Corace il poggio , e l' Aſeleno
Candido per le nevi. L' Aſia poi
Serpi paſce a miſura d' orgia , ed oltre ,
Quali intorno al Bucartero ſcoſceſo ,
O d' Egagea la ripida montagna ,
O il Cercaſo nel ſuo giro riſerra .
                                    Di

Τῶν ἤτοι βρεγμοὶ μὲν ἐπὶ πλάτος, ἠδ' ὑπὲρ ἄκρον
Ο'λκαῖον σπείρης κολοβῶ ἐπελίσσεται ὀρῶ   229
Α'ργαλέαις φρίσσουσαν ἐπηετανὸν φολίδεσσι·
Νωθεῖ δ' ἔνθα καὶ ἔνθα διὰ δρυμὰ νίσσεται ὀλκῷ.
Πᾶς δέ τοι ὀξυκάρηνος ἰδεῖν ἔχις, ἄλλοτε μῆκος
Μάσσων, ἄλλοτε παῦρος· ἀκιδνότερος δὲ κατ' εὖρος
Νηδύες, ἡ δὲ μύουρος ἐφολκαίη τετάνυσται,   225
Ι'σως μὲν πεδανὴ δολιχοῦ ὑπὸ πείρασιν ὀλκοῦ,
Ι'σως δ' ἐκ φολίδων τετριμμένη. αὐτὰρ ἐνωπῆς
Γλήνεα ¹ φοινίσσει τεθοωμένος, ὀξὺ δὲ διερῇ
Γλώσσῃ λιχμάζων νέατον σκολύπτεται ὀρήν.
Κωκυτὸν δ' ἐχιναῖον ἐπικλείουσιν ὀδῖται.   230
Τοῦ μὲν ὑπὲρ κυνόδοντε δύο χροῒ τεκμαίρονται ²
Ι'ὸν ἐρευγόμενοι· πλέονες δέ τοι αἰὲν ἐχίδνης.
Οὖλω γὰρ ³ ςομίῳ ἐμφύεται· ⁴ ἀμφὶ δὲ σαρκὶ
Ρ'εῖά κεν εὐρυνθέντας ἐπιφράσαιο ⁵ χαλινούς.
Τῆς καὶ ἀπὸ πληγῆς φέρεται ⁶ λίπεϊ ἴκελος ἰχώρ,   235
                                        Α"λ-

¹ R. γλήνια.   ² R. τιρμαίρονται.   ³ R. ὀϊ.   ⁴ R. ἐμ-
φύηται.   ⁵ R. ἐπιφράσσαιο.   ⁶ R. φαίηται.

Di questi son le teste larghe, ed ampie,
E sull' estremo tratto della spira,
Mozza coda divincolan, tutta aspra
Ed arricciata di gravose scaglie;
E con strascico lento per li boschi
Di quà, di là, di giù, di sù sen vanno.
Ogni è a veder vipero aguzzo in capo,
Or di maggiore, or di minor lunghezza;
E peggiore del ventre nell' ampiezza,
                              O moz-

Latior [63] est harum vertex, tractuque supremo
Corporis exiguae non longa volumina caudae,   220
Squamarum serie assidua nexuque rigentis,
Et piger incessus dumeta per hirta vagantum.
At mas [64] hic longus, brevis ille, sed omnis acuto
Vertice conspicuus, gracilique adstrictior alvo.
Cauda quoque in nodos sensim tenuata minores   225
Porrigitur, longo pendens de corpore parva
Squamisque attritis: quod si furor aggerat iras,
Lumina rubra micant, & linguis ora bisulcis
Lambens, extremum caudae finem asperat imae.
Vipereum proprio Cocytum [65] nomine dicunt.   230
Huic gemini apparent dentes in carne venenum
Fundentes: verubus sed femina pluribus atrox.
Ore etenim toto mordens illa haeret, & icta
In cute gingivae lato signantur hiatu.
Pingui inde haud dispar sanies emanat olivo,   235

                                              San-

O mozzicoda stendene lo strascico,
Forse angusta di lungo tratto sotto
A' termini, e da squame forse attrita.
Or della vista le pupille arrossa
Infuriato, e prestamente in doppia
Lingua lambendo torce ultima coda.
I passeggieri il chiamano vipereo
Cocito; di costui canini denti
Due, dalla pelle terminati sono,
Velen ruttanti. Ognor più n' à la vipera;
Poichè colla mortal boccuccia attaccasi,
E d' intorno alla carne agevolmente
Tu dilatate avviserai le briglie:
Dalla di cui ferita sì si porta
Vmidità, che rassomiglia al grasso,

                                              Ta-

Ἄλλοτε δ' αἱματόεις, ποτὲ δ' ἄχροος. οἱ δ' ἐπὶ οἱ σάρξ ₁
Πολλάκι μὲν χλοάουσα βαρεῖ ἀναδέδρομεν ² οἴδει ,
Ἄλλοτε φοινίσσουσα , τότ' εἴδεται ἄντα πελιδνή ·
Ἄλλοτε δ' ὑδατόεν κυέει βάρος . αἱ δὲ θαμειαὶ
Πομφόλυγες τὼς ἔν γε πυρὶ ³ φλύκταιναι ἀραιαὶ   240
Οἷα πυρικμήτοιο χροὸς πλαδόωσιν ὕπερθεν ⁴ ·
Σηπεδόνες δέ οἱ ἀμφὶς ἐπίδρομοι , αἱ μὲν ἄτερθεν ,
Αἱ δὲ κατὰ πληγὴν ἰοειδέα λοιγὸν ⁵ ἱεῖσαι .
Πᾶν δ' ἐπί οἱ δριμεῖα δέμας καταβόσκεται ἄτη
Ὀξέα ⁶ πυρπολέουσα . κατ' ἀσφάραγον δέ τε λυγμοὶ ⁷ 245
Κίσσά τε ξυνιόντες ἐπασσύτεροι κλονέουσιν .
Ἀμφὶ καὶ ἰλίγγοις δέμας ἄχθεται· αἶψα δὲ γυίοις ⁸
Ἀδρανίη βαρύθουσα , καὶ ἰξύι μέρμερος ἵζει .
Ἐν δὲ κάρῃ σκοτόεν βάρος ἵζεται . αὐτὰρ ὁ κάμνων
Ἄλλοτε μὲν δίψῃ φάρυγα ξηραίνεται αὖον·   250
Πολλάκι δ' ἐξ ὀνύχων ἴσχει κρύος , ἀμφὶ δὲ γυῖα ⁹
Χειμερίῃ ζαλόωσα ¹⁰ πέριξ βέβριθε χάλαζα .

Πολ-

¹ R. ὄχροος. ἠδ' ἐπίοι σάρξ. ² R. ἀναδέδρομεν. ³ R. πομ-
φόλυγές τ' ὥπὶ τε πυρί. ⁴ R. ὕπερθε. ⁵ R. ἰὸν.
⁶ R. ὀξέως. ⁷ R. λυγμὸν. ⁸ R. γίν (sic). ⁹ R. γίν.
¹⁰ R. δαλίωσα.

Talor sanguigna , ed ora scolorita ;
E appresso questo la carne sovente
Livida , grave suscita tumore
Talor vermiglio , ed or rassembra bigio ;
Talor è pregno d' acquidoso pondo ,
E le bolle frequenti in questa guisa ,
Quali sonagli , che si fan nell' acqua ,
Bugge veschiche , in fuoco qual di corpo
Scottato , rilevate son di sopra ;

E le

Sanguinea interdum vel pallida , tum caro [66] sese
Attollens viridi rubrove infecta colore ,
Aut livente , gravem dat magna mole tumorem .
Hic modo turget aqua plenus, bullaeque frequentes ,
Quales ignis edax ambusto in corpore tollit ,   240
Erumpunt sparsim , foedoque humore redundant .
Putria [67] mox plagam circumstant ulcera , & ipsam
Depascunt , sanie tetroque fluentia tabo .
Flagrat [68] & ardenti corpus consumitur igni .
Et denso crebri singultus [69] agmine guttur   245
Concutiunt , sonitusque cient , per colla ruentes .
Membra [70] rotant caeca vertigine , robore nullo
Stant lumbi , magnoque artus languore fatiscunt .
Caligat premiturque caput gravitate , sitisque [71]
Interdum fauces arentes aspera torret :   250
Saepe rigent ungues , atque aeger corpore toto
Horrescit , gelido ceu grandinis obrutus imbre .

Sae-

    E le marce d' intorno su correnti,
Alcune fuori , ed altre dalla piaga
Schizzando il negro velenoso umore.
Pascene il corpo tutto agra sciagura ,
Mettendo fiamma rapida cocente .
Per la gola, e per l' ugola singhiozzi
Sconturbano , venendo un dopo l' altro ;
E il corpo noiato è dalle vertigini ;
E tosto nelle membra languidezza
Grave, e sul fianco è l' inquietezza assisa :
E nella testa sta scura gravezza.
Ora il malato tal fiata à secco
L' arsiccio gorgozzule dalla sete ,
E fin dall' ugne à spesso rigoroso
Freddo, e alle parti intorno intorno ingrossa
Tempestosa iemal fredda gragnuola.

Spes-

Πολλάκι δ' αὖ χολόεντας ἀτήρυγε νηδύος ὄγκους
Ὠχραίνων δέμας· ἀμφίς. ὁ δὲ νοτέων [1] περὶ γυίοις·
Ψυχρότερος νιφετοῖο βολῆς περιχεύεται ἱδρώς.   255
Χροιὴν δ' ἄλλοτε μὲν μολίβου ζοφοειδέος ἴσχει·
Ἄλλοτε δ' ἠερόεντα, τότ' ἄνθεσιν [3] εἴσατο χαλκοῦ.

    Εὖ δ' ἂν καὶ δολόεντα μάθοις ἐπιόντα κεράστην,
Π'ῦτ' ἔχιν· τῷ γάρ τε δομὴν ἰνδάλλεται ἴσην.
Ἤτοι ὁ μὲν κολός ἐςιν [4], ὁ δ' αὖ κεράεσσι πεποιθώς,   260
Ἄλλοτε μὲν πιτύρεσσι [5], τότ' ἐν [6] δοιοῖσι κεράςης· [7]
Χροιῇ δ' ἐν ψαφαρῇ λεπρύνεται· ἐν δ' ἀμάθοισιν
Ἤ καὶ ἁματροχιῇσι παρὰ ςίβον [8] ἐνδυκὲς αὔει.
Τῶν ἤτοι σπείρῃσιν ὁ μὲν θοὸς ἀντία θύνει
Ἀτραπὸν ἰθεῖαν δολιχῷ μηρύγματι γαςρός.   265
Αὐτὰρ ὅ γε σκαιὸς μεσάτῳ ἐπαλίνδεται ὁλκῷ,
Οἷμον ὁδοιπλανέων σκολιὴν τετρηχότι νώτῳ,
Τράμπιος ὁλκαίης ἀκάτῳ [9] ἴσος, ἥτε δι' ἅλμης
Πλευρὸν ὅλον βάπτουσα κακοςαθέοντος ἀήτευ [10],

                                      Εἰς

[1] R. ὁ δ' αὖ νοτέων.   [2] K. γι'ν.   [3] R. ἠερείσσιν τ' ἄνθισιν.
[4] M. κίλος τι'σιν.   [5] R. πισύροισι.   [6] M. τότε δ' ἐν.
[7] R. κεράςην.   [8] R. ςίχιν.   [9] M. καμάτῳ.   [10] M.R. ἀή-
τιω.

Spesso del ventre le biliose moli
 Rutta, nel corpo intorno impallidendo;
E grondando, alle parti, più di fiocco
Di neve sudor spargesi gelato.
Colore or à di tenebroso piombo:
Ora scuro, sembiante a fior di rame.
        Bene ancor tu l' assalitor Ceraste
Doloso, qual la vipera saprai;
Ch' egual del corpo a lei à la struttura.

                                      Ce-

Saepe etiam [72] in stomacho collectos bilis acervos
Pallidus ore vomit : sudor fluit undique rivis
Frigidior nivibus, quas cael nubila fundunt .   255
Nigricat in cutis, plumbi modo fusca colore :
Caerulea interdum est , acrisve simillima flori .
    Nunc facile [73] agnoscas instructum fraude Cerasten.
Viperea hic forma est , & imagine cretus eadem .
Sed tamen haec mutila est , is fretus saepe quaternis   260
Cornibus , aut binis , atque hoc discrimine notus .
Albescit squalore color , sulcisque rotarum
Conditus ipse viae medias iacet inter arenas .
Quumque adversa [74] , trahens ingentes vipera gyros
Et recta , pariter librato corpore , serpat ,   265
Ille viam , dorso & squamis crepitantibus [75] asper ,
Oblique ingreditur , recto de tramite cedens :
Haud secus ac navis , rapido quae flamine venti
In latus inclinans , demersaque paene sub undis ,

                                                        In

    Ceraste è or di quattro, or di due corna ;
    L' un senza, e l' altro è sulle corna franco .
    S' assottiglia in bruciato colorito ,
    E nell' arena continuamente ,
    O pur nelle rotaie ivi lungo
    La pesta della strada si riposa .
    Di questi certamente colle spire
    L' un veloce all' incontro se ne corre
    Per sentier dritto coll' attorto ventre .
    L' altro sinistro , a mezzo collo strascico
    Si rigira vagando per la via
    A traverso così coll' aspro dosso :
    Di legno mercantil simile a schifo ,
    Che per lo salso flutto sommergendo
    Tutta una banda , all' ostinato soffio ,
    Al vento cede a forza , ributtato

        D   Dal-

Εἰς ἄνεμον βεβίηται ἀπόκρουσος λιβὸς οὔρῳ[1].　　　270
Τοῦ μὲν, ὅταν βρύξῃσιν, ἀεικέλιον περὶ νύγμα[2]
Ἥλῳ ἐειδόμενον τυλόεν πέλει· αἱ δὲ πελιδναὶ
Φλύκταιναι, πέμφιξιν ἐειδόμεναι ὑετοῖο,
Δῆγμα πέριξ πλάζονται, ἀμυδρώεσσαι[3] ἐς ὠπήν.
Ἤτοι ἀφαυρότερον τελέει πόνον· ἐννέα δ᾽ αὐγὰς　　275
Ἠελίου μογέων ἐπιόσσεται, οἷσι κεράστης
Οὐλόμενον κακοεργὸν ἐνιχραύει[4] κυνόδοντα.
Διπλοῖς δ᾽ ἐν βουβῶσι καὶ ἰγνύσιν ἀσκελὲς αὔτως
Μόχθος ἐνιτρέφεται, πελιὸς δέ τοι[5] ἐμφέρεται χρώς·
Τῶν δέ τε καμνόντων ὀλίγος περὶ ἅψεα θυμὸς　　280
Λείπεται ἐκ καμάτοιο, μόλις[6] γε μὲν ἔκφυγον αἶσαν.
　　Σῆμα δέ τοι δάκεος αἱμόρρου[7] αὐτίκ᾽ ἐνίσπω[8],
Ὅς τε κατ᾽ εἰλυθμοὺς πετρώδεας ἐνδυκὲς αὔει[9],
Τρηχῶ[10] ὑπάρπεζον[11] θαλάμην ὀλιγηρέα τεύχων,
Ἔνθ᾽ εἰλυθμὸν ἔχεσκεν, ἐπεί τ᾽ ἐκορέσσατο[12] φορβῆς.　285
Μήκη[13] μὲν ποδὸς ἴχνος ἰσάζεται, αὐτὰρ ἐπ᾽ εὖρος

Τέ-

---

[1] R. αὔρη. [2] Μ. νύχμα. [3] Μ. R. ἀμυδρήισσαι. [4] Μ. ἰπ-
χραύσῃ. [5] Μ. πολιὸς δὲ οἱ. R. οἱ. [6] Μ. μόγις.
[7] Μ. αἱμορρέῃ, ita corr. in R. [8] R. ἐν ἵππῳ. [9] αἰεί.
[10] Μ. R. τρηχὺν. [11] Μ. R. ὑπέρπεζον. [12] R. ἔπειτα κο-
ρέσσατο. [13] Μ. R. μήκει.

Dalla voga terribil di libeccio.
Di questo quando il difonesto morfo
S' aggrava intorno, a chiodo fimigliante,
Callofo viene, e pofole bigicce,
A campanei di pioggia fomiglianti,
Alla morfura van vagando intorno,
Scure in vifta. Certo à più corto affanno;
　　　　　　　　　　　　E po-

In ventos agitur, flatuque repellitur Euri.   270
Si dentem [76] *impreſſit, mox vulnere durus in ipſo*
Clavi inſtar callus, tum plurima puſtula circum
Livescit, fugiens obscuro lumina visu,
Par levibus bullis pluvio nascentibus imbre.
Nec tamen [77] *excruciat magni vis ulla doloris,*   275
Sed superat, nova dum ſol radiaverit ortu,
Impegit diro cui vulnera dente Ceraſtes.
Inſidet inguinibus geminis, & vexat acerbus
Genua labor, propriumque cutis livente colorem
Mutat, & aerumnis tandem compage ſoluta   280
Deficiens animo, vix ſe miſer eripit Orco.
     Iam quibus [78] *agnoſcas Haemorrhoon accipe ſigna.*
Ille ſibi ſedem ſaxoſis ſemper in antris
Figit, & exigua ſtratus duroque cubili,
E paſtu campis rediens ſatur, otia ducit.   285
Aequalis menſura pedi eſt, & in arƐta reduƐtum

Sen-

E nove rai di ſole travagliando
Scorgerà quegli poſcia, in cui Ceraſta
Fitto avrà il triſto maladetto dente.
Nelle doppie anguinaie, e coſcie ognora
La pena ſi fomenta ed il travaglio,
E la carne appariſce tutta livida:
Ed alle membra degl' infermi intorno
Poca dal patimento reſta vita,
E a gran fatica ſcampano la morte.
     D' Emorroo ſerpe il ſegno or narrerotti,
Che dorme ognor per le faſſoſe buche,
Formando liſcio murato abituro,
Ove s' avvolge poi, ch' à aſſai paſciuto.
L' orma d' un piè pareggia per lo lungo,
Ma per l' ampio è ſottile, e à poca coda,

D 2   Dal.

Τέθρυπται ' μύουρος ἀπὸ φλογέοιο καρήνου.
Ἄλλοτε μὲν χροιῇ ψολόεις, ὁτὲ δ' ἔμπαλιν αἰθός.
Δειρὴ δ' ἐσφήκωται ἅλις· πεδανὴ δέ οἱ οὐρὴ
Ζαχρειὴς θλιφθεῖσα κατομφάλιος τετάνυςαι.   290
Τοῦ μὲν ὑπὲρ νιφόεντα κεράατα δοιὰ μετώπῳ
Ἔγκειται, πάρνοψι φάη λογάδας τε προσεικής.
Σμερδαλέον δ' ἐπί οἱ λάμυρον πέφρικε κάρηνον.
Δοχμὰ δ' ἐπισκάζων ὀλίγον δέμας, οἷα κεράςης,
Μέσσου ὅγ' ἐκ νώτου βαιὸν πλόον αἰὲν ὀκέλλει,   295
Γαίῃ ὑποθλίβων νηδύν· φολίσιν δὲ καὶ οἴμῳ
Παῦρον ὑποψοφέων, καλάμης χύσιν οἷα διέρπει ².
Νύγματι δ' ἀρχομένῳ μὲν ἐπιτρέχει ἄχροον εἶδος ³
Κυάνεον· κραδίην δὲ κακὸν περιτέτροφεν ἄλγος·
Γαςὴρ δ' ὑδατόεσσα διέσσυτο· νυκτὶ δὲ πρώτῃ   300
Αἷμα δι' ἐκ ῥινῶν τε καὶ αὐχένος ἠδὲ καὶ ὤτων
Πηδύεται, χολόεντι νέον πεφορυγμένον ἰῷ.
Οὖρα δὲ φοινίσσοντα κατέδραμεν· αἱ δ' ὑπὸ γυίοις
                                                                   Ὠτει-

---

¹ M. τέτρυπλι. ² M. δ' ἐφέρπει. ³ M. ἄχρονον (corr.
ἄχροον) οἶδος. R. ἄχροον (corr. ἄχρονον) οἶδες.

Dalla fiammante teſta. Or nel colore
E' sfavillante , ed ora appare bruno.
Nella cervice è ben denſo , e ſerrato ;
Ma la coda ſottile ſenza poſa
Divincolata ſtendeſi al bellico.
Di queſto ſulla fronte due nevoſe
Corna ſon collocate ; nelle luci ,
E ne' bianchi di quelle , ſomigliante
A ſalvatiche pecchie , od' a locuſte.

                                                      E or-

Sensim a flammato [79] *tenuatur vertice corpus .*
Splendidus interdum color est , contrave perustus .
Stringitur angusto collo , compressaque cauda .
Sparsa solo , media multum gracilescit ab alvo .   290
Cornua [80] *bina gerit sublimi candida fronte ,*
Lucentes similis orbes oculosque locustae .
Terrificum squamisque rigens caput horret , & ipse
Exiguum corpus curvi de more Cerastae
Obliquans , medio dorso breve promovet agmen ,   295
Ventre solum radens , squamisque sonorus in ipso
Dat strepitum exilem gressu , ceu stramina calcans .
Protinus [81] *incusso caro vulnere foeda colorem*
Caeruleum ducit , dolor est in corde , citatur
Praeliquidus venter , primaque in nocte [82] *per aures ,*   300
Per colla [83] *& nares virosa bile remistus*
Sanguineus scaturit rivisque effunditur humor .
Inde urina rubet : per corpus denique totum

VI.

E orrendo sopra , mobil capo rizzasi ;
E a traverso strascicando il piccolo
Corpo , come il Ceraste , in navicare
Breve , da mezzo il dosso ognora sdrucciola
La pancia stropicciando sulla terra ,
E colle squame , e col cammino un poco
Rumoreggiando par , che frasche passi .
Al morso , nel principio , corre sopra
Cerulea forma , scolorita ; e il cuore
Consuma reo dolore intorno intorno ,
Il ventre acquoso sì ne va saltando ,
E nella prima notte di pel naso ,
E collo , e orecchi il sangue ne zampilla ,
Col velen bilioso ora imbrattato ,
E l' orine ne scorrono sanguigne .

D 3   Sot-

Ὠτειλαὶ ῥήγνυνται , ἐπειγόμεναι χροὸς ἄζῃ.
Μή ποτέ τοι θήλει᾽ αἱμορρὸῒς ἰὸν ἐνείη .   375
Τῆς γὰρ ὀδαξαμένης¹ , τὰ μὲν ἀθρόα πίμπρχται ὗλα,
Ῥιζόθεν ἐξ ὀνύχων δὲ κατείβεται ἀσαγὲς αἷμα·
Οἱ δὲ φόνῳ μυδόωντες ἀναπρίουσιν ² ὀδόντες .
Εἴ γ᾽ ἔτυμον, Τροίηθεν ἰοῦσ᾽ ἐχαλέψατο φύλλοις ³
Αἵν᾽ Ἑλένη ⁴, ὅτε νῆα πολύςροιβον περὶ ⁵ Νεῖλον   310
Ἔςησαν , βορέαο κακὴν προφυγόντες ὁμοκλήν ·
Ἧ᾽μος ἀναψύχοντα κιβερνητῆρα Κάνωβον
Θώνιος ἐν ψαμάθοισιν ⁶ ἀθρήσατο . τύψε γὰρ αὐτὸν
Αὐχέν᾽ ἀποθλιβεῖσα ⁷, καὶ ἐν βαρὺν ἤρυγεν ἰὸν
Αἱμορὸῒς θήλεια , κακὸν δέ οἱ ἔχραε κοῖτον ⁸ .   315
Τοῦ δ᾽⁹ Ἑλένη μέσον ὁλκὸν ἀνέκλασε¹⁰. θραῦσε δ᾽ ἀκάνθου¹¹
Δεσμὰ πέριξ νωταῖα , ῥάχις δ᾽ ἐξέδραμε γύων .
Ἔξοθεν αἱμορόοι σκολιοπλανέες τε κεράςαι
Οἷοι χωλεύουσι κακηπελίῃ βαρύθοντες .

                                             Εὖ

_____

¹ M. δεξαμένης. ² M. ἀναπλείυσιν, ita corr. in R. ³ M. φύλοις . ⁴ M. αἰνελίη . R. αἰνελίνη . ⁵ M. R. παρά . ⁶ M. R. ψαμάθοις . ⁷ M. ἀποθλιφθῦσα . ⁸ R. κοίτην . ⁹ M. R. τῶν δ᾽ . ¹⁰ M. R. ἐνέκλασι . ¹¹ M. R. ἀκάνθης .

Sotto le membra scoppiano le piaghe
Del corpo spinte da squalore orrendo .
A te non mai la femmina Emorroide
Ficchi dentro il velen ; poich᾽ addentando ,
Tutte si brucian le gengive , e ᾽l sangue
Dirotto stilla fin di fondo all᾽ ugna ;
E di strage putenti i denti , segano .
S᾽ è ver , la sciagurata Elena airossi

                                             Col-

Vlcera rupta patent , & agit cutis arida rimas .
Sed cave [14] *ne membris Haemorrhois aspera virus*   305
Affundat morsu: totis furit ignea labes
Gingivis , ungues summa ab radice cruorem
Stillant , & stridunt rorantes sanguine dentes .
Huic Helene [15] *, Troiâ , si vera est fama , revertens ,*
Quum pelago classem rapidis Aquilonibus actam   310
Vix tandem undosi Nili statuisset in oris ,
Navarchi interitu graviter succensa Canobi ,
Quem mox ut fessas revocantem in littore vires
Thonius [16] *adspexit , pressus cervice , venenum*
Artubus adspersit , duro stravitque cubili ,   315
Abrupit medium corpus , connexaque dorsi
Vertibula , & spinae nodos , & vincla resolvit .
Ex illo Haemorrhi clumbes , tortique Cerastae
Ceu claudi incedunt , poenas pro fraude luentes .

Nunc

Colla razza , partitasi di Troia ;
Allorachè la nave intorno al Nilo,
Che molti fa giri , e rigir fermaro,
Fuggendo ria di Borea minaccia ;
Quando il nocchier Canobo rinfrescantesi,
La Tonia ne scorse in sull' arena,
Poichè da lui premuta sovra 'l collo
Lo morse , e 'l grave vomitò veleno
L' Emorroide femmina , e un mal letto
Gli preparò . Or Elena di quella
Ruppe nel mezzo il filo delle reni ,
E della spina gli omerali nodi
Schiacciò , e dalle membra uscì la schiena .
Onde gl' Emoroi , e quei che obliqui vagano
Cerasti , soli vanno zoppicando
Dalla rea bastonata caricati .

D 4   Del

Εὖ δ' ἂν σηπεδόνος γνοίης δέμας. ἀλλ' ὁ μὲν εἴδει 320
Λιμορόῳ σύμμορφος, ἀτὰρ ϛίβον ἀντί' ὀκέλλει,
Καὶ κερκῶν δέμας ἔμπλην ἄμμορεν· ἡ δέ νυ χροιὴ
Οἵη περ δαπίδος λατίῃ περιδέδρομε ' τέρφει.
Κράατι δ' ἐμβαρύθει· ἐλάχεια δὲ φαίνεται οὐρὴ
Ἐσσυμένη· ² σκολὴν γὰρ ὁμῶς ἐπιτείνεται ἄκρην. 325
Τῆς δ' ἤτοι ὀλοὸν καὶ ἐπώδυνον ἔπλετο ἕλκος
Σηπεδόνος. νέμεται μέγας ἠδ' ³ ὀλοφώϊος ἰὸς
Πᾶν δέμας· αὐαλέη δὲ περὶ χροῒ καρφομένη θρὶξ
Σκίδναται ὡς γήρεια καταψυχθέντος ⁴ ἀκάνθης.
Ἐκ μὲν γὰρ κεφαλῆς τε καὶ ὀφρύος ἀνδρὶ τυπέντι 330
Ῥαίνονται ⁵, βλεφάρων δὲ μέλαιν' ἐξέφθιτο λάχνη.
Ἄψεα δὲ τροχόεντα ⁶ ἐπιϛίζουσι μὲν ἀλφοὶ
Λευκαί τ' ἀργινόεσσαν ἐπ' ἂρ σεύονται ⁷ ἔφηλιν.
    Ναὶ μὴν διψάδος εἶδος ὁμώσεται αἰὲν ἐχίδνῃ
Παυροτέρῃ· θανάτου δὲ θοώτερος ἵζεται αἶσα 335
Οἷσιν ἐνσκήψῃ ⁸ βλοσυρὸν δάκος, ἤτοι ἀρκιὴ
                                    Αἰὲν

¹ M. R. λααίῳ ἐπιδέδρομε . ² M. R. ἱσσυμένης . ³ M. R. νέμεται δὲ μέλας . ⁴ M. λήρεια καταψηχθέντος. R. δ' ὡς
γήρεια (corr. λήρεια) κατ... ⁵ M.R. ῥαίονται. ⁶ M. R. τρο-
χόεντες . ⁷ M. R. ἐπισσεύονται . ⁸ M. ἐνιχρίμψῃ .

Della Sepedon ben conoscerai
Le fattezze , poich' ei conforme è in vista
All' Emoroo ; ma sguiscia per diritto,
E il corpo è al contrario senza coroa,
E il color corre intorno, qual d' irsuto
Tappeto ; è grossa nella testa ; corta
Appar la coda , che si vibra in fretta,
Che tende tuttavia l' obliqua punta .

                                    Or

Nunc tibi [87] *Sepedonos clare notefcet imago.*   320
Hic forma Haemorrbo fimilis , fed corpore greffum
Dirigit adverfo : frons nullo turgida cornu ,
Et cutis in morem villofi picta tapetis .
Mole caput magnum , fed cauda apparet eunti
Exigua , in multos quod flexam torqueat orbes .   325
Letifer huic [88] *morfus , plenufque doloris acerbi :*
Et corpus totum labes inimica veneni
Pafcitur , & ficca pilus e cute decidit omnis ,
Vt marcente leves pappi labuntur acantho .
Namque fuperciliis , & glabro vertice crines ,   330
Palpebrifque fluunt accepto vulnere villi .
Articulos teretes vitiligo [89] *fignat , & albam*
Artubus inducit leuce deformis ephelin .

At vero [90] *Dipfas parvae fub imagine nota*
Viperulae , fed quem rabido violaverit ore ,   335
Fata cito eripiunt , & cauda adfrictior atrum

In-

Or di quefta Sepedone , o Putredine ,
Mortale è la ferita , e dolorofa.
Pafce negro , e mortifero veleno
Il corpo tutto ; e fecchi i crini intorno
Al magro corpo fi fparpaglian , quali
Di fpin feccato vecchi fiocchi erranti,
Che dal capo , e dal ciglio all' uomo morfo
Sfpruzzanfi ; e fe ne va dalle palpebre ,
Morta , pelata , la lanugin negra ,
E le membra girevoli puntate
Sono di bianche macchie , e bianca efelide.

Di Dipfade la fpezie certamente
Sempre farà fimile a viperetta,
Ed a color verrà più prefta morte,
Cui colpirà il fulmineo orrido ferpe.
La rada coda , ch' è ognor nericcia,

Sì

Αἰὲν ὑποζοφόωσα μελαίνεται ἄκροθεν οὐρή.
Δήγματι δ' ἐμφλέγεται¹ κραδίη² πρώταν· ἀμφὶ δὲ καύσῳ
Χείλε³ ὑπ' ἀζαλέης ἀζαίνεται⁴ ἄβροχα δίψης.
Αὐτὰρ ὅγ' ἠύτε ταῦρος ὑπὲρ ποταμοῖο νενευκὼς   34ᵒ
Χανδὸν, ἀμέτρητον δέχεται ποτὸν, εἰσόκε νηδὺς
Ὀμφαλὸν ἐκρήξειε, χέει⁵ δ' ὑπεραχθέα φόρτον.
Ὠγύγιος δ' ἄρα μῦθος ἐν αἰζηοῖσι φορεῖται,
Ὡς ὁπότ' οὐρανὸν ἔσχε Κρόνου πρεσβύτατος ἠὸς⁶,
Νειμάμενος κασίεσσιν ἑκὰς περικυδέας ἀρχὰς   345
Ἰδμοσύνῃ, νεότητα γέρας πόρεν ἡμερίοισι
Κυδαίνων· δὴ γάρ ῥα πυρὸς ληίστορ' ἔνιπτον.
Ἄφρονες οὐ μὲν τῆς δὲ⁷ κακοφραδίης ἀπόναντο.
Νωθεῖ γὰρ κάμνοντες ἀμορβεύοντο λεπάργῳ⁸
Δῶρα. πολύσκαρθμος δὲ κεκαυμένος αὐχένα δίψῃ   350
Ῥώετο⁹. γωλειοῖσι¹⁰ δ' ἰδὼν ὀλκήρεα θῆρα
Οὐλοὸν, ἐλλιτάνευε κακῇ ἐπαλαλκέμεν ἄτῃ
                                    Σαί-

¹ M. δάχματι δ' ἐνφλέγεται. ² Κ. κραδίην. ³ M. R. χείλη.
⁴ M. αὐαίεται. ⁵ M. χίη, ita corr. in R. ⁶ M. R. πρεσβί-
ςατον αἷμα. ⁷ M. R. γε. ⁸ M. λιπάργῳ κάμνοντες
ἀμορβεύοντο. ⁹ R. ῥύετο. ¹⁰ M. R. φωλιιοῖσι.

Sì nell' eſtremità diventa nera.
Dal morſo brucia il cuore affatto affatto,
E con ardente incendioſa febbre,
L' aſciutte labbra dall' arſiccia ſete
Vengonſi ad arſicciare, ed a ſeccarſi.
Or ei, qual toro ſovra il fiume inchino,
Smiſurata bevanda ne tracanna,
Finchè la pancia l' umbilico rompa,
E 'l pondo ſparga, che ne ſovrappeſa.
                                    Ogi-

Induit extremis nodis obscura colorem .
Cor totum 91 *a morsu flamma aestuat ; arida causo*
Vruntur , nulloque madent humore labella .
Ipse autem e fluvio, magno ceu taurus hiatu   343
Pronus aquas potat , dum rupto abdomine venter
Dissiliat , pondusque solo profundat iniquum .
Prisca inter 92 *iuvenes narratur fabula , caelum*
Quum maior natu pulso genitore teneret
Iuppiter , & fratres regnorum in parte locasset ,   345
Munere magnifico viridis donasse iuventae
Mortales , iam tum damnantes furta Promethei 93 *;*
Nec tamen hoc umquam stolidos potuisse potiri .
Imposuere gravi tam praestans munus asello
Defessi , ille sitim sicco , dum vadit onustus ,   350
Gutture collegit , stantemque ad lustra ferocem
Anguem oravit , opem quo rebus ferret egenis .

                                Quum-

Ogigio conto tra i garzon fi porta,
Che quando di Saturno il maggior figlio
Ebbe il ciel , con saper divifi avendo
Lungi a' fratelli , i ben illuftri imperi ,
Lieto , onorando gli uomin giornalieri ,
Per regalo diè lor la giovinezza ,
Che dinunziato avean del fuoco il ladro ;
Stolti ! nè goder già del reo configlio .
Perchè fu un tardo bricco , od afinello ,
Stracchi pofaro il dono , feguitandolo .
Egli , arfo il collo dalla fete , molto
Saltando fi fcotea : in certe pozze
Scorgendo un animal che va ftrifciando ,
Mortifero , pregollo fcongiurando
A dare aita a fua trifta fciagura ,
Lufingando , e la coda dimenando .

                                Or

Σαίνων . αὐτὰρ ὁ βρῖθος ὃ δή ρ' ἀνεδέξατο νώτοις
Πῖτεεν ἄφρονα δῶρον · ὁ δ' οὐκ ἀπκνήνατο χρειῆ'.
Ἐξότε γηραλέον μὲν ἀπὸ φλίον ἑρπετὰ βάλλει   355
Ὀλκήρη, θνητοὺς δὲ κακὸν περὶ γῆρας ὀπάζει .
Νοῦσαν δ' ἀργαλέην βρωμήτορος οὐλεμένη θὴρ
Δέξατο , καί τε τυπῇσιν ἀμυδροτέρῃσιν ἰάπτει .

    Νῦν δ' ἄγε χερσύδροιο καὶ ἀσπίδος εἶρεο μορφὰς
Ἰσαίας· πληγῇ δὲ κακήθεα σήμαθ' ὁμαρτεῖ .   360
Πᾶσα γὰρ αὐαλέη ῥινὸς περὶ σάρκα μυσαχθὴς
Νειόθι πιτναμένη ², μυδόεν τεκμήρκτο νύγμα ³,
Σηπεδόσι φλιδόωσα · τὰ δ' ἄλγεα φῶτα δαμάζει
Μυρία πυρπαλέοντα · θοῶς δ' ἐπὶ γυῖα χέονται
Πρηδόνες , ἄλλοθεν ἄλλαι ἐπημοιβοὶ κλονέουσαι .   365
Ὅς δήτοι τὸ πρὶν μὲν ἐπὶ βροχθώδεῖ λίμνῃ
Ἄσπειστον βατράχοισι φέρει κότον . ἀλλ' ὅταν ὕδωρ
Σείριος ἀζήνῃσι , τρύγη δ' ἐνὶ ⁴ πυθμένι λίμνης ,
Καὶ τόθ' ὅγ' ἐν χέρσῳ τελέθει ψαφαρός τε καὶ ἄχρους ,
Θάλπων ἠελίῳ βλοσυρὸν δέμας· ἐν δὲ κελεύθοις   370

                                    Γλῶσ-
¹ Μ. R. χ;ιιοῖ. ² Μ. πιτνομένη. ³ Μ. νύχμα. ⁴ Μ. ἐν. ⁵ Μ. R. ἄχρος.

Or quello , il carco , che ſul tergo preſo
Avea , chieſe allo ſtolido in regalo ,
Ed egli per biſogno non negollo :
E d' allora le ſerpi il vecchio ſcoglio
Buttano , e gli uomin rea vecchiezza preme ;
E preſe l' animale velenoſo
La dura malattia di quel ragghiante ,
E con morſi più deboli n' offende .
        Or di Cherſidro , e d' Aſpido le pari
Sembianze cerca : ſeguono la piaga

                                    Se-

Quumque hic mercedem pandi gestamina dorsi
Posceret, oppressus casu non abnuit amens.
Inde feri senium serpentes pubere tergo   355
Commutant, hominesque premit grandaeva senectus,
Et tristem ex illo morbum, rabiemque rudentis
Traxerunt, diroque truces dant vulnera dente.
    Nunc age [94] *Chersydrum discas, cui forma tremendae*
Aspidis, & morsus atrocia signa [95] *maligni.*   360
Sicca cutis taetrum redolens, distentaque ab imo,
Et rimis, putri concepto humore, debiscens,
Virosos prodit morsus, miserumque dolores
Igniti absumunt hominem, subitaeque vagantur,
Et toto alternis discurrunt corpore flammae.   365
Ille colens [96] *primum liquentia stagna, perenni*
Exercet ranas odio, sed Sirius omnem
Ut bibit humorem, superestque in gurgite limus,
Exsilit in siccum, squalensque & decolor artus
Sole fovet taetros, & linguis sibila vibrans   370

                                                    Ari-

    Segni maligni, ch' alla carne intorno
    Tutta secca la pelle, puzzolente,
    Fin di fondo cascante, la morsura
    Putente dà a veder, schizzando marcia;
    E infiniti l' uom domano dolori
    Incendianti, e prestamente sopra
    Le membra si diffondono cocciuole,
    Di quà di là a vicenda raggirando.
    Ei pria nella palude pantanosa
    Mortal rancor contra i ranocchi porta;
    Ma quando l' acqua Sirio rasciuga,
    E sta la feccia in fondo del padule,
    Allora è in terra scolorito, e squalido,
    Scaldando al Sol lo spaventoso corpo,
    E nelle vie sbuffando con la lingua,

                                                    Pa-

Γλώσσῃ ποιφύγδην νέμεται διψήρεας ὄγμους [1].

    Τὸν δὲ μετ᾽ ἀμφίσβαιναν ὀλίζονα καὶ μινύθουσαν
Δήεις ἀμφικάρηνον, ἀεὶ γλήναισιν ἀμυδρήν.
Ἀμβλὺ γὰρ ἀμφοτέρωθ᾽ ἀμφιπρονένευκε [2] γένειον
Νόσφιν ἀπ᾽ ἀλλήλων· χροιή γε μὲν ἠΰτε γαίης,   375
Ῥωμαλέον [3] φορέουσα περισιγὲς αἰόλον ἕρφος.
Τῷ μὲν, ὅθ᾽ ἁδρύνηται, ὀροιτύκτοιο [4] βατῆρα [5]
Κόψαντες ῥάδικα πολυστεφέος κοτίνοιο,
Δέρματος ἐσκύλευσαν, ὅτε [6] πρώτιστα πέφανται,
Πρόσθε βοῆς τέττιγος ἐαρτέρου· ἡ δ᾽ ὀνίησι   380
Ῥινῷ δυσπαθέοντας, ὅτ᾽ ἐν παλάμῃσιν ἀεργοὶ
Μάλκαι ἐπιπροθέωσιν [7] ὑπὸ κρυμοῖο δαμέντων,
Ἠδ᾽ ὁπόταν ξανάα νεύρων [8] κεχαλασμένα δεσμά.

    Δήεις καὶ σκυτάλην ἐναλίγκιον ἀμφισβαίῃ
Εἶδος· ἀτὰρ πάχετός τε καὶ οὐτιδανῶ ἐπὶ σειρὴν   385
Πάσσον᾽. ἐπεὶ σκυτάλης μὲν ὅσον σμίνοιο [9] τέτυκται
Στειλειῆς πάχετος. τῆς δ᾽ ἕλμινθος τέλει ὄγκος,
                            Ἡ᾽ἐ

[1] M. ἔκμους. [2] M. R. ἀμφοτέρωθεν ἐπιπρονένευκε.
[3] M. R. ῥωγαλέον. [4] M. R. ὀροιτύποι οἷα. [5] M. Ϲοτῆρα.
[6] M. R. ὅτι. [7] M. R. ἐπιπροθέωσιν. [8] M. R. νεύρων ξα-
ναά. [9] M. R. σμινίοιο.

Pasce assetati solchi . Dietro a questo
Troverai l' Anfisbena poca , e corta ,
Di due teste , con scure ognor pupille ,
Ch' ottuso quinci , e quindi giù dechina
Innanzi , il mento , l' un dall' altro lungi .
Il color , qual di terra ; e storiata
Macchiata porta poderosa pelle .
Questa quando è cresciuta , e fatta grossa ,
                                    Quei

Arida pulvereos pascit virgulta per agros .
    Nunc caput [97] *in geminum vergentem corpore parte*
Nosce Amphisbaenam , cui languent luminis orbes
Protensis utrinque genis spatioque relicto
Disiunctis , hebetes : illam cutis aemula terrae ,   375
Et robusta tegit , variisque interlita guttis .
Hanc , ubi [98] *speluncis primum processit , adultam*
Lignator rapiens , ramo silvestris olivae
Exciso , ante novae teretismata verna cicadae ,
Tergore direpto spoliat ; sic pluribus illa   380
Pelle sua prodest, Boreae quum flamine segnes
Obriguere manus , & victae frigore torpent ,
Aut laxa molles nervi compage laborant .
    Et Scytalen [99] *illi forma spectabis eamdem ,*
Sed quae Amphisbaenae vel cauda vincere possit   385
Crassitiem exili : capulis par namque ligonum
Est Scytale : illa autem lumbrici mole rotundi ,

                                              At•

    Quei che tagliano i legni alla montagna
    Tagliando mazza di felvaggio ulivo ,
    Che molte apprefta a' giuocator corone ,
    Spoglian del cuoio , allor di frefco uccifa ,
    Avanti il canto là di primavera
    Della cicala ; e giova a quel che pate
    Nella pelle , allorchè le fcoppiature
    Nelle palme , o gli oziofi pedignoni
    Vengon fufo , di quei dal freddo domi ;
    E quando i nervi intirizziti fnoda .
      La Scitala tu ancora troverai
    Simile nel fembiante all' Anfisbena ;
    Ma di groffezza , e nella poca coda
    Più pingue ; la groffezza della Scitala
    E' giufto come un manico di vanga ;
    E la mole di quella è qual lombrico ,
                        O pur

Ἠὲ καὶ ἕντερα γῆς, οἷα τρέφει ὄμβριμος ¹ αἶα.
Οὐ γὰρ ὅτ᾽ ἂν χαράδρεια λίπῃ καὶ ῥωγάδα πέτρην
Ἤρος ἀεξομένου, ὁπόθ᾽ ἑρπετὰ γαῖα φαείνει,   390
Ἀκρεμόνος μαράθοιο χυτὸν περιβόσκεται ἔρνος,
Εὖτ᾽ ἂν ἀπ᾽ ² ἠελίοιο περὶ φλόον ἄψεα βάλλῃ,
Ἀλλ᾽ ἤ γ᾽ ἁρπέζαις ³ τε καὶ ἐν νεμέεσσι πεσοῦσα
Φωλείει ⁴ βαθύυπνος, ἀπ᾽ εἰκαίης δὲ βοτεῖται
Γαίης, οὐδ᾽ ἀπὸ δίψος ἀλέξεται ἱεμένη περ.   395

    Τεκμαίρου δ᾽ ὀλίγον μὲν, ἀτὰρ προφερέστατον ἄλλων
Ἑρπηστῶν βασιλῆα. τὸ μὲν δέμας ὀξυκάρηνος
Ξανθὸς, ἐπὶ τρία δῶρα φέρων μῆκός τε καὶ ἰθύν.
Οὐκ ἄρα δὴ κείνου σπειραχθέα κνώδαλα γαίης
Ἰϋγὴν μίμνουσιν, ὅτ᾽ ἐς νομὸν, ἠὲ καὶ ὕλην,   400
Ἠὲ καὶ ἀρδηθμοῖο μεσημβρινὸν ἀΐξαντος
Μείρονται, φύξῃ δὲ παλιντροπέες φορέονται.
Τύμματι δ᾽ ἐπρήσθη φωτὸς δέμας. αἱ δ᾽ ἀπὸ γυίων
Σάρκες ἀπορρέουσι ⁵ πελιδναί τε ζοφεραί τε.
Οὐδέ τις, οὐδ᾽ οἰωνὸς ὑπὲρ νέκυν ἴχνια τείνας,   405
                                                    Αἱ-

¹ M. R. ὄβριμος.   ² M. R. ὑπ᾽.   ³ M. ἁρπέζαις.
⁴ M. R. φωλεύει.   ⁵ M. R. ἀπορραίουσι.

O pur minuge della terra, quali
Ella innaffiata dalla pioggia nutre.
Che non allor, che il fosso lascia, o 'l buco,
Al venir su di primavera, quando
Scuopre la terra gli animai che strisciano,
Pasce di rappa di finocchio, fusto
Giù versato, allorchè dal sol le membra
Gettan la scorza : ma a piè del monte
E ne' paschi abbattutasi, s' intana
                                                    In

Atque inteſtini , quod terra erumpit ab alma .
Vere ¹ᶜᵒ novo campis quum ſerpens exit apertis ,
Et rupes linquens caveaſque per arva vagatur ,   39 ᵒ
Non baec florentis carpit virgulta marathri
Exuviis puber poſitis , renitenſque iuventa ,
Sed per convalles , denſiſque in ſaltibus alto
Vincta latet ſomno : tellus ibi pabula large
Sufficit , unda ſiti non quaeritur ulla levandae .   395

    Contemplator ¹ᵒ¹ item exiguum , ſed robore cunctis
Praeſtantem regem , cui vertice corpus acuto
Atque color rutilus , menſura moduſque tripalmis .
Non quiſquam illius terrentia ſibila ſerpens
Pertulerit , cunctos late ſeu prata capeſſunt ,   40 ᵒ
Sive ſitim medio properant compeſcere ſole ,
Summovet , atque fugae cogit dare terga timentes .
In membra ¹ᵒ² a morſu flammae graſſantur , & atrae
Liventeſque fluunt putri de corpore carnes .
Non aquila , aut vultur , non quae nigra crocitat ales   40 5

                                              Niu-

In cupo ſonno , e cibaſi di quella
Terra , u' di mano in mano ſi ritrova ,
Nè ſi trarrà di ber pure il deſio .
    Nota , piccolo ſì , ma più ſovrano
Degli altri ſerpi il Re : di capo aguzzo ,
Roſſo tre palmi per lo lungo , e a dritto .
Adunque non di quello il fiſchio attendono
Carchi di coda i ſerpi della terra ,
Quando a paſtura , o ſelva vanno , o pure
Braman ruſcel , quando al meriggio move ;
Ma a ſuga indietro ritornando portanſi .
Dell' uomo il corpo al morſo ſuo s' incende ,
E dalle membra caſcano le carni
Livide , e nere ; e ben niun , niuno
Augello è che diſtenda le ſue piante
                 E   So-

Αἴγυπιοὶ, γῦπές τε, κόραξ τ' ὀμβρήρεα κρώζων,
Οὐδὲ μὲν ὅσσα τε φῦλ' ὀνομάζεται οὔρεσι θηρῶν
Δαίνυνται, τοῖσίν περ αὐτμένα δεινὸν ἐφείη.
Εἰ δ' ὀλοὴ βούβρωσις αἰδρείηφι πελάσσει ',
Αὐτῷ οἱ θάνατός τε καὶ ὠκέα μοῖρα τέτυκται.   41)

    Κῆρα δέ τοι δρυίναο πιφαύσκεο · τόνδε ² χέλυδρον
Ἐξέτεροι καλέουσιν, ὁ δ' ἐν δρυσὶν οἰκία τεῦξας,
Ἢ ὅγε που φηγοῖσιν ὀρεσκεύει περὶ βήσσας.
Ὑδρόν μιν καλέουσι, μετεξέτεροι δὲ χέλυδρον,
Ὅς τε βρύα προλιπὼν καὶ ἕλος καὶ ὀμήθεα λίμνlω, 41,
Ἀγρώσσων λειμῶσι μολουρίδας ἢ βατραχῖδας,
Στείχεται ἐκ μύωπος ἄηθεα δέγμενος ὀμλῷ.
Ἔνθα κατὰ πρέμνον κοίλης ἀπεδύσατο ³ φηγοῦ
Ὀξὺς ἀλεὶς, κοῖτον δὲ βαθεῖ ἐνδείματο θάμνῳ ·
Αἰθαλόεις μὲν νῶτα, κάρη γε μὲν ἀρτεδὲς αὔτως   42,
Ὑδρῳ εἰσκόμενον· τὸ δ' ἀπὸ χροὸς ἐχθρὸν ἄηται,
Οἷον ὅτε πλαδόωντα περὶ σκύλα καὶ δέρη ἵππων
Γναμπτόμενοι μυδόωσιν ὑπ' ἀρβήλοισι ⁴ λάθαργοι·
                         Ἤτοι

¹ M. πελάσσοι. ² M. R. πιφαύσκεο.τόν τι. ³ M. R. ὑπε-
δύσατο. ⁴ M. ὑπὲρ δηλοισι.

Sovra 'l morto, o avoltoi, o quel che pioggia
Annunzia gracidando, negro corvo,
Nè quante razze mai fon per li monti
Nominate di fiere, quel divorano;
A' quai gittato viene orrendo odore.
Che fe dannofa fconfigliata fame
S' accofta, ivi a lei morte, e prefta è Parca.
    Odi del Driino, o Quercin ferpe il fato.
Altri il chiaman Chelidro: ei nelle querce
                         Fa.

Nuncia venturae pluviae , non turba ferarum
Cetera per filvas , aufit guftare cadaver ,
Quod femel infultans impuro adflaverit ore.
Sin vefana fames ignaram huc vertere morfus
Compulerit , fubita certaque in morte tenetur .   410
 Iam Dryinae [103] *aufculta peftes , qui faepe cavatis*
Roboris in truncis rimofa cubilia ponit ,
Aut latitat veteris fuffoffo cortice fagi .
Hydrum alii hunc vocitant , alii dixere Chelydrum .
Ipfe lacus poftquam folitos algafque paluftres   415
Liquit , & in pratis ranas volucrefque locuftas
Venatur , rapidi mucrone petitus afili
Effugit , & praeceps veloci fagina faltu
Antra fubit , truncique cava fe condit in alvo .
Illi [104] *nigra cutis , vertexque fimillimus Hydro ,*   420
Et pariter latus : taetrum fed corpus odorem
Non aliter fpirat , quam qui nafcuntur equorum
Tergore de putri vermes , fcalproque fecantur .

           Si

 Facendo la fua ftanza , ovver ne' faggi ,
 Intorno a cupe grotte montaneggia.
 Idro il chiamano gli uni , altri Chelidro ,
 Che abbandonando l' alighe , e lo ftagno ,
 E la palude fua accoftumata ,
 Cacciando grilli in prati , anzi che rane
 Studiafi , dal tafano difufata
 Voga prendendo : or nel pedal di cavo
 Faggio s' immerge tofto rannicchiato ,
 E fi fa il letto nel profondo legno.
 Fulvo nel dorfo , e tefta così piatta
 Sembiante all' Idro ; e un cotal trifto fpira
 Dal corpo , come quando intorno a fpoglie ,
 O pelli fcorticate di cavalli ,
 Sotto la rafpa , i limbei conci putono .

     E 2   Quan-

Ἤτοι ὅτ' ¹ ἐν κώληπος ἢ ἐν ποδὸς ἴχνεῖ τύψῃ,
Χρωτὸς ἀποπνιγόεσσα κεδαιομένη φέρετ' ὀδμή.   42⁵
Τοῦδ' ἤτοι περὶ τύμμα, μέλαν κορθύεται οἶδος.
Ἐν δὲ νόον πεδόωσιν ἀλυσθαίνοντος ἀνίαι
Ἐχθόμεναι· χροιὴ δὲ μόγῳ αὐαίνεται ἀνδρὸς,
Ρινοὶ δὲ πλαδόωσιν ἐπὶ χροΐ. τοῖά μιν ἰὸς
Ὀξὺς ἀεὶ νεμέθων ἐπιβόσκεται, ἀμφὶ καὶ ἀχλὺς   43⁰
Ὄσσε κατακρύπτουσα κακοραθέοντα δαμάζει.
Οἱ δέ τε μυκάουσι ², περιπνιγέες τε πέλονται,
Οὖρα δ' ἀπέσ̔υπται· τοὶ δ' ἔμπαλιν αὖ ὑπνώοντες ³
Ρέγκουσιν, λυγμοῖσι βαρυνόμενοι θαμέεσσιν,
Ἢ ἀπερευγόμενοι ἔμετον χολοειδέα δειρῇ,   43⁵
Ἄλλοτε δ' αἱματόεντα· κακὴ δ' ἐπιδίψιος ἄτη
Ἐσχατίῃ μογέουσι τρόμον κατεχεύατο γυίοις.

     Φράζεο δὲ χλοάοντα δαεὶς κύανόν τε δράκοντα,
Ὅν ποτε Παιήων λασίῃ ἐνιθρέψατο ⁴ φηγῷ,
Πηλίῳ ἐν νιφόεντι ⁵ Πελεθρόνιον κατὰ βῆσσαν.   44⁰
Ἤτοι ὅγ' ἄγραυλός γε ⁶ ἐείδεται· ἐν δὲ γενείῳ

                                        Τρί-

¹ M.R. ὅγ'. ²M.R. μηκάζησα. ³M.R.τότε δ' ἔμπαλιν ὑπνώοντες. ⁴R.ἐνεθρέψατο. ⁵M.δρυφόεντι. ⁶M.R.ἄγλαυρος μὲν.

Quando del piè la pianta, o il tallon punga,
Dal corpo, foffocante odor fi fparge.
Levafi alla puntura un tumor nero.
Prendono il fenno dello fbigottito,
E fmaniante da i dolor, nimiche
Serpi, e il color dell' uom fecca la pena:
Marcifce tutta ful corpo la pelle.
Cosí il veleno acuto ognor ferpendo
Mangia, e nebbia coprendo intorno gli occhi,
                                        Vc-

Si talum [105] *aut summae pressit vestigia calcis ,*
Halitus inde gravis circum vitalia fusus 425
Angit , & in nigros assurgit plaga tumores .
Infesti languentem animum maestumque dolores
Exagitant , aret crudeli vulnere corpus
Foetentem vibrans animam . depascitur artus
Virus edax , lateque simul contagia serpunt , 430
Et densa instabiles caligo involvit ocellos .
Balatus [106] *edunt alii , strictisque premuntur*
Faucibus , urinae restant , bos stertere contra
Perfusos somno videas , concussaque crebro
Ilia singultu , vomitusque per ora citatos 435
Sanguinis aut bilis : tandem sitiente veneno
Diffusus per membra tremor languentia currit .
      Nec vero auratum [107] *, caelique nitore Draconem*
Transierim , quem sago aluit Phoebeia proles [108]
Valle Pelethronia , gelidumque ad Pelion , anguem 440
Praestanti forma [109] *, cui dentes agmine iuncti*

Ter-

Vccide l'uomo, che non truova posa.
Mugghiano quelli, e restano affogati,
Si serrano l'orine ; altri allo 'ncontro
Ronfian , gravati da singhiozzi spessi,
Ora ruttando bilioso vomito,
Ed or sanguigno ; e sulle travagliate
Membra all' estremo , sitibonda trista
Calamitade il tremito diffonde.
    Imparando or avverti il verdeggiante,
E ceruleo Dragon , cui già Esculapio
Nodrì in fronzuto faggio , sul nevoso
Pelio , alla falda Peletronia florida.
Certo , lieto , e selvaggio egli ne mostra.
Nel mento d' ambi i lati son schierati

E 3

Den-

Τρίςιχοι ἑκάτερθε περιςιχόωσιν ὀδόντες.
Πίονα δ' ἐν σκυνίοισιν ὑπόβμματα. νέρθε δὲ πώγων
Ἔπλεθ' ¹ ὑπ' ἀνθερεῶνα χολοιβάφος. ἢ μὲν ὅγ' αὔτως
Ἐγχρίψας ² ἤλγυνε, καὶ ἢν ἔκπαγλα χαλεφθῇ ³   445
Βληχρὸν γὰρ μυὸς οἷα νυχηβόρου ⁴ ἐν χερὶ νύγμα ⁵
Εἴδεται, αἱμαχθέντος ὑποκρανττῆρος ⁶ ἀραιοῦ.
Τῷ μὲν τ' ἔκπαγλον κοτέων βασιλήϊος ὄρνις
Αἰετὸς ἐκ πυλαχῆς ἐπαΐξεται, ἀντία δ' ἐχθρῷ
Δῆριν ἄγει γενύεσσιν, ὅταν βλώσκοντα ⁷ καθ' ὕλην 450
Δέρκηται· πάσας γὰρ ὅ γ' ἠρήμωσε καλιὰς,
Αὔτως ὀρνίθων τε τόκον, κτίλα τ' ὠεὰ βρύκων.
Αὐτὰρ ὅτου καὶ ῥῆνα καὶ ἠνεμόεντα λαγωόν
Ῥεῖα δράκων ῥμερτε νέον μάρψαντος ὄνυξι,
Θάμνου ὑπαΐξας ὁ δ' ἀλεύεται· ἀμφὶ δὲ διωτὸς   455
Μάρνανθ'. ἱπτάμενον δὲ πέριξ ἀτέλεστα διώκει
Σπειρηθεὶς ⁸, καὶ λοξὸν ὑποδρὰξ ὄμμασι λεύσσων ⁹.
    Εἴ γε μὲν Ἡφαίστοιο χαλαίποδος ἐν πτυχὶ νήσου
                                                      Βή-

¹ M. αἰὰ. R. αἴν. ² M.R. ἐγχρίμψας. ³ M.R. χολωθῇ.
⁴ M. μυχηβόρυ, corr. ⁵ M. νύχμα. ⁶ M. ὑπὸ κρανττῆρος.
⁷ M. ὅτ' ἀμβλώσκοντα. ⁸ M. πειρηθείς. ⁹ M. λιύσσων.

Denti a tre fchiere ; pingui fon le grotte
De' fopraccigli , ed è alle fauci fotto
Barba di color giallo , e verde tinta.
Pur non così ficcando il dente , affligge,
Benchè ftupendamente egli fi crucci ;
Che nella pelle il morfo , qual di topo
Nottivoro , raffembra fiacco , e poco,
Infanguinato folo il fottil dente.
Con lui forte ldegnata , augel reale,
                                            L' A-

Tergemino, malis utraque ex parte cohaerent.
Magna [110] *superciliis conduntur lumina crassis,*
Barbaque [111] *rugoso promittitur aurea mento.*
Ille vel [112] *attollens vas frendensque dolorem*   445
Non dederit tantum; spectatur dente pusillo
Vulnus hebes, murisque patet non amplius ictu.
Armiger hunc [113] *contra primo Iovis ales ab ortu*
Aspera bella movet, rostroque infusa recurvo
Insiat, ubi medius gradientem adspexerit agris.   450
Ille domos siquidem nidosque propagine dulci
Vastat, & ova vorans, orbata cubilia linquit.
Quin & ovem leporemque citum per inania raptum
E dumo insiliens, aquilae mox eripit ungue.
Illa fugit, certant de praeda: hinc inde volantem   455
Insequitur frustra sinuosa volumina ducens,
Suspiciensque oculis abeuntem in sidera torvis.
    Hibernam [114] *si quando Samum, claramque ruina*
                                        Mul.

L' Aquila da natura fi nodrifce,
E col roftro gli porta aperta guerra,
Quando gir per la felva lo ravvifa;
Ch' ei così tutti i nidi ne diferta,
E degli uccelli il parto, e le manfe uova
Schiacciando: ed anco pecora da quella,
E lepre, che ne corre a par del vento,
Che avea di frefco con gli artigli prefa,
Invola il Drago agevolmente, fotto
Da una macchia fcappando: ella fi fcherme;
Ei per la menfa pugnano; e volando
Quella all' intorno, in van la caccia, in fue
Spire ravvolto', e con fuggiafche luci
E bieche riguardandola a traverfo.
    Se dell' ifola andrai tu nella falda
Di Vulcan zoppicante, o pure a Samo

Bor.

Βήσεαι , ἠὲ Σάμον δυσχείμερον , αἵτ᾽ ἐνὶ κόλπῳ
Θρηϊκίῳ βέβληνται [1] , ἑκὰς Ῥησκινθίδος [2] Ἥρης ,   46
Ἕβρος ἵνα Ζωναῖά τ᾽ ὄρη χιόνεσσι φάληρα ,
Καὶ δρύες Οἰαγρίδαο , τόθι Ζηρύνθιον ἄντρον ,
Δήεις κεγχρήναο [3] δολιχὸν τέρας , ὅν τε λέοντα
Αἰόλον αὐδάξαντο περίστικτον φολίδεσσι .
Τοῦ πάχετος μῆκός τε πολύστροφον . αἶψα δὲ σαρκὶ   46?
Πυθεδόνας κατέχευε δυσαλθέας . αἱ δ᾽ ἐπὶ γυίοις
Ἰοβόροι βόσκονται· ἀεὶ δ᾽ ὑπὸ νηδύην ὕδρωψ [4]
Ἄλγεσιν ἐμβαρύθουσα κατὰ [4] μέσον ὀμφαλὸν ἵζει .
Ἤτοι ὅτ᾽ ἠελίοιο θερειτάτη ἵσταται ἀκτὶς ,
Οὔρεα μαιμώσσων ἐπινίσσεται ὀκρυόεντα [5] ,   47-
Αἵματος ἰσχανόων , καὶ ἐπὶ κτίλα μῆλα [6] δοκεύων
Ἢ [7] Σάω ἠὲ Μοτύχλου , ὅτ᾽ ἀμφ᾽ ἐλάταισι [8] μακεδναῖς
Ἄγραυλοι ψύχωσι , λελοιπότες ἔργα νομήων [9] .
Μὴ σύ γε θαρσαλέος περ ἐὼν θέλε βήμεναι ἄντίω
Μαινομένου , μὴ δή σε καταφλέξῃ [10] , κα᾽ ἀνάγκῃ   475

Πχν-

[1] R. βίβληται. [2] R. ῥια... [3] M R. κεγχρίνεω. [4] R. μέσον κατά. [5] M. ἐκινείσσεται ὀρκιόεντα. [6] vacat μῆλα
in M. [7] M. ἠὲ. [8] M. ἐλάτησι. [9] R. νομάων. [10] M. κα-
ταφλίξῃ , corr. καταπλίξῃ .

Borrafcofa , e a quelle , che nel golfo
Tracio fondate fon , dalla Refcintide
Giunone lungi ; u' l' Ebro , u' la Zonea
Serra , per nevi candida , e le querce
D' Eagride , ove l' antro di Zerinto ;
Troverai del Cencrene , o Migliaruolo ,
Il lungo moftro , cui Lione vaio
Appellan , punteggiato nelle fcaglie ,

Di

Mulciberi ſi Lemnou adis , quae proxima Thracum
Litoribus , Iunone procul Rheſcynthide diſtant ,   460
Hebrus ubi & niveo Zonaei vertice montes ,
Atque altae Oeagridae quercus , Zerynthiaque antra ,
Horrenda invenies Cenchrenem mole , coloni
Quem vocitant varium ſquamis punctiſque Leonem .
Corporis ¹¹⁵ *haud unus monſtro modus . Omnia late*   465
Occupat , & nulla medicabilis arte putredo
Membra cito peredit , gravidoque in ventre dolorem
Semper agens , alvi nodum premit improbus hydrops .
Ille ubi ¹¹⁶ *ſol radiis terras ferventibus urit ,*
Ecce ſubit clivos nemoroſique aſpera montis ,   470
Sanguinis impenſe ſitiens , pecudeſque Moſycli
Atque Sai petit inſidiis , dum frigora paſtor
Abiete ſub patula ſecurus , & otia captat .
Te nulla ¹¹⁷ *irato coram fiducia ſiſtat*
Tollentique minas , ne flammas corpore toto   475

Spar-

Di cui il groſſo , e il lungo è d' aſſai giri.
Sulla carne repente egli ne ſparge
Putredini incurabili ; e le membra,
Membrivori ne paſcono ; e l' idrope
Sotto al ventre , aggravando co' dolori ,
All' umbilico ſiede in mezzo . Ei , quando
Del ſol più fitto , e più eſtivo è il raggio ,
Va ricercando i poggi forti ed aſpri,
Bramando ſangue , ed attendendo al varco,
Di Sao , o di Moſiclo i graſſi greggi ;
Allorchè degli abeti lunghi all' ombra
Prendon freſco i villani , le faccende
Di paſtori laſſando . Non tu allora
Benchè animoſo voler gire incontro
Al furiante , che non t' abbracciaſſe,
Con forza da pertutto flagellando

II

Πάντοθι μαςίζων ὑρῇ [1] δέμας , ἐν δὲ καὶ αἷμα
Λαιφάζῃ [2] κληῒδας ἀναρρήξας ἑκάτερθεν.
Φεῦγε δ᾽ ἀεὶ σκολιήν τ᾽ οὐκ ἰθεῖαν [3] ἀτραπὸν ἴλλων ,
Δεχμὸς ἀνακρούων θηρὸς δρόμον [4] . ἦ γὰρ ὁ δεσμοῖς [5]
Βλάπτεται ἐν καμπῇσι [6] πολυςρέπτοισιν [7] ἀκάνθου [8] ,   48;
Ἰθεῖαν δ᾽ ὤκιςτος ἐπιδρομάδω στίβον ἕρπει.
Τοῖος Θρηϊκίῃσιν ὄφις νήσοισι πελάζει.

      Ἔνθα καὶ ὑτιδανῶ περ ἀπεχθέα βρύγματ᾽ ἔκτιν
Ἀσκαλάβου. τὸν μέν τ᾽ ἐρέει φάτις εὕνεκ᾽ ἀχαιὴ
Δημήτηρ ἔβλαψεν , ὅθ᾽ ἄψεα σίνατο παιδὸς   48;
Καλλίχορον περὶ [9] Φρεῖαρ , ὅτ᾽ ἐν Κελεοῖο θεράπναι:
Ἀρχαίη Μετάνειρα θεὴν δείδεκτο περίφρων.
Ἀλλά γε μὴν ἄβλαπτα κινώπετα [10] βόσκεται ὕλην
Δρυμοὺς καὶ λασιῶνας ἀμορβαίους τε χαράδρας,
Οὓς ἕλοται [11] λίβυάς τε , πολυστεφέας τε μυχάγρευς   4;0
Φράζονται , σύν τ᾽ ὅσσοι ἀκοντίαι , ἠδὲ μόλουροι ,
                                                Καὶ

[1] M. ὑρὴν.   [2] M. λαιφάξῃ.   [3] M. R. σκολιήν τε καὶ ὑ
μίαν.   [4] M. R. πάτον.   [5] M. ἐδλαμὸς.   [6] M. καμπῃ.
σι. R. γναμπτοῖσι.   [7] M. πολυςρέπτησιν corr.   [8] M.R. ἀ.
κάνθης.   [9] M. R. παρά᾽.   [10] M. κυνώπιτα.   [11] M. ἕλο.
πάς τε.

Il corpo colla coda , e ne ſucchiaſſe
Lambendo il ſangue , rotte quinci , e ʼquindi
Le vene giogolari , e le clavicole.
Fuggi ognor , torto , e non diritto calle
Confondendo , ed obliquo della belva
Rompendo il corſo ; poichè viene offeſa
Da᾽ fleſſibili nodi della ſpina,
                                E rat-

Spargat , & implexum connexis undique nodis
Verberet , ac rupto fugat thorace cruorem .
At fuge , non recta , sed obliquo tramite currens ,
Scinde viam , & frustrare ferae compendia : nectunt
Spinea vincla moras , bacretque offensa salebris , 480
Quum recto planoque ruat rapidissima campo ,
Talis Threiciis effert se tractibus anguis .
    Hic & vilis agit crudeles Stellio [118] morsus .
Illum quare Ceres quondam violarit Achaea
Fama refert , quando puerilia membra resolvit 485
Callicborum ad puteum , pia quum Metanira senexque
Hospitio Celei divam excepisset amici .
Praeterea [119] & silvas haud noxia turba ferarum
Pascitur & dumos atque obsita lustra tenebris .
Has elopes [120] , libyasque [121] coronatosque myagros [122] 490
Appellant , iaculos [121] etiam , mitesque moluros ,

                                      Qui-

E rattissima va per la diritta.
Tal usa serpe l' isole di Tracia,
U' sono del minuto ancora Ascalabo
Gli odiosi ruggiti ; di cui dice
Antica fama , che l' addolorata
Cerere offese , allorachè le membra
Del figliuolo guastava intorno al pozzo
Di Belluogo , allorchè nelle Terapne
Di Celeo , la vecchia Metanira
La Dea con amore ricevette .
Or la selva innocenti pascon angui ,
E boschi , e macchie , e tenebrosi fossi ;
Ch' Elopi , o frali , e Libii , e listati
Miagri , o cacciator di mosche appellano ;
E con questi , gli Aconzii , o saettini ,
E i Moluri , ovver di tarda coda ;

                                     E i

Καὶ ἔτι ¹ που τυφλῶπες ἀτήμαντοι φορέονται .

Τῶν μὲν ἐγὼ θρόνα πάντα ² καὶ ἀλθηστήρια ³ νούσων,
Φύλλα τε , ῥιζότομόν τε διείσομαι ἀνδράσιν ὥρην ,
Πάντα διαμπερέως καὶ ἀπηλεγές, οἷσιν ἀρήγων   495
Ἀλθήσῃ νούσοιο κατασπέρχουταν ἀνίην .
Τὰς μὲν ἔτι βλύζοντι ⁴ φόνῳ περιαλγέϊ ποίας
Δρέψασθαι νεόκμητα, τὸ γὰρ προφερέστατον ἄλλων,
Χώρῳ ἵνα κνῶπες θαλερὴν βόσκονται ὑπ᾽ ὕλην .
Πρώτην μὲν Χείρωνος ἐπαλθέα ῥίζαν ἑλέσθαι   500
Κενταύρου Κρονίδαο φερώνυμον , ἥν ποτε Χείρων
Πηλίῳ ἐν νιφόεντι κιχὼν ἐφράσσατο δειρῇ .
Τῆς μὲν ἀμαρακόεσσα χυτὴ περιδέδρομε χαίτη·
Ἄνθεα δὲ χρύσεια φαείνεται , ἠδ᾽ ὑπὲρ αἴης
Ῥίζα , καὶ εὖ βυθόωσα Πελεθρόνιον νάπος ἴσχει.   505
Ἥν σὺ καὶ αὐαλέην, ὁτὲ δ᾽ ἔγχλοον ὅλμῳ ἀράξας
Φυρσάμενος κοτύλην πιέειν μενοεικέος οἴνης .
Παντὶ γὰρ ἄρκιός ἐστι, τό μιν πανάκειον ἔπουσιν ⁵.

H᾽τοι

¹ M. ἠδέ τε . R. ἠδ᾽ ἴτι. ² deeſt πάντα in R. ³ M. R. ἀλ-
θιςήρια. ⁴ M. R. θλύςττι. ⁵ R. ἔπωσι .

E i Tiflopi anco , o ciecolini ſenza
Danno ſi portan . Di coſtoro io tutti
I fiori , e medicine d' infertadi ,
E foglie , ed a tagliar radiche acconcia
Diſpiegherò agli uomin la ſtagione ;
Il tutto per l' appunto , e con franchezza ;
Onde aita porgendo curerai
Di malattia precipitoſo affanno.
Queſte alla ſtrage freſca ancor , cocente ,
Erbe cogli novelle (ch' è ben queſto

So-

Quique errant nulla typhlopes [114] *peste nocentes .*

    Ast ego [125] *iam flores pictos , horumque medelas*
Morborum , & folia , & radicibus apta legendis
Tempora , quo possis grassanti occurrere pesti ,   495
Expediam , facili complectens omnia versu .
Principio in silvis , ubi saevae pascua carpunt
Laeta ferae , stillat dum plaga cruore , recentes
Herbas carpe , solent tales praestare vetustis .
Radicem [126] *ante omnes Chironis nomine claram*   500
Centauri legito , quam primum Pelio in alto
Phyllirides Chiron longa cervice notavit .
Ambit amaracino folio coma pendula caulem ,
Auratique micant flores , radixque superne
Sparsa Pelethronio saltu , per summa vagatur .   505
Hanc tu vel siccam , vel pila tunde virentem ,
Et vini cotyla mistam largire meraci .
Subvenit haec cunctis , & ob id Panacea vocatur .

                                Aut

Sovrano soprattutto) in quello stesso
Luogo , u' pascon le belve la boscaglia.
Pria di Chiron prendi la medicante
Radice , del Centauro , di Saturno
Figlio , portante il nome , cui Chirone
Già sul colle nevoso ritrovando
Di Pelio , mostrò : di cui la chioma
A amaraco simil , sparsa va intorno.
I fiori appaion ranci ; e sulla terra
La radica , e non molto profondata
Tiene il fiorito Peletronio giogo :
Cui tu anco secca , e or verde nel mortaro
Pestando , ed intridendo , bevi ciotola
Di grata vigna ; ch' ella è buona a tutto ;
Che però ne la dicon Panacea.

                                An-

Ἤτοι ἀριστολόχεια παλίσκιος [1] ἐνδατέοιτο,
Φύλλά τε κισσήεντα περικλυμένοιο φέρουσα .   510
Ἄνθεα δ' ὑσγίνῳ ἐνερεύθεται . ἡ δέ οἱ ὀδμὴ
Σκίδναται ἐμβαρύθευσα · μέσον δ' ὡς ἀχράδα καρπὸν
Μυρτάδος ἐξ ὄχνης ἐπιόψεαι , ἢ σύ γε βάκχης .
Ῥίζα δὲ θηλυτερὴς μὲν ἐπιστρογγύλλεται ὄγκῳ ·
Ἄρτενι δ' αὖ δολιχή τε καὶ ἀμπύγονος βάθος ἴσχει . 515
Πύξου δὲ χροιῇ προσαλίγκιος ὠρικίοιο.
Τῶ ἤτοι ἔχιός τε καὶ αἰνοπλῆγος ἐχίδνης
Ἀγρεύσεις [2] ὄφελος περιώσιον . ἔνθεν ἀπορρὼξ
Δραχμαῖα μίσγοιο [3] ποτῷ ἐνὶ κιρράδος οἴνης .
Ναὶ μὴν καὶ τρίφυλλον ὀπάζεο κνωψὶν ἀρωγὴν ,   520
Ἠέ που ἐν τρήχοντι πάγῳ , ἢ ἀποσφάγι βήσσῃ ·
Τὴν ἤτοι μινυανθὲς , ὁ δὲ τριπέτηλον ἐνίσπει [4] ,
Χαίτην μὲν λωτῷ , ῥυτῇ γε μὲν εἴκελον ὀδμήν ·
Ἤτοι ὅτ' ἄνθεα πάντα καὶ ἐκ πτίλα ποικίλα τεύχῃς,
Οἷόν τ' ἀσφάλτου ἀπερεύγεται· ἔνθα κολούσας   525
Στέρμαθ' ὅσον κύμβοιο τραπεζήεντος ἑλέσθαι ,

Καρ-

---

[1] Μ. πολύσκιος. [2] R. ἀγρεύστιν. [3] Μ. R. δραχμαίη μίσ-
γοιτο. [4] Μ. ἐνίσποι. R. ἐνίσπῃ, corr. ut Μ. [5] Μ. χεύει.
R. χεύη .

Anco aristolochia ombrosa partasi ,
Che di periclimeno l' ederacee
Foglie porta , ed i fior tinti in violaceo.
A lei l' odor si dissipa gravoso ;
E 'l frutto in mezzo , qual selvaggia pera ,
Vedrai di pero mirteo , o pur di bacco.
La barba in mole è tonda della femmina ;
Al maschio è lunga , e tien profonditade ;

Sem-

Aut umbrosa [117] *colens & aristolochia terenda,*
Illa periclymeni foliis, hederaeque propinquis,   510
Floribus byssino [118] *rubris, & odore molesto,*
In medio cuius fructum pendere pyrastri
Myrtea [119] *qualem fert ochne vel baccha, videbis.*
Femina tuberibus radicum nixa rotundis
Germinat, at maribus longae, cubitoque sub alma   515
Defossae terra; buxi color intus utrique.
Haud temere invenias medicamen morsibus ullum
Vipereis prodesse magis, si frustula drachmae
Pondere flaventi libeat miscere salerno.
Nec minus [130] *has contra pestes decerpe triphyllon,*   520
Seu iuga celsa tenet, seu per declivia surgit.
Hic minyanthes [131], *at ille vocat tripetelon; agresti*
Crine refert lotum, rutaeque offundit odorem;
Quum vero totos floresque comasque decoras
Extulit, asphalto fragrat gravis: inde revellens   525
Semina quanta capit vinaria cymba, terensque

                   Omnia

Sembiante nel colore a Oricio boffo.
Ben del vipero questa, e della vipera,
Che gravi piaghe fa, rintraccerai
Medicina divina; indi un pezzetto
D' una dramma si mescoli, in bevanda
Di cirrea negra vigna. Anco il trifoglio
Prendi, alle serpi aita, o in aspro colle,
O in dirupata valle; altri, miniante,
O di piccolo fiore; altri, tripetelo,
O di tre foglie nomala; sembiante
Nel crine a loto, e nell' odore a ruta;
E quando fia de' fior vaia, e pelata,
Butta un odore come di bitume.
Prendi semi indi, ch' un bicchier se n' empia,

                   Pe-

Καρδόπω ἐντρίψας , πιέειν ὀφίεσσιν ἀρωγήν.

    Νῦν δ' ἄγε τοι ἐτίμικτα νότων ἀλκτήρια λέξω[1].

Θρινακίην μὲν ῥίζαν ἔλευ γυαλθέα[2] θάψου

Μίξας[3] , ἐν δὲ σπέρμα χυτὸν λευκανθέος ἄγνου,   530

Νῆριν , πηγάνιόν τε περιβρυὲς , ἐν δέ τε θύμβρης

Δρεψάμενος βλαστὸν χαμαιευνάδος , ἥ τε καθ' ὕλην ,

Οἵας θ'[4] ἑρπύλλοιο περιρῥαχῖδας[5] ἀέξει .

Ἄγρει δ' ἀσφοδέλοιο διανθέος ἄλλοτε ῥίζαν ,

Ἄλλοτε καὶ καυλεῖον ὑπέρτερον ἀνθερίκοιο ,   535

Πολλάκι δ' αὖ[6] καὶ σπέρμα , ὅτου[7] λοβὸς ἀμφὶς ἀέξει,

Ἠὲ καὶ ἑλξίνην , τήν τε κλύβατιν καλέουσιν ,

Ὑδατι[8] τερπομένην καὶ ἀειθάλλουσαν ἰάμνοις .

Πῖνε δέ γ' ἐντρίψας[9] , κοτυλήῤῥυτον ὄξος ἀφύσσων ,

Ἢ[10] οἴνου · ῥέα δ' αὖτε καὶ ὕδατι κῆρας ἀλύξαις[11] .   540

Ἐσθλὴν δ' ἀλκιβίου ἔχιος περιφράζεο ῥίζαν ,

Τῆς καὶ ἀκανθοβόλος μὲν ἀεὶ περιτέτροφε χαίτη ,

Λείρια δ' ὡς ἴα τοῖα περιστρέφει , ἡ δὲ βαθεῖα

                             Καὶ

[1] Μ. δίἕξω. [2] Μ. γυιαλκία , corr. γυιαλθία. [3] Μ.R. σμώ-
ξας. [4] Μ. υἱία δ'. [5] Μ. περὶ ῥάδικας . R. περιρῥαδι-
κας. [6] Μ. R. ε'ν. [7] Μ. R. τότε . [8] Μ. R. ὕδασι .
[9] Μ. R. πῖνε δ' ἐντρίψας . [10] R. οἴνης . [11] Μ. ἀλύξοις .

Pestando in cavo arnese , bei in rimedio
A' serpenti . Or via su ; ora dironne
Le composte de' mali medicine .
La trinacia , ovver sicula radice
Del tapso prendi , che le membra sana ,
Mischiando , e seme che si sparge , d' agno
Biancofiorito , e neride , e rutetta
Cioccuta ; e sì di timbra , che per terra
                               Gia-

Omnia piſtillo , potu medicabere virus .
 Nunc age [132] *miſta canam tantas pellentia peſtes .*
Radicem inprimis thapſi compone ſalubrem
Trinacrii , atque alba lectum de vitice ſemen ,   530
Nerinque [133] *, & lata ducentem germina rutam .*
Surculus addatur thymbrae , quae gaudet in agris
Sparſa ſolo ſimiles ſerpyllo effundere ramos .
Tu quoque florentis [134] *radicem velle rotundam*
Aſphodeli , aut tollentem alte faſtigia caulem ,   535
Vel quae diſtincto clauduntur ſeminis folle .
Atque etiam belxinen , clybatin plerique vocarunt .
Gaudet aquis , & fronde iugi per culta vireſcit .
Cuncta tere , & cotyla vini aut mordentis aceti
Miſta bibas : potes & lymphis avertere peſtem .   540
Alcibii [135] *radicem echii pariter lege , ſemper*
Aſpera caeſaries cui ſpinis horret acutis ,
Purpurei circum flores , radixque profunda

            Et

 Giace , cogliendo germe , entro lo poni ;
 Che per la ſelva , qual di ſermollino ,
 Serpeggianti ramucci alleva , e creſce .
 D' aſfodelo fiorito or ponvi radica ,
 E 'l calamo or maggiore dell' anterico ,
 E ſpeſſo il ſeme , cui l' involglio creſce ;
 O l' elſina , che chiamano clibatide ,
 Che d' acqua gode , e verdeggiante è ſempre ,
 Bevi tritando in cotila d' aceto
 Infuſa , o vino ; agevolmente poi
 Anco coll' acqua ſchiverai 'l deſtino .
 La buona avviſa radica dell' echi ,
 O vipera d' Alcibio ; di cui
 La chioma ingroſſa ognor , buttante ſpine ;
 I fiori , quai viole , intorno gira ;
 E la profonda , e lunga per diſotto

      F   Cre-

Καὶ ῥαδινὴ ὑπένερθεν ἀέξεται οὐδεῖ ῥίζα .

Τὸν μὲν ἔχις βουβῶνος ὑπὲρ νεάτοιο χαράξας ,   54:

Ἄντρῳ ' ἐνυπνώοντα χυτῆς περὶ ' τέλσον ἀλωῆς ,

Εἶθαρ ἀπέπνευσε κάματου ' βίη , αὐτὰρ ὁ γχίης

Ῥίζαν ἐρυσσάμενος , τὸ μὲν ἕρκεῖ θρύψεν ὀδόντων

Θηλάζων , τὸ δὲ πέσκος ἑῷ τάχα κάββαλεν ⁴ ἕλκεῖ .

Ἢ μὴν καὶ πρασίοιο χλοανθέος ἔρνεα κόψεῖς ⁵,   55⁰

Χραισμήσαῖς ⁶ ὀφίεσσι , πιὼν ἀργῆτι σὺν οἴνῳ.

Ἢτε καὶ ἀσόργοιο κατείρυσεν οὔθατα μόσχου

Πρωτογόκυ , τέργεῖ δὲ περισφαρχγεῦσα γάλακτι ,

Τὴν ἤτοι μελίφυλλον ἐπικλείουσι βοτῆρες ,

Οἱ δὲ μελίτταιναν ⁷ · τῆς γὰρ περὶ φύλλα μέλισσαι   555

Ὀδμῇ θελγόμεναι μέλιτος ῥοιζηδὸν ἵενται.

Ἠὲ σύ γ' ἐγκεφάλοιο πέριξ μήνιγγας ἀραιὰ:

Ὄρνιθος λάζοιο καθοικίδος· ἄλλοτ' ὁμόρξεῖς ⁸

Ψῆγμα πολύκνημον ⁹ καὶ ὀρείγανον ¹⁰, ἢ ἀπὸ κάπρου

Ἥπατος ἀκρότατον κέρσαῖς λοβὸν , ὅς τε τραπέζης   56:

                                                              Ἐκ

¹ M. R. ἄντλω . ² M. παρὰ . ³ M. R. ἀνέπνυσεν καμάτυ .
⁴ M. R. ἑῷ ἐνικάββαλεν . ⁵ M. R. ἔρνος ἐλόψας . ⁶ M. χραι-
σμήσῃς . ⁷ M. μελίκταιναν . ⁸ M. ἄλλοθ' ὁμόρξαις .
R. ὁμέρξις . ⁹ M. R. πολυκνήμου . ¹⁰ ὀρήγανον .

Cresce barba nel suol . Vipera, quello
Ferendo , sovra l' anguinaia estrema ,
Dormente in entro presso un' aia sparsa ,
Tantosto respirò dal duolo a forza ,
Svegliendo della terra la radice ,
Fransela nella chiusa delli denti
Poppando , e tosto sulla sua ferita
Gittò la buccia : e del fiorito verde

                                                              Pra-

Et gracilis terram sese dimittit in imam .
Alcibio , somnum dum stratus iniret in antro ,   545
Areae ad extremum , percusserat inguina morsu
Vipera , & extemplo conflaverat atra dolorem :
Ille solo vulsam radicem mandit , & omnem
Exsuxit , crudumque obduxit magmate vulnus .
Quin & marrubii [136] *viridantia germina tundens*   550
Profueris , si mista mero simul hauseris albo .
Tum soboli infensam , dum mammas sugit inanes ,
Compositis odiis quae replet lacte iuvencam ,
Agrestes melipbyllon eam dixere bubulci ,
Sive melittaenam , quod captae mellis odore   555
Stridere apes circum soleant , & sidere ramis ,
Quaeque cobortalis gallinae parva cerebrum
Membrana [137] *involvit , necnon quandoque legenda*
Frusta polycnemique & origanon , aut cape summam
Aprugni fibram iecoris , quae nata trapeza [138]   560

Ver-

Prasio i germi tagliando , gioverai
A' serpenti , bevendo nel vin bianco.
Ei della vitelletta disamante ,
Che partorite abbia le prime rede ,
Trae giù le poppe , e le ama poi , di latte
Sbonzolando . Or appellanla i pastori
O melifillo , o melictena : l' api
Amano le sue foglie , a lei ronzando ,
Allettate di miele dall' odore .
O le membrane tu rade del celabro
Di casalinga prendine gallina .
Asciutterai lo pfegma or d' assai gambe ,
O di porco cignal l' estremo lobo
Del fegato tosando , che ne nasce
Dalla trapeza , o mensa ; e tende giuso

F 2   Pres-

Ἐκφυέται¹, νεύει δὲ χολῇ· σχεδὸν ἠδὲ πυλάων.
Καὶ τὰ μὲν ἂν²σύμμικτα πιεῖν δόθι, ἄνδιχα³κόψας·
Ὄξεος, ἢ οἴνης·πλεῖον δ' ἄκος ἕψεται οἴνης.
Ἐν δὲ φόβην ἐρύσασθαι ἀειθαλέος κυπαρίσσου
Ἐς ποτὸν, ἢ πάνακες, ἢ κάςορος οὐλοὸν ὄρχιν,   565
Ἢ ἵππου, τὸν Νεῖλος ὑπὲρ Σάϊν αἰθαλόεσσαν⁴
Βόσκει, ἀρούρῃσιν δὲ κακὴν ἐπιβάλλεται ἄρπην,
Ὅς τε καὶ ἐκ⁵ποταμοῖο λιπὼν ζάλον εἰλυόεντα⁶,
Χιλοὶ ὅτε χλοάουσι, νέον δ' ἀπεχεύατο ποίην,
Τόσσον ἐπιςείβων λείπει βυθὸν, ὀσσάτιόν περ   570
Ἐκνέμεται γενύεσσι παλίσσυτον ὄγμον ἐλαύνων.
Τοῦ μὲν ἄπο προταμὼν δραχμῆς⁷βάρος ἰσοφαρίζειν,
Ὕδατι δ' ἂν γ' ἐπίσαιο κύτει ἐν ἀολλέα⁸κόψας.
Μηδὲ σύ γ' ἁβροτόνου ἐπιλήθεο, μηδέ τε⁹δάφνης
Καρπὸν ἀραιοτέρης, μάλα δ' ἂν καὶ ἀμάρακος εἴη   575
Χραισμήεις πρασιῆς τε καὶ ἀνδήροισι χλοάζων.
Ἐν δὲ τίθει τάμισον σκίνακος νεκροῖο λαγωοῦ,

                                        Η

¹ M. R. ἐμφύεται. ² M. R. ἄρ. ³ M. R. πιεῖν, ἢ ἄνδιχα.
⁴ M. ὑδατέεσσιν. ⁵ M. ἐγ. ⁶ M.R. ἰλυέεντα. ⁷ M. δραγ-
μῆς. ⁸ M. R. δ'ἀνπίσαιο κύτει ἐναολλία. ⁹ M. R. τι.

Presso 'l fiele , e le porte ; e queste cose
Mescolate dà a ber , tagliando in due ,
Dell' aceto , e del vin ; ma fia maggiore
Il rimedio del vino ; e traggi dentro
Il crine del cipresso sempre verde ,
Nel liquore , o 'l panace , od il testicolo
Mortale del castoro , o di cavallo ,
Cui il Nilo pasce , oltre alla negra Sai ;
                                    E su!-

Vergitur ad bilis follem, portifque propinquat.
Haec tufa & mifto diluta bibantur aceto,
Aut vino, virtus fed longe maxima vino.
Et folium ¹¹ *viridis potu concede cupreffi,*
Aut panaces, miferum vel caftoris accipe teftem,   565
Aut pafcentis equi per Nili magna Saitae
Flumina, & ore malo terrae quoque farra metentis.
Qui fluvio egrediens & turpis gurgite caeni
Dum floret feges, atque herbam mutavit ariftis,
Procedit quantum fatis eft ut laeta capeffat   570
Pabula, & in fluctus poffit remeare reliclos.
Ex illo refeca quod drachmae pondus adaequet,
Et cuncta affufis in pila contere lymphis.
Nec vero abrotoni, fructufve oblivio lauri
Te capiat tenuis ¹⁴⁰, *confert & amaracus areas* ⁴¹   575
Hortorum complens, & ripas fronde virenti.
His rapidi leporis, timidive coagula damae,

Vel

E fulle terre mala falce getta;
Che del fiume laffando la tempefta
Motofa, allorchè fpigano i frumenti,
E di novello fparfer giufo l' erba,
Tanto il fuol calpeftando laffa l' onde,
Quanto colle mafcella ei dipafcendo
Vanne tornando per la fteffa via.
Taglia di quefto, quanto d' una dramma
Pareggi il pefo, e tutte quefte cofe
In acqua infufe, in cavo arnefe peftale.
Nè obbliar l' abrotono, o di quello
Lauro, ch' à più fottil la foglia, il frutto.
E l' amaraco affai giovevol fia,
In fpartimenti, e in ripe verdeggiante.
Ponvi di giovin fnella lepre il goglio,

F 3

Di

Ἢ προκὸς, ἢ ¹ νεβροῖο πάροιθ᾽ ἀπολύματα κόψας,
Ἢ ἐλάφου νηδὺν, τὴν δὴ ² καλέουσιν ἐχῖνον,
Ἄλλοι δ᾽ ἐγκατόεντα κεκρύφαλον. ὧν ἀπερύξας ³   58
Δραχμάων ὅσσον τε δύω καταβάλλεο μοίρας
Τέτρασιν ἐν κυάθοις μέθυος πολιοῦ ἀπομίξας ⁴.
Μηδὲ σέ γε χρίσμη πολίου λάθοι, ἠὲ κέδροιο,
Ἄρκευθος, σφαίρῃ τε ⁵ θερειλεχέος πλατάνοιο,
Σπέρματα βουπλεύρου τε καὶ Ἰδαίης κυπαρίσσου,   58;
Ἠὲ καὶ ἐξ ἐλάφοιο ταμὼν πηρῖνα θοραίην.
Πάντα γὰρ ἀλθήσει, καὶ ἀθέσφατον ἐκ μόγον ὤσει.
Τὴν δὲ μετεξετέρην θανάτου φύξιν τε καὶ ἀλκὴν
Φράζεο, πουλυβάτειαν ⁶ ἑλὼν τροχαλῷ ⁷ ἐνὶ ⁸ λίγδῳ
Σώχειν, ἐν δέ τέ οἱ κοτύλην πτισάνοιο χέασθαι,   59;
Ἐν δὲ δύω κυάθεια παλαισαγέως ⁹ οἴνοιο,
Ἐν δὲ καὶ ἀγγέσαο λίπευς ἰσόμοιρον ἐλαίου.
Φύρσας δὲ πληγῆσι χολοιβόρον ἰὸν ἐρύξεις.
Ἄγρει δ᾽ ἑξάμορον κοτύλης εὐώδεα πίσσαν,

Καὶ

---

¹ M. R. ἠὲ. ² M. R. τὸ μὲν ἄρ. ³ M. R. ἀπερύσσας.
⁴ M. ἐπιμίξας. ⁵ M. R. σφαῖραί τε. ⁶ M. R. κολλυβά-
τιιαν. ⁷ R. τροχαλῇ. ⁸ M. R. δ᾽ ἐνὶ. ⁹ M. R. πα-
λαισαγίος.

Di daino , o cervetto gli escrementi
Pria troncati , o cervin ventre , che echino
Chiamano , ed altri , rete d' intestini ;
De' quai traendo gitta giù di dramme
Quanto due parti , mescolando in quattro
Ciati di liquor canuto , e bianco.
Nè il giovame ti sfugga del canuto,

O ce-

Vel capreae admifce , fed faecibus ante revulfis .
Aut cervi ventrem , quem multi nomine echinum [142]
Reticulumque vocant , alto fub ventre latentem .   580
Exempta haec praebe drachmarum pondere binum
Antiqui cyathis temeti mifta quaternis .
Sed nec opem polii , vel cedri , iuniperumve [143]
Ignora , & pilulam platani ne fpreveris amplae ,
Bupleuri quoque femen , & Idaeae cypariffi ,   585
Aut genitalem etiam cervi refcindere penem .
Nam cuncta auxilio fubeunt , fuperantque laborem .
Nunc alias artes , alias nunc difce fugandae
Mortis opes , pilaeque cavo tere polybateam ,
Heminam [144] *adfundens ptifanae , geminofque falerni*   590
Adiungens cyathos prifco iam confule nati ,
Et pinguis tantum fucci qui fluxit oliva .
Haec confufa trahent rodentem e vulnere bilem .
Quin olidae largire picis fefcunciam [145] *, & una*

In-

O cedro arceuto , e coccola di platano ,
Che di fue foglie fa la ftate il letto :
Di bupleuro , e d' Ideo cipreffo i femi ,
O feminal fchizzante cervin fcroto.
Gioverà tutto , e caccerà il gran duolo.
Pofcia un' altra di morte , e fuga , e fchermo
Sappi , prendendo la polibatea ,
In ritondo mortar peftala , e dentro
Di ptifano una cotila tu fpargi ,
E due bicchier di vin d' antica ftilla ,
E parte egual di graffo d' olio candido ;
E impiaftrando , il velen divoratore ,
Qual fiele , corrofivo vieterai
Alle piaghe . Raccogli l' odorata
Pece , la fefta parte d' una cotila ;

F 4   E d'

Καὶ χλοεροῦ νάρθηκος ἀπαὶ μέσου ¹ ἦτρον ὀλόψας ², 595
Ἠὲ καὶ ἱππείου μαράθου πολυκυξέα ³ ῥίζαν,
Κεδρίσιν ἐντρίψας ἐλεοθρέπτου τε σελίνου
Σπέρματα, μεςωθὲν δὲ χάδοι βάθος ὀξυβάφοιο.
Ἔνθα καὶ ἱππείου γε ταμὼν ⁴ σπερμεῖα σελίνου,
Δραχμάων δὲ δύο σμύρνης ἐχεπευκέος ἄχθη,   600
Ἐν δ' ἀθερειγενέος ⁵ καρπὸν κέρσαιο κυμίνου
Στήσας, ἢ ἐχίδνην τε ⁶ καὶ ἄςατον ἀμφικυκήσας.
Πῖνε δὲ μιξάμενος κυάθῳ τρὶς ἀφύξιμον οἴνου ⁷,
Νάρδου τ' εὐςαθέος ⁸ δραχμῆϊςι ἄχθος ἑλέσθαι,
Σύν τε ⁹ καὶ ὀκταπόδην ποταμῷ ¹⁰ ἀποσυληθέντα   605
Καρκίνον ἐνθρύψαιο νεοβδάλτοιο γάλακτος,
Ἶρίν θ' ἣν ἔθρεψε Δρίλων καὶ Νάρονος ὄχθη ¹¹,
Σιδονίου Κάδμοιο θεμείλιον Ἀρμενίης τε,
Ἔνθα δύω δαπλῆτε ¹² νομὸν ςείρουσι δράκοντε.
Λάζεο δ' ἀνθεμόεσσαν ἄφαρ τανύφυλλον ἐρείκην ¹³,   610
Ἥν τε μελισσαῖος περιβόσκεται οὐλαμὸς ἕρπων.
Καὶ μυρίκης λάζοιο νέον πανακαρπέα θάμνον,

Μάν-

¹ M. R. ἀπὸ μίσον. ² R. ἦτορ ὀλίψας, corr. ³ M πολυ-
υξία. ⁴ M. R. ἱππείου προταμών. ⁵ M. R. ἐν δὲ θεριγενίος. ⁶ M. ἠὲ χύλην τε. R. ἠὲ χύδην τε. ⁷ M. R. οἴνην. ⁸ R. εὐςαχίος. ⁹ M. R. σὺν δὲ. ¹⁰ M. R. ποταμῶ. ¹¹ M. R. ὄχθαι. ¹² M. R. δασπλῆτε. ¹³ M. ἐρίκην.

E d' una verde ferula dal mezzo
Il midollo fguſciando, e del finocchio
Cavallino la radica ben groſſa
Nelle cedrie tritando, e di paluſtre
Apio i ſemi; e pieno fondo il cappia
D' acetabolo, u' dell' equeſtre ancora
Apio tagliando i ſemi, e di due dramme

Internam viridis ferulae concede medullam, 595
Aut magnas grandis radices hippomarathri
Intritas cedri baccis, apiique palustris
Semina: oxybaphi [46] plenus modus omnibus esto.
Adde illis apii concisum semen equini [47],
Et piceam [48] drachmae geminato pondere myrrham, 600
Spicatique simul fructum decerpe cumini
Appensum, nullo vel pondere corpus echidnae
Confundas, cyathisque meri tribus ebibe mista.
Tum nardi [49] drachmam pulcra nitentis arista
Accipe, & octipedem raptum de flumine cancrum 605
Lacte novo terito, tum natam Naronis irin
Marginibus, quaque Illyricis Drilo perfluit agris,
Armoniaeque & Sidonii fundamina Cadmi,
Pascua ubi gemini serpunt per rura dracones.
Quin & florentem prompte froundentis erices 610
Tolle comam, hanc pascunt volitantque examina circum.
Protinus & sterilis myrices virgulta legantur,

Fa-

Pefi di mirra amara, e di pagliofo
Comino frutto tofane pefando,
E echidna, e aftato ivi intridendo,
E l' afiffimo, bevi tre' fiate
Nel vino mefcolando, e di fpigofo
Nardo prendi una dofe d' una dramma:
Ed infieme l' ottipede dal fiume
Predato granchio, trita in frefco latte;
E l' iri, cui nutrì Drilone, e ripa
Di Narone, la fede del Sidonio
Cadmo, e dell' Armonia; u' due feroci
La paftura calpeftano dragoni.
La fiorita fogliuta erica piglia,
Cui pafce ferpeggiando apefca fchiera;
E di mirica prendi il giovin fterile

Ar-

Μάντιν ἐνὶ ζώοισι γεράσμιον. ᾗ ἐν Ἀπόλλων
Μαντοσύνας Κορυταῖος ' ἐθήκατο, καὶ θέμιν ἀνδρῶν.
Μὶξ δὲ κονυζῆεν φυτὸν ἔγχλοον, ἠδὲ καὶ ἀκτῆς   615
Καυλοὺς ἠνεμόεντας, ἰδὲ πτερὰ πολλὰ καὶ ἄνθη
Σαμψύχου, κύτισόν τε καὶ εὐγλαγέας θυμαλίδας ".
Πάντα δὲ λίγδῳ θρύπτε, καὶ ἐν σκαφίδεσσι δοχαίαις
Φαρμάσσων μέθυ κεῖνο χοὸς δεκάτῃ ἐνὶ μοίρᾳ ³.
Ἀλλ' ἤτοι γερύνων καναχοὶ ⁴ περὶ ἄλλα τοκῆες   620
Βάτραχοι ἐν χύτρῃσι καθεψηθέντες ἄριστοι
Βάμματι. πολλάκι δ' ἧπαρ ἐνὶ σχεδίῃ ποθὲν οἴνῃ
Ἢ ᾿ αὐτοῦ σίντ̄αο κάμη κακὸν, ἄλλοτε νύμφαις
Ἐμπισθὲν, τοτὲ δ' οἴνου ἐνὶ ϛαγόνεσσιν, ἀρήξει.
Μὴ σύ γ' ἑλιχρύσοιο λιπεῖν πολυδεύκιος ἄνθεω⁵,   625
Κόρκορον ἡμυόεντα, ταναάκτειόν τε κονίλην,
Ἤν τε καὶ Ἡράκλειον ὀρείγανον ⁶ ἀμφενέπουσι.
Σὺν καὶ ὄνου πετάλειον ὀρείγανον, αὖά τε θύμβρης
Στρομβεῖα ψύχοιο κακῆς ἐμφόρβια νούτου.

Ἀ᾿-

¹ M. R. κοροπαῖος. ² M. R. τιθυμάλλυς. ³ M. R. μοίρῃ.
⁴ R. καναχὸν. ⁵ M. R. ἄνθης. ⁶ M. R. καὶ ὀρείγανον.

Arbusto, venerabil tra' viventi
Vate, in cui Apollo Coripeo
Temi d' uomini pose, e vaticini.
Mischia l' erbosa pianta di conizza,
E i fusti presto su vegnenti d' acta,
Ed ale molte, e fiori di sansuco,
E 'l citiso, e le ben lattee timalidi.
Tutto pesta in mortaro, e in ampi vasi
Medicando quel vin, di coe un decimo.

Ma

Fatidicum [150] *vatum numen, quo reddere fortes*
Et responsa dedit fari Corypaeus Apollo.
His olidae virides ramos adiunge conyzae,   615
Sambucumque levem, floresque comasque frequentes
Sampsuci, cytisumque & lactosas thymalidas.
Haec terito, & testa, vino diluta capaci
Excipito, decies [151] *capiat quod congius unus.*
Et gerynon [152] *etiam querulos in vase parentes*   620
Palladio in primis iuvat incoxisse liquori.
Saepe iecur vino quod sors tibi cumque pararit,
Aut caput exitiale ferae [153] *, seu fluminis unda,*
Sive mero epotum pestem disrussit acerbam.
Sed nec helichrysus dulcis, non corcorus absit   625
Fronde iacens humili, non panactea conila [154] *,*
Quam quidam Heraclion origanon indigitarunt,
Quodque asini pascuntur origanon, & tere thymbrae
Sicca simul capitella gravem exstirpantia morbum.

                                              Par-

Ma oltre all' altre , delle ranocchielle
Gli strepitanti genitor ranocchi
In pentole lessati , ottimi sono
In guazzetto . Sovente in scherio vino,
O vogli dire di Corfù , il fegato,
O della stessa offenditrice Vipera
Il capo , ora bevuto colle linfe,
Ora in gocce di vin , fia giovamento.
Nè la fior d' elicriso, ch' è affai dolce,
Lassar indietro, e il grumoloso corcoro,
E la conila panacea , cui dicono
Anco origano Eruleo ; ed in uno,
L' origano onofillo , o foglia d' asino :
E le coccole secche della timbra
Tu spiana, e liscia , di malvagio morbo

                                              P2-

Ἄγρει μὴν ¹ ὀλίγαις μηκωνίσι ῥάμνον εἴσην   630
Ἑρπομένην, ἀργῆτι δ᾽ ἀεὶ περιτέτροφεν ἄνθει ².
Τὴν ἤτοι φιλέταιριν ἐπίκλησιν καλέουσιν
Ἄνερες, οἳ Τμώλοιο παραὶ Γύγαό τε σῆμα
Παρθένιον ναίουσι λέπας, τόθι κλέζος ³ ἀεργοὶ
Ἵπποι χιλεύουσι, καὶ ἀντολαὶ εἰσὶ Καΰστρου.   635

    Νῦν δ᾽ ἄγε τοι ῥίζας ἐρέω ὀφίεσσιν ἀρωγούς·
Ἔνθα δύω ἰχίεια πιφάσκεο ⁴. τῆς δὲ τὸ μέν που
Ἀγχούσῃ προσέοικεν ἀκανθῆεν πετάλειον· ⁵
Παῦρον ἐπεὶ τυτθόν τε καὶ ἐν χθονὶ πυθμένα τείνει.
Ἡ δ᾽ ἑτέρη πετάλοισι καὶ ἐν καλύκεσσι θάλεια   640
Ὑψηλὴ, ὀλίγῳ δὲ πέριξ πορφύρεται ἄνθει·
Βλάξη δ᾽ ὡς ἔχιος, σφεδανὸν δ᾽ ἐφύπερθε κάρηνον.
Τῶν μὲν ἀτ᾽ ἀνδραχάδα ⁶ προταμὼν ἰσήρεα χραισμεῖν ⁷
Ἢ σφίλᾳ ⁸, ἢ ὅλμῳ ⁹ κεάσας, ἢ ῥωγάδι πέτρῃ.
Ἠὲ σύ γ᾽ ἠρύγγοιο καὶ ἀλθήεντος ἀκάνθου   645
Ῥίζαν λειήναιο, φέροις δ᾽ ἰσορρεπὲς ¹⁰ ἄχθος·

                                          Ἄμ·

¹ M. R. μᾶν. ² M. R ἄνθη. ³ M. R. κίλζιν. ⁴ M. R. πιφαύσκιο. ⁵ M. R. πετάλιον. ⁶ M. ἄπαν δραχάδα.
⁷ M.R. χραίσμη. ⁸M.R.σφίλα. ⁹ M. ὅγμῳ. ¹⁰ R. ἰσορροπὲς.

Pascitrici . Or via su il ramno eguale
A' piccoli papaveri , imbagnato ,
Ed in candido fiore ognora sboccia :
Fileteride questa , o compagnevole
Per soprannome appellan gli uomin , quelli ,
Che di Gige là presso al monumento
Tengon di Tmolo la Partenia scorza .
Ivi il clezo cavalli scioperati
Succiano , alle sorgenti di Caistro .

                                          Le

Parva etiam [155] pingui referente papavera rhamno 630
Vtere , quam circum flos cano vestit amictu
Candidior , Philetaerin eam cognomine dicunt
Qui Tmolum Gygisque colunt monumenta , inguinque
Parthenii , pecori pastus ubi Clezus equino
Praebet , & effusi se pandunt ora Caystri . 635
    Nunc age [156] radices adversas anguibus audi ,
Quas inter duplex echium spectabis , acutis
Vnum horrens spinis , anchusae fronde , nec alta
Defossum terra , tenui radice brevique .
Ast aliud calyce , & folio maiore , pusillo 640
Purpureoque viret redimitum flore , superne
Vipereum gestans adstricto [157] vertice senten .
Amborum aequalis sectorum portio confert
Lignosa in pila , saxove intrita cavato .
Ipsam etiam eryngi , longamque salubris [158] acanthi 645
Radicem , paribus trutinae sed lancibus ambas

Iu.

    Le barbe ora dirò buone a' serpenti :
Quindi due echiei , o viperani ,
Avvisa : d' uno la spinosa foglia
L' ancusa rassomiglia , poichè corto ,
E picciolo nel suol fondo distende ;
L' altro in foglie , ed in bocce germogliando
Alto , di poco fior rosseggia intorno ,
Ed il fusto è qual d' echi , ovver di vipera ,
E di sopra serrata , ed aspra testa .
Di questa una viril porzione eguale
Tagliando , cura ; in vaso , od in mortaro
Partendo , o in rotta pietra . O tu d' eringo ,
E di medico acanto la radice
Spiana , ed unguento fanne , e d' amboduo
Portane peso d' un egual momento ,

E d'

Ἀμφοῖν καὶ κλώθοντος ἐν ἀρπέζαισιν [1] ἐρίνου.
Λάζεο δ᾽ εὐκνήμοιο [2] κόμην βριθουσαν ὀρείης,
Καὶ σπέραδος Νεμεαῖον ἀειφύλλοιο σελίνου,
Σὺν δὲ καὶ ἀννήσοιο τὸ διπλοῦν [3] ἄχθος, ἀείρης   650
Ῥίζαις ὁλκήεσσαν ὑπὸ πλάστιγγα πετοῦσαν.
Καὶ τὰ μὲν ὀργάζοιο [4], κ᾽ εἰν ἑνὶ τεύχεϊ μίξας,
Ἄλλοτε μέν τ᾽ ἐχίων ὀλοὸν σίνος, ἄλλοτε τύμμα
Σκορπιόεν, τά τε δήγματ᾽ ἐπαλθήσαιο φάλαγγος [5],
Τριπλόον ἐνθρύπτων ὀδελοῦ [6] βάρος ἔνδοθεν οἴνης.   655
Φράζεο δ᾽ αἰγλήεντα χαμαίλεον ἠδὲ ὀρεινόν· [7]
Δηοὶ δ᾽ ἀμφὶς ἔασσιν. [8] ὁ μὲν ζοφοειδέλος ὠπὴν
Ἤϊκται σκολύμῳ, τρηχίην δ᾽ ἀπεχεύατο χαίτην,
Ῥίζα δέ οἱ βριαρής τε [9]. καὶ αἴθαλος · ἡ δ᾽ ὑπὸ κνημοῖς
Σκαιοῖς ἐντελέθει φυξήλιος ἐν νεμέεσσι.   660
Τὸν δ᾽ ἕτερον δήεις αἰεὶ πετάλοισιν ἀγαυρὸν,
Μέσση δ᾽ ἐν κεφαλῇ [10] φύεται πεδόεσσα μολοβρή ·
Ῥίζα δ᾽ ὑπαργήεσσα, μελίζωρος δὲ πάτασθαι.

Τῶν

[1] M. R. ἀμφοῖν κλώθοντος ἐναρπίζαισιν.   [2] M. ἀκνήμοιο.
[3] M. R. διπλόον.   [4] R. ὀργάζοιο   [5] M. φάλαγγας.
[6] M. ὀβελῦ.   [7] M. R. ἠδὲ καὶ ὀρφνὸν.   [8] M. R. δοιοὶ δ᾽
ἀμφὶς ἴασαν.   [9] M. R. βριαρή τε.   [10] M. R. κεφαλῇ.

E d' erino, che a piè de' monti erbeggia.
Della ramofa montanina eucnemo
La grave chioma prendi; e 'l Nemeeo
Seme dell' apio, che non perde foglia;
E d' anifo con quefti un doppio pefo
Colle radici follevando fotto
La caduta bilancia ponderante.
Quefte cofe manipola, mefcendo

An-

Intere , & in madidis qui vallibus exit , erinum [159] .
Accipe & eucnemi folium filvestris , & ipsum
Iunge apii semen Nemeaeum [160] *fronde perennis .*
Adde & aniceti duplum , surfumque reducas   650
Depressam primum radicum pondere lancem .
Haec secum miscens , testaque subacta reponens ,
Vipereas pestes prompte medicaberis , & quas
Scorpius inflixit plagas , dirive phalanges ,
Si libeat ternas obolos [161] *mollire Lyaeo .*   655
Montanum [162] *discerne , notaque chamaeleon alba :*
Nam venit ambiguus ; fusco niger ille colore ,
Nec scolymo absimilis , diffundit caule rotundam
Caesariem , crassa nixus radice nigraque ,
Et solem vitans rigidis in saltibus exit .   660
Hic folio laetus tumet asperiore , caputque
Sessile demittit medio de pectore natum ,
Albaque mellito radix condita sapore est .

                             Sed

Anco in un folo arnefe : or delle Vipere
La mortifera offefa , or la puntura
Dello Scorpione , ed or del velenofo
Ragno , o Falange il morfo fanerai ,
Tre oboli mettendone nel vino.
Il raggiante n' avvifa , ed il montano
Cameleo , e due in tutto fono : quello
In vifta tenebrofo , è fimigliante
Allo fcolimo , o cardo ; e la rotonda
Chioma ne fparge ; e la radice. è a lui
Stupenda , e negra ; e quefta fotto i colli
Manchi fi fta , fuggendo il fol ne' pafchi.
L' altro ognor troverai di foglie gaio :
In mezzo al capo fpicca l' umil piana
Barba bianchiccia , e del fapor di mulfo .

                                 Il

Τῶν δὴ κυάνεον μὲν ἀναίνεο· τῆς δ' ἀπὸ Φάρτος
Δραχμαῖον ποταμοῖο πιεῖν, ὑδάτεσσι ταράξας.   665
Ἄλλην δ' Ἀλκιβίοιο φερώνυμον αἷρεο ποίην,
Δράγμα [1] χερὸς πλήξας [2], ταύρῳ δ' ἐν [3] νέκταρι πίνοις.
Τὴν μὲν ἐπὶ σκοπέλοισι Φαλακραίοισιν ἐπακτὴρ
Κρύμνης ἀμπεδίον καὶ ἀνὰ γράσον, ἠδ' ἵνα θ' ἵππου
Λειμῶνες, σκυλάκεσσιν ἀμυκλαίῃσι [4] κελεύων,   670
Κνυζηθμὸν κυνὸς οὖλον ἐπώρινε [5] θυμολέοντος·
Ὅς τε μεταλλεύων αἰγὸς ῥόθον ἐν ςίβῳ ὕλης,
Κανθῷ ἐν [6] ῥαντῆρι τυτὴν ἀνεδέξατ' ἐχίδνης.
Καὶ τὴν μὲν κλάγξας ἀφεκὰς βάλε. ῥεῖα δὲ ποίης
Φύλλα κατέβρυξεν, καὶ ἀλεύατο φοινὸν ὄλεθρον.   675
Λάζεο δ' ἔγχλοα φλοιὸν ἐλαιήεντα κροτῶνος
Συμμίγδην πετάλοισι μελιτσοβότοιο δασείης·
Ἠὲ καὶ ἠελίοιο τροπαῖς ἰσώνυμον ἔρνος,
Ἢ θ' Ὑπεριονίδαο παλιττρέπτοιο κελεύθους
Τεκμαίρει γλυκυοῖσιν ἴσον πετάλοισιν ἐλαίης.   680

Αὐ-

[1] M. δράχμα. [2] M. R. πλήσας. [3] M. R. ἐνί. [4] M. R. ἀμυ-
κλαίοισι. [5] M. R. ἐπήῆτε. [6] M. R. ἐνί.

Il ceaneo tra lor non adoprare;
Una parte di queſto, d' una dramma
Bevi, di fiume intorbidando in acqua.
Togli un' altr' erba, che d' Alcibio porta
Il nome, quanto cape in una mano,
E in poco nettar ne la beverai.
Su i monti Calvi, o Falacrei queſta
Il cacciatore, o in pian di Crimna, o in Graſo,
O alle prata del Cavallo, a cagne
Amiclee comandando, ritrovoe

Pel

Sed nigrum moneo fugias , pondoque recifam
Alterius drachmam fluviali dilue lympha . 665
Eft alia Alcibii [163] cognomine planta , maniplum
Cuius in exiguo propina nectare tufum .
Hanc Phalacrae [164] in fcopulis reperit venator , apertis
Dum Crymnes fpatiatur agris , Grafumque , facrique
Prata pererrat Equi , canibufque celeumate vires 670
Addit Amyclaeis , acuitque latratibus iras .
Nam capreae dum caeca canis veftigia luftrat ,
Vipereo morfu lacrimofum laefus ad hirquum ,
Viperam ubi excuffit clamans , exilia mandit
Germina , fic mortem fatumque avertit acerbum . 675
Pinguia [165] quinetiam dentur virgulta ricini ,
Mifta meliffoboti [166] foliis , hirtoque capillo .
Aut cui fumma dedit folis converfio [167] nomen
Herba , revertentis praedicere gnara meatus
Titanis , glaucarum oleae de more comarum . 680

Et

Pel guattir trifto dell' ardito cane ;
Che caprio nella pefta della felva
Braccando , morfo il mufo ebbe da vipera
Dell' occhio preffo all' angol lagrimale ,
E lei , urlando gittò da fe lungi ,
E agevolmente : le foglie dell' erba
Mangiò , e fchifò la dolorofa morte .
Piglia l' erbofa , ed oleaginofa ,
O eleatica fcorza del crotone ,
Della meliffofillo irfuta infieme
Colle foglie in combutto ; o quella pianta ,
Ch' al girare del fole à eguale il nome ;
Che dell' Iperionide retrogrado
Le vie n' accenna al pari delle glauche
Frondi d' ulivo ; e così la radice

G   Del-

Αὔτως δὴ ῥίζαν κοτυληδόνος, ἥτ' ἀνακρυμὼν [1]
Ῥηγνυμένων ὀλοφυγδὰ [2] διήφυτε ποσσὶ [1] χίμετλα.
Δή ποτε δ' ἢ βλωθροῖο πυρίτιδος ἔγχλοα φύλλα,
Ἢ σκολοπενδρείοιο φέρειν ἀπὸ καυλὸν ἀμήσας.
Ἄγρει καὶ πάνακες Φλεγυήϊον, ὅρρατε [4] πρῶτος   635
Παιήων Μέλανος ποταμοῦ παρὰ χεῖλος ἄμερσεν,
Ἀμφιτρυωνιάδαο [5] θέρων Ἰφικλέος ἔρνος [6],
Εὖτε σὺν Ἡρακλῆϊ κακὴν ἐπυράκτεεν ὕδρην.
Εἰ δὲ σύ γε σκύλακας γαλέης ἢ μητέρα λαιδρὴν
Ἀγρεύσεις [7] πρόσπαιον, ἀποσκύλαιο δὲ λάχνην,   640
Καρφαλέου καθύπερθε πυρὸς σελάοντος ἀϋτμῆς.
Τῆς δ' ἐξ ἔγκατα πάντα βαλὼν καὶ ἀφόρδια γαστρὸς,
Φύρσον ἁλὸς θείοιο καὶ ἠελίου δίχα τέρσον,
Μή τι [8] ἐνισκήλῃ νεκρὸν σκίναρ ὠκὺς ἀΐξας.
Ἀλλ' ὁπόταν χρειώ σε κατεμπάζῃ μογέοντα,   695
Σῶχε διακνήσῃ σκελετὸν δάκος, οἷά τ' ἀφαυρὸν [9]
Σίλφιον, ἢ στροφάλιγγα περιξηροῖο γάλακτος·

Οἵ-

[1] M. ἀνά κρυμὸν.   [2] M. ὀλοφυϊνά.   [3] M. πᾶσι.   [4] R. ὁρ
(reliquum verſus eſt in lacuna)   [5] M. ἀμφιτρυωνίδαο.
[6] M. R. ἕλκος.   [7] M. R. ἀγριύσαις.   [8] M. τοι.   [9] M. ἀφαυρὸν.

Della cotiledone, che de' piedi,
Che ſcoppiano del freddo pel rigore,
Le crepature, e i pedignon del tutto
Eſauriſce, e ben riſalda, e ſana.
E del pilatro ancor tenero, lungo,
L' erboſe foglie; o di ſcolopendrea
Recar, ſegando il ſuſto : inoltre il panace
Flegieo, cui primier Peane colle
Lungo il labbro colà del fiume Melane,

Dell'

Et radix pariter cotyledonis , illa tumores .⁶⁸
Discutit in talis glaciali frigore ruptos .
Crescentis viridem nonnumquam carpe pyrethri ¹⁶⁹
Caesariem , aut messum scolopendri porrige caulem .
Necnon & Panaces Phlegraeum ¹⁷⁰ sume repertum   685
Phoebigenae , primumque Melae quod nactus ad oras ,
Amphitryoniadae sobolem servavit Iphicli ,
Quum comes Alcidae diram dedit ignibus hydram .
Si tibi mustelae ¹⁷¹ catulos , ipsamve rapacem
Venari matrem curae est , hanc vellere ¹⁷² primum   690
Exspolia , flammisque pilos ardentibus ure .
Inde intestinis vacuum illuvieque cadaver ,
Et sale conditum molli siccabis in umbra ,
Ne caro fervensi tabescat sole tenella .
Quumque malum virus poscet medicaminis usum ,   695
Ut laser tenerum ¹⁷³ , vel lactis dura coacti
Pondera , membra ferae cultello arentia rade ,

                                                    Et

Dell' Anfitrioniade Ificleo
Curando il germe , quando in un con Ercole
La mala idra distruffene col fuoco .
O se tu i catellini della donnola ,
O la sfacciata rapitrice madre
Chiapperai fresca , e spoglierai la pelle ,
Di chiara fiamma sovra arido summo ,
Di lei gittando gl' inteftini tutti
Via , e del ventre gli efcrementi , spargi
Di sal divino , e senza sole astergi ;
Ch' ei rapido movendo non seccaffe
Il fresco corpo novellino , e tenero .
Ma quando nicistà te travagliato
Stimola , tu grattugia il secco vermo ,
Quale il fragile silho , o di seccato
Latte forma , grattandolo sul vino .

                G 2   Que-

Οἴνῳ ἐπικνήθων . τὸ δέ τοι προφερέςατον ἄλλων
Ἐσσεῖται· πάσας γὰρ ὁμῶς ἀπὸ κῆρας ἀλύξεις [1].

    Πεύθεο δ' εἰναλίης χέλυος κρατέουσαν ἀρωγὼ
Δήγματος εἴλαρ ἔμεν δολιχῶν ὅσα φῶτας ἀνηροὺς [2]
Ἑρπετὰ σίνονται · τὸ δέ τοι μέγ' ἀλέξιμον εἴη.
Ἤτοι ὅταν βροτολοιγὸν ὑπὲρ πόντοιο χελώνω
Αἰγιαλῶν [3] ἐρύσωτιν ἐτὶ ξερὸν ἀσπαλιῆες,
Τήνδ' ἀνακυπώσας, κεφαλῆς ἀπὸ θυμὸν ἀράξαι
Μαυλίδι χαλκείῃ, βλοσυρὸν δ' ἐξ αἶμα χέασθαι
Ἐν κεράμῳ νεοκμῆτι καμινόθεν. [4] ἐκ δὲ πελιδνὸν
Οὖρον ἀπηθῆσαι πλαδόωντ' εὐεργέϊ μάκτρῃ [5].
Ἤ'ς ἔπι δὴ τέρταιο διαθρυφὲς αἶμα κεάσας [6],
Δραχμάων πισύρων μίσγων βάρος. ἐκ [7] δὲ κυμίνου
Δοιὰς ἀγροτέροιο, καὶ ἐκ ταμίσοιο λαγωῦ
Τετράμορον δραχμῇσι δύω καθάβαλλεν βρῖθος.
Ἔνθεν ἀποτμήγων, πιέειν δραχμαῖον ἐν οἴνῃ.
Καὶ τάδε μέν τ' ὀφίεσσιν ἀλεξητήρια δήεις.

                    Ἔρ-

[1] r. ἀλύξῃς. [2] m. r. ἀνιγρὺς. [3] m. αἰγιαλὸν. [4] m. πε-
λιδνόθεν. [5] r. πλαδόων εὐαργέϊ βάκτρη corr. μάκτρη.
m. πλαδάων εὐαργέϊ βάκτρη. [6] m. r. κιάσσας. [7] m. r. ἐν.

Questo miglior ti fia più d' altro affai,
Che infieme tutti fchiverai i deftini.
    Odi della Teftuggine marina
La vincitrice aita , a toglier via
La morfura de' lunghi , quanti gli uomini
Egri , ferpenti offendono ; e a te fia
Ciò grande potentiffima difefa.
Or quando la galana omicidiale

                            So-

Et confunde mero : non hoc praestantius ullum
Omnigenas poterit depellere corpore pestes .
    Nunc age [174], opem & medicas testudinis accipe vires 700
Aequoreae , si quando virum truculentior anguis
Laeserit , auxilium sceleratis morsibus ingens .
Hanc ubi damnosam pelago piscator ab alto
Traxit , & in siccam reti subduxit arenam ,
Protinus invertens resupinae exstantia ferro   705
Colla seca , taetrumque novis infunde cruorem
Fictilibus , memor inde serum quod diffluet omne ,
Atque redundantem saniem transmittere colo .
Quumque ibi siccaris concretum in frusta , quaternis
Sanguinis in drachmis binas adiunge cumini   710
Agrestis , leporique exempta coagula drachmae
Pondere dimidiae , quodque unam pendeat ipsa
Detractum nassa : lenaeo combibe miti .
Haec tibi sint morsus , haec amuleta ferarum .

                                               Nunc

    Sovra 'l mare trarran da' lidi in secco
    I pescadori , quella rivoltando
    Col capo , l' alma con coltel di ferro
    Ne caccia fuore , e 'l negro sangue versa
    Di terra in vaso , di novello uscito
    Dalla fornace , e lavorato or ora ;
    Ed il livido fresco fiero scola
    In mortara di pietra ben formata ,
    Sovra cui seccherai , battendo il sangue
    Stritolato , di quattro dramme il pelo
    Mescolando , e due altre di comino
    Selvaggio , e sì del caglio della lepre
    Un quarto a dramme due , caccia di peso .
    Quindi tagliando , a ber dà in vino dramma ;
    E queste a i serpi medicine avrai .
              G 3   *Del*

Ἔργα δέ τοι σίνταο περιφράζοιο ' φάλαγγὸς ; 71
Σήματά τ' ἐν βρυγμοῖσιν· ἐπεί ῥ'· ² ὁ μὲν αἰθαλόεις ῥὼξ
Κέκληται , πισσῆεν , ἐπασσύτερος ³ ποσὶν ἕρπων.
Γαστέρι δ' ἐν μεσάτῃ ὁλοῖς ἔσκληκεν ὀδοῦσι .
Τοῦ δέ καὶ ἐγχρίμψαντος , ἀνουτήτῳ ἴκελος χρὼς
Μίμνει ὁμῶς· τὰ δ' ἔνερθε φάη ὑποφοινήσσονται ⁴ , 7:
Φρίκῃ δ' ⁵ ἐν ῥέθεῖ σκηρίπτεται . αὐτίκα δὲ χρὼς
Μέζεά τ' ἀνδρὸς ὕπερθε τιταίνεται , ἠδέ ⁶ τε καυλὸς
Φύρματι μυδαλέος προϊάπτεται . ἰσχία δ' αὔτως
Μάλκη ἐνισκήπτουσα ⁷ κατήριπεν ἔγχματα ⁸ γούνων .

Ἀέριον δέφιν ⁹ ἄλλο πιφάσκεο . τοῦ ¹⁰ δ' ἐπὶ νώτῳ 7:
Λιγνωτὰ ¹¹ στίλβουσι , διαυγέες· ἐν χροΐ ῥαῤδοι .
Βρύξαντος δ' αΐδηλος ἐπέδραμεν ἀνέρι φρίκη .
Ἐν δὲ κάρος κεφαλῇ , γούνων δέ γ' ¹² ὑπέκλασε δεσμά.

Κυάνεον δέ τοι ἄλλο πεδήοραν ἀμφὶς ἀΐσσει
Λαχνῆεν . δεινὸν δὲ φέρει καὶ ἐπὶ χροΐ νύγμα ¹³ , 7:

Οὗ

¹ Μ. ﬡ. πιριφράζοιμι . ² deeſt ﬢ' ln ﬡ. ³ Μ. ἱπασσύτερ,ν.
ﬡ. ἱπασσυτέρ,ις . ⁴ Μ. ﬡ. ὑποφοινίσσονται . ⁵ deeſt δ'
in Μ. & ﬡ. ⁶ ﬡ.ἐν δί, ⁷ Μ. ἐνισκύμπτυσα . ⁸ Μ. ﬡ. ἔχﬤα‐
τα . ⁹ ﬡ. δ' ὀφιν . ¹⁰ Μ. ﬡ. πιφαύσκιο . τεῦ . ¹¹ Μ. ﬡ. λιγνωταὶ . ¹² Μ. ﬡ. δέ ϐ'. ¹³ Μ. νύχμα .

Del Ragno velenoſo or mira l' opre ,
Ed i ſegnali ne' rugghianti morſi :
Perchè quel nero , Granel d' uva appellaſi ,
Del color della pece , con iſpeſſi
Piè rampicando ; e nel bel mezzo al ventre
Staffi interito con mortali denti .
Ora queſto attaccatoſi , la carne
Rimane tuttavia qual non ferita ;

Ma

Nunc attende 175 notas & vulnera dira Phalangis 715
Pestiferi. Picco distinguitur ille colore ,
Qui Rhox 176 nomen habet , pedibusque frequentibus : alvo
Os illi in media , duro exitiabile dente .
Si morsum impressit , vestigia nulla cruenti
Vulneris , ardescunt subtus perfusa rubore 720
Lumina , membra rigor quatit , extemploque pudendum ,
Et corpus sursum convellitur , arrigit 177 ipse
Semine sordescens penis , coxaeque premuntur
Frigore , genua labant laxatis languida vinclis .
    At vero Asterion 178 dorsi fulgore coruscum 725
Virgatis splendet maculis ; alboque relucet :
Mox rigor a morsu pertentat membra , caputque
Dente soporatur , collapsaque genua satiscunt .
    Caeruleus graditur 179 pedibus sublimior alter ,
Villoque hirsutus : dant tristia funera morsus , 730
                                        Si

Ma le luci di sotto si san rosse :
Vien brivido alle membra ; e tosto il corpo,
E le cose dell' uom si tendon suso ;
E 'l susto dalla bozzima bagnato
S' infracida ; ed il rigido ribrezzo
Saltato , e rificcatosi ne' fianchi ,
I ritegni ruina de' ginocchi.
    Asterio , o Stellario , un altro avvisa ,
Di cui sul dosso in grasse liste splendono
Vergole trasparenti nella carne ;
E mordendo , improvviso sovra l' uomo
Corre ribrezzo , e tremito di membra ,
Ed accapacciamento , e sonno in testa ,
E i legami soffrange de' ginocchi.
    Cianeo , o ceruleo un altro Ragno ,
Da terra sollevato , intorno move
Peloso , e grave reca al corpo il morso ,
          G 4   Cui

Ο῎ν τινα γυώσει [1] . κραδίη δέ οἱ ἐν βάρος ἴσχει .
Νὺξ δὲ περὶ κροτάφοις· ἔμετον δ᾽ ἐξήρυγε δειρῆς
Λυγὸν [2] ἀραχνήεντα· νέμει δέ οἱ ἐγγὺς ὄλεθρον .

Α᾽γρώστης γε μὲν ἄλλος, ὃ δὴ λύκῳ εἴσατο μορφῇ [3]
Μυιάων ὀλετῆρος , ὀπιπτεύει [4] δὲ μελίσσας ,   73.
Ψῆνας , μύωπάς τε , καὶ ὅσσ᾽ ἐπὶ δεσμὸν ἵκηται .
Α῎κμητον δ᾽ ἐπὶ τύμμα φέρει μεταμώνιον ἀνδρί .

Α῎λλό γε μὴν δύσδηρι , τὸ δὲ σφηκεῖον ἔπουσι ,
Πυρσὸν ἅλις σφηκὶ παναλίγκιον [5] ὠμοβορῇι ,
Ο῝ς δὴ θαρσαλέην γενεὴν ἐκμάσσεται ἵππου .   74.
Ι῝πποι γὰρ σφηκῶν γένεσις , ταῦροι δὲ μελισσῶν ,
Σκήνεσι πυθομένοισι λυκοσπάδες ἐξεγένοντο .
Τοῦ δὲ καὶ εὐτήκτοιο ἐπικρατερὸν [6] θέει οἶδος ,
Νοῦσοί τ᾽ ἐξέτεραι , μετὰ γούνασιν ἄλλοτε παλμὸς ,
Α῎λλοτε δ᾽ ἀδρανίη· μινύθοντα δὲ τόνδε δαμάζει   74.
Ε᾽σχάτιον κακοεργὸν , ἄγον παυστήριον ὕπνον .

Εἰ δ᾽ ἄγε μυρμήκειον , ὃ δὴ μύρμηξιν ἔϊκται ,
Δειρῇ μὲν πυρόεν , ἄζῃ γε μὲν εἴσατο μορφήν [7] .

Πάν-

[1] Μ. Ρ. γυιώση . [2] Μ. Ρ. λοιγὸν . [3] Μ. μορφὴν . [4] Μ. ἐπι-
πεύει . [5] Μ. Ρ. προσαλίγκιον . [6] Μ. Ρ. ἐπὶ κρατερὸν .
[7] Ρ. μορφῇ .

Cui pugnerà , e 'l cuore a lui tien pondo ;
Notte alle tempia , e vomito da fuore ,
Pestilenza , e finghiozzo ragnolofo ,
E ne comparte a lui vicin la morte .

    Agrofte è un altro , ch' à mufo di lupo ,
Diftruggitor di mofche ; e attende al varco
Zenzale , api , tafani , e quanti mai
Vengono nella rete ; ma puntura

Sen-

Si quemquam oppreſſit, luctantur corda dolore,
Tempora caligant, & qualis aranea, lentus
Ore redit vomitus, propereque in fata vocantur.
  Eſt etiam Agroſtes [180], cui muſcas fraude necantis
Forma lupi: hic culices & apes explorat, & oeſtris   735
Collocat inſidias, contextaque retia ponit,
Sed facilis nullo vaneſcit plaga dolore.
  Eſt & Sphecion veſpae cognomine, vulgus
Dysderi [181] appellat, rufum, veſpaeque feroci
Adſimile, audaces animos quae praeſtat avorum.   740
Namque ut apes tauro veniunt, ſic putribus acres
Carnibus alipedum veſpae naſcuntur equorum.
Si ferit, ecce tumor circumſtat vulnera magnus,
Tum varii emergunt morbi, vel genua tremiſcunt,
Vel reſoluta labant, defectis robore tamdem   745
Obrepit ſomnus, requies & meta laborum.
  Formicae obſerva parilem Myrmecien [182], illi
Flava quidem cervix, reliquum fuliginis atrae

Cor-

  Senza dolore, e vana all' uom ne porta.
    Ecci un altro, Diſderi nominato,
  Cui Sfecco, o Veſpaio ancora dicono,
  Giallo, a veſpa crudivora ſimile,
  Che ritrae del caval la fiera ſtirpe;
  Poichè i cavalli generan le velpe,
  Le pecchie i tori; nate ſcappan fuori
  Da carogne, da lupi disbranate.
  Sorge, ferendo lui, duro tumore,
  Ed altre malattie nelle ginocchia;
  Ora palpitamento, ora fralezza;
  E l' uomo ſcemo delle forze uccide,
  Con triſto, eſtremo, giù poſante ſonno.
    Or ecco il Mirmeceo, o Formicaio,
  Perchè a formiche, ragno, s' aſſimiglia.

Nel

Πάντοθεν ἀστερόεντι περιστιγὲς εὐρέϊ νώτῳ .
Αἰθαλίη δ' ἐπὶ τυτθὸν ἀείρεται αὐχένα κόρση ,   753
Ἄλγεα δὲ προτέροισιν ἴσα κνώπεσσι πελάζει.

Χειροδρόποι δ' ἵνα φῶτες ἄτερ δρεπάνοιο λέγονται
Ὄσπρια χεδροπά τ' ἄλλα μεσοχλόου ἐντὸς ἀρούρης,
Ἐνθάδ' ἐπασσύτερα φλογερῇ εἰλημένα ' χροιῇ
Ἴκελα ² κανθαρίδεσσι φαλάγγια τυτθὰ δίενται .   755
Τοῦ μὲν ὁμῶς ἔμμοχθον ἀεὶ περὶ δῆγμα χέονται
Φλύκταιναι · κραδίη δὲ παραπλάζουτα μέμηνε ,
Γλῶσσα δ' ἄτακτα λέλακε³, παρίστραπται δὲ καὶ ὄσσε.

Φράζεο δ' Αἰγύπτοιο τά τε τρέφει οὐλοὸς αἶα
Κνώδαλα , φαλαίνῃ ⁴ ἐναλίγκια, τὴν περὶ λύχνους   760
Ἀκρόνυχος δειπνηστὸς ἀπήλασε παιφάσσουσαν ⁵ .
Στέγνα δὲ οἱ πτερὰ καὶ οὐκ ⁶ ἔγχλοα ⁷ τοῖα κονίλης,
Ἢ καὶ ἀπὸ σπληδοῖο φαείνεται, ὅς τις ἐπαύρῃ .
Τῷ ἴκελος ⁸ περσεῖος ⁹ ὑποτρίφεται πετάλοισι .
Τοῦ καὶ σμερδαλέον νεύει κάρη αἰὲν ὑποδραξ   765

E'-

¹ M. R. εἰλυμένα. ² M. R. ἄκιλα, sed in M. corr. ³ M. R. λίλικε.
⁴ M. φαλλαίνη. ⁵ M. R. δειπνητός ἰπήλασε παιφάσσοντας
⁶ M. R. πτερὰ πάντα κ̔. ⁷ R. ἔγχολα. ⁸ M. ἴκελου.
⁹ R. περσῆος.

Nel collo è roffo , e nero nel fembiante ,
Trapuntato nel doffo , ampio , ftellato.
Poco s' erge ful collo il nero capo.
Dolori eguali a' primi ragni appresta .
       Ov' uomini , che ammannan fenza falce
Civaie , ed altro che fi coglie a mano,
Per entro la campagna , mezzo in erba ;
Quivi frequenti , di color di fuoco ,
Quai canterelle , ftan piccioli ragni.

                                                    Di

Corpus habet speciem , stellatis undique guttis
Terga micant , nigrumque caput cervicibus exstat .   730
Huic primis morsusque dolorque phalangibus idem .
    Agricolam [183] , si quando manu Cerealia carpit
Semina , & e terra sine falce legumina vellit ,
Parva petunt caeco depreusa phalangia morsu :
Cantharidum bis forma est , rutilique coloris amictus .   755
Mox hinc inde frequens accepto vulnere bullat
Pustula , & insanum vexat dementia pectus .
Fanda nefanda refert , perversaque lumina torquet .
    Nunc quas Aegypti gignit plaga noxia pestes
Contemplare , quibus phalaenae [184] forma , videntem   760
Quam circum lychnos abigunt qui vespere coenant .
Deusa ala , viridique orbata humore ; conillae [185]
Aut sicci in morem cineris , si tangere tentes .
Arbore non dispar deque Persei [186] pestis ,
Cui caput edurum [187] nutat , thronumque tuetur ,   765

                                          Et

Di questi tuttavia intorno al morso
Doloroso , si spargono cocciuole ;
E 'l cuore ne vagella ; e ne delira ,
E la lingua a spropolito favella ,
E le luci si torcono , e stralunansi .
    Quegli animali insetti dì , che nutre
Il terreno mortifero d' Egitto ,
A farfalla simili , chi intorno
Alle lucerne , la notturna cena
Cacciò volante in sparpagliata voga .
Sode tiene , e non già piumose l' ali ,
Quai dell' erba conila , o polverosa ;
E a cui le tocca sembrano di cenere :
A lei simil si nutre nelle foglie
Del perseo , e di questo ognor s' inchina
A traverso l' orrenda , e dura testa ,

                                 E gra

Ἐσκληκὸς, νηδὺς δὲ βαρύνεται · αὐτὰρ ὁ κέντρῳ
Αὐχένι τ' ἀκροτάτῳ, κεφαλῇ τ' ἀνεμάξατο · φωτὸς,
Ῥεῖα δέ κεν θανάτοιο καὶ αὐτίκα μοῖραν ἐφείη.

     Εἰ δ' ἄγε καὶ κέντρῳ κεκορυθμένον ἀλγινόεντι
Σκορπίον αὐδήσω, καὶ ἀεικέα τοῖο γενέθλην.   77ο

          Τῶν ἤτοι λευκὸς μὲν ἀκήριος, οὐδ' ἐπιλωβής.

     Πυρσὸς δ' ἐν γενύεσσι, θοὸν προσεμάξατο καῦσεν
Ἀνδράσιν² αἰθαλόεντα. περισπαίρουσι δὲ λώβῃ
Οἷα πυρίβλητοι· κρατερὸν δ' ἐπὶ δίψος ὄρωρεν.

     Αὐτὰρ ὅ γε ζοφόεις ἄραδον κακὸν ὤπασε τύψας 775
Ἀνδρί. παραπλῆγες δὲ καὶ ἄφραστοι γελόωσιν.

     Ἄλλος δὲ χλοάων τε, καὶ ὁππότε γυῖον ἀράξῃ,
Φρῖκας³ ἐπιπροΐησι· κακὴ δ' ἐπὶ τοῖσι χάλαζα
Εἴδεται ἐμπλάζουσα, καὶ εἰ μέγα σείριος ἄζει⁴.
Τοίη οἱ κέντροιο κόπις· τοιῷδ' ἐπὶ κέντρῳ   78ο
Σφόνδυλοι ἐννεάδεσμοι ὑπερτείρουσι⁵ κεραίης.

     Ἄλλος δ' ἐμπέλιος· φορέει δέ τε βοσκάδα νηδὺν
Εὐρεῖαν· δὴ γάρ τε ποηφάγος αἰὲν ἄητος

                                              Γυο-

¹ M. R. ἐνεμάξατο.   ² M. αὐδήσω δ'.   ³ M. R. φρῖχος.
⁴ M. ἄζῃ.   ⁵ M. R. ὑπερτείνωσι.

     E gravaſi la pancia ; e toſto all' uomo
In cima al collo, e al capo imprime l' ago,
E di leggier di morte anco repente
Il deſtino vi laſcia, e vi conficca.
     Orsù l' armato ancor di doloroſo
Ago canterò io lo Scorpione,
E l' indecente ſua ſucida ſtirpe.
     Di queſti è innocente, e ſenza danno
Il bianco. L' infocato nelle guance,

                                              Im-

Et gravis est aluus, si quando haec cuspide virus
Ceruici summae capitique adsperserit atrum,
Nec mora [188] percussos immitis damnat Auerno.
    Iam vero armatum caudae mucrone cruento
Scorpion, [189] & dirae referam discrimina gentis.   770
    Innocuus stimulis, & fati candidus infons.
    Sed flammis homines rufo spectabilis ore
Absumit subitis, ipsi, ceu febribus acti,
Vno stare loco nequeunt, sitis improba saevit.
    Qui niger [190] est, ciet instabiles in corpore motus, 775
Et facit amentes, & risus edit ineptos.
    At viridis, si quos petiit mucrone, repente
Horror, & biberna ceu nimbi [191] grandine densi
Corporibus crepitant, vel si canis ardeat aestu.
Talis ei stimulus, quem vinclis pluribus aptae   780
Vertebrae reddunt magis ima parte nocentem.
    Lividus est alius, [192] latum trahit beluo ventrem,
Esurit & semper nulla satiabilis herba.

                          Si

Imprime all' uomo acuta febbre ardente;
E palpitan dal mal, guizzando intorno;
E forte sopra ne ruina sete.
    Ferendo, il nero, un tristo all'uom dà moto,
E delirando, non volendo, ride.
    Un altro verde, allorchè membro fiede,
Mandavi sopra brividi di freddo;
E benchè molto il sol riscaldi, e cuoca,
Sembra cader su lor trista gragnuola.
Tale è a lui del pungiglione il taglio:
E sovra tale pungiglion le vertebre
Di nove nodi oltre l' antenna sono.
    Un altro bigio, e livido, ed il ventre
Pascitore ampio tragge, poichè d' erba
Mangiadore, che mai non s' empie, o sazia,
                          Di

Γυιοφάγος ¹ βουβῶσι τυπὴν ἀλίαστον ἰάπτει·
Τοίη ἡ βουβρωστις ἐνέσκληκεν γενέεσσι .   785

    Τὸν δ' ἕτερον δήεις ἐναλίγκιον αἰγιαλῇῆ
Καρκίνῳ , ὃς μνία λευκὰ ῥόκον τ' ² ἐπιβόσκεται ἄλμης:

    Ἄλλοι δ' αὖ ῥαιβοῖσιν ἰσήρεες ἄντα παγούροις
Γυῖα βαρύνονται· βορέαι ³ δ' ἐσκλήκασι χηλαί ,
Οἷά τε πετραίοισιν ἐποκριόωσι ⁴ παγούροις .   790

    Τῶν ⁵ δὴ καὶ γενεὴν ἐξέμμορον , εὖτε λίπωσι
Πέτρας καὶ βρύα λεπτὰ ⁶ πολυρρείζοιο θαλάσσης,
Τοὺς ἁλὸς ἐξερύουσι δελαστρέες ἰχθυβολῆες .

    Αὐτίκα δ' ἀγρευθέντες , ἐνὶ γρώνῃσα ἔδυσαν
Μυεδόκοις , ἵνα τέκνα κακόφθορα τῶνδε θανόντων   795
Σκορπίοι ἐξεγένοντο κατ' ἕρκεα λωβητῆρες ⁷ .

    Τὸν δὲ μελίχλωρον· τοῦ γὰρ προμελαίνεται ἄκρη
Σφόνδυλος , ἄσβεσται δὲ νέμει πολυκήριον ἄτην .
Ἔχθιστος δ' ὅγε ῥαιβὰ φέρει φλογὶ ἴκελα ⁸ γυῖα
Ἀνδράσι· νηπιάχοις δὲ παρασχεδὸν ἤγαγεν αἶσαν .   800

                                      Οἷς

¹ M. R. γυιεφάγος . ² M. R. ῥόον τ' . ³ M. R. βαρέαι .
⁴ R. ἐπικριώσι . ⁵ versus 791. & 794. funt in M. & R.
tranfpositi. ⁶ M R λιυκά. ⁷ deeſt in M. totus verſus 796.

Di membra mangiadore , all' anguinaie
Inſtancabile affigge la puntura :
Tal fame a lui nelle macelle indura .
    Un altro troverai ſimile a granchio
Di lido , che le bianche alighe , e 'l fiotto
Del mar. ſi paſce . Altri conformi in villa
Alli paguri obliquo camminanti ,
Van tardi colle membra ; ed indurite
L' unghie ſon voratrici , quali appunto

                                 A'

Si ferit inguinibus non evitabile vulnus
Ingeritur , tanta ingluvies [193] confiſtit in ore.   785
    Cancro alius ſimilis , qui degens littore , & algas
Paſcitur , & pelagi quaecumque reſiderit aeſtus .
    Corpore ſunt alii magno [194] , duriſque rapaces
Forcipibus , teſta ſimul aſperiore , paguris
Perſimiles varis , qui laevia ſaxa frequentant .   790
Quorum etiam bi ſobol-s ſunt peſſima [195] , quando ſonantis
Liquerunt ponti ſcopulos , muſcumque virentem .
Nam quum deceptos eſca piſcator ab alto
Traxit , & in praedam capti ceſſere , latebris
Condunt ſe minimis , ubi caeca morte perempti   795
Crudeles putri natos e ſanguine tollunt .
    Adde melicblorum [196] , cui cauda nodus in ima
Nigricat : bic flammas quas non reſtinguere poſſis
Excitat , & varus pedibus velut igne coruſcis ,
Peſtis acerba virum , pueros mox funere mergit .   800
                                                            Quin-

    A' rigidi paguri delli ſcogli ,
    Da' quali ancor participan la naſcita ,
    Quando laſcian li ſcogli , e 'l ſottil muſco
    Del gorgogliante mar ; queſti dal mare
    Traggono d' amo i peſcadori all' eſca :
    Toſto predati tuffanſi in topaie
    Buche , u' di queſti morti prole naſcono
    Gli ſcorpion per le ſtanze oltraggiatori .
        Ed uno giallo del color del mele ,
    O ulivaſtro , ovver pallido-bruno ;
    Che di lui s' imbruniſce avanti in ſommo
    La vertebra , e comparte ineſtinguibile
    Di molte morti diſventura ; queſti
    Nimiciſſimo agli uomini le membra
    Porta ſembianti a fiamma , ſghembe , e torte
    Ed agl' infanti preſſo il fato adduce ;
                                                            Al-

Οἷς δὴ καὶ νώτοισι περὶ πτερὰ πυκνὰ χέονται
Μάστακι σιτοφάγῳ ἐναλίγκια, τοὶ δ᾽ ὑπὲρ ἄκρων
Ἱπτάμενοι ἀθέρων, λεπυρὸν στάχυν ἐκβόσκονται,
Πήθατα· καὶ κισσοῖο κατὰ πτύχας ἐμβατέοντες.
Οἶδά γε μὴν φράτασθαι ² ἀλέξια τοῖσι ³ βολάων   805
Οἷά περ ἐκ βέμβικος ὀρεστέρου, ἠδὲ μελίσσης·
Ἧ τε καὶ ἐκ κέντρου θάνατος πέλει, εὖτε χαράξῃ ⁴
Ἄνδρα πέριξ σίμβλοισι πονεύμενον, ἠὲ καὶ ἀγροῖς ⁵.
Κέντρον ⁶ γὰρ πληγῇ περικάλλιπεν ἐμμαπέουσα·
Κέντρον δὴ ⁷ ζωήν τε φέρει θάνατόν τε μελίσσῃ ⁸.   810
Οἶδά γε μὴν καὶ ἴουλος ἃ μήδεται, ἠδ᾽ ὀλοὸς σφὴξ,
Πεμφρηδὼν ὀλίγη τε, καὶ ἀμφικαρὴς σκολόπενδρα,
Ἥ τε καὶ ἀμφοτέρωθεν ὀπάζεται ἀνδράσι κῆρα.
Νηᾶ θ᾽ ὡς σπέρχονται ⁹ ὑπὸ πτερὰ θηρὶ κιούσῃ,
Τυφλήν τε σμερδνήν τε βροτοῖς ἐπὶ λοιγὸν ἄγουσαν   815
Μυγαλέην, τροχοῇσιν ¹⁰ ἐνιθνήσκουσαν ἁμάξης.
Σήμά γε μἰν πεδανοῖσι δομὴν σαύροισιν ἀλύξεις ¹¹,

                                             Καὶ

¹ M. R. πήδασα. ² M. φράσσασθαι. ³ M. R. τοῖο. ⁴ deeſt
integer verſus 807. in M. & R. ⁵ M. R. ἀγρῷ. ⁶ R. κέν-
τρω. ⁷ M. R. δὲ. ⁸ M. R. μελίσσαις. ⁹ M. ὑπίχονται.
¹⁰ M. R. τροχίῃσιν. ¹¹ M. ἀλύξαις, ita corr. in R.

Alle cui ſpalle folte ale ſi ſpargono,
A grillo mangiagrano ſimiglianti;
Che ſull' eſtreme paglie ſorvolando
Sgranata ſì ne paſcono la ſpiga
Sulle fonti montando, e ſovra l' edere.
Ben di quei colpi avviſar ſo i rimedi,
Che da montan bembice, o pur da pecchia,
                                             A cui

Quinetiam dorso densis compagibus alae
Aptantur , qualesque licet spectare locustae ,
Dum segeti advolitat , flavasque absumit aristas ,
Monte in Pedasaeo , atque hederae spatiata corymbis .
At vero istorum medicari spicula novi ,   825
Et silvestris item bembicis [197] *, apisque malignae ,*
Cui tamen a stimulo [198] *mors imminet atra , labori*
Si quando intentos in agris alvearia circum
Fixit , & ardentes stimulos in vulnere liquit .
Ipsi adeo praestant apibus vitamque necemque .   810
Et novi quid Vespa ferox , quid patret Iulus [199] *,*
Parvaque Pemphredo [200] *, tum quid dubio Scolopendra* [201]
Vertice , fine utroque movens lacrimabile fatum ,
Et gressu impulsam remis imitata carinam .
Et scio quam diro metuendus arancus [202] *ore ,*   815
Caecus , & immoriens sulcis quos orbita findit .
Sepaque [203] *quadrupedi similem vitare lacertae ,*

In-

A cui dall' ago è morte , quando fere
Uom travagliato agli alveari , o a' campi :
L' ago bramosa nella piaga lascia ;
L' ago apporta alla pecchia e vita , e morte .
     Ciò che l' Iulo macchina , sò ancora ,
E ciò che la mortal macchina Vespa ,
La piccola Penfredone , e bicipite
Scolopendra , che d' ambi i lati dona
Agli uomini la morte ; e quali remi ,
Van l' ali sotto all' animale andante :
E la cieca ed orribil , ch' ai mortali
La fin reca , Migalea , del carro
Tralle ruote morente ; e ancor la Sepe
All' umili lucerte somigliante
Schiferai ; e la fiera morditrice

H   Sa-

Καὶ σαλαμάνδρειον δόλιον δάκος αἰὲν ἀπεχθές,
Η᾿᾿ τε καὶ ἀσβέστοιο δι᾿ ἐκ πυρὸς οἶμον ἔχουτα,
Ε᾿᾿σσυται ἄκμηνος καὶ ἀνώδυνος. εὐδέ τί οἱ φλὸξ
Σίνεται ἀσβέστη ῥαγόεν δέρος, ἄκρα τε γύων.

Ναὶ μὴὶ οἶδ᾿ ὅσα πόντος ἁλὸς ῥοθίοισιν ἑλίσσει.
Μυραίνης δ᾿ ἔκταγλον, ἐπεὶ μογερὺς ἁλιῆας
Πολλάκις ἐμβρύξασα κατεπρήνιξεν ἐπάκτρων,
Εἰς ἅλα φυζηθέντας, ἐχετλίου ἐξαναδῦτα.
Εἰ δ᾿ ἔτυμον, κείνην γε σὺν ἰοβόλοις ἐχίεσσι
Θόρνυσθαι, προλιποῦσαν ἁλὸς νομὸν ἠπείροισι.
Τρυγόνα μὲν ὀλοεργὺν, ἁλιρραίστην τε δράκοντα
Οἶδ᾿ ἀταλέξασθαι. Φορέει γε μὲν ἄλγεα τρυγών,
Η᾿μος ἐν ὁλκαίεσσι λίνοις μεμογηκότα κέντρῳ
Ε᾿γχοπόνον τύψησ᾿, ἢ ἐν πρέμνοισι παγείη
Δενδρείῳ, τό γε πολλὸν ἀφαυρότερον τελέθησι·
Τῇ μὲν, ὑπὸ πληγῇσιν ἅτ᾿ ἠελίοιο δαμέντος,
Ρ᾿ίζαι, σὺν δέ τε φυλλὰς ἀποφθίνει· ἀνδρὶ δὲ σάρκες

Πυ-

¹ M. εἴ γ᾿.   ² M. ἀπαλύξασθαι. R. ὑπαλύξεσθαι.   ³ M. ἀλ-
κάμεσα.   ⁴ M. R. μεμογηκότα.   ⁵ M. R. τύψησιν.
⁶ M. πρίμνησι.

Salamandrea, trifta, odiofa fempre,
Che via tenendo in non fpegnibil fuoco,
Paffa fenza travaglio, e fenza duolo;
Nè a lei la fiamma non fpegnibil guafta
La pelle difcofcefa, e i membri eftremi.
Quanti anco il falfo mar volve trall' onde;
Della murena foprattutto; poi
Che i pefcatori fciagurati, fpeffo,

At-

Infeſtoſque dolos Salamandrae [204] *& noxia ſemper*
Vulnera , quae rapidos gradiens intacta per ignes
Non cute rimoſa , pedibus non denique ſummis   820
Vritur , aut flammis patitur circumfuſa magnis .
    Sed neque me fugiunt quae volvit gurgite pontus ,
Non muraena ferox [205] *, quae cella ſaepius ima*
Exſiliens , fremit ore truci , cymbiſque relictis
Piſcantes miſeros pelago ſe credere cogit .   825
Vipereos , undis , ſi vera eſt fama , recedens ,
Fertur in amplexus , & virus concipit alvo .
Nec me Paſtinacae [206] *, populantis & alta draconis*
Amuleta latent : magnos ciet illa dolores ,
Si piſcatorem praedamque , & rara trahentem   830
Retia perſtrinxit radio , telumve ferocis
Arboris impegit trunco , nam flaccida languet ,
Vulnereque accepto , ceu tabida ſolibus , arbos
Radice areſcit , foliis inhonora caducis .

                                     At

Attaccando , tirò giù dalle barche
Di caccia , mentre in mare ſpaventati
Se ne fuggian , ſcappata dal vivaio.
S' è vero , lei con venenate vipere
Dicono in terra ferma meſcolarſi
Abbandonando i paſcoli del mare.
La micidiale paſtinaca , e 'l drago
Ucciditor marino io ſo curare.
Dolori dà la paſtinaca , quando
Il lavorante affaticato in reti ,
Che ſi traggono a forza , punga d' ago;
O ne' ceppi d' un arbore lo ficchi,
Queſto molto lo rende arido , e frale.
Di lui , come del ſol fuſſe da' colpi
Ucciſo , le radici , e in un la foglia
       H 2   Con-

Πυθόμεναι μινύθουτι . λόγος γε μὲν ὥς ποτ᾽ Οδυσσεὺς
Ἔφθιτο , λευγαλέοιο τυπεὶς ἁλίου ὑπὸ κέντρου .

   Οἷσιν ἐγὼ τὰ ἕκαστα διείσομαι᾽ ἄρχια νούτων.
Δὴ γὰρ ὅτ᾽ ἀγχούσης θριδακινίδα ² λάζεο χαίτην ,
Ἄλλοτε πενταπέτηλον , ὅτ᾽ ἄνθεα φαιὰ ³ βάτοιο ,
Ἄρκτιον , ὀξαλίδας τε , καὶ ὁρμενόεντα λύκαψον ⁴ ,
Κίκαμά τ᾽ , ὄρδειλόν τε περιβρυὲς , ἐν δὲ χαμηλὴν
Ῥεῖα πίτυν , φηγοῦ τε βαθὺν ⁵ περὶ φλοιὸν ἀράξας,
Σὺν δ᾽ ἄρα κυκαλίδας τε , καὶ ἐκ σταφυλίνου ἀμήτας
Σπέρματα , καὶ τριμίθοιο ⁶ νέον πολυειδέα καρπὸν ,
Ἠέ τι καὶ φοινίσσεν δὴ ⁷ καταβάλλεο φῦκος ·
Ἀχραές τ᾽ ἀδίαντον , ὃ ⁸ οὐκ ὄμβροιο ῥαγέντος
Λεπταλέη πίπτουτα νοτὶς πετάλοισιν ἐφίζει.
Εἰ δ᾽ ἄγε καὶ σμυρνεῖον ἀείβρυὲς , ἠὲ σὺ ⁹ ποίης
Λευκάδος , ἠρύγγου τε τάμοις ἀθεραΐδα ¹⁰ ῥίζαν ,
Ἄμμιγα καγχρυφόρῳ λιβανώτιδι , μηδ᾽ ἀπανήνη ¹¹.

                                                Μη-

¹ R. διοίσομαι. ² M. ἀγχύση θριδακηΐδα. R. θριδακηΐδα·
³ M. R. φοινά. ⁴ M. R. λύκαψον. ⁵ deest vox βαθὺν in M.
⁶ M. R. τριμίθοιο. ⁷ pro δὴ est ἁλὸς in M. & R. ⁸ M. R. ἵν°.
⁹ M. R. ἢ σύγε. ¹⁰ M. R. ἀθερηΐδα. ¹¹ M. λιβανώτιδα,
μηδ᾽ ἀπαρίνη.

Consumansi , ed all' uomo putrefatte
Cascan le carni ; e fama è che già Uliffe
Punto dal trifto ago marin mancaffe.
    Ciafcun rimedio or dirò a quefti mali.
Prendi or d' ancufa il lattughevol crine,
Ed ora il cinquefoglio , ora di rovo
I bigi fiori , e l' arctio , od orfina ,
E l' offalidi , ovvero l' acetofe ,

                                                E 'l

At putres homini carnes liquuntur, Vlyffem   835
Sic perhibent punctum radio cecidiffe marino.
   Nunc ego quae contra valeant medicamina dicam .
Aut folia anchufae Inctucis aemula , fume ,
Aut pentaphyllon , vel florida ferta ruborum ,
Arctlion , oxalidafque , & longo caule lycopfan ²⁰⁷ ,   840
Cicamaque ²⁰⁸ *, ordilumque virens : tundatur & una*
Aiuga ²⁰⁹ *, & interno fagi de corpore cortex ,*
His & caucalidas , denieffaque femina agreftis
Paftinacae , & fructum terebinthi adiunge recentem,
Puniceumve etiam qui nafcitur aequore fucum ²¹⁰ ;   845
Et numquam madidum Veneris compone capillum ,
Cui non infiduut effufi nubibus imbres .
Smyrniumque virens femper , vel leucadis herbae ,
Aut etiam eryngi tundatur fpicea radix ²¹¹ *.*
Addere ne dubites libanotida canchry ferentem .   850
   .   *Sed*

E 'l vegnente licapfo , e la cicama ,
Ed il mufcofo ordilo , e camomilla ;
E∙ di leggiero il pino , e la profonda
Scorza di faggio divellendo , e infieme
Mietendo caucalidi , ed i femi
Di ftafilino , ed il novello frutto
D' affai colori , della trementina ;
E 'l roffeggiante fuco ancor vi getta ;
L' immacolato adianto , o capelvenere ,
Cui non , diluvio ruinando , umore
Minimo pur fovra le foglie pofa .
Or lo fmirneo ognora pullulante ,
Ovver dell' erba leucade , e d' eringo
La radica reftofa tu ne taglia ,
Mifta egualmente colla libanotide ,
Che porta i Cacri , ovvero bianco il nocciolo .

                H 3   Nè

Μηδέτι πουλυβάτεια , περιβριθουτά τε μήκων [1] ,
Θυλακὶς , ἢ ἐπιτηλὶς ἐπιχραίσμησιν ἀπείη .
Σὺν δὲ κράδης κυέουσαν [2] ἀποτμήξαιο κορύνην ,
Ἢ αὐτοὺς κόκκυγας ἐρινάδος , οἵ τε πρὸ ἄλλης
Γόγγυλοι ἐκφαίνουσιν ἀνοιδείοντες ὀπώρης .   85

Λάζεο καὶ πυράκανθαν , ἰδὲ φλόμου ἄρρενος ἄνθην ,
Ἄμμιγχ δ᾽ αἰγίλυτός τε χελιδονίου τε πέτηλα ,
Δαύκειον , ῥίζας τε βρυώνιδος , ἢ καὶ ἔφηλιν
Θηλυτέρης ἐχθρὴν χροιῆς ἀπεμόρξατο [3] λεύκην .

Ἐν δὲ περιστερόεντα κατασμίξαιο [4] πέτηλα ,   80
Ἢ καὶ ἀλεξιάρης πτόρθους ἀπαμέργεο [5] ῥάμνου·
Μούνη γὰρ νήστειρα βρετῶν ἀπὸ κῆρας ἐρύκει .

Ναὶ μὴν παρθενίοιο νεοδρέπτους ὁροδάμνους ,
Κόρκορον , ἢ πεταλῖτιν , ἀμέργεο πολλάκι μίλτου
Λημνίδος [6] , ἢ πάτῃσι πέλει θελκτήριον ἄτης .   80

Δήποτε καὶ σικύοιο τάμοις ἐχεπευκέα ῥίζαν
Ἀγροτέρου . νηδὺν δὲ καὶ ἐμβρύθουσαν ἀνίης
                                        Ἢ μυ-

[1] Μ. περιβρίβυσα σμήχων.   [2] Μ. κυσίουσαν.   [3] Μ. R. θη-
λυτέρων , ἐχθρήν τι χρεὸς ὠμόρξατο.   [4] Μ. Κ. κατασμώξαιο.   [5] Μ. ἀπαμέργαιο.   [6] Μ. λιμνίδος .

Nè ricuſal di far ; nè punto manchi
Polibatea a' rimedi , e 'l ben gravato
Pappavero , tilacide , e epitelide ,
Il maggiore , e 'l minor colle ſue ſilique :
E di fico ſelvaggio una pregnante
Marza ne taglia , ed i botton medeſmi
Del caprifico , primaticci ; i quali
Tondi , enfi , ſpuntan pria dell' altre frutta .
Piglia la piracanta ancora , e 'l fiore
                                        Del

Sed neque pulybatea , soporiferumque papaver ,
Thylacis [212] *aut epitelis ab his seclusa recedant .*
Indomitae decerpe simul nova germina fici [213] *,*
Aut grossos etiam quas parturit illa rotundas ,
Vlla prius quam se pomis convestiat arbos . 855
Et pyracanthan habe , necnon maris inijce flores
Verbasci , & folia aegilopisque chelidoniaeque ,
Et daucum , atque albae radicem denique vitis ,
Femineo invisam quae corpore delet ephelin .
Adde comas herbae sacrae [214] *, grataeque columbis ,* 860
Accipe vel ramos arcentis noxia rhamni ,
Quae vel sola truci ieiunos subtrahit Orco .
Quin & parthenii [215] *viridis decerpe flagella ,*
Corcoron aut petalitin [216] *, & haec simul intere rubro*
Lemniaco [217] *, cui pestem omnem mulcere facultas ,* 865
Et resecanda ferus quem terra condit amaram
Radicem cucumis : paliuri & fruɗus acuti

Con-

Del flomo maschio , ed ugualmente mesci
Di chelidonio , e egilipe le foglie ,
Dauceo , e le radici di brionide ,
O di vitalba , che la bianca lepra
Del color femminil nimica asciuga ;
E foglie colombari entro vi spicciola.
Rami cogli di quel , che i maladetti
Fantasmi , e mali ne tien lungi , ramno ,
Che sol , preso a digiuno , da' mortali
Difende i fati . Del partenio cogli
Ancora i freschi ramucelli ; corcoro ,
O petalite , spesso di rubrica
Lennia , terra sigillata rossa ,
Che a tutte le sciagure è medicina.
Ancora del cocomero salvatico
La radice mortifera ne taglia.

Ed

Η"μυνε καρπὸς ναὶ μὴν ἀῤῥήχου ¹ παλιώρου·
Σὺν καὶ ἀκανθοβόλος χαίτη , νεαλεῖς τ' ὀροβάκχοι .
Σίδης δ' ὑσγινόεντας , ἐπημύοντας ὁλόσχους   8-
Αὐχενίους , ἵνα λευκὰ ² πέριξ ἐνερεύθεται ἄνθη .
Ἄλλοτε δ' ὕσσωπός τε , καὶ ἡ πολύγωνος ὄνωνις ,
Φύλλα τε τηλεφίοιο , νέον τ' ἐν βότρυσι κλῆμα ,
Ἀγλῖθες ³ , καὶ καρπὸς ὀρειγενέος κορίοιο ,
Η" ⁴ καὶ λεπτοθρίοιο πολύθρονα φύλλα κονύζης .   8-
Πολλάκι δ' ἢ πέπερι ⁵ κόψας νέον , ἢ ἀπὸ Μήδων
Κάρδαμον ἀμπίταις ⁶ . σὲ δ' ἂν πολυανθὴς ⁷ γλήχων
Στρύχνον τ' , ἠδὲ σίνηπι κακηπελέοντα σαώσαι .
Ἄγρει καὶ Στρατίης ⁸ χλοερὸν πρᾶτον· ἄλλοτε δ' αὐτῆς
Σπέρμ' ὀλοὸν κνίδης , ἤ θ' ἐψίη ἔπλετο κούροις .   8-
Σὺν καί που νιφόεν σκύλλης κάρα ⁹ , αὖά τε βολβῶν
Σπείρεα , καὶ καυλεῖον ὁμοκλήτοιο δράκοντος ,
Ῥάμνου τ' ἀσπαράγους θαμνίτιδος , ἠδ' ὅσα πεῦκαι
                                    Α'·

¹ M. R. ἤμυνεν , καὶ καρπὸς εὐῤῥήχυ . ² M. R. λεπτὰ .
³ M. R. ἀγλῆθες . ⁴ R. ἠ̈ . ⁵ M. R. πέπιριν . ⁶ M. ἐμ-
πίσκιο . ⁷ M. R. πολυανθία . ⁸ M. R. πρασιῆς .
⁹ M. κάρη .

Ed il ventre aggravato da' dolori
Aiuta il frutto ancor del pruno a fiepe
Acconcio , paliuro , e la fpinofa
Rigida chioma , e in un le frefche bocce .
Prendi di melagrana i chiufi colli ,
Al colore fimili dell' ifgino ,
Ove i fior bianchi intorno s' invermigliano ;
Ora l' ifopo , or poligona onofi ,
Le foglie di telefio , novello
                                    Ne'

Concepto folvit turgentia vifcera morbo .
Spinofae pariter frondes [218] , tenerique orobanchi ,
Rubraque puniceae , nec biautia germina mali ,   870
Qua flos purpureo velamine candidus ambit ,
Hyffopus , nodifque frequentibus afpera ononis [219] ,
Telephiique comae , atque recens in palmite botrus ,
Alliaque , & corii [220] , quod montibus exit in altis
Semina , vel florens minimae coma parvos conyzae [221] .   875
Saepe recens etiam piper , aut nafturcia tunde
Medica , fed iamiam graffanti pefte vietum ,
Puleium & ftrychnum , mordaxque finapi levabit ,
Et viride e Stratia [222] porrum , urticaeque nocentis
Semina , qua fecum iuvenes colludere fueti .   880
Adde caput fcyllae nitatum , fimul arida bulbi [223]
Semina , caulicnlumque draconis [224] nomine dictum ,
Et rhamni afparagos fruticofae , quaeque profundos

                              Per

Ne' grappi tralcio , capi d' aglio , e frutto
Del generato in monte coriandro :
Appreffo , di conizza le pelofe
Molto fiorite , e ben minute foglie.
Sovente , o frefco pevere tagliando,
O nafturzio da' Medi , infieme pefta.
Te il fiorito puleggio , e ftricno , e fenapa,
Stando mal , falverà. Orsù ancora
Prendi della milizia il verde prafo ,
O porro , e tal fiata della fteffa
Ortica il feme , ch' è balocco a' putti ;
E in un di fcilla anco il nevato capo,
E delle fue cipolle i fecchi femi ;
E 'l fufto del dragon , ch' à il nome fteffo ,
E del ramno taminzio gli fparagi ,
E tutto ciò che le filveftri picce

                              Al.

Ἀγρότεραι στρόμβοισιν ὑπεθρέψαντο καταίκις ·.
Εἰ δὲ σύ γ᾽ ἐκ ποίης ἀβληχρέος ἔγχλοα ῥίζαν   885
Θηρὸς ἰσαζομένην τμήξεις ᾿ ἰσειδεῖ κέντρῳ
Σκερπίου, ἠὲ σίδας ψαμαθηΐδας, ἃς τρέφει αἶα,
Κωταῖαί τε ᾿ λιμναῖον ὑπεθρέψαντο παρ᾽ ὕδωρ,
Ἤπερ Σχοινῆός τε ῥόκ Κνώποιό τε βάλλει,
Ὅσσα τ᾽ ὑπ᾽ Ἰνδὸν χεῦμα πολυφλοίσβοιο Χοάσπη   890
Πιστάκι᾽ ἀκρεμόνεσσιν ἀμυγδαλόεντα πέφανται,
Καυκαλίδας, σὺν δ᾽ αἰθὰ βάλοις Φιμώδεα μύρτα,
Κάρφεά θ᾽ ὁρμίνοιο, καὶ ἐκ μικράτου βρυόεντος,
Ἰάτιμόν τε ᾿ καὶ ἀγροτέρου σπερμεῖ ἐρεβίνθου ᾿,
Σὺν χλοεροῖς θάμνοισι βάλοις βαρυώδεα ποίην.   895
Καὶ ᾿ μὴν καὶ σίσυμβρα πέλει μειλίγματα ᾿ νεύσων,
Σὺν δὲ μελιλώτοιο ᾿ νέαν στέφος, ἠδ᾽ ὅσα χαύνης
Οἰνάνθης βρύα λευκὰ καταψήχουσι ᾿ νομῆες,
Ὅσσα τε λιχνὶς ἔνερθεν, ἐρευθήεις τε θρυαλλὶς,
Καὶ ῥόδ.ν, ἠδ᾽ ἵα λεπτὸν ἀεὶ σπερμεῖον δέξει.   900

                                                              Ε*

¹ M. καταίοις. ² M. R. τμήξαις. ³ M. R. κῶπαί τε.
⁴ M. R. εἰρύσιμόν τε. ⁵ M. ἐρεμίνθα. ⁶ M.R. ναί.
⁷ M. μειλίχματα. ⁸ M. μελιλώτοιο, corr. μελιλλώτοιο.
⁹ M. καταψίχμαι.

Allevan dentro le montane pine.
Se taglierai d᾿ ablecra, o tenera erba
La verdeggiante barba, che pareggia
Dello scorpion la velenosa coda,
O side, e melagrane della rena,
Cui la terra nutrica, e le copee,
Ch᾿ appresso la palustre acqua nutricansi,
V᾿ di Schenco, e Cnopo il fiume getta;

                                                              E

Per nemorum faltus nucibus funt condita pini .
Sin viridem lenis radicem legeris herbae , 885
Peftifero aequalem ftimulo quem fcorpius [225] *atrox*
Exerit , atque fidas [226] *quas fert Pfamatheia tellus ,*
Limofoque lacus producunt margine copae ,
Qua fufis Schoenus , Cnopufque illabitur undis ,
Piftaciumque Iudi quod fluminis ura Choafpis 890
Gignit amygdalina pendens ex arbore forma ,
Caucalidas , myrtumque fimul mifcebis acerbam ,
Hirtafque hormini frondes , florenfque marathrum ,
Iafimon , cicerifque agreftis femen , & ipfam
Cum ramis indes graviter redolentibus [227] *herbam .* 895
His etiam fifymbra malis funt mite levamen ,
Atque meliloti flores , albaeque tenella
Labrufcae , in filvis quae tundit germina paftor :
Lycnideque inferna , rubraque thryallide natum ,
Atque rofae aut violae crefcens in vertice femen . 900

Nec-

E quei che fotto l' Indica corrente
Del fonoro Coafpe , fu pe' rami
Piftacchi mandorlevoli n' appaiono .
I gufci de' piftacchi , caucalidi ,
E tu le negre caccia infieme coccole
Di mortine oftruttive , e rituranti ;
E i gambi dell' ormino , e del mufcofo
Finocchio , il medichevole , ed il feme
Del trementin falvatico , co' verdi
Arbufti la putente erba ne getta .
Anco i fifimbri fon rimedi a' mali ,
E in un di meliloto il frefco ferto .
Dell' enante i paftor ftrufciano i bianchi
Fiori , e quanti la licnide di fotto ,
E la roffa triallide , e la rofa ,
E le viole ognor crefcon minuta

Se-

Η" καὶ πουλύγονον λασίων ὑπάμησον [1] ἱάμνων,
Ψίλωθρον, καρπόν τε πολυθρήνου ὑακίνθου,
Ὃν Φοῖβος θρήνησεν, ἐπεί ῥ' ἀκούσιος ἔκτα
Παῖδα, βαλὼν [3] προπάροιθεν ἀμυκλαίου ποταμοῖο,
Πρωθήβην Ὑάκινθον, ἐπεὶ σόλος ἔμπεσε κόρσην [4]   905
Πέτρου ἀφαλλόμενος νέατον δ' ἦρξε κάλυμμα.
Τὺ [5] δέ τε καὶ τριπέτηλον, ὁποῖα [6] τε δάκρυα βάλλοι·
Τρισσοῖς ὁλκήτσσιν ἰσοζυγέων ὀβελοῖσιν.
Ἠὲ σύ γ' ἕρπυλλον κεροειδέα πολλάκι κρήθμον,
Ἢ" ποίην κυπάρισσον ἀμέργων [7], σὺν δὲ καὶ αὐτοῖς   910
Ἄνησον Λιβυκάς τε ποτῷ ἐνικήθεο ῥίζας.
Ὧν σὺ τό, τ' ἀμμίγδην, τό, τε δ' ἄνδιχα πίνεο θρύψας·
Ἐν κελέβῃ· κεράσαι δὲ σὺν ὄξεϊ, πολλάκι δ' οἴνῃ,
Ἢ" ὕδατι. χραισμεῖ δὲ καὶ ἐνθρυφθέντα γάλακτι.
Ἢν δέ σ' ὁδοιπλανέοντα καὶ ἐν νεμέεσσιν ἀνύδροις   915
Νύγμα [8] κατασπέρχῃ βεβαρημένον, αὐτίκα ῥίζας,
Ἢ" ποίας [9], ἢ σπέρμα παρ' ἀτραπιτοῖσι χλοάζον
Μαστάξειν [10] γενύεσσιν. ἀμελγόμενος δ' ἀπὸ χυλὸν
                                          Τύμ-

---

[1] M. ὑπόμησον. [2] M. R. αἰκύσιον. [3] M. R. λαβών.
[4] M. R. κόρσην. [5] M. R. σὺν. [6] R. ὁποῖά τε. [7] M. ἀμέρ-
γιο. R. ἀμιργές. [8] M. νύχμα. [9] M. R. ποίην.
[10] M. βασάξειν. R. μασάξειν.

Semenza ; o 'l poligono dalle macchie
Mieti , il psilotro , e 'l frutto del compianto
Iacinto , cui già Apollo piante,
Quando il garzone , involontario ancise,
Prendendo avanti dell' Amicleo fiume
Iacinto garzon di primo pelo,
Poichè il disco di pietra sulla tempia

                                          Cad-

Necnon pulygonum per consita rura [228] legendum ,
Psilothrumque & flos hyacinthi [229] flebilis , acres
Qui Phoebo movit gemitus lacrimasque dolenti ,
Postquam apud Eurotae mactavit flumina nolens
Taenaridem impubem , cerebrumque & mollia saxo   905
Forte repercussus perrupit tempora discus .
Adde triphyllon & bis , manantem & lasere succum ,
Tres utriusque obolos aequali lance rependens .
Cornigerumve teras serpyllum , humilemve cupressum [230] ,
Saepe etiam crethmon , miscebis anison , & una   910
Radices Libycas [231] medicata in pocula rades ,
Ex his multa simul , vel singula tunsa seorsum
In phiala vino vel aceto mista , vel undis
Propina , sed & ipsa iuvat dissolvere lacte .
Sin te [232] forte malus silvis sitientibus anguis   915
Errantem oppressit morsu , mox tramite in ipso
Radices natas , semenve , herbamve virentem
Mandito , & appresso cum succum mulxeris ore ,

Re-

Cadde scagliato , e battè in fondo il cranio.
Anco il trifoglio , e getta d' oppio lacrime ,
Il peso pareggiando di tre oboli.
O 'l cornuto serpillo spesso , e 'l cretmo ,
E l' erba ciparisso tu cogliendo ,
L' aniso , e le radici Libiane
In un con essi ne grattugia in vino :
De' quai tu ora insieme , ed ora a parte
Bevi , tritando in un bicchiero , e infondi
In aceto , ed in vin sovente , o in acqua :
Giovano ancor tritati , e infusi in latte.
Che se nel viaggiare , ed in pasture
Senz' acqua , il morso te gravato preme ,
Tosto radici , o erbe , o verzicante
Seme lungo le vie , mastica in bocca ;

E l'

Τύμμασιν ἡμίβρωτ' ἐμβάλλοις ἀπολύματα [1] δαιτός ,
Ὄφρα δύην ὀλοῦ καὶ πότμον θηρὸς ἀλύξῃς [2] .   920
Ναὶ μὰ' μλὼ καὶ σικύην χαλκήρεα λοιγέϊ τύψει
Προσμάξας , ἰόν τε καὶ ἀθρόον αἷμα κενώσεις .
Ἠὲ κράδης γλαγόεντα χέας ὀπὸν , ἠὲ σίδηρον
Καυστηρῆς [3] θαλφθεῖσαν ὑπὸ σέρνοισι καμίνου .
Ἄλλοτε φορβάδος αἰγὸς ἐνίπλειον δέρας [4] οἴνης   925
Χρισμήσει τημοῦτος , ἐπὴν σφυρὸν ἢ χέρα κόψῃ ,
Ἀσκοῦ ἔσω βαρύθοντα μέσον διὰ πῆχυν ἐρείσας ,
Ἢ σφυρόν . ἀσκοδέταις δὲ πέριξ βουβῶνας ἐλίξεις ,
Εἰσόκε τοι μένος οἴνου ἀπὸ χροὸς ἄλγος ἐρύξῃ [5] .
Δή ποτε καὶ βδέλλας κορέσεις [6] ἐπὶ τύμμασι βόσκων ,   930
Ἢ ἀπὸ κρομμύοφιν στάξειν [7] ὀπὸν , ἄλλοτε δ' οἴνης
Μίγδην ἐν πυραθοισι χέας τρύγα φυρήσασθαι [8] ,
Ἢ ὄξους , νεαλεῖ δὲ πάτῳ περὶ τύψιν ἐλίξαις .
Ὄφρα δὲ καὶ πάσῃσιν ἀλεξητήριον ἄταις
Τευξάμενος πεπίθοιο [9] , τό τοι μέγα κρήγυον ἔσαι ,   935
                                                Ἦμος

[1] M. R. ἡμίβρωτα ἔαλοις ἀπὸ λύγματα . [2] M. R. δύην
ἢ κῆρα κατασπέρχουσιν ἀλύξῃς . [3] R. καυστηρῆς .
[4] M. R. δέρος . [5] M. ἐρύξει . [6] M. R. κορέσαις . [7] M. R. κρομ-
μύοφι στάζων . [8] R. φυράασθαι . [9] M. πεπύθοιο .

E l' umore mugnendone , fu i morfi ,
I mezzo mafticati avanzi getta ;
Acciocchè del mortifero animale
Il dolore tu fchivi , ed il deftino .
Ed ancora attaccando la coppetta
Di rame fovra la mortal ferita ,
Il velen voterai , con effo il fangue ,
Ovver docciando lattificcio , o ferro

                                                Scal-

Retrimenta adhibe plagae femefa recenti ,
Quo necem & angores valeas vitare ferinos .   920
Aerea quinetiam fuffixa cucurbita virus
Attrahet & largum foedata e carne cruorem .
Aut fuccum inſtilla fici lactentis , & ardens
Ferrum adige in vulnus raptum fervente camino .
Et caprinus uter Lenaeo munere plenus   925
Auxilio eſt , ſi dente manus violata pedeſve
Tabifico , merſi medio teneantur in illo ,
Atque arcte utrinis conſtrinxeris inguina vinclis ,
Dum vino cedat peſtis fcelerata trahenti .
Vulnereque ex ipfo fugens faturetur hirudo ,   930
Aut fuccum cepis expreſſum infunde , fimumve
Caprillum vini vel aceti frece folutum
Circumpone , novoque obducito ſtercore vulnus .
Iam tibi quo valeas cunctas depellere peſtes
Egregium hoc medicamen erit , cui fidere poſſis ,   935

Phar-

Scaldato fotto al petto di fornace :
Ed or di paſturevol capra , piena
Pelle di vino , gioverà allor quando
Calcagno , o braccio avrai ferito , dentro
L' otro cacciando l' aggravato braccio ,
O pianta , e le ditelle agli otri intorno
Girerai , fino a che del vin la forza
Dal corpo a te proibirà il dolore .
E le mignatte fazierai pafcendo
Sulle fitte de' morſi ; o da cipolle
Stilla fugo : e talora la vinaccia
Collo ſterco di capra mefcolando
Infondi , e intridi , o pure aceto ; e 'l morfo
Intorno a' frefchi cacherelli volgi .
Acciò rimedio alle fciagure tutte
Fabbricato , t' affidi , il che fia meglio ;

Al-

Ἦμος ὅτε θρόνα πάντα μιῇ¹ ὑπὸ χειρὶ ταράξεις²
Ἐν μὲν ἀριςολόχεια, καὶ ἴριδος, ἐν δέ τε νάρδου
Ῥίζαι, χαλβανίδες τε σὺν αὐαλέαισι³ πυρέθροις
Εἶεν, δαυκεῖόν τε, παναλθέος ἐν⁴ δὲ βρυώνηκ,
Σὺν δέ τε ῥιζία χαῦνα νεωρυχέος γλυκυσίδης,   940
Κάρφεά τ᾽ ἐλλεβόρου μελανόχροος, ἄμμιγα δ᾽ ἀφρὸς
Νίτρου, σὺν δὲ κύμινα χέας⁵, βλαςόν τε κονύζης·
Ἄμμιγα δ᾽ ἀγροτέρης ςαφίδος λέπος, ἶσα δὲ⁶ δάφνης
Σπερμεῖα, κύτισόν τε, κατακνήθην τε χαμηλώ·
Ἵππειον λειχῆνα, καὶ ἐν κυκλάμινον ἀγείρας.   945
Ἐν καὶ μήκωνος νεαρῆς⁷ ὀπὸν, ἀμφὶ καὶ ἄγνου
Στέρματα, βάλσαμόν τε καὶ ἐν κικάμοιο βάλοιςα
Σὺν καὶ σφονδύλειον, ἁλός τ᾽ ἐμπληθέα κύμβην·
Ἄμμιγα καὶ τάμισον καὶ καρκίνον· ἀλλ᾽ ὁ μὲν εἴη
Πτωκός, ὁ δ᾽ ἐν ποταμοῖσι πολυςείλισι νομάζων.
Καὶ τὰ μὲν ἐν ςύπει προβαλὼν πολυχανδέος ὅλμου   950
Νάξαι⁹ λαϊνέοισιν ἐπιπλήςςων ὑπέροισιν.

Αἲ-

¹ M. R. μιῇ. ² M. R. ταράξης. ³ M. R. αὐαλίοις τε.
⁴ M.R. δαυκτίου τε παναλθέος, ἐν. ⁵ M. R. χέαις. ⁶ R. ἢ.
⁷ M. R. φιαρῆς. ⁸ M. R. βάλιοςαι. ⁹ R. μάξαι.

Allor che i fiori tutti, e medicine
Con una fola mano dibattendo
Andrai; iv' entro l' ariftolochia,
E d' iride, e di nardo le radici,
Le galbanidi fien co i fecchi pilatri,
Dauceo, e della buona a tutti i mali
Brionia, in un le radichette rade
Di glicifida, o dolce melagrana
Di novello fbarbata; e dell' elleboro

Ne•

Pharmaca fi in folidam glomeraveris omnia maffam [238].
Iridis haec inter radix & ariftolochia ,
Nardufque , & ficcis fint galbana mifta pyrethris ,
Et daucus , multifque bryonia clara medelis ,
Et parva baud pridem glycyfides [239] *eruta radix ,*   940
Aridaque bellebori nigri coma , fpumaque nitri .
Adde cumina fimul , ftirpemque adiunge conyzae ,
Agreftis ftaphidis cum cortice , & ignea lauri
Pondere grana pari , cytifum , urticamque minorem [240].
His cyclamini orbis , lichenque [241] *revulfus equino*   945
Crure rigens , opiumque recens , & femina caftae
Viticis accedant , & cinnamon , atque fabaea
Balfama , fpondylionque , falis quoque concha marini [242].
Uua etiam leporis compone coagula , & undis
Dulcibus innantem cancrum , fluviofque colentem .   950
Arboris haec durae trunco congefta cavato
Intere piftillis laevi de marmore caefis .

                                          Quum-

Negro i gambi , ed in un mifchiatamente
L' afro , o fpuma di nitro , ed il cumino
Infondendo , ed il germe di conizza ,
Ed in un di felvaggia uva la buccia ;
Egual feme d' alloro , e camomilla
Trita , e citifo , e l' ippio lichene ,
E ciclamin mettendo , e appreffo fugo
Di pappavero frefco , e appreffo d' agno
Semi , balfamo , e cinnamo vi poni ;
E sfondileo , e di mar piena tazza ,
E per egual porzione , e caglio , e granchio :
Quello di lepre , e quefto fia di fiume .
In mortaro capace il tutto metti ;
Gira peftando con peftei di pietra ;
Tofto fovra i peftati , aridi fatti ,

                    I   *Spar-*

Αἶψα δ' ἐπ' αὐαλέοισι χέας ἀπαρινέα χυλὸν,
Ἄμμιγα συμφύρσαιο· καταρτίζοιο δὲ κύκλους
Δραχμαίους πλάςιγγι διακριδὸν ἄχθος ἐρύξας,   95:

Οἴνης δ' ἐν δοιῆσι χαδεῖν κοτύλῃσι ταράξας.

Καί κεν Ὁμηρείοιο καὶ εἰςέτι Νικάνδροιο
Μῆςιν ἔχοις, τὸν ἔθρεψε Κλάρου νιφόεσσα πολίχνη.   955

Quumque simul subiges, aparines saepe liquorem
Instilla siccis, & drachmae pondere panes
Fingito, suspendens aequato examine lances,   9:5
Et vini heminis infusos solve duabus.

  Tu iam Nicandri vivas memor usque poëtae,
Hiberna Clarii genitrix quem sustulit urbe.   953

  Spargendo sugo d' aparine, o lappole,
Rimescolatamente lo dibatti,
E acconciane girelli d' una dramma,
Sulla bilancia divisando il peso:
E stemprali in due cotile di vino.
  E ancora dell' Omerico Nicandro
Sovvienti, cui nutrì Claro nevosa.

IN

IN THERIACA NICANDRI

IO. GORRHAEI

ADNOTATIONES.

THERIACA dicuntur proprie medicamenta, quibus venenatorum animalium morsus, aut vitantur, aut curantur. Ea ab Alexipharmacis putantur differre, quod haec venenis intro per os sumptis, illa vero a morsu animalium intro subeuntibus medeantur. Utraque Nicander elegantissime duobus libris explicavit. Est autem τῶν Θηριακῶν, eo auctore duplex differentia, una eorum, quibus animalium morsus praecavetur, sive instratu, sive suffitu, sive illitu: altera vero, quibus morsus ipse curatur, & innocuus evadit. Dicta sunt Θηριακὰ ἀπὸ τῶν Θηρίων, hoc est a feris, & venenatis animalibus, potius quam ab ulla certa eorum specie; quamquam vipera, in cuius genere mas proprie nomine ἔχις, femina ἔχιδνα appellatur, a Graecis Θηρίον κατ' ἐξοχὴν aliquando vocetur, sicut etiam Θὴρ leo ipse nonnumquam dicitur.

1 SERPENTES. Dicit omnia serpentum genera a sanguine Titanum in terram effuso prodiisse. Hi sex fuisse perhibentur, caeli & terrae filii, & contra Iovem bellum gessisse, sed ab eo interfectos, & praecipitatos fuisse fulmine, nota est fabula.

2 PHALANGIA. Eamdem phalangiorum originem quam & reliquorum serpentum scribit. Refert tamen Zenodotus in Attica fratres duos fuisse Phalangem, & Arachnen, illum militarem artem, hanc lanificium a Minerva didicisse; sed propterea quod simul rem haberent, a Dea exosos esse, & in reptilia versos, quae a prole sua devorarentur. Ovidius in Metamorph. aliter de Arachne scribit. De phalangiis postea agetur.

3 MELISSAEO. Locus est in Helicone, sic dictus a Melisseo

Rege. Eſt & Permeſſus fluvius ex Helicone proveniens, Phoebo , & Muſis ſacer .

4 ASCRAEVS . Sic dictus ab Aſcra , vico Boeotiae , ad radices montis Heliconis . Sed hic nullam eiuſmodi ſerpentum originem cecinit, niſi forte id poëma perierit . Sunt qui ſcribant ſanguine Typhonis cuncta eiuſmodi genita : alii vero a guttis ſanguinis e Gorgonis capite ſtillantibus .

5 SCORPION . Originem ſcorpii peculiarem fuiſſe ſcribit. Procreatum enim a Diana in ultionem Orionis . Hic enim quum venator & ſatelles eſſet Dianae , & concubitum eius appetiiſſet , vimque etiam inferre conaretur , dicitur ea ſcorpium excitaſſe , qui eum ictu caudae perimeret . Ovidius , & Higinus cauſſam aliam referunt , nimirum quod gloriatus eſſet, nullum in terris eſſe animal quod vincere non poſſet , eamque ob rem editum ſcorpium , qui ſub ſaxo latens ex inſidiis eum feriret . ALCIFIC. Graece dicitur χαλαζῆντα, hoc eſt grandinoſum, quod abeo percuſſi toto corpore refrigerationem ſentiant, & ſe quaſi grandine verberari, quemadmodum ipſe poſtea de ſcorpio agens explicabit .

6 SIDVS . Poſt Orionis mortem Iuppiter Scorpium inter aſtra collocavit , non quidem propter eius virtutem , ſed ut ſpecies eius hominibus documento eſſet , ne quis de re aliqua temere ſibi confideret. Idem vero beneficium etiam Orioni praeſtitit, ſed ita, ut quum ſcorpius oriatur , Orion occidat, quemadmodum Iul. Higinus ſcriptum reliquit , ex quo inter eos etiam nunc inimicitiae durare videntur, ut ille quidem adhuc inſidietur, Orion vero iam cautus ſibi caveat .

7 SED CVNCTA . Et qui iter faciunt, & qui aliquod opus in agris exercent, ſaepe coguntur, ut ſolis ardorem declinent , locum aliquem deligere, in quem ſeſſi ſuccedant, & ſomnum capiant. Sed ubique periculum a ſerpentibus imminet, ſive in ſublimi loco libet quieſcere, ſive in humili , & ad terram ipſam . Cuius decubitus qui ad terram ſit, tres ponit differentias , in colle , in valle , in campo plano & aperto . Sed in colle quidem , & valle periculum fere perpetuum eſt , quod ibi venenatae animantes , & iaceant , & paſcantur : in campo vero minus periculi eſt, ſed tunc maxime quum herba in eo ſuccreſcit,

scit, hoc est verno tempore. Tunc enim serpentes senectam exuunt, & e latebris prodeunt, corpore segnes, & oculis hebetes, conquiruntque seniculum per campos, quo pasto, & vires corporis hiemis iniuria languentes, & effetas recipiant, & aciem oculorum.

8 DVM TEMPERET. Graece est ἀκρέσπερος, hoc est usque ad initium sive exortum vesperi, quem & luciferum appellant. Rustici vitantes solis ardorem in locum aliquem secedere solent, donec frigidus vesper, ut ait Maro, aëra temperet, hoc est diei fervor inclinet; ἄκρα enim dicitur initium cuiusque rei. Atque hic sensus mihi magis placet, quam dicere rusticos se ad somnum componere circa principium vesperae, ut videtur scholiastes intellexisse. Imo vero tunc rustici ad opus redeunt, ardore iam restincto, & somno refocillati.

9 NAM POTES. Primum Nicander explicat medicamenta, quae suffitu serpentes abigunt. Sunt enim omnium efficacissima. Nam praeterquam quod illae celerrime ab his replentur, & suffocantur, ea etiam naturali quodam dissidio oderunt, tamquam naturae suae adversissima. Praeterea & suffitus propter vaporis tenuitatem in ima serpentum viscera protinus subeunt: itaque eiasmodi remedia serpentes longissime fugant, quia longe etiam lateque diffunduntur. ARDENTES. Legitur apud Nicandrum θρμβλω: at Hesychius θιβλω legit, eo alphabeti ordine vocem eam explicans, ut ambigi non possit sine μ scriptam ab eo fuisse, dicitque ea significari apud Nicandrum τὴν ἔμπυρον ἢ καυστικήν, hoc est ardentem, & urentem, vel ut alii interpretantur χαλικήν. Refertur autem ad χῆρα, cuius duo adiectiva posuit θιβρήν, & ἐπιλωβέα, more Graecorum poëtarum, Latinis inusitato.

10 GAGATIS. Gagates tum fluvii Lyciae, tum lapidis, qui in eo invenitur, nomen est. Dicitur & fluvius ipse Gages, & Gangis, unde ἐγγαγγίδα πέτρω Nicander vocavit. Est autem lapis hic bituminosus, igni admotus ardet, sed non consumitur, bituminisque odorem reddit. Strabo eum Gangitin appellavit.

11 FILICIS. Habetur Graece βλήτρυ, quod nomen alibi non reperi, sed scholiastes Graecus adnotat sic dici filicem, quae alio etiam nomine βλάχνον dicitur, ut habetur

I 3   etiam

etiam apud Dioſcoridem; quamquam ipſe inter filicis vires hanc non adſcripſerit, quas tamen illi ineſſe facile eſt credere, propter odoris gravitatem. Heic non omittam quum in omnibus, quae videre licuit exemplaribus legeretur χαρτłω, me ſubſtituiſſe χαιτłω.

12 CANCHRY. Proprie ſic dicitur flos, ſive fructus roriſmarini, itaque eius radicem intelligit.

13 THREICIVM. Lapis Thracius, ſive Thracias ex genere bituminum eſt, quemadmodum & gagates. Siquidem uterque niger eſt, aqua inſperſa perinde, ac bitumen lucidius ardet, & oleo reſtinguitur, dumque ardet bituminis odorem emittit gravem atque acrem, & ſerpentibus praeterea infeſtum, quae forte cauſſa fuit, cur Plinius lib. 36. cap. 19. utriuſque notas, & vires confunderet.

14 SI GRAVIS. Docet alia remedia, quae inſterni poſſunt, a quibus ſerpentes abhorrent, vel naturali diſſidio, vel propter taetrum & gravem odorem, primamque nominat calaminthem, cuius folia impenſe ferventia ſunt, & acria, eam autem aquoſis locis legendam dicit, quod in iis multo laetior proveniat; nec tamen magnopere referre arbitror, an eam quae in montibus, campeſtribus, & aſperis provenit, decerpas. Siquidem omnium folia eamdem habent facultatem, nec dubium quin odor etiam ſimilis, & in ea maxime, quae ſiccioribus locis naſcitur. Nec vero ſubſtrata ſolum, ſed etiam accenſa, pota, aut illita ſerpentibus reſiſtit.

15 POLII. Non eſt dubium heic intelligi fruticem illum candidum, qui deſcribitur a Dioſcoride ſub nomine Polii, etiamſi videatur id in ambiguo ponere Graecus ſcholiaſtes.

16 ABROTONI. Femina praeſertim in eo genere candicat, ſed & mas quoque nonnihil, adeo ut valles in quibus abundant, videantur eſſe candidae, fugant autem ſerpentes, & ſubſtratu, & nidore: privatimque valent contra ſcorpionum, & phalangiorum venena.

17 SERPYLLI. Dicitur ſerpyllum Graecis pariter & Latinis a ſerpendo, cuius naturam heic egregie depingit Nicander.

18 AGNI. λύγον, hoc eſt viticem, ab Athenienſibus ἄγνον vocari Dioſcorides prodidit, quae ſi eadem eſſe Nicander exiſtimavit, quum ante viticem ſubſternendam conſuluerit, nunc fruſtra agnum nominat, niſi illic viticis ramos,

heic

heic vero flores intelligat, βρύειν enim fignificat, &
florere, & germinare .

19 ONOGYRON . Quid fit non mihi conftat. Hefychius quidem
indicat herbam quamdam eo nomine defignari, fed qualis fit non explicat . Nicander ἱμηρίον appellat, hoc eft,
ut Graecus fcholiaftes interpretatur ἀκανθώδη ἢ τραχύν .
quam interpretationem in re ambigua fequi placuit, potius quam folia illi ferrata, & incifuris divifa effe dicere.

20 LONGA CERVICE . Afphodelus caulem habet binûm faepe cubitorum , hic cervicis inftar eft , ideoque libenter fequutus fum, quod fcribit fcholiaftes in quibufdam exemplaribus legi πολυαυχία .

21 SCYRA Oderunt ea bubulci, quod depafta agant iuvencas
in tenerem . Sunt qui erythrodanum interpretentur, ut
fcribit Scholiaftes .

22 CVRVIS, quod Graece dicitur χελάξις , Scholiaftes latebras
interpretatur παρὰ τὸ χτίσθαι ἐν αὐταῖς , id eft quod
in iis ferae iaceant , ego adiectivum effe puto τῶ φωλυ-
οἴσιν , & fignificare curvis, & concameratis in modum
teftudinis, quae χιλαις , & χιλώνη dicitur . Sunt autem
eiufmodi ferarum latibula .

23 SIN CEDRI . Nunc remedia Nicander proponit, quae illita
corporibus vetant ne ferpentes mordere audeant : ac primum quidem κιδρίδας, hoc eft cedri fructus, natura fua
oleofos, & pingues: fiquidem ex cedro pix manat, quam
cedriam vocant . Itaque illi etiam per fe inungi, quamquam aut adipe cervino, aut medulla etiam addita perr-
ungi corpus poteft , cui & vis ineft ferpentibus adverfa.

24 OLIVO . Quamquam fimplex oleum conveniat , tamquam
maxime parabile, tamen fi ipfum e conyza oleum fuma-
tur , ut interpretatur Scholiaftes , multo erit efficacius .

25 LIMA . Intelligit filphii radicem lima vel fcalpro deteren-
dam effe . Sunt enim & in lima veluti dentes , de quibus hoc potius dictum videtur , quam de hominis dentibus , ut exiftimavit Scholiaftes , fcribens Nicandrum ἀν-
τιχτώσι ufum, quum dicere debuiffet κνιχαρις ἐδόντις, hoc
eft τομαῖς , & inciforii. Ego hic κνιχαρα limam interpretor , aut aliud inftrumentum non multum ab ea diffi-
mile, quo cafeus deraditur , ut explicat Galenus ἐν ταῖς
γλώσσαις, neque heic ἀντίχτωσιν effe,fed Graecorum poë-

I 4   ta-

tarum phrafin, qua & ufus eft eo carmine Homerus ,
Α'λλ' δκ Α'τρείδη Α'γαμέμνονι ήνδανε θυμω̃, quum dicen-
dum videretur Α'γαμέμνονα, fic hoc loco κνιςῆρι κατα-
τρίψιαν όδέντες , ἀντί τὃ όδέντες κνιςῆρος . Dicitur autem κνιςὴρ ἀπὸ τὃ κνίζειν , quod dividere fignificat .

26 ERVCAM . Graecus interpres adnotat hoc loco καμπὴν a
quibufdam plantam iotelligi : ego vero ipfum aoimal defignari puto , quod natum tepente caelo atque imprimis
ex rore, infidet foliis brafficae, fequutus in eo auctoritatem Diofcoridis , qui lib. 2. cap. de eruca , fcribit „
Erucis , quae in oleribus gignuntur cum oleo peruoctos
a venenatiis beftiis non feriri „ id quod , ut pleraque alia
ex hoc Nicandri loco tranftuliffe videtur . Apparet autem
ex eo loco βάμματι oleum fignificare .

27 ET PILAE . Hic paftillos Theriacos componit ex duobus ra-
mulis abrotoni, obolo uno nafturcii , & femine dauci
quantum manu comprehendi poteft , vulgus pharmacopo-
larum pugillum appellat , in mortario tritis , & poftea
ficcatis . In quibus adverte nafturcii exiguum poodus :
obolus enim pondus eft dimidii tantum fcripuli , cum in
drachma fex oboli contineantur . Liquandi funt autem
illi paftilli ,quum ufus exiget, vel oleo, vel adipe cervino , aut alio liquore eiufdem facultatis .

28 SIN AVTEM . Heic unguentum defcribitur conftans e viperis , medulla cervina , oleo rofaceo & omphacino , &
cera fimul coctis tritis & miftis . Nicander quidem viperas non nominat , fed dicens e triviis fumendas feras ,
videtur quaslibet intelligere: verifimile tamen eft viperas
potius deligendas, quam ullos alios ferpentes, quod veteres medici eas , non item alias , theriacis medicamentis
adhibuerint . Quum autem m ftis, hoc eft coëuntes, deligendas effe fcribit , non ita intelligere oportet quafi in
venere deprehenfae plus habeant in theriacis remediis ef-
ficaciae , fed ex eo tempus defignatur quo capi debent ,
finis fcilicet verni temporis, quo in venerem feruntur, ut
& Galenus lib. 1. de Antidotis adnotavit . Ac quamquam
in unguenti confectione non tantum habere delectum
oporteat quam in antidoto, commodius tamen fuerit capita caudafque earum praecidere, & alia obfervare, quae
praecepit Galenus lib. de Theriaca .

29

29 CONGII. Graece legendum est χοɩ́ς , non χρɔɩ́ς. Est autem χοῦς five χοɩὺς menſura capiens cotylas duodecim, Latini congɩum vocant. Itaque congii roſacei, hoc eſt ϸɔϯ̀ισ χοɩς tertiam partem accipere oportet , hɩ:c eſt cotylas quatuor , five triginta ſex uncias menſurales.

30 RHODINI. Scholiaſtes interpretatur oleum roſaceum , cuius dicit eſſe tres praeparationes , ter nimirum infuſis roſis in oleo: ac primam quidem infuſionem dici πρώτην, ſecundam dici mediam , tertiam vero μιϰτην & πολύτριϰϯɔν, quod in ea roſas vehementer contundere oporteat , quo ſuccum remittant. Heic vero ipſa media videtur vocari πολύτριϰϯɔɩ, niſi quis exiſtimet legendum eſſe πολύτριϰϯɩ́ν τι ϰϣλοῦσι, hoc eſt multa contritione & elaboratione factam. Sed quum id quidquid ſit ϸɩ́δɩɔν appellet, ſuſpicio mihi aliqua eſt poſſe etiam deſignari unguenti roſacei aliquod genus, & forte paſtillos roſaceos , quos Dioſcorides ϸɔϯ̀δɩας ſcrɩ:oit appellari . Conſtant enim ex iis, quæ vim habent magnam in abɩ'gendis ſerpentibus , & curandis earum morɩɩbus .

31 CRVDI. Id eſt quod ὑμϕáϰɩνον & ẁμɔτρɩϭɩ̀ɩ appellatur . Tale enim unguentorum compoſitionibus magis idoneum eſt .

32 QVADRANS. Congii quarta pars tres cotylae ſunt , quas Latini heminas interpretantur : ſunt enim in congio duodecim. Singulae autem cotylae novem uncias menſurales capiunt .

33 SIN NVILO. Qui praeſidiis omnibus deſtitutus eſt, quibus ſerpentes abigere poſſit , ſaltem haec documenta habeat & obſervet , quibus vel eas vitabit , vel morſus minus noxios experietur . Ac primum quidem eſt , ieiunum non petere loca ſerpentibus infeſta. Tunc enim ſi ſeriri a ſerpente contɩgerit , morſus multo perniacioſior eſt , quod arteriae venaeque vacuae venenum citius combibant, & in principes corporis partes deſerant, vireſque corporis minus validae ſint depellendo aut alterando veneno .

34 FEMINA . Cum in omni ſerpentum genere , tum maxime inter viperas, feminae maribus multo ſaeviores ſunt: itaque imprimis eas fugere convenit. Nec vero eas internoſcere difficile fuerit : ſunt enim & ore patentiore , & extremo corpore craſſiores. Quo ſit ut earum morſus plus multo habeat periculi . **35**

35 ET VITARE. Aliud etiam admonet eum qui omnibus prae-
fidiis theriacis deftitutus eft , ne aeftate iter faciat , quo
tempore ferpentes atrociores malignioresque effe confue-
verunt .

36 AVT VBI . Nullum aetatis tempus ferpentum periculo vacat . Sunt etenim nocentiffimae five ieiunae, five paftae,
praefertim tamen ieiunae , & tum maxime quum pullos
fuos educant . Id quod habent commune & cetera ferarum genera .

37 SITIENS . Vel διψάς fitibundam fignificat , vel , fi ferpen-
tis nomen eft , fpeciem pro genere pofuit .

38 HEV TRIVIIS . Viperas hunc in modum coire perhibent , ut
femina maris caput in os intromittat, quafi dentibus , in
quibus venenum praecipue eft, concubitum peragant . Id
enim fignificat ἐδάξ ἐμφύναι . Illa autem nimia dulcedine , aut rabie percita , eius caput obtruncat , nifi ipfe
ocyus coitum peragat , aut alia ratione faluti fuae confulat . Videtur enim heic Nicander innuere non omnes
mares truncari capite, fed aliquos mortem effugere, eofque tunc ira concitatos , faeviffimos exfiftere .

39 AT POINAS. Cum Nicandro idem etiam Galenus videtur
fenfiffe , erofa matris alvo fetum viperarum prodire in
lucem . Sunt tamen qui aliter exiftiment , dicentes faepe
accidere ut femina pullos fuos pariat membranis adhuc
obvolutos , quae tertia die rumpantur ; aliquando vero
nafci non amplius involutos membranis , fed iis ante intus abrofis . Tunc autem illa fingulos diebus fingulis parere dicitur , viginti fere numero .

40 INTESTINA. Graece habetur ἀραιὸν, quod nomen quamvis
pollit effe adiectivum τῆς γαςρὸς , & fignificare tenuem ,
fignificat tamen aliquando proprio nomine ipfa inteftina ,
praefertim tenuia : fecundum quam fignificationem μεσα-
ραίω nomen impofitum eft , quafi μέσω τῆς ἀραιῆς , hoc
eft medio inter inteftina .

41 FETV GRAVIDA EST . Vipera e ferpentibus una foras animal
vivum in lucem edit , atque inde apud Latinos nomen
habet : prius tamen intra fe ovum concipit pifcium ovis
fimile , hoc eft unius coloris, nec cortice ullo , fed molli cuticula opertum, atque intra fe excludit priufquam
pariat . At ceterae ferpentes ova pariunt , eaque con
tecta in terra incubant , & fetum fequente excludunt ann
o.

42 NEC QVVM. Tota hieme ferpentes in fpeluncis delitefcunt, ibique tum ex aëre, tum ex torpore veluti fitum nuccumque contrahunt, qui circum corpus concrefcers, & denfatus fpeciem quamdam cutis exhibet, quum tamen cutis non fit: a Graecis γῆρας, a Latinis feneƈa appellatur. Ineunte autem vere e latebris prudeuntes eam exeunt, fiuntque multo ferociores.

43 QVIN ET. Vnum & hoc confilium eſt, ut vitentur loca, in quibus multi ferpentes habitant, cuiufmodi eſt Othrys mons Theffaliae, & rupes, & abrupta loca, & montes filvofi. Sed in primis cavendum efle a ferpente, qui feps appellatur: fallit enim faepe incautos viatores, quod inſtar chamaeleonis colorem fubinde mutet, & eius loci referat in quo confederit. Eſt autem feps anguis longitudinis binûm cubitorum, maculis per intervalla varius, qui & alio nomine crnhòs a quibufdam vocatur, ut nonnullis placet. Eadem enim utriufque fymptomata recenfentur: alioqui tam malignum ferpentem Nicander non fuiſſet praetermiſſurus, qui de fepedone poſtea privatim diſſerit.

44 RVPIBVS. Ad maiorem viatorum fecuritatem admonet tum ubi habitent ferae, tum varias earum figuras, & colores, ut ab his unufquifque fibi caveat. Alii in rupibus, & lapidum cumulis delitefcunt: alii multas fpiras agentes ita fe agglomerant, ut cochleae fimiles appareant: alii alios orbes ducunt, figurafque alias repraefentant. Alii praeterea viridi colore funt: alii colore arenae, ut ceraſtes, ut poſtea patebit, adeo ut in mediis arenis fafi, & iacentes vix deprehendantur, quos λω.ὐφοντας vocat Nicander, eo autem nomine & cutis candor, & fcabrities defignatur, utrumque enim της λίπρας fymptoma eſt.

45 FVNESTAM. Poſtquam explicavit ea, quae ad ferpentes communiter pertinent, nunc de fingulis particulatim agit, ac primum quidem docet quid cuique proprium fit, ut abinvicem dignofci poffint; deinde fymptomata, quae a cuiufque morfu fuperveniunt, exponit. Primum autem de afpide diſſerit, cuius tria dicuntur eſſe genera: χιρσαΐαι, hoc eſt terreſtres, omnium maximae & quinque cubitorum longitudinem interdum aequantes, colore fere cinereo, aliquando vero & fubviridi, χλλόωντας,

hoc

hoc eſt hirundinariae, circa ripas fluviorum & praeſertim
Nili degunt, uniuſque cubiti longitudinem parumper ſu-
perant, & colore ſunt hirundinis. πλυαδις dicuntur cinereo colore viridique, & ad auri colorem accedente, quae
collo exporrecto, veluti ratione quadam loci intervallum
emenſae, venenum exſpuunt in hominum faciem, aut
aliorum animalium corpora.

46 IGNAVIVS. Graece habetur ἀμυδρότατον, nomen ambiguae
ſignificationis: interdum enim ſignificat χαλικόν, quemadmodum Graecus Scholiaſtes ab Archilocho, atque ipſo
etiam Nicandro aliis in libris uſurpatum eſſe, verſibus
eorum citatis oſtendit. Interdum vero idem eſt quod
ἀσθινὲς ἢ ἀμαιρόν, hoc eſt infirmum, & languidum:
quod mihi hoc loco maxime quadrare viſum eſt, non tantum quod qui ab aſpide morſi ſunt, incidant in veternum
& torporem, nulloque doloris ſenſu pereant, ſed quod
ipſa etiam aſpis ſit corpore valde ſegni & pigro.

47 RECTA. Aſpis recto inceſſu ſerpit, non obliquo, ut ceraſtes, eoque diſcrimine maxime diſcernuntur.

48 NICTANS. Dicuntur aſpides viſu minime valere, & oculos habere ſemper quaſi ſomno coniventes, eoſque non
in fronte, ſed in temporibus, valde hebetes, verum acri
auditu eſſe, ideoque, ut ait Plinius, excitari ſaepius
auditu quam viſu.

49 LONGA. Variae ſunt aſpidum differentiae non modo a colore, ſed etiam a magnitudine. Quod autem heic longitudinem ſenûm pedum tribuit, tot enim ἡ ὀργυά, ſive ul-
na habet, de cherſaeis intelligendum eſt, quae ſunt
omnium maiores, & nonnumquam quinque etiam cubitorum longitudinem aequant. Sunt autem huius generis
aſpides omnium peſſimae, ut quae tribus ad ſummum ho-
ris dicantur demorſos interficere. Latitudo vero ſive
craſſities tanta eſt, quanta venabuli, quo cum tauris, &
leonibus homines decertant: ἐνοχὴ enim hoc loco πόλιμον
ἢ μάχην, hoc eſt dimicationem ſignificat.

50 ILLA. Aſpidum multi colores ſunt, aliae ſunt ψεφαραί,
hoc eſt, ut interpretatur Heſychius, σκοτεινὰι ἢ νεφιλω-
δεις, id eſt nubilo colore, & ſubatro. Aliae ſunt colore
cinereo, ſive pulverulento. Aliae ſunt μειλινέσσαι, hoc
eſt colore fraxini, quam μελίαν Graeci vocant: habet autem

tem fraxinus folia porracei coloris. Aliae funt colore va-
rio. Aliae vero funt αἰθαλίσσαι, hoc eft coloris fuligi-
ooſi, αἰθάλη enim fuliginem fignificat.

51 HVIC SVMMA. Omni afpidi in fronte circa fupercilia exftant
duo veluti callofa tubercula cornuum inftar, fub quibus
veluti cavea inclufi oculi conduntur & concavi appareat:
ea τύλους appellat, quo nomine non tantum callus, fed
tuber etiam fignificatur.

52 COLLA TVMENT. Hoc autem de afpide proditur, quod prae
omnibus ferpentibus cervix illi valde lata tumidaque fit.

53 QVATVOR. Nicander nullo facto difcrimine maris, & feminae, dicit afpidi quatuor ineffe dentes, at femina
quatuor, mas duos habere dicitur. Eos autem contegit
tunicula, in qua etiam afpidum venenum continetur, &
ex qua id procedit, tum quod ptyades in hominum corpora exfpuunt, & vibrant, tum quod alia afpidum genera in partes demorfas infundunt.

54 NVLLA. Dicit nullum ab afpidis morfu fignum exterius ap-
parere, non vulnus, non phlegmonen, non denique dolorem. Attamen Diofcorides & Aëtius prodidere vulnera veluti acu facta invenirii, bina quidem ex mafculi morfu, quaterna vero ex morfu feminae, a quibus tamen
nihil effluat, nifi aliquid fanguineum, idque nigrum &
perexiguum, fcilicet fi magna fit afpis, quae momorderit, fed nullum tumorem ab illis excitari, poftea vero
advenire ftuporem, pallorem frontis, refrigerationem,
crebras ofcitationes, oculos nictare, collum inclinari,
caput gravari, torporem, & veternum accedere, ac
tandem convulfionem, & mortem intra tres ad fummum
horas, fi cherfaea momorderit: praefentiffimam autem,
fi chelidonia. His autem quos ptyas confpuerit, oculos
caligare, cor dolere, faciem tumere, furditatem fieri,
& mortem paullo tardius contigere. Verum maxima
pars horum fymptomatum fub veterno compreffa eft, ut
verum hac etiam in parte Nicander dixiffe videatur.

55 DOLORIS. Diofcorides quidem ait laborem, doloremve aliquem corporis effe, & multiplicem, fed omnino levem,
& non expertem cuiufdam voluptatis, ideoque Nicandrum recte ceciniffe, hominem fine dolore mori.

56 SOLVS. Ichneumon hic de quo agitur, nam eft & vefpae
ge-

genus hoc nomine , quod phalangia venatur , fera est
quadrupes , parva , & forma ictidi mustelae persimilis ,
cauda oblonga , in ripis & arundinetis victitans . Hic solus contra aspidem certat , notusque est hac gloria maxime , in eadem natus Aegypto . Mergit se luto saepius ,
siccatque sole : mox ubi pluribus eodem modo se coriis
loricavit , in dimicationem pergit , in ea caudam attollens ictus irritos aversus excipit , donec obliquo capite
speculatus invadat in fauces .

57 ICTIDA. Ictis est mustela rustica, quam Theodorus apud
Aristotelem lib. 9. viverram interpretatur , magnitudine
minor est quam parvus catellus Melitensis, sed pilo , forma, albedine partis inferioris, & morum astutia mustelae
domesticae similis , haec aves petit ut seles .

58 AST UBI. Hic ichneumonis cum aspide pugnam explicat ,
quam pulcherrime describunt Oppianus, Plinius, & Strabo. Nec vero cum sola aspide, sed etiam cum crocodilo
certamen illi est .

59 DENTES UNCOS. Graece habetur in aliis codicibus τεύξη δ'
ἄγναμπτον ὀδόντα,ego restitui ὀδόντι dativo casu; neque
enim ichneumon dentes suos exacuit, aut confirmat, sed
corium tantum loricat , ne ab aspidis dentibus vulnere-
tur . Itaque ἄγναμπτον referri debet ad λάχνην , hoc
est ut efficiat corium denti impenetrabile.

60 CURTAE . Longitudine videlicet cubitali , aut trium do-
drantium . Tales autem in Scironiis scopulis inveniuntur
inter Megaram & Corinthum , & in Pammoniis montibus Megarae , & in Rhypaeo monte Achaiae , vel ut
aliis placet , Aetoliae ; similiter & in Aseleno monte
Locrensi . Sunt autem haec omnia montium nomina in
Europa , quos serpentibus infames esse dicit , & nullius
propterea nominis apud Graecorum veteres .

61 ALBAEQUE . Id est suppallidae . Hic enim color propius ad
album accedit , eoque praeditas esse viperas Aëtius adnotavit . Albas autem & cornutas viperas intelligit cerastas , viperis prorsus similes praeter cornua , de quibus
postea .

62 IN VENAM. Sunt vero & in India, ut refert Strabo, quae
novem cubitos superent . Sunt autem Bucarterus , Aega-
ges , & Cercasbus , montes Asiae .

63

63 LATIOR . Feminas intelligit , ad quas quatuor hi verſus pertinent . Habent enim caput latiuſculum , caudam brevem , & excarnem, & ſquamis durioribus aſperam , nec paullatim gracileſcentem , ſed ſimul , & univerſim , itaque propter brevitatem non multas aut magnas ſpiras agentem : praeterea in ingreſſu ſumma cauda nituntur , & tardius incedunt quam mares . Sunt & iis aliae differentiae, oculi ſubruli , colium quam ſit mari anguſtius , alvus prominula , & meatus ad caudae extrema propius accedens .

64 AT MAS. In viperarum genere mari corporis longitudo varia eſt , omnis habet caput anguſtius & acutius quam femina : eſt & collo craſſiore , & corpore univerſo tenuiore , & quodammodo proceriore : cauda illi paullatim gracileſcit , aliorum more ſerpentium , non acervatim , ut in femina : ſquamaſque habet ad extremum caudae aſperiores & velut attritas , quas iratus ſubrigit , non aliter quam canibus & erinaceis ira percitis pili rigent . Meatus etiam in cauda eſt ſuperne magis & ventri propinquior , contra quam in femina , quae meatum habet ad caudae extrema propius accedentem . Eſt & inceſſus alacrior .

65 COCYTVM. Graecus Scholiaſtes adnotat verſum hunc totum eſſe adiectitium , nec legitimum , & revera Nicandro indignus eſt , nec facile intelligi poteſt quid cocytus ſit , ſignificetne omnem marem in viperarum genere, an iratum tantum & furentem . Ego vernaculam Graecorum quorumdam fuiſſe vocem ſuſpicor , qua ſic viperam marem appellabant .

66 CARO . Poteſt hoc referri tum ad demorſum locum , tum ad univerſum corpus . Hoc Dioſcorides videtur ſentire , ſcribens ab ictu viperae corpus intumeſcere . Illud vero Aëtius , qui notas bipartito diſtinguens, tum in eas quae in adfecto loco apparent , tum in eas quae univerſo corpori accidunt , tumorem & puſtulas inter notas partis adfectae recenſet: ſimiliter & ipſa colorum diſcrimina , quae hoc loco Nicander enumerat .

67 PVTRIA . Putria ulcera & depaſcentia , quae Dioſcorides νομάς appellat , tum in ipſa plaga exoriuntur , tum vicinas partes occupant , ea enim late ſerpunt , nec ſuper-

fi-

ficiem modo laefae partis exedunt , fed in intimas etiam fedes perveniunt .

63 FLAGRAT. Non mirum febrem ardentiffimam excitari a veneno , quod eft facultate calidum. Nam praeter auctoritatem Galeni , multae etiam rationes accedunt , quibus id perfuaderi poteft, quas non eft neceffe hoc loco inferere.

69 SINGVLTVS. Fiunt frequentes & magni laefo ore ventriculi a veneni malignitate, magnofque fonitus edunt erumpentes per guttur & collum . Sic enim κίονα fcholiaftes Graecus interpretatus eft, quoniam columnae inftar caput fuftinet . Poteft tamen & in propria fignificatione accipi pro columella , five gargareone. Nam & hac prodeunt fingultus , ipfeque ab his commovetur .

70 MEMBRA. Totum corpus brevi tempore ab hoc veneno perturbatur, ipfumque cerebrum in primis afficitur vertigine , & magna nervorum imbecillitate , a qua & membra languent , & lumbi debilitantur fupra modum .

71 SITISQVE . Interdum aegri vehementer fitiunt : faepe vero horrefcunt frigore, veluti grandine percuffi : illud aeftuante fit ventriculo, hoc vero humore biliofo & fervido per fenfibiles corporis partes decurrente , quae duo fymptomata faepe in febribus videmus connexa .

72 SAEPE ETIAM. Biliofi vomitus infeftant , quod omnes humores in bilem vertantur , cum veneni qualitate , cum quod iecur phlegmone tentari dicatur . His autem proprium eft pallidam & decolorem cutem reddere , calore nativo introrfum fe recipiente. Ad extremum vero exftincto calore nativo fudor διαφορητικὸς manat , & naturalis color corporis vividufque marcefcit, & in eum vertitur , qui caloris mortificationem confequitur, nigrum videlicet, aut plumbeum, aut caeruleum, five lividum , aut in eum qui aeris florem repraefentat, pro variis fcilicet hominum naturis & temperamentis . Ceterum mors intra horas feptem imminere dicitur, fi vipera quae momordit femina eft, fi iuvenis, fi venere ftimulata , fi ieiuna , fi magna, fi fortis, fi in aridis locis educata, fi aeftas, fi & homo viribus fit infirmis , aut intemperato corpore , aut fi plurima ex his defunt, quum diutiffime die tertia, nifi medicamentis faluti fuae confulat .

73 NVNC FACILE . Cerastes ferpens eft de genere viperarum , quas

quas ante Nicander intellexit scribens de viperis quasdam
albas esse , & cornua gestare .

74 QVVMQVE ADVERSA. Distinguit cerasten a vipera incessu: vipera enim recta .& corpore in neutrum latus inclinato progreditur :cerastes vero ob ique, & corpore in alteram partem vergente , in naviculae modum quae venti violentia
in latus impellitur, & a contrario vento agitur rapiturque
in latus oppositum : itaque nunc in unum , nunc in alterum latus inclinata fluctuat. Sic cerastes ingrediens non
alteri tantum lateri innititur, sed modo in banc , modo
in illam partem vergit , quemadmodum & claudi solent
ambulare , quibus ipse postea & haemorrhos, & cerastas
comparabit ; verum Scholiastes ita hunc locum videtur
interpretari , quasi uni tantum lateri semper insistat. A-
rab s scribunt in cerastae corpore pro spinis haberi car-
tilagines , eamque ob caussam non esse firmo corpore ,
sed in utramque partem flexibili .

75 CREPITANTIBVS Graece habetur τετρηχότι , quo nomine
asperitas designatur squamarum : eas autem non in dorso
tantum , sed etiam sub alvo gerit , eoque fit ut sonitum
sibiln non dissimilem serpendo edat .

76 SI DENTEM . Post morsum cerastae locus tumet cum duritie, & circum pustulae plurimae nascuntur valde exiles,
ut visum fere fugiant. Credo id mali genus herpetem
miliarem esse, ortum a veneni caliditate , & acrimonia.
Talem enim cerastae qualitatem medici Arabes tribuerunt.

77 NEC TAMEN Etsi cerastes multa habeat cum vipera communia , non modo in notis corporis , sed in symptoma-
tis etiam, quae morsum consequuntur, ab utroque enim
pustulae, & oculorum caligines; differentia tamen in hoc
maxime est , quod cerastae venenum non sit tam malignum , tamque praesentaneum , quam viperae ; haec
enim die ad summum tertio interficit , ille vero ad no-
num usque diem mortem prorogat , idque sine magno
cruciatu .

78 IAM QVIBVS. Haemorrhus serpens est in petrarum cavernis
fere dege s , cuius longitudo pedalis est , crassitudo vero a capite ad extremam usque caudam paullatim desinens
in tenuitatem. Color illi splendidus est, quandoque ob-
scurior , velut ab igne usti. Aëtius colore arenoso esse
di-

K

dicit . Collum habet angustum , & caudam ab umbilico
gracilescentem .

79 FLAMMATO . Sic dicitur propter igneum oculorum fulgo-
rem , quem illis tribuit Aëtius .

80 CORNVA . Haemorrhus duo habet in fronte cornua νιφόεντα , ut ait Nicander , ego candida interpretatus sum ,
quamquam Scholiastes ἀντί των ψυχρῶν acceperit . Nam
quum duo habeantur praecipua in nive , frigiditas & candor , illa quia non videtur , multo minus conducit ad
agnitionem haemorrhi , quam candor qui oculis conspicuus
est . Oculos autem , sive alba oculorum , quae λογάδες a
Nicandro dicuntur , habet similes locustae , quam πάρνο-
πα appellant , hoc est igneos , & fulgentes : caput vero
asperum horridumque est , & incessus veluti cerastae obli-
quus . Et femina quidem ventri incumbens per terram
reptat , & gressum inferne circa caudam firmat : mas
vero circa ventrem ingressu nititur , & collum serpendo
extollit . Vterque gradiens sonitum edit , quasi per con-
stratos culmos repat , propter squamarum ariditatem &
asperitatem .

81 PROTINVS Haec symptomata morsum haemorrhi consequuntur . Color mali coloris , & nigricans , non totius quidem corporis , sed partis demorsae , ex qua etiam dicitur .
nihil in principio effluere praeter paucum quiddam , & a-
quosum . Sequitur & dolor cordis , sive cor proprie dictum intelligamus , cui per se primuque eiusmodi venena adversa sunt : sive , quod est mihi verisimi ius , os ventriculi , sic enim Aëtius interpretatur , & indicant vomitiones perpetuae , & vehementes , quas Dioscorides accidere testatur : praeterea & alvi profluvium , id enim
significat quod ait Nicander γαςὴρ δ' ὑδατόεσα διήκου-
το , non autem sicut Scholiastes existimat , sitim ingentem ,
ob quam aegri multam aquam bibere cogantur . Nam &
Arabes alvi profluvium inter haemorrhi ictus symptomata retulerunt , quum nemo auctorum sitis mentionem faciat.

82 PRIMA NOCTE . Praecipuum est symptoma , unde & haemorrho nomen est , sanguinis effusio per omnes corporis
meatus , non magnos modo & patentes , ut nares , oculos , aures , os , haemorroidas : sed etiam per minimos
& conniventes , ut omnium venarum orificia , tam in-
tror-

trorſum , quam extrorſum poſita , qua de cauſſa e pulmonibus languiais (creatio contingit , & e ventriculo
vomitiones cruentae ,& ex inteſtinis deiectiones ſanguinis,
& ex veſica urinae ſanguinis plenae , & proptetea rubentes , ſimiliter , & qua parte ora venarum ad cutem
ſpectant, ibi debiſcunt , & ulcera contingunt . ut totum
pro vulnere corpus ſit , ſicut dixit Lucanus Poëta : quinetiam quacumque corporis parte cicatrix ulla fuerit ,
ea recinditur , & manat languine , ωτυλαι non modo
cicatrices , ſed ipla etiam vulnera appellantur .

83 PER COLLA. Hoc eſt per vomitiones & ſputa : haec enim
aſperam arteriam , illae per gulam feruntur , utriſque
autem per collum via eſt .

84 SED CAVE. Ut in omni ſerpentium genere feminae faeviores ſunt maribus , ita & haemurrhois crudelior eſt haemorrho. Nam praeter ſanguinis eruptiones, quas in haemorrho Nicander commemoravit, gingivae etiam inflam-
mantur , atque ex iis , quemadmodum & ex unguium
radicibus , atque ex oculorum etiam angulis , ſicut ait
Aëtius , ſanguis manat. Adeſt praeterea dentium ſtri-
dor, qui putri afflatu languine poſtea excidunt .

85 HVIC HELENE . Ferunt Menelaum ab Troia cum Helena
diſcedentem, tempeſtatibus actum in Aegyptum appuliſ-
ſe , & a Thone rege Canopi hoſpitio exceptum fuiſſe.
Vbi quum Canobus gubernator in littore ſuius iaceret, ut
ſe recolligeret, ab haemorroide, quam forte oppreſſerat ,
demorſus interiit. Eam ob cauſlam Helene indignata
dicitur haemorrhoidi corpus perfregiſſe,& illa ab eo tempore obliquo , & contorto corpore repere .

86 THONIVS. Haemorrhum, ſive haemorroida hoc nomine intelligit, ſic ab Argypti rege nuncupatum. Thon enim ille
vocabatur, cuius & apud Homerum ſit mentio lib. 4.
Odyſſeae.

87 NVNC TIBI Sepedon ſerpens eſt haemorrho ſimilis , ſed ab
eo differens: primum quidem ingreſſu , non enim in ob-
liquum , ut haemorribus , ſed in adverſum ſerpit , deinde vero quod cornibus careat. Eſt & colore villoſi tapetis : qualis autem is ſit, non explicat. Scholiaſtes coc-
cineum interpretatur, quod ut plurimum tapetes ſint huius coloris . Fortaſle vero varium colorem Nicander in-
tel-

telligit , oon fimplicem , funt enim tapetes variegati ,
& de fepe proditur , eum multis albis maculis diftinctum
effe . Eft illi & caput magnum atque praegrave . Cauda quoque quamvis fit ei prolixior , brevis tamen apparet,
quia in multos orbes fpiralque contorquetur . Multi du-
bitant an fepedon idem fit cum eo , qui feps dicitur ,
quem tabificum Lucanus appellavit , & cuius mentio ante facta eft „ Qui cute diverfa , numquam unicolore , videtur Adfimilis femper fedi quam legit in arvis „ Ego ut
eumdem effe exiftimem plurimum adducor , quod Aëtius
alterius tantum nominis faciat mentionem , quodque de
fepe fcribens eadem ex eius morfu fymptomata recenfeat,
quae huc loco Nicander tribuit fepedoni . Nec vero Plinius alium quam fepedona nominat .

88 LETIFER HVIC . Praecipuum fignum & veluti pathognomo-
nicum morfus fepedonis eft, defluvium pilorum ex capite , fuperciliis, & palpebris .

89 VITILIGO . Qui a fepedone morfi funt , cutem habent albam , & ceu a vitiligine decolorem . Alphos , five vitiligo generis nomen eft : fpecies eius funt , alphos , melas , leuce , ut fcribit Celfus . Ipfa autem leuce in iis
excitat ephelidem , ut ait Nicander , hoc eft cutem vitio-
fo colore inficit : hic enim non proprie ephelidem accipit,
fed generaliter pro omni coloris depravatione .

90 AT VERO . Dipfada Galenus fcribit fpeciem effe viperae ,
alii afpidis effe volunt . Conftat autem parvae viperae fimilem effe : eft enim quam nas vipera minor , & cubitali , ut fcribit Aëtius, magnitudine ; inter eam autem,
& viperam videtur Nicander has duas differentias ftatue-
re , primum quod citius interficiat quam vipera : deinde
quod caudam habeat gracilem & extremis nodis nigram,
a qua & μελανουρος a quibufdam appellatur . Aëtius vero addit dipfada in locis maritimis frequentius reperiri ,
ex craffa in tenuem definere, notas habere per omne corpus fulvas & nigras , caput vero anguftius .

91 CCR TOTVM . Praecipuum malum , quod a dipfadis morfu
excitatur , fitis eft , a qua & nomen illi inditum . Tanta autem effe perhibetur , ut nullo umquam potu fedari
poffit , & tamen neque per urinas, neque per vomitum,
neque per fudores quidquam vacuatur. Quo fit ut ob im-

mo-

modicum potum venter diftentus rumpatur, vel inferne
circa inguina, vel circa imum ventrem, ficut in hydropi-
cis accidit. Quod antem dicantur labra caufo uri, am-
biguum eft, an dipfada, an febrem ardentem fignificet,
quam medici proprie καῦσον appellant. Diplada enim a
quibufdam καῦσον appellari Diofcorides, & Aëtius ad-
firmant.

91 PRISCA INTER. Nicander poëma fuum eleganti fabula con-
divit, quae quamvis ad omnes ferpentes pertinere poffit,
convenit tamen praecipue dipfadi, & aliis quae vehe-
mentem fitim inducunt.

93 PROMETHEI. Hoc eft accufantes Prometheum, quod non
effent ab eo iuventa perpetua donati: quod fi feciffet
furtum eius futurum erat omni ex parte integrum.

94 NVNC AGE. Cherfydrus ferpens eft, qui & fimplici nomine
hydrus appellatur. Hieme enim & vere ftagna colit,
pifcibus & ranis victitans, tuncque hydrus appellatur.
Pofteaquam paludes inaruerint, in terram fe recipit, multoque quam ante evadit nocentior, propter tum loci, cum
pabuli ficcitatem. Tunc compofito nomine Cherfydrus
appellatur. Forma fimilis eft afpidi cherfaeae parvae, nifi
quod cervicem non ita latam habet. Sunt qui natricem
interpretantur, Lucano tamen poëta aperte diftinguente
lib. 9.

95 SIGNA. A cherfydri morfu cutis exarefcit, & diftenta
rumpitur faniemque & virus effundit. Eius tamen praecipua haec nota eft, quod aeftus magni ardorefque per
corpus univerfum difcurrentes fentiantur, vapore fcilicet
maligno e vifceribus erumpente, & per habitum corporis diffufo, quemadmodum aeftus aëris aliquando fe habet.

96 ILLE COLENS. Serpens hic ἀμφίβιος eft: primum enim in
aquofis degit, pifcibus & ranis victitans: deinde in ari-
dam exfilit, ubi fulcos, hoc eft omnia in fulcis nafcen-
tia pafcitur, & maiorem faevitiem adquirit. Ceterum
totum hunc Nicandri locum, Verg. lib. 3. Georg. elegan-
tiffimis verfibus reddidit, quorum hoc principium eft ,,
Eft etiam ille malus Calabris in faltibus anguis ,, Siquidem in Calabria cherfydris frequentiffima effe dicitur.

97 NVNC CAPVT. Amphisbaena parva eft & fere lumbrici terreftris magnitudine, colore terreo, cute denfa, & ma-

K 3   cu-

culis parvis diſtinɔa . Genae illi in tantum extuberant ,
ut fere caecutiat . Terete eſt corporis figura , & utrinque aeque craſſa, ut adſpeɔu diſcernere nequeas utra in
parte caput ſit aut cauda .

98 HANC VBI . Sola ſerpentium amphisbaena dicitur frigori
ſe committere , & prima omnium procedere ante cica-
darum cantum , hoc eſt ante vernum tempus . Ex quo
eius ſupra ceteras calor declaratur , quemadmodum &
ex pellis eius facultate . Lignatores enim ut ait Nicander, quum amphisbaenam oleaſtri ramo ſeu palo adfixam
excoriaverint, & exſiccaverint , dicitur pellis ipſa rigori-
bus prodeſſe , quos μέλχας Nicander appellavit : quo tamen nomine alii κτμετλα , hoc eſt perniones intelligunt.
Dicitur & valere adverſus paralyſin .

99 ET SCYTALEN . Scytale forma quidem eſt amphisbaenae :
ſunt enim aequalis per totum craſſitudinis , neque facile diſcerni poteſt ubi cauda ſit aut caput : differunt autem , quod amphisbaena in utramque partem progredia-
tur, ſcytale vero in alteram tantum: deinde quod ſcytale
grandior & craſſior ſit , ut quae ligonis vel ſecuris manubrium exaequet: amphisbaena autem magnitudine tantum
ſit lumbrici . Morſus eius non eſt letalis : aiunt tamen
a ſcytale Chalcidica , eadem quae & a vipera mala con-
ſequi : ſic dicta eſſe poteſt a ſcuticae ſimilitudine .

100 VERE . Dicitur ſcytale hiemales exuvias prima ponere ,
etiam ante vernum tempus, ut ſcribit Lucanus „ Et ſcytale ſparſis etiam nunc ſola pruinis, Exuvias poſitura ſuas„
Sed poſtquam eas depoſuit, non vagatur per campos aliorum ſerpentum more qui feniculum conquirunt , quo
hebetudini oculorum medeantur , & corporis robur pri-
ſtinum recipiant : ſed in latebras denuo ſe recipit , ibique magna ex parte dormit , cibum alibi non quaerens ,
ſed illic forte oblato contenta , neque etiam aquam ad
ſitim ſedandam conquirens . Solinus cap. 40. ſcribit ſcy-
talen tanta praefulgere tergi varietate , ut notarum gratia videntes retardet , & quoniam reptando pigrior eſt ,
quos adſequi nequit , miraculo ſui capiat ſtupentes .

101 CONTEMPLATOR . Baſiliſcum Nicander intelligit . Hic in
Cyrenaica provincia maxime gignitur , capite acuminato,
colore flavo , vel fulvo , trium palmorum longitudine .

Ma-

Malum eſt in terris ſingulare , ut qui omnia animalia
praeter muſtelam , ſolo ſibilo interimat . Itaque omnia
eum fugiunt, & in vacua, ut ait Lucanus, arena regnat.
Ideo viribus reliquos ſerpentes longe ſuperat. Sed &
eum videtur natura quodam diademate inſigniviſſe , data
in capite candida macula , & eminentiis tribus , ut ſcribit Aëtius . Praeterea non flexu multiplici , ut reliqui
ſerpentes , corpus impellit , ſed media quadam corporis
parte ſerpit , media cellus , & erectus incedit , ut non
immerito baſiliſci nomen adeptus ſit .

102 IN MEMBRA . A morſu baſiliſci praecipua ſymptomata
ſunt , ardor totius corporis , & putredo tanta , ut carnes lividae defluant e corpore , ait Aëtius etiam capillos
confeſtim decidere . Eraſiſtratus ſcripſit vulnus ſubflavo ,
& quaſi aureo colore fulgere . Dicitur autem ab eo demorſos in inſtanti perire .

103 IAM DRYINAE . Dryinas , ſive drylnus ſerpens eſt duos
circiter cubitos longus , corpore obeſo , aſperrimis ſquamis undique munito : in quercuum ac fagorum cavis fere latibula babet , unde & nomen inditum . Dicitur a
quibuſdam hydrus , ab aliis chelydrus : in humidis enim
& paludoſis locis aliquando degit , atque ab iis recipit
ſe in cava arborum, perque prata ranis & locuſtis victitat.
Multum autem infeſtatur ab aſilis, quos οἴϛρους ἢ μύωπας
Graeci vocant , atque ab iis morſu petitus refugit , ſe-
que in latibula ſua confert . Sunt autem muſcarum genus acerrimum , & pennis aereis , ut ait Aëtius . Latitant autem & illae plerumque inter eius ſquamas ,
ipſamque tandem conficiunt . Idem Aëtius ſcribit hunc
ſerpentem in Helleſponto frequentem eſſe .

104 ILLI . Dryinas colore eſt ſubatro, capite latiuſculo, quemadmodum & hydrus , quem antea cherſydrum appellavit:
odore admodum taetro ,adeo ut foetor latentem prodat .
Hic eſt quem propterea gravi nidore chelydram Vergilius
3. Georg. appellavit, & de quo Lucanus ſcribit „ Tracti-
que via fumante chelydri „ Eſt autem odor qualis eſſe
ſolet a vermibus natis in humentibus & putreſcentibus
equorum tergoribus ſcalpro deraſis & ſectis : vel qualem
reddere ſolent corii equini praeſegmina putrentia, quum
ſcalpro abraduntur . Utrumque enim λάϑαρyos ſignifi-
cant , praeſegmina videlicet , & vermes .

105 SI TALVM . Sicut dryinus graviffimo eft odore , ita qui ab eo percuffi funt , quavis corporis parte protious male olent foetentque . Nec vero morfu modo foetorem eum inducit , fed fi quis etiam ipfum interficiat , olfactum illi adeo corrumpi aiunt , ut quemlibet odorem pravum effe iudicet , vitiata prorfus odorandi facultate . Refert vero & Galenus eum tam malignum & nocentem effe , ut vel calcatus pedes excoriet , totifque cruribus tumores ingentes excitet , & quod magis mirere , manus quoque curantis medici. Sequuntur & alia fymptomata , tumor in ipfo vulnere nigricans , animi languor , ariditas totius corporis , herpes five nome , & vertigines caliginefque oculorum .

106 BALATVS. Balatus ille referri poteft vel ad delirium , quod inter dryini fymptomata Aëtius recenfet : vel , quod mihi verifimilius videtur , ad vocis interceptionem , quam eodem auctore demorfi a dryino patiuntur , ad quam etiam pertinet id quod fequitur , eos fcilicet faucibus conftrictis angi , quamquam & ad fitim ingentem , & ad faucium ariditatem referri poffit . Sequuntur poftea & alia fymptomata , urinae fuppreffio , ftupor , & veternus , fingultus frequens, vomitiones biliofae aut cruentae , & ad extremum veneno magnam inducente fitim tremor languorque totius corporis .

107 NEC VERO AVRATVM. Graece habetur χλοάοντα , fignificat autem idem quod τὸ χλωρόν, hoc eft , ut multis in locis ait Galenus , tum viride , tum fufflavum five pallidum . Pofterior fignificatio mihi magis placuit , quod eam etiam Lucano placuiffe video lib. 9. „Et vos aurato nitidi fulgore dracones„ Sunt enim flavi rufve , nec reperi colore viridi defcriptos a quoquam fuiffe . Sunt & caerulei , hoc eft caeli fulgore , feu colore . Reperiuntur & nigri & cinerei coloris .

108 PHOEBEIA PROLES . Quum plura dicantur effe draconum genera , unum tamen eft , ut refert Paufanias , quod fola fert Epidaurus , manfuetum , & colore fufflavum , quod Aefculapio facrum erat . Anguis a Plinio vocatur, carens veneno , nifi per menfem luna inftigatus : fed & ineffe ei remedia multa creduntur , ideoque Aefculapio dicatus eft. Hic quondam Epidauro Romam advectus eft ,

ad

ad reprimendam peſtilentiam, vulgoque paſcebatur &
in domibus, ac niſi incendiis ſemina exurerentur, non
erat ſecunditati eorum reſiſtere. Feſtivus de eo habetur
apud Lucianum dialogus, qui ψευδόμαντις appellatur.
Eum in valle Peletbronia, quae ſita eſt ad radicem
Pelii montis, Aeſculapius dicitur educaſſe.

109 PRAESTANTI FORMA. Graece eſt ἄγρχυλος, quo nomine
ſolus Graecus Scholiaſtes indicat pulcrum & formoſum
deſignari. Heſychius vero praeter cetera, etiam καχυ-
póν interpretatur, hoc eſt ultum ſive nigrum.

110 MAGNA. Dicitur draco eſſe oculis praegrandibus, fronte autem & ſuperciliis tam craſſis, ut umbraculorum vice oculis eſſe poſſint, quae ſignificantur ἐπισκυνίων nomine. Ac quamquam πίονα proprie pinguia ſignificent,
tamen quia nemo veterum id in draconibus adnotavit,
magna verti, accedente Heſychii auctoritate, qui πίονος
interpretatur μεγάλυ, quae enim pinguia ſunt, eadem
craſſa, magnaque eſſe ſolent.

111 BARBAQVE. Sub draconis mento veluti palearia dependent
ſubflava ſubviridiave, quae barbae ſpeciem referunt.

112 ILLE VEL. Draco non habet venena, proindeque morſu
non tantum laedit quantum ceteri ſerpentes. Eſt enim
illi os parvum & ad morſus non dehiſcens, ſed arctae fi-
ſtulae ſimile, per quam & trahit ſpiritum & linguam exerit. Itaque morſus eius non excitat dolorem magnum,
etiam ſi vehementi ira percitus conetur mordere, ſed plaga eius eſt qualis a morſu muris: quippe non in dentibus vim, ſed in caudis dracones habent, & verbere magis quam rictu nocent.

113 ARMIGER HVNC. Deſcribitur naturale diſſidium inter draconem & aquilam, ſed ea draconem volatu facile ſuperat,
multiſque ſpatiis anteit. Eſt enim vaſtiore corpore, quam
ut poſſit diu ſublimis volare, praeſertim in Phrygia, ubi
dracones ad magnitudinem quadragenûm pedum naſci ferunt: & in Arabia, ubi tricenûm cubitorum ſunt, quum
reliqui quinque aut decem cubitos non excedant.

114 HIBERNAM. Cenchreaes ſerpens invenitur potiſſimum
in Samotbracia, & Lemno, quarum utraque inſula eſt
in mari Mediterraneo, ad oram Thraciam ſita, ex adver-
ſo Rheſcynthi & Zonaeonorum montium. Rheſcynthum
au-

autem oppidum eſt Thraciae maritimum, in quo Iunoni
templum ſacrum habetur, ſimiliter & Hebrus fluvius, &
Zonaei montes, & quercus Orphei, quas ille dicitur ly-
rae cantu moviſſe, & ſpecus Zerynthia in eadem Thra-
cia ſunt. Ceterum κεγχρήνη, vel ut quidam ſcribunt,
κιγχρίτης, ſerpens eſt peſſimus, ſic dictus a milio, quod
κέγχρον Graeci appellant: ſive quod colore viridi ſit &
milium referente, ſive quod aiunt eum ferociorem fieri
dum milium floret. Alii λέοντα, hoc eſt leonem a feri-
tate ſaevitiaque nuncupant: alii vero ἀκοντίαν, quod ſe
veluti iaculum in corpora vibret, quae poſtea ſpiris in-
voluta, verbere caudae rumpat, & a quibus adacto in
claviculas & thoracem vulnere, ſanguinem exſugat.

115 CORPORIS HAVD. Serpens hic traditur eſſe cubitorum fere
binûm longitudine, & corpore toto a craſſitudine in
exilitatem definente. Sed ut ait Nicander, varia eſt &
longitudine, & craſſitie, & maiores minoreſque reperiuntur. Ab eius morſu graviſſima ſequuntur mala, pu-
trefactiones & ulcera toto corpore ſerpentia, praeterea
hydrops alvum eiuſque nodum, hoc eſt umbilicum com
primens, & dolore excrucians.

116 ILLE VBI. Saum olim dictam fuiſſe Samothraciam, & Mo-
lyclum montem eſſe Lemni inſulae, Graecus Scholiaſtes
adnotavit, quae tamen nomina neque apud geographos,
neque apud poëtas Latinos reperi. Plinius Saoce monte
Samothraciam attolli dicit, qui an idem ſit cum Sao,
viderint geographiae & antiquitatis peritiores.

117 TE NVLLA. Dum cenchrenes fugitur, diſcedere oportet
a recta & plana via, quoniam per eam concitatiſſimo
curſu fertur, adeo ut viginti cubitorum ſpatium uno ſaltu ſuperare dicatur: ſed fugere oportet obliqua via per
ſentes, & ſpinas, quod iis offendatur & retardetur.
Ex hoc autem ſuſpicio mihi eſt cenchrenem non eſſe
ἀκοντίαν, ſive iaculum: hic enim ex arborum ramis vi-
bratur, & miſſili, ut ait Plinius, volat tormento, quo
fit ut vepribus vix poſſit eius impetus cohiberi. Subeunt
enim iaculi arbores, e quibus vi maxima turbinati pe-
netrant animal quodcumque obvium fortuna fecerit. Praeterea & ἀκοντίας privatim poſtea Nicander commemorat.

118 STELLIO. Quem Graeci ἀσκάλαβον, ἢ ἀσκυλαβώτην, ἢ

κ3-

κολώτην, ἢ γαλιώτην appellant, Latini ſtellionem dicunt. Animal eſt lacertae ſimile , teneⱰutem quæque exuens ut angues . Temporibus ſtatis ſe condit , latetque in cavernis menſibus quatuor frigidiſſimis .

119 PRAETEREA ET . Nullae harum ſerpentium notae a veteribus explicatae reperiuntur , quod vel omnibus cognitae eſſent , vel nullius periculi .

120 ELOPES . Sunt qui non elopas , ſed elapas ſcribant .

121 LIBYAS . Eo nomine Scholiaſtes Graecus exiſtimat deſignari τοὺς ἀμμοβὺς vocatos, quod plurimi in Libya ſint .

122 MYAGROS . Serpens hic eſt idem cum ſpathiuro , aut ab eo non valde diſſimilis . Plures dicitur habere in capite coronas ſive lineas , unde πολυϛίφης a Nicandro dictus eſt : muribus veſcitur .

123 IACVLOS . Ἀκοντίας hic , ſive iaculus , qui a Nicandro recenſetur inter Innoxias feras , non poteſt idem videri cum eo, quem Lucanus lib.9. ſcribit per caput Paulli tranſactaque tempora fugiſſe : nihil enim eo ſerpente pernicioſius. Iſte autem forte non a tanta celeritate & rapacitate , ſed a formae ſimilitudine dictus eſt , quaſi ſagittae in modum longus ſit & teres .

124 TYPHLOPES . Iidem & τυφλίναι appellantur : caeci ſerpentes a Plinio , ab aliis caeciliae . Dicuntur , etiam ſi calcentur , non mordere .

125 AST EGO . Remedia nunc explicantur , quae venenatis morſibus convenit adhibere . Primum autem duo communia praecepta proponit : unum quidem , ut protinus atque morſus acceptus eſt , & plaga recens eſt , pharmaca admoveantur : ubi enim venenum in venas & arterias ſubiit, atque in principes partes penetravit , omne remedium ſerum eſt & inefficax . Pervadit autem facile exiguoque tempore in interna corporis ſpatia , propter ſui tenuitatem . Alterum eſt , ut ſive flores , ſive folia , ſive radices ad diſcutiendum affectum ſumantur, ſint quam recentiſſimae .

126 RADICEM . Panaces Chironium intelligit , non Centaurium . Id quod ex ipſo Dioſcoride notum eſſe poteſt , qui eadem, quae & Nicander ſcripſit . Naſcitur, inquit, in Pelio monte praecipue , folio amaraci eſt , aureos habet flores , radicem gracilem nec profundam , & in guſtu acrem . Bibitur

tur contra ſerpentium venena radix, & frondes in eumdem uſum eadem utilitate emplaſtri modo imponuntur .
Dictum e ſ Chironium a Chirone inventore, qui eam longa
cervice , hoc eſt longo caule eminentem primus animad-
vertit , & in uſum dedit . Eſt eorum panacis caulis mul-
torum cubitorum .

127 AVT VMBROSA. Heic ſcite depingitur ariſtolochia , folio
periclymeni hederaceo , floribus purpureis , graveolenti-
bus, in quibus bacculae pyro ſilveſtri conformes, radicibus in femina quidem rotundis & in orbem conglobatis
rapi modo , unde & rotundae nomen illi datum eſt : in
maſcula vero longis: utriſque colore intus buxeo. Eadem
prorſus Dioſcoridis , Nicandrum heic quoque , ut in aliis
pleriſque ſequutus , prodidit : niſi quod Dioſcorides ma-
ſculae radices ſcribit dodrantis longitudinem implere , &
nonnumquam paullo maiores videri , quum his Nicander
cubitalem tantum longitudinem tribuat .

128 HYSGINO . Non herba eſt , ut ait Scholiaſtes , cuius. nec
Theophraſtus , nec Dioſcorides , nec Plinius fecere mentionem, ſed tincturae quoddam genus , ut ſcripſit Heſychius: ex quo Plinius inquit purpuriſſum infectum praeſtantiſſimum fieri: πορφυροῦν in hac ipſa ariſtolochia dixit
Dioſcorides .

129 MYRTEA . ἄχρας , μυρτάς , ὄχνη , βάκχη dicuntur eſſe
pyrorum ſilveſtrium ſpecies , nec ſatis intelligo quid inter ſe diſcrepent. Suſpicio ergo quaedam mihi eſt legendum μυρτάδος , ἢ ὄχνης , aut μυρτάδος adiectivum erit
τῆς ὄχνης, & ſignificabit myrteam, hoc eſt immaturam,
acerbam, & adſtringentem. Id quod mihi magis placuit,
etiamſi Scholiaſtes praeteriens τὴν ὄχνην , adnotet μυρ-
τάδα ſpeciem eſſe pyri, praeſertim quum Macrobius Cloa-
cium ſequutus, inter pyrorum genera myrteum recenſeat.

130 NEC MINVS . Triphyllon a Latinis trifolium appellatur :
frutex eſt foliis arbori loto ſimilibus, quibus tenellis odor
rutae ineſt: quum vero adoleverint, bituminis, ſicut ſcribit Dioſcorides Nicandrum hoc loco ſequutus. Ea in ſin-
gulis germinibus habentur terna, a quibus & nomen inditum eſt , decoro adſpectu , quae propterea Nicander
ποικίλα , hoc eſt πεποικιλμένα ἡ κεκαλλωπισμένα appellavit .

131 MINYANTHES . Sic appellatum est triphyllon a Dionysio ἐν τοῖς ῥιζοτομικοῖς, ut scribit Graecus Scholiastes, eiusque appellatioris meminit & Dioscorides , non ἀπὸ τῇ μηνύειν , quod significat ostendere , quasi flore suo se indicet: neque enim id fert ratio carminis: errantque propterea qui Latine menyantes scribunt : sed ἀπὸ τῦ μινύε , hoc est a minyo ; flores enim illi purpurei sunt : vocatur & alio nomine τριπίτηλον a tribus foliis , quae πίταλα & πίτηλα dicuntur .

132 NVNC AGE . Enumeravit ante simplicia quaedam medicamenta , quae convenirent medendis venenatorum ictibus, Panaces Chironium, aristolochiam & trifolium: nunc multa docet composita , e quibus tamen singula magnam etiam in medendo vim habent .

133 NERIN . Genus est nardi montani, quod Galenus πυρίτιν, alii, inter quos Nicander ipse est in Alexiphar. τυλαξίτιν appellant .

134 'IV QVOQVE FLORENTIS . Graece habetur διανθίος , quod significat simpliciter ἀνθοῦντος , non autem δὶς ἀνθοῦντος , ut existimavit Scholiastes : neque enim bis floret asphodelus. Eius caulis ἀνθερικὸς a Graecis peculiari nomine dicitur , qui saepe binum cubitorum est. Radix rotunda in napi vel glandis modum: semen orbiculari folliculo, qui flori subiectus est , continetur .

135 ALCIBII RADICEM . Echium planta est folia habens aspera , & aculeos breves foliis adiacentes , flores iuxta folia ἰώδεις hoc est purpureos, radicem gracilem , & profundam, quam Nicander ῥαδινὴν appellavit, hoc est λεπτὴν ἢ ἰσχνήν . Est enim , ut ait Dioscorides , digito gracilior. Graecus tamen Scholiastes ῥαδαμνώδη, hoc est multifidam , & in varias propagines divisam interpretatur . Planta ipsa ἀλκιβιάδιος dicta est ab inventore : ἔχιος autem ab effectu , quod viperarum morsibus medeatur , sive epota , sive foris etiam vulneri admota .

136 MARRVBII . Consulit praeter marrubium, etiam meliphyllon , sive melissophyllon vino dilutum bibere. Video tamen dubitari posse , an hi versus de ipso prasio, hoc est marrubio, intelligendi sint, quasi Nicander prasium dicat etiam meliphyllon & melittaenam appellari , eique facultatem tribuat lactis generandi , tum quod ita visum
sit

fit Graeco Scholiaſtae , tum quod ipſe Nicander in Alexipharmacis agens de aconiti curatione , πράσιον & μιλίφυλλον pro eodem accipiat hoc verſu, ἡ χλοιροῦ πρα-
σίσιο τί δὴ μιλίφυλλον ὑλίῦσι . Attamen Dioſcorides a-
perte a praſio meliphyllon & melittaenam diſtinguit , quibus duobus nominibus a pleriſque τὸ μιλισσόφυλλον appellari auctor eſt , cui & ego adſentior .

137 PARVA MEMBRANA . μήνιγξ proprie quidem ſignificat mem-
branam , quae cerebrum involvit : ſignificat vero ipſum
etiam cerebrum, ut Heſychius adnotavit , in qua ſignifi-
catione ipſe quoque Dioſcorides μήνιγγα videtur acce-
piſſe lib. 2. ſcribens gallinae cerebrum in vino bibendum
dari contra ſerpentium morſus .

138 TRAPEZA . Τράπιζα , πύλαι , μάχαιρα , ὄνυξ , nomina
ſunt quarumdam partium iecinoris , aruſpicibus olim nota , & uſitata: quae & in hominis iecinore , inquit Ru-
fus , etiam habentur , ſed obſcurae ſunt , & non con-
ſpicuae , & ad medicinam inutiles. Verum πύλας , hoc
eſt portas intelligere poſſumus magnum illud orificium
venae , quam anatomici etiam nunc portam appellant , ſive
a portando alimento in iecur , ſive quod per eam tamquam portam omnia in iecur ingrediantur .

139 ET FOLIVM . Caſtoris vel hippopotami teſtes magna utilitate exhibentur demorſis ab animalibus venenatis . Eſt
autem hippopotamus, ut heic ait Nicander, ambiguae vitae animal . Nam & in Nilo degit . praeſertim ſupra
Sain , quae Aegypti urbs eſt , ſita ad unum Nili oſtium ,
& fluvio nonnumquam egrediens, depaſcitur maturas ſe-
getes , ſeſeque poſtea in fluvium recipit . Eius teſtes
exſiccandos & terendos Dioſcorides monet , & ita contra
ſerpentium morſus bibendos . Nec dubium quin caſtoris
etiam teſtes eodem modo praeparare conveniat . Eos Nicander οὐλοὺς appellavit , hoc eſt mortiferos & pernicio-
ſos ipſi caſtori , quod eorum cauſſa peti & occidi ſolet.
Dioſcorides vanum eſſe exiſtimavit quod traditur , teſtes
ab ipſo evelli , & ab ſeſe abiici, quum venatu urgetur ,
quia , ut ait , tangi nequeunt, ita , ut in ſue , ſubſtricti .

140 LAVRI TENVIS . Id eſt eius, quae eſt folio tenuiore . Eſt
enim & alia latiore folio .

141 AREAS. Πρασιαὶ dicuntur in hortis τετράγωνοι λάχανοι,
hoc

hoc eft quadrata quaedam fpatia, in quibus olera feruntur,
quafi κιραδ́ικ . In iis amaracus cultura laetus provenit,
& per fluviorum ripas .

141 ECHINUM. Animalia , quae ruminant , quaternos habent
ventris finus , ςόμαχον , κεκρύφαλον , ἐχῖνον , ἤνυςρον ,
id eft gulam , reticulum , omafum , & abomafum . Gula incipiens ab ore deorfum tendit ad pulmonem feptum-
que tranfverfum : hinc fe ad ventrem applicat maiorem ,
qui parte inferiore afper eft & interceptus , ac prope
gulae commifsuram finum fibi adnexum habet , quem ex
argumento κεκρύφαλον , hoc eft reticulum vocant . Eft
enim ventri extrinfecus fimilis , intus reticulis , capillis
mulierum implexis , quae & vittas & difcriminalia appellant , magnitudine multo quam venter minor : hunc
excipit omafum , parte interiore afperum , cancellatum ,
cruftatum , magnitudine reticuli . Abomafum venter ab
eo alius iungitur , omafo magnitudine amplior , forma
oblongior , cancellis intus & cruftis magnis , multis & levibus inornatus , mox inteftinum fequitur .

143 IVNIPERVM. ἄρκευθος iuniperum fignificat & eius baccam ,
quae etiam ἄρκευθίς dicitur . Graecos Scholiaftes cenfet
ἄρκευθον heic fignificare baccam cedri , ut fine diftinctio-
ne legatur apud Nicandrum κίδροιο ἄρκευθος , fcribitque
ipfam etiam cedrum ἄρκευθον appellari . Habet quidem
cedrus multa cum iunipero communia , ab eo tamen dif-
fidet , ut apparet ex Diofcoride . Itaque ego malui fepa-
rare , & iuniperum interpretati , quem & Diofcorides
contra viperarum morfus falubriter bibi teftatur , non
minus quam cedrum .

144 HEMINAM. Quam Graeci κοτύλην vocant , Latini heminam
interpretantur . Nullam enim Latini habent quae propius
ad κοτύλην accedat . Nec tamen eaedem prorfus menfu-
rae funt . Κοτύλη enim uncias Italicas novem capit , he-
mina unam praeterea continet . Dimidium eft fextarii ,
unde ἡμίξιςον etiam appellatur . Eft autem & κύαθος
menfura fefunciam capiens , five drachmas duodecim .
Itaque in hoc potu theriaco , triplo plus ptifanae eft quam
vini .

145 SESCVNCIAM . Id eft cyathum , unciam fcilicet unam & dimidiam , quod quidem Nicander dixit ἑξάμορον κοτύλης .

Si

Si quidem ἡ κοτύλη, ut ante dictum est, capit novem uncias Italicas, itaque sexta eius pars unciae unius, & dimidiae est.

146 OXYBAPHI. Mensura est cyathum unum & dimidium capiens.

147 EQVINI. Hipposelinum intelligit, quod ita dictum est vel a magnitudine, vel quod equorum morbis privatim medeatur.

148 PICEAM. Graece habetur ἐχιτευχία, hoc est vel amaram instar picrae, vel picei coloris, quaedam enim myrrha eiusmodi a Dioscoride proditur.

149 TVM NARDI. Intelligit irin Illyricam, quam veteres praecipue in usu medicinae commendarunt. Nam & Naron & Drilo, quorum heic meminit, fluvii sunt Illyriae sive Dalmatiae, circa quos Cadmus & Harmonia habitasse dicuntur, ubi & in dracones eos conversos fuisse narrant, qui per vicinos agros pascantur.

150 FATIDICVM. Traditur in myrice, quam tamaricem Latini vocant, vis inesse vaticinandi, adeo ut qui ramum eius manibus teneret, futura praesagiret. Sic magi, & Scythae, ut scribit Graecus Scholiastes, ad vaticinia sua myrices virgis utebantur, eamque ob caussam tradit Herodotus Apollinem Myricaeum quondam dictum fuisse, qui hoc loco a Nicandro vocatur Corypaeus a Corype civitate Thessaliae, in qua colebatur.

151 DECIES. Vini modus esto decima pars congii, χοῦς autem, quem Plinius congium interpretatus est, capit κοτύλας duodecim, sive libras novem, sive sextarios sex. Heic ergo vini mensura, quam sumendam Nicander dicit, est unciarum decem, & drachmarum sex, & praeterea dimidiae fere drachmae. Haec enim decies in uno congio continetur.

152 ET GERYNON. Ranae pariunt minimas veluti carnes nigras, oculis tamen & cauda insignes, quibus mox pedes figurantur, cauda findente se in posteriores: γύρινοι a Graecis appellantur, nec aliud apud Latinos nomen sortitae sunt. Itaque heic maiores ranae intelliguntur: idem remedium etiam Dioscorides habet, scribens contra omnium serpentium venena pro antidoto esse ranas, si ex sale & oleo decoctae edantur, iusque earum itidem sorbea-

beatur , ex quo loco βάμμα oleum dici patet , quemadmodum & supra adnotavimus .

153 FFRAE . Vipera κατ' έξοχίω intelligi poteft , cui primam
laudem in remediorum theriacorum compofitione veteres
tribuerunt , cuius tum iecur , tum caput ex vino, aut
aqua potum morſibus ſuis medetur. Poteſt tamen & generaliter de omni ſerpente dictum intelligi . Neque enim
vipera modo ſibi remedio eſt , ſed & ſcorpius , & reliqui fere ſerpentes .

154 CONILA . De origano & eius appellationibus variis magna eſt apud antiquos ſententiarum diverſitas. Haec quidem fuit Nicandri opinio , panaciam cunilam a quibuſdam Heraclion origanon vocari. Eſt & alia origani ſpecies, quam ipſe onopetalion, vel metri cauſla , diviſis nominibus όνου πετάλιον nuncupat, quod aſinis pabulo gratum ſit . Dicitur & ab eodem όνιτις, eadem de cauſa ,
cuius meminit & in Alexipharmacis in curatione aconiti.

155 PARVA ETIAM . Dixit Dioſcorides rhamno folia eſſe mollia & ſuppinguia. Quod arbitror Nicandrum indicare vo-
luiſſe , appellantem rhamnum ἑρσομένην , hoc eſt veluti
rore madentem . Eam dicit in Lydia philetaerin appella-
ri.Tmolus enim Lydiae mons eſt, cui Gyges olim impe-
ravit . Parthenium ſimiliter Lydiae promontorium .

156 NVNC AGE. Nicander hoc loco duas echios deſcribit , alteram humilem folio anchuſae, ſpinis horrido , ſed exili,
& brevi radice , alteram vero altiorem , maiore folio ,
flore parvo vel pauco , purpureo , capitulis viperae, cacumine aſpero vel adſtricto. Dioſcorides tamen , qui non
temere ſolet diſcedere a Nicandro , unum dumtaxat facit genus echii , non geminum .

157 ADSTRICTO . Σφιδανὲν ſignificat tum aſperum , tum ad-
ſtrictum five compreſſum . Poſtremum magis placuit .
Nam ut ſcribit Dioſcorides, folia , quae in imo caule utrinque expanſa ſunt , in ſummo fiunt minuſcula , & continuo ad cacumen uſque breviora , ita ut caput compreſ-
ſius adſtrictiuſque videatur .

158 SALVBRIS . Άληπτος ambiguam habet ſignificationem: άλ-
θαίνειν enim & αὔξειν & ὑγιαίνειν ſignificat , utrumque convenit : nam acanthus caulem habet longam , &
folia magna .

259 ERINVM . Non eſt capreticus , ſed herba a quibuſdam ὠ-
ximpotibic dicta , & a Romanis ocimum aquaticum , nam
ſecus amnes fonteſque naſcitur ocimi ſimilitudine .

260 NEMEAEVM . Σ'λινον , ſive apium dicitur Nemeaeum , vel
quod in Nemeaea ſilva praeſtantiſſimum naſceretur , vel
quia in Nemeaeis certamin bus victores apio coronabantur .

261 OBOLOS . Terni oboli pendent dimidiam drachmam . In
drachma enim ſex oboli ſunt . Itaque obolus pondus eſt
dimidii ſcripuli .

262 MONTANVM. Qui χτμαιλίων dicitur , a Nicandro χαμαί-
λιζς dictus eſt . Eius duo genera habentur , unus niger
eſt , folio ſcolymi , ſed rotundiore , hoc eſt breviore , &
minus acuto (ſic enim τροχέzu χαίτηυ interpretor : alius
forte intelliget ex eo deſignari umbellam , quae in eius
faſtigio cernitur) radice denſa , craſſa & nigra , naſcitur
in lentibus , aſperis & opacis ſaltibus . Alter vero albus
eſt , ſed folia habet aſperiora , acutiora , & validiora , e
quorum medio ſinu prope terram , caulem enim non habet , caput depreſſum & humile enaſcitur . Radix illi
dulcis eſt & candida , a qua albi nigrique differentia de-
ſumitur . Neque enim in folio , quod uterque habet ſco-
lymo ſimile , diſcrimen eſt , ſed in radice . Ceterum in
theriaces uſu candidum deligendum , non nigrum , quia
venenatum ſit , nulliuſque uſus , niſi foris admotum .

263 EST ALIA . Per Alcibii plantam intelligit anchuſam alteram , quam aliqui , ut ſcribit Dioſcorides ἀλκιζιαδιον ,
aut ὀνοχιλίς vocaverunt . Nam de Alcibiadin,quod echium
eſt , ſupra Nicander dixit , nec bis eadem de re verba fa-
cienda erant . Ceterum huius anchuſae folia , & radices , tam praeſenti remedio ſunt adverſus venenatorum ,
praeſertimque viperarum morſus , ſive edantur , ſive bibantur , ſive etiam alligentur , ut ſi quis commanducata
expuerit in os venenati animalis , protinus id mori ferant .

264 PHALACRAE . Anchuſa haec naſcitur ſabuloſis & incultis
locis , plurimaque in Phrygia provenit circa Troiam , cuius Phalacra promontorium eſt . Crymne autem & Gra-
ſus campi ſunt , in quibus equus ille ligneus Minervae
ſacer fabricatus dicitur .

265 PINGVIA . Ita dicuntur , quia laevia : id enim magis placet , quam oleae ſimilia dicere .

166 MELISSOBOTI. Intelli it melissophyllon, quod quia metri ratio non admittit, melifloboton, quasi ab apibus depastum appellavit. Sunt autem hirsuta eius folia.

167 CONVERSIO. Intelligit ἡλιοτρόπιον herbam sic dictam ἀπὸ τῶν ἡλίȣ τροπῶν, hoc est a solstitiis. Nam per solstitium circumagit se cum sole, eiusque ortum mane spectans, eius iter ad occasum usque persequitur.

168 TVMORES. Hoc est perniones, quae χίμιτλα Graecis dicuntur. Sunt autem ulcera ex frigore hiberno in digitis manuum, praesertim vero in talis contracta, dicta ἀπὸ τȣ χειμῶνος, unde & per diphthongum ω a quibusdam scribuntur.

169 PYRETHRI. Πυρ́τλα Graecus Scholiastes pyrethrum interpretatus est, a quo temere nolui discedere, certus pyrethrum etiam theriacis medicamentis convenire, & Dioscoridem inter alias pyrethri nomenclaturas πύρινον, & πύρωτον, & πυρίτην adscribere.

170 PHLEGYAEVM, Id est Asclepium, dictum ita ab inventore Aesculapio. Invenit autem, ut ait Nicander, ad ripas fluvii Boeotiae, qui Melas dicitur. Inde ergo & Asclepion & Phlegyaeum dictum est, fertur enim Aesculapius natus esse matre Coronide, cuius pater Phlegyas vocabatur. Eam autem herbam quum reperisset, Iolaum Iphicli filium sanasse perhibetur ab hydra laesum, quem una cum Hercule occidit & concremavit.

171 MVSTELAE. Mustela κατοικίδιος dicta, hoc est domestica, fertur naturali quodam dissidio serpentes persequi. Inde remedium ab ea etiam mortua sumitur adversus eorum venena. Primum amburi debet, & flamma depilari, tum exemptis omnibus interaneis, sale inveterari, & in umbra siccari.

172 VEILERE. Hoc est pilis: sic enim potius interpretandum iudico, quam δίρμα, hoc est cutem, ut Graecus Scholiastes: cuius tamen opinionem videtur sequutus esse Hermolaus Barbarus apud Dioscoridem, dicens mustelam esse inassandam. Ita enim vertit quod Dioscorides dixit περιφλιχθίσαν, quo tamen nomine, mustelae pilos potius amburendos, quemadmodum in inveterandis porcis, & suibus facimus, quam mustelam ipsam, eiusque pellem torrendam esse designavit.

173 LASER. Sicut laier tenerum , & friabile , aut cafeus iam
durior cultello deraditur , ita debet ex ipfis miftelae in-
veteratae carnibus abradi portio quaedam, & bibi in vino. Pondus autem & menfura debet else fecundum Diofcoridem , drachmarum duarum , vel ut ait Plinius , de-
narii unius.

174 NVNC AGE. Heic alia antidotus defcribitur e marinae teftudinis fanguine . Is exceptus fiClili , finitur in grumos
concrefcere , ferumque omne quod ab eo manat , effunditur : deinde ubi reficcatus fuerit , in quatuor eius drachmas adduntur cumini filveftris drachmae duae , & leporini coaguli drachma dimidia . Haec omnia fimul mi-
fcentur, quumque ufus poftulabit ex ea ipfa antidoto drachma una ex vino bibenda eft . Ceterum ex tefudinum
generibus Nicander marinam praefert, indicibili quidem ,
ut mihi videtur , ratione , fed fola naturae proprietate
per experimentum cognita . Eft autem notandum eam a
Nicandro βροτολοιγὴν , hoc eft homini exitialem dici .
Siquidem ea eft de qua fertur proverbium , Teftudinis
carnes edendas , vel non edendas effe , quod longe prae-
ftet largo efu ventris perturbationem deiectionemque moliri , quam parce vefcendo recipere intra venas fuccum
nimio lentore gravem , & perniciofum .

175 NVNC ATTENDE . Φάλαγξ , five φαλάγγιον fpecies eft a-
ranei. Phalangia enim in eo genere appellantur, quorum
funt noxii morfus . Sic dicuntur ab internodiis , quae o-
mnibus teroa funt in cruribus. Eorum fpecies feptem hoc
loco a Nicandro defcribuntur, ρὼξ five ράγιον, ἀςύριον,
κυάντον , ἀγρώςης , δύσδηρι , five σφηκείον , μυρμήκιον ,
τὸ ἐν τοῖς ὁσπρίοις .

176 RHOX . Solus Nicander videtur nomen hoc ufurpafse in
ea phalangii fpecie defignanda , quam omnes ράγιον
appellarunt . Siquidem , ut ait Aëtius , quod ράγιον vocatur , figura eft rotunda , colore nigro , uvae nigrae a-
cino , a quo inditum nomen eft , fimile, pedibus utrinque breviffimis & frequentibus , incefsu tamen velocifsi-
mo , habetque os fub medio ventre .

177 ARRIGIT. Legebatur apud Nicandrum , tam in Aldino ,
quam in Germanico codice , οὐδίτι καυλὸς , quo figni-
ficabatur penem ipfum non extendi , nec promitti , fed

po-

potius flaccidum esse & elanguidum Me tamen duo potisfimum impulerunt, ut id ipfum in contrarium fenfum verterem, & pro ovdi reponerem vixi, quod fignificat *atque:* primum quidem quod qui notas morfus phalangiorum prodiderunt , tam Graeci , quam Arabes , inter ceteras pudendi tenfionem numerant . Ex morfu rutelae vuseae , inquit Avicenna , fic appellans *ρáγιον*, accidit tenfio in virga, & pectine. Aëtius vero lib. 13. „ Adeft , ait , & urinae difficultas cum pudendi tentigine & dolore „ Ac in aquam quidem calidam demiffi , a dolore levati fibi videntur , poft vero contente dolent pudendum . Senioribus vero pudendum plurimum laxatur, ac minime intenditur . Sed & ipfe Graecus Scholiaftes non videtur per negationem locum hunc legiffe, fcribens *ἡ τὰ ἑαυτῶ αἰδοῖα ἔφορθοῖ.* Addidit vero & Nicander una cum pudendi tenfione etiam feminis involuntarium profluvium , ut nemo iam dubitare poffit de iuvenibus, non etiam de fenibus hoc fymptoma intelligendum effe.

178 AT VERO ASTERION. Hoc eft ftellatum , fic dictum eft a maculis albis & ftellarum inftar fplendentibus , quibus folis a rhagio differre Plinius prodidit . Eius fymptomata funt cum rhagio communia , nifi quod in hoc veternum Nicander non connumeravit : perfacile tamen fequitur ad tantam totius corporis frigiditatem . Arabes medici omnium phalangiorum venenum frigidum , & ficcum effe pronunciant .

179 CAFRVIEVS GRADITVR. Tertia phalangii fpecies eft, quam praecedentibus peiorem effe Plinius fcribit , quod celerius mortem adferat . Id lanuginofum eft , & pedibus longioribus , habetque hoc praecipuum fymptoma, quod ab eius morfu vomitiones aranearum telis perfimiles excitentur , quafi & in alieno corpore virus eius, etiam fila texendi , & ftamina ducendi vim habeat .

180 EST ETIAM. A'ypώφης dicitur *ἀπὸ τῆς ἄγρας,* quafi venator , nam mufcas , culices , & apes venatur , fimilis eft lupo . Hunc autem lupum Graecus Scholiaftes mufcae fpeciem dicit, nigrae, magnae, duorum, fed ingentium pedum . Aëtius vero agroften non lupo fimilem dicit , fed ipfam lupum appellat, eum enumerans inter phalangii fpecies , & defcribens corpore lato & volubili, parti-

L 3   bus

bus circa collum incifuram habentibus, & tribus circa os
tuberculis.

181 DYSDERI . Apud nullum alium auctorem reperitur vocabulum hoc , quo fit ut vulgi fuisse sufpicer. Nam proprium eft εφηκτον , quasi dicas vefpale, a vefpae similitudine. Morfum eius confequuntur haec symptomata, tumor in ipfo vulnere maior & abscessus, & praeter alia
multa quae funt reliquis phalangiis communia , genuum
tremor vel summa imbecillitas, ac tandem veternus mortem inducens .

182 FORMICAE OBSERVA. Myrmecion fic dictum eft απο της
μυρμηκος, quasi formicarium . Eft enim praegrandi formicae simillimum. Plinius non toto corpore , fed capite
simile formicae esse scribit , multoque formica maius ,
rufo capite, reliqua parte corporis nigra , albis intercur-
fantibus refperfum guttis , & maxime circa furnos , &
molas vivere. Addit acerbiorem huius quam vefpae ictum
esse, alibi vero vefparum dolore torquere. Ex quibus su-
fpicio aliqua esse poteft, Plinium κνωπας vefpas interpre-
tatum esse . Sed nemo , quod fciam , κνωπας ita reddidit, aut in vefparum crabronumve genere recenfuit. Sic
enim simpliciter dicuntur τα θηρια , ut prius apud Nicandrum Ίνα κνωπες τραφερην βόσκονται αρ ύλην. Itaque
placuit potius Graecum Scholiaftem fequi , qui eo nomine phalangia defignari exiftimavit .

183 AGRICOLAM. Hoc feptimum genus phalangii eft, carens
proprio nomine, fed phalangium leguminum appellatum .
Id videtur mihi esse de quo ait Plinius,, Nascitur in eruo
phalangius , beftiola aranei generis, fi hiems aquofa fit ,,
Poftremi medici rutelam herbinam , feu potius eruinam
appellant : invenitur messis tempore in leguminibus, atque fi nudis manibus ea colligantur , plerumque mordet.
A morfu excitantur puftulae , mens perturbatur & ab-
alienatur , quo fit ut laborantes multa loquantur abfurda
& ridicula: oculi praeterea, ut phreniticis fubvertuntur.

184 PHALAENAE. Species eft papilionis,qui noctu accenfis lu-
cernis circum earum flammas volitat . Alio nomine ψυχην appellari Graecus Scholiaftes tradit . Alas habet
membranofas , tenues , ficcas , & quae tangenti veluti
cinere adfperfae apparent. A quibufdam alio nomine ψυ-
                                                        φα

ϼ nuncupatur , & a posterioribus corrupto vocabulo
κα·ϑηλοοβέϛηϛ .

185 CONILAE . Sic dicitur a Nicandro silvestre origanum , ut
testatur Dioscorides: folio est sicco & minime viridi, eiusque colorem , huius papilionis alae referunt , sed adverte heic ἔγχλοον non intelligi simpliciter viride, sed potius
siccum , hoc est sine humore , & viriditate , quale est
folium aridum .

186 PERSEIDE . Quod in perseae foliis animal educari Nicander scribit , nomine non exprimit . Verum Dioscorides
de persea scribens,κρανοκολάπτην appellari dicit,& phalangium vocat , quemadmodum & Aëtius , qui ipsum
describit corpore sublongo , viridi colore , & stimulo iuxta collum, quo caput maxime petit . Itaque id octavum
genus phalangii fuerit . Alii κεφαλοκράϛην appellant .
Vtriusque nominis haec ratio est , quod caput maxime fe-
riat , tamquam partem in homine nudam , & externis
iniuriis facile expositam .

187 EDVRVM . Ἐσκληκός, pro quo edurum reddidi , dicitûr
quod prae siccitate durum est . Itaque potest dubitari an
hoc phalangii genus idem sit cum eo quod σκληροκέφαλον
appellatur,& ab Aëtio dicitur habere caput saxi duritie,
& totius corporis lineamenta animalibus illis similia,quae
circum lucernas volitant .

188 NEC MORA . Non addit alias notas , quam mortem certam & subitam . Addit tamen Aëtius dolorem praesertim
capitis , & vertigines , perpetuum frigus , deliria , corporis iactationem , & stomachi punctiones .

189 SCORPION. Scorpio animal est de genere insectorum , aculeo noxium, quem foris prominentem gerit . Vnus enim
scorpio inter insecta eum in cauda habet longum & per-
foratum , quo venenum effundit . Hic quibusdam gemi-
nus est . Sunt autem plures scorpionum species & differentiae , sed a colore maxime sumptae , a quibus tamen
diversae in corporibus adfectiones excitantur . Nicander
octo enumerat : ac primam quidem candidorum , quos
innocuos esse dicit: secundam ruforum, a quorum morsu febres ardentes & inrequieta corporis iactatio, qua solent conflictari, qui febribus laborant, & vehemens sitis.

190 QVI NIGER . Scorpio niger non adficit morte, gignit tan-

tum

tum corporis inquietudinem , & mentem abalienat , fed
cum rifu , ex quo delirii fpecies indicatur mitioris , quam
fi coniunctam haberet furorem. Porro inquietudinem Nicander vocavit ἄραδον, κακόν, hoc eſt ἀλυκήν, fignificat
enim ἄραδος apud Hippocratem multis in locis motum ,
agitationem & perturbationem , quae in quavis parte oboritur, fed maxime in ventriculo a cibis diverſarum qua-
litatum , ut Galenus adnotavit .

191 CEV NIMBI. Quos fcorpio viridis percuſſit , videntur fibi
quafi grandine verberari & obrui, tantus horror eſt totius corporis , inſe Nicander initio operis fcorpionem
χαλυζάντα appellavit. Dicuntur illi eſſe feptem in cauda internodia, quum reliquis fena tantum fint, nec un-
quam plura: ex quibus efficitur ut nocentior fit. Eſt enim
ob id cauda valde flexili, quum reliquo corpore rigidus
fit. Conſtat autem, ut ait Plinius, eos quibus feptena
caudae internodia, faeviores eſſe. Itaque quod ea idem
praeſtent in cauda, quod vertebrae in dorſo, Nicander
σφονδύλους appellavit. Cohaerent autem haec internodia
inter fe vinculis, & ligamentis: ideo vertebras eas ἰντα-
δέσμους vocavit , hoc eſt multis vinculis cohaerentes , fi-
nitum numerum pro indefinito ufurpans. Nam faepe apud
Graecos ἰνρία fignificat idem quod οἱ πολλοί .

192 LIVIDVS EST. Quinta fcorpionum differentia colore livido
notatur: diſtinguitur tamen & alis fignis, ut ventre lato diſtentoque, gula inexplebili & nulla herba fatiabili:
praeterea & fymptomatis morfum confequentibus, hoc
enim illi proprium eſt, quod in inguinibus bubonas excitet . Non fic tamen Arabes medici fimpliciter pronunciant, fed adhibita diſtinctione, fcribentes, fi in partibus
quidem infernis acceptum vulnus eſt , bubonas excitari ,
penem intendi , & ventrem flatu tumefcere: fi vero in
partibus fuperis, tumores fub alis fieri, & crebros e ventriculo ructus .

193 TANTA INGLVVIES. Nicander notat praefertim huius animalis voracitatem , id enim fignificat βοῦσρωϝις . Poteſt
& ad huius fcorpionis venenum referri, quafi dicat, morfus eius gignit bubonas , adeo venenum edax ferpit, &
voracitatem fcorpionis imitatur : vel poteſt ad hominem
qui punctus fit referri, tamquam unum e fymptomatis,

ut

ut intelligamus hominem ab eo percuſſum ſimili edacita-
te laborare, quamquam nemo eorum qui de venenatorum morſibus ſcripſerunt, id teſtatus ſit. Adſert &
Graecus Scholiaſtes alium ſenſum.

194 CORPORE SVNT. Pagurus ſpecies eſt cancri, poſt maeam
maximi, chelis grandioribus. Sunt autem chelae, bra-
chia biſulcis dentata forcipibus, quibus illi obvia quaeque apprehendunt. Sunt & teſta minime laevi, ſed aſpera & aculeis parvis conſperſa. Eodem modo & ſcorpiones iſti exaſperantur. Id enim ſignificat ἐσκορπιῶσαι verbum. Graecus Scholiaſtes explicat, quaſi ſcriptum ſit
Graece ἐπωχριάωσι, & participium facit, & interpretatur Φοβούμενοις.

195 QVORVM ETIAM. Quum paguri capti ſunt, & mari extracti,
fallunt interdum piſcatorem, quum in ſicco poſiti ſunt,
in terrae foramina ſe condentes, ubi ſi eos mori contin-
gat, naſcuntur ſcorpiones, quemadmodum & Ovidius
cecinit his verſibus:

> Concava littoreæ ſi demas brachia cancro,
> Cetera ſupponas terrae, de parte ſepulta
> Scorpius exibit, caudaque minabitur unca.

196 ADDE MELICHLORVM. Octavum hoc ſcorpionis genus a
Nicandro deſcribitur, poſtremo caudae internodio nigro,
pedibus variis & flammae ſimilibus, alis denſis & duris,
& locuſtae ſimilibus, melleo etiam corporis colore. Eſt
enim toto corpore flavus, mellis inſtar vel ignis. Hic
quum ſit viris infeſtiſſimus, nullumque remedium punctu-
ra eius admittat, pueris tamen & virginibus fertur eſſe
tam peſtifer, ut eos intra paucas horas e vita tollat. Excitat autem febrem ardentiſſimam.

197 BEMBICIS. Inſectum eſt ex eorum genere, quae cellulas
ſibi parant & mellificant. Aculeo ferit ut veſpa. Non
habet Latinum nomen, a quibuſdam bombylius & bom-
bys appellatur.

198 CVI TAMEN. Quamvis apes aculeo noceant iis quos pupu-
gerint, ipſae tamen ſibi mortem accerſunt. Relicto enim
in vulnere aculeo moriuntur. Itaque ſtimulus iis vitam
tuetur, quamdiu in earum corpore remanet: mortem vero adfert, quando eum amiſerunt.

199 IVLVS. Inſecti genus eſt praelongum, & multipes arcua-
tim

tim repens , tactuque contrahens se: alio nomine ἐνίσκος dicitur .

200 PEMPHREDO. Non potui nomen hoc apud alium auctorem reperire : forte id insecti genus significat quod Aristoteli τενθρηδῶν vocatur . Est autem non absimilis crabronibus , sed varia , & latitudine similis apibus . Gaza teredinem convertit .

201 SCOLOPENDRA . Insectum est oblongum , pedibus multis , & pilosis , & qui ex utraque corporis parte in ingressu remorum instar moventur . Ea vivit vel in plures dissecta partes , & si pars aliqua a reliquo corpore abscindatur , in utrumque se movet extremum . Nam & caput versus ingreditur , & in caudam , & ferit utraque fine , ideoque a nonnullis existimatur biceps . Si morsum intulit , locus per ambitum livore sugillatur , & computrescit : interdumque , licet raro , faeculentus atque ruber cernitur : a morsu ipso exulcerari locus incipit : ulcus id negotium exhibet , fere remediis invictum . Praeterea toto corpore prurigo sentitur .

202 MUS ARANEVS . A Graecis μυγαλῆ dicitur , magnitudine muri aequalis est , colore mustelae similis & specie , unde & illi nomen μυγαλῆς . Os oblongum , cauda parva , dentes exigui , & utraque maxilla duplici ordine digesti . Testes magna ex parte impetit , non hominis modo , sed cuiusvis alterius animalis . Eum Nicander ait caecum esse , quo fit ut rotarum orbitam transire non possit , sed si forte in eam conciderit , ibidem emoriatur .

203 SEPAQVE . Seps nomen est duobus animantibus commune . Nam & ita serpens dicitur , cuius mentionem initio fecit Nicander , dicens eum numquam unicolore cute videri , sed colorem in eorum quae contingit similitudinem subinde mutare , quem multi eumdem esse cum sepedone existimant. Hoc autem loco significat lacertae parvae speciem , atque ob id lacertis πιδανοῖσιν , hoc est pedes habentibus , comparatur . Est enim lacerta quadrupes ovipara , & crura habens a latere adiuncta . Hic ab aliis χαλκίς , ab aliis σαῦρα χαλκιδική appellatur , a virgulis , quas in dorso habet aerei coloris .

204 SALAMANDRAE . Lacerti species est , ut Dioscoridi placet , sed aspera magis & scabra . Ignava est , & punctis

ve-

veluti ftellis variegata: numquam nifi magnis imbribus
provenit , & ferenitate deficit . Nihil gignit , neque eft
in iis genus mafculinum , femineumve , ficut neque in
anguillis . Tantus autem illi rigor ineffe perhibetur, ut in
igne diutius verfari poffit illaela, ipfumque etiam extlin-
guere, perinde atque glacies. Effluit enim ex eius cute
muccofus quidam & frigidus humor , qui eam exuri pro-
hibet . Eft autem cutis ei ψηχότις , hoc eft rimofa , atque ex his rimis humor ille defluit . Ubi vero totus ef-
fluxerit , & fuerit abfumptus , fi diutius in igne perfi-
ftat, poftea conflagrat. Inter omnia venenata iccelu eius
maximum eft .Singula enim , ait Plinius ,fingulos feriunt,
nec plures pariter interimunt : falamandra populos pariter necare improvidos poteft . Nam fi arbori inrepferit ,
omnia poma inficit veneno, & eos qui ederint necat frigida vi , nihil aconito diftans ; quinimo fi contacto vel
pede ab ea ligno crufta panis incoquatur,idem veneficium
eft , vel fi in puteum cadat . Ceterum eius maleficia
aperte ab ipfo Nicandro explicantur in Alexipharmacis .

205 MVRAENA . Muraena pifcis eft praelongus , anguillae fimilis , fed latior , magno oris rictu , in quo dentes funt
acutiffimi , & venenati, quorum morfum eadem quae &
viperae fymptomata confequuntur . Dicitur aliquando in
rabiem agi perinde atque canes : ob id pifcatoribus for-
midabilis eft , & fi quando e cellula pifcatoria , in qua
praeda reponi folet,erumpat, tantum metum iis incutit,
ut e cymbis in mare fefe praecipitent . Dicitur etiam
aliquando cum vipera coire, unde muraenae pernociofae,
teretes , minores , & variae gignantur , quod tamen
quidam fabulofum exiftimant , fed ita tantum videri ,
propter fimilitudinem myri & muraenae : fic autem vocant marem qui generat .

206 NEC ME. Paftinaca pifcis eft planus , chartilagineus , laevis, nullis in toto corpore aculeis , praeterquam in cauda , in cuius fere medio aculeum longum , acutum , &
utrinque ferratum gerit, quem Plinius radium appellat,
& pro telo effe dicit, nihilque ufquam eo effe exfecrabi-
lius . Neque enim viva tantum paftinaca venenatus eft ,
fed ea etiam mortua peftifer eft , non animalia folum a
fe puncta interimens , fed etiam herbas & arbores . Si-
                                                    qui-

quidem non muito poftea folia decidunt , totaque ipfa arbor exarefcit , tamquam peruſta ſolibus Oppianus lib. 2. τῶν ἁλιευτικῶν ſcribit Circen filio Telegono , quem ex Vlyſſe ſuſceperat , dediſſe paſtinacae radium , ut eo cum hoſtibus dimicaret , ſed quum Ithacam perveniſſet , & patris ſui , quem non agnoſcebat , armenta abigeret , occurrentem , atque auxilium ferentem patrem eo vulneraſſe & occidiſſe : eam ob rem ab Horatio Telegonus parricida appellatur .

207 LYCOPON . Sic dicitur a Galeno & Paullo herba , quae apud Diolcoridem λύκοψις vocatur. Species eſt anchuſae , & in altum valde excreſcit , unde ἐρυτινϊντα Nicander appellavit : ἐρυϊνος enim caulem ſignificat .

208 CICAMA. Heſychius ſcribit eſſe olus non diſſimile τῷ λαχάνῳ καυλίδι .

209 AIYGA . Ea eſt quam χαμαιπίτυν appellant , quam Nicander diviſis nominibus χαμηλίου πίτυν dixit .

210 YYCYM. Frutex eſt laċtucae ſimilis, in mari naſcens , unde φύκος θαλάττιον ab omnibus appellatur. Huius quum ſint plura genera , puniceum , ait Diolcorides , adverſus ſerpentes Nicander dedit .

211 SPICEA . Quid per ἀθεραϊδα Nicander ſignificet , non ſatis mihi liquet. Spiceam reddidi propter radicis longitudinem , quaſi in modum ſpicae prolixa ſit : forte vero hoc nomine vilitatem eius deſignavit : id enim ſignificat ἀθερίζειν .

212 THYLACIS. Duo feruntur papaveris genera , quorum quod calycibus eſt maioribus dicitur θυλακίς , quaſi ſacculatum , quia in ſaccis deferretur: quod vero minoribus eſt ,ἐκτετηλίς.

213 FICI . Graecus Scholiaſtes dicit hoc loco τῆς κράδης nomine deſignari ficum agreſtem : poteſt vero & ſilveſtris : utraque enim antidotis theriacis convenit auċtore Diolcoride . Signiſicat ἡ κράδη apud Hippocratem τὸν ἀκρεμόνα τῆς ſυκῆς , ut adnotavit Galenus , quod & huic loco quadrat , in quo Nicander monet , ſumma ramorum ſicus germina decerpenda eſſe .

214 HERBAE SACRAE . Verbenacam intelligit , Graeci appellant περιςιώνα , quod columbae ea delectentur , ut ſcribit Diolcorides .

215 PARTHENII. Vox haec ambigua eſt: nam eo nomine plantae

tae duae defignantur , una coriandri foliis , a Latinis folis oculus dicta : altera foliis mercurialis, quam ἰλξίνην,
five muralem herbam appellant: utram Nicander heic fignificet , nondum liquere arbitror , quamvis Graecus
Scholiaftes fcribit parthenion hoc ab aliis ἰλξίνην, ab
aliis vero περδίκιον intelligi .

316 PETALITIN   Haec apud Diofcoridem φυλλῖτις appellatur:
funt enim φύλλον & πέταλον idem .

317 RVBRO LEMNIACO. Hoc eft fphragidi Lemoiae, quam vulgo terram figillatam vocant , cuius praecipua laus in antidotis eft .

318 SPINOSAE . Quid intelligat Nicander incertum eft , mali-
ne punici , an vero τῆς ἀκάνθης fimpliciter dictae . Nec
certo fimiliter conftat , quid orobanchos appellet, an eam
herbam , quam ὀροβάγχην Diofcorides appellat , com-
plexu fuo cicer & eruum enecantem , cui tamen nemo
veterum vim tribuit adverfus venena : an potius germina mali punicae , ut Graecus Scholiaftes interpretatur :
cuius fententiae videtur etiam Hefychius accedere, fcribens ὀροβάγχην a quibufdam κύτινον appellari.

319 ONONIS. Haec eft ἄ ωνις , quam & ὀνωνίδα a quibufdam
vocari Diofcorides auctor eft . Ramos habet frequentibus
geniculis cinctos , ideo πολύγωνος a Nicandro dicta .

320 CORII. Κορίον & κομανὸν Graecis dicitur quod Latinis
coriandrum . Cuius montani , five agreftis femen conlu-
lit legendum adverfus ferpentium venena , quamvis Plinius lib. 20. cap. 20. fcribat , coriandrum inter filveftria
non reperiri .

321 CONYZAE . Ea duorum generum eft , maioris minorifque .
Heic minorem deligendam effe dicit, cui funt folia mino-
ra & arctiora , ficut & caulis .

322 STRATIA . Civitas eft Arcadiae , in qua natum porrum
praecipue commendabatur , ficut apud Romanos arici-
num . Poteft tamen alia efse interpretatio , fi φρατιὴν
pro exercitu & expeditione intelligamus, ut porrum mili-
tiae dicatur gratum aptumque militibus. Prior interpretatio magis placuit , quod in omnibus exemplaribus φρα-
τίας legerim accentu in penultima , quomodo obfervavi
ab omnibus fcriptum effe huius urbis nomen .

323 BVLBI . Sive proprie dicti , five ipfius etiam fcillae , ut
Scholiaftes interpretatur : ea enim bulbofa eft .

224 DRACONIS. Intelligit dracunculum , cuius caulis verficolor eſt , & maculis refperſus purpureis , ita ut anguem plane referat .

225 SCORPIVS. Pluribus plantis ſcorpius nomen dedit: una eſt foliis parvis, & femine ſimili caudae ſcorpionis, unde & nomen habet . Alia eſt eiuſdem nominis , radice ſingulari & brevi , ex qua nullum folium erumpit , fed vice eius habet aculeum in cacumine . Eſt & alia , licet valde ab iis differens , quae graminis modo naſcitur , cauliculis geniculatis , cyclamini folio, radice leniter hirſuta , ſcorpionis effigie , quae arida paullum incurvatur ſcorpionum modo , quare ſcorpium eam aliqui vocavere. Hanc loco iſto Nicander manifeſte intelligit , conſulens deligendam eſſe eiuſmodi radicem. Dicitur & Heliotropium σκορπιοτιδὲς , ſive σκορπίϑρος , ab effigie ſcorpionis caudae , quae in eius floribus apparet .

226 SIDAS . Sida herba eſt lacuſtris in Orchomenio lacu Boeotio frequens,quam heic procul dubio Nicander intelligit. Id quod indicant urbium & fluminum nomina quae heic uſurpat . Nam Pſamathe , a qua σίδας ψαμαϑνίδας appellavit, fons eſt apud Thebas Boeotias. Copae autem ſunt urbs Boeotiae , ad ingentem lacum ſitae , quem Copacidem Strabo appellat · Schoeneus autem & Cnopus fluvii ſunt qui in eum lacum influunt .

227 REDOLENTIBVS. Scholiaſtes exiſtimat βαρυῶδια nomen eſſe proprium alicuius herbae , quam βαρύοδμον appellari dicit , ſed quaenam haec ſit non explicat . Certe nullum tale herbae nomen legitur . Itaque ipſum cicer ſilveſtre intelligendum exiſtimo, quod revera acri odore eſt , ut ait Dioſcorides . Quare non ſolum Nicander ipſius ſilveſtris ciceris ſemen commendat , fed ipſius etiam virides ramos, & totam denique plantam gravi odore praeditam.

228 CONSITA RVRA. Per ἰάμφυς hortos intelligere oportet, & loca arboribus conſita , quae Graeci ἰάμψτσ' appellant, quae λάσια , hoc eſt hirſuta dici poſſunt, propter herbarum fruticumque copiam in iis naſcentium : metaphora a pilis animalium ſumpta , quorum vicem in agris germina , & herbae praeſtant .

229 HYACINTHI . Patria Spartanus hic fuit , eumque Apollo valde dilexit. Quum autem ad Eurotam , quem Nicander
flu-

flvium Amyclarum , hoc eſt Lacedaemonium app llat ,
diſcum ſimul ludentes iacerent , accidit ut in terram
decidens diſcus , quem Apollo in ſublime iecerat , ſaxi
repercuſſu reſilierit in Hyacinthi caput, eumque occiderit.

110 CYPRESSVM . Humilis haec cupreſſus χαμαικυπάριοσος eſt
Graecis dicta , quam Plinius lib. 14 cap. 15. inter herbas recenſet atque ex vino potam contra venena ſerpentium omnium ſcorpionumque pollere ſcribit Sunt tamen
qui inter frutices potius referant . Addidit autem Nicander ποίη , ut eam diſtingueret ab arbore .

331 RADICES LIBYCAS . Silphium , ſive laſerpitium intelligit ,
quod praecipuum in Libya , maxime autem Cyrenis naſcitur .

332 SIN TE. Proponit Nicander alia ab herbis , earumque radicibus & ſeminibus iam commemoratis remedia , paratu
admodum facilia , quibus morſus ſerpentium curemus ,
ut nihil ad perfectam curationem deſit .

333 CVCVRBITA. Prodeſt eam ob cauſam, quod venenum intro
lubricas revocet, & colore ſuo temperet & reſolvat. Nec
dubium eſt quin cum copioſa flamma admoveri debeat .

334 FICI. Succus lacteus fici , tam ſilveſtris quam ſativae ,
aperit meatus , & exulcerat corpora , ob id attrahit venenum , eique exitum per cutem molitur: facit idem &
ferrum candens protinus a plaga adhibitum .

335 VTER. Hoc remedii genus convenit, quum vulnus in pedibus aut manibus acceptum eſt : neque enim commode
corporis trunco adhiberi poteſt . Vinum vires habet con-
coquendi , temperandi , mitigandi , attrahendi , digerendi per halitum , & dolorem ſedandi : ad haec naturali quadam proprietate vim habet venenis adverſam. Nec
tamen ea tam eſt efficax & praeſentanea , ut protinus
medeatur , ſed temporis ſpatio venenum attrahit atque
digerit . Quare interea oportet artus ipſos laeſos , atque
in utrem immerſos ſupra vulnus arcte deligare iiſdem vinculis quibus uter ipſe deligatur , non tantum ne vinum
ab utre fluat , ſed ut prohibeatur intercipiaturque venenl
curſus in partes alias principes .

336 INGVINA. Si in pede morſus eſt , oportet pedem in utrem
vino plenum demittere . & ſupernam pedis partem verſus inguina deligare ipſius utri vinculis. Nec dubium
quin

quin si in manibus plaga accepta est, idem oporteat la manu moliri, eamque ad axillam vincire. Sic ex uno alterum intellige.

237 FIMVMVE. Πύρεθρος fimum quidem omnem signifi at, sed proprie caprillum, cui peculiariter eas vires Dioscorides tribuit, ut in aceto decoctus, & impositus serpent.um morsibus medeatur.

238 MASSAM. Apud Graecos χεὶρ non modo manum, sed etiam quidquid manu comprehenditur, significat. Hoc loco dicitur massa, quae ex multis radicibus, herbis, seminibus, floribusque simul mistis coalescit.

239 GLYCYSIDES. Sic vocari paeoniam Dioscorides auctor est, & tenuem esse mari radicem.

240 VRTICAM. Eius duo genera sunt, unum maius, alterum minus, quod ego heic designari arbitror Nec tamen reperi urticam ab alio auctore κατακνήθην dici. Coniectura vero facilis est, quod eadem sit huius nominis ratio, quae & τῆς κνίδης, facto videlicet a pruritu nomine. Eam autem χαμηλὴν vocat, non quod humi serpat, sed ad maioris solum differentiam.

241 LICHEN. Est callus in equorum genibus, & supra ungulas in flexu earum partium duratus.

242 MARINI. Vult salinum salis plenum addi huic theriacae. Heic enim ἅλα non pro aqua marina, sed pro sale accipere oportet, quem & reliquis omnibus theriacis medici immiscent.

IN THERIACA NICANDRI

ADNOTATIONES

IO. GORRHAEI MEDICI PARISIENSIS

CELEBERRIMI

EXPLICIVNT.

ΝΙΚΑΝΔΡΟΥ

ΑΛΕΞΙΦΑΡΜΑΚΑ

NICANDRI

ALEXIPHARMACA

OVVERO

DE' CONTRAVVELENI.

M

ΝΙΚΑΝΔΡΟΥ

ΑΛΕΞΙΦΑΡΜΑΚΑ.

Εἰ καὶ μὴ σύγκληρα κατ' Ἀσίδα τείχεα ‹ δῆμοι
Τύρσεσιν ἱξήσαντο, τέων ἀνεδέγμεθα βλάςας
Πρωταγόρη, δολιχὸς δὲ διάτροθι χῶρος ἔεργει,
Ῥεῖά κέ τοι ποσίεσσιν ἀλέξια φαρμακοέσσαις
Αἰδήσαιμ', ἄτε φῶτας ἐνιχριμφθέντα δαμάζει.
Ἢ γὰρ δὴ σὺ μὲν ἄγχι πολυτροίβοιο θαλάσσης
Ἄρκτον ὑπ' ὀμφαλόεσσαν ἐνάσσαο ², ἧχ' τε Ῥείης
Λοβρίνης θαλάμαι τε καὶ ὀργαστήριον Ἄττεω·
Αὐτὰρ ἐγὼ τόθι παῖδες εὐζήλοιο Κρεούσης
Πιστάτην ἐδάσαντο γεωμορίην Ἠπείρου,
Ἑζόμενος ³ τριπόδεσσι παρὰ Κλαρίοις Ἑκάτοιο.

Ἀλλ'

¹ M. τεύχια. ² R. ἰνάσσιο. ³ M. R. ἱζόμινοι.

GLI ALESSIFARMACHI
O V V E R O
I CONTRAVVELENI.

Benchè muraglie colle torri a noi,
Donde i germogli ricevemmo , d' una

Sor-

N I C A N D R I

A L E X I P H A R M A C A.

Sint quamvis ¹ Afiae procul a fe diffita latae
  Moenia , queis urbes noftri cinxere parentes ,
Protagora , atque illas fpatium difterminet ingens ,
At facile ipfe tibi poti amuleta veneni ,
Quo miferi pereunt mortales , carmine dicam .   5
Tu prope veniofum pelagus , mediaque fub Arĉto
Cyzicios ² , ubi facra Rheae fpecus , incolis agros ,
Infelixque Attes ³ magna Iovis occidit ira .
Aft ego ubi Epiri pinguiffima rura , Creufae
Progenies ⁴ partita funt , Phoeboque facratos   10
Fatidicos habito ad tripodas , Clariique lacunam .

                                                    Fel-

Sorte non fien , per l' Afia , Protagora ,
Ma lungo fpazio le divida , e parta ,
Pure a bevande velenofe , lieve
Io narrerotti medicine forti ,
E ciò che gli uomini attaccato uccide ;
Poichè tu preffo al rivoltofo mare ,
Torni fotto la colma umbilicata
Orfa , u' le ftanze fon di Rea , ed' Atti ,
Di Rea Lobrina , e l' orgafterio d' Atti .
Ma io , laddove i figli di Creufa
Continente graffiffima partiro ,
D' Ecato affifi fovra i Clarii tripodi .

Ἀλλ' ἤτοι χολόεν μὲν, ἰδὲ ϛομίοισι δυσαλθὲς
Πινθείης ἀκόνιτον, ὃ δή ῥ' Ἀχερωνίδες [1] ὄχθαι
Φύουσιν, τόθι χάσμα δυσέκδρομον εὐβώλοιο,
Ἄϛυρά τε Πριόλαο καταστριφθέντα δέδουπε.
Τοῖο δὲ πάντα χαλωὰ καὶ οὐραιόετσαν ὑπήνην,
Οἷ'ἀ θ' ὑποστύφει χολόεν ποτόν· ἀμφὶ δὲ πρώτοις
Εἱλύεται στέρνοισι, κακῇ ἀλάλυγγι βαρῦνον,
Φῶτ' ἐπικαρδίοντα. δύη δ' ἐπιδάκνεται ἄκρον
Νειαίης, ἄκλειστον ἀειρόμενον στόμα γαστρός.
Τεύχει ἣν κραδίην ἐπιδόρπιον, οἱ δὲ δοχαίην
Κλείουσι στομάχοιο· πύλη δ' ἐπικέκλιται ἀρχαῖς
Πρῶτα κόλων, ὅθι πᾶσα βροτῶν ἅλις ἐμφέρεται δαίς.
Αἰεὶ δ' ἐκ φαέων νοτέων ὑπολείβεται ἱδρώς·
Ἡ δὲ ταρατσομένη, τὰ μὲν ἔβρασεν ἤλιθα νηδὺς
Πνεύματα, πολλὰ δ' ἔνερθεν [2] ὑπὲρ [3] μέσον ὀμφαλὸν ἴζει.
Κράατι δ' ἐν βάρος ἐχθρὸν, ὑπὸ κροτάφοισι δὲ παλμὸς
Πυκνὸς ἐπεμφέρεται· τὰ δὲ διπλόα δέρκεται ὄσσοις·

Οἷα

[1] M. ἀχερωΐδες. [2] M. R. ἴνερθε. [3] M. κατά, io z. ell
in lacuna ὑπέρ.

Il felleo impara amaro, e per gli effluvi
Aconito fanabile a fatica,
Cui producon le rive d' Acheronte,
U' di quel benvogliente è la voragine,
Che chi v' incappa non ne può fcappare;
E l' Affire, o città di Priolao
Sovvertite, e fconvolte fracaffarfi.
Tutti i denti, il palato, e le gengie
L' amaro beveraggio ne riferra;
E fi ravvolge primamente al petto

Con

Fellea fed primum rarifque evitta medelis
Cognofcas aconita [5] *, cavo quae littore faevus*
Fert Acheron [6] *, Priolai* [7] *ubi diruta moenia quondam*
Conftiterant , vaftoque patet via Ditis hiatu .   15
Illa quidem os totum , gingivarumque locellos ,
Et tefludineum conftringunt [8] *baufla palatum :*
Graffantur circum praecordia fumma , gravique
Errore infeftant : morfus in corde molejlos
Oreque ventriculi pariunt fublata patenti ,   20
Quod cor ventriculi quidam cellamque vocarunt .
Craffaque clauduntur magno inteftina dolore ,
In quae praecipites potufque cibique feruntur .
Perpetuo ex oculis madidus delabitur humor :
Ipfe etiam venter flatus modo ruttat ab ore   25
Innumeros , media claufos modo detinet alvo .
Eft capitis gravitas , tempus vehementer utrumque
Palpitat , apparet geminum quodcumque videtur :

Sicut

Con malvagio finghlto caricando
L' uom , ch' a duol cardiaco , e quella pefte
Morde l' eftremitadi : dell' eftremo
Ventre alla aperta bocca fi folleva ;
Cui , cuore pofmenfale dell' arredo ,
Altri doccione dicon dello ftomaco ,
E primier ufcio , è pofto d' inteftini
Alle bocche , ove tutto de' mortali
Il mangiare in gran copia entro fi porta .
Sudor da' lumi ognor grondante ftilla ;
Turbato il ventre parte in fiati poco
Sbolle , e giù fotto fopra il mezzo molti
Pofan dell' umbilico : nella tefta
Odiofa gravezza , e fulle tempie
Polfo frequente portafi , e le cofe
Doppie con gli occhi fcorge , qual notturno

M 3   Uo-

Οἷα χαλικραίη νύχιος δεδαματμένος εἴνη .
Ὡς δ᾽ ὁπότ᾽ ἀγριάεσσαν ὑποθλίψαντες ὀπώρην
Σιληνοὶ κεραοῖο Διωνύσσοιο [1] τιθηνοὶ ,
Πρῶτον ἐπ᾽ ἀφρίζοντι ποτῷ φρένα θωρηχθέντες ,
Ὄμμασι [2] δινήθησαν , ἐπὶ σφαλεροῖσι δὲ κώλοις
Νυσσαίην [3] ἀνὰ κλιτὺν ὑπέδραμον ἀφραίνοντες .
Ὡς οἵ γε σκοτόωσι κακῇ βεβαρηκότες [4] ἄτῃ .
Τὴν μέν τε κλείουσι μυοκτόνον· ἣ γὰρ ἀνιγροὺς
Παμπήγην [5] ὕρακας λιχμήρεας ἠρήμωσεν·
Οἱ δέ τε πορδαλιαγχὲς , ἐπεὶ [6] θήρεσσι πελώροις
Πότμον βουτελάται τε καὶ αἰγονομῆες ἔθεντο ,
Γῆης ἐν κνημοῖσι , Φαλακραίης ἐνὶ βήσσῃς [7] ·
Πολλάκι θηλυφόνον καὶ κάμμορον· ἐν δ᾽ ἀκοναίοις [8]
Θηλείην ἀκόνιτον ἀνεβλάστητεν ὀρόγκοις·
Τῷ καί που τιτάνοιο χερὸς βάρος ἔσσεται ἄλκαρ [9]
Πιμπλαμένης· ὅτε νέκταρ εὔτριβι κιρρὸν ἀφύσσαι·
Μετρηδόν· κοτύλη δὲ πέλει [11] καταμέστιος οἴνης·
                                                      Σὺν

[1] M. R. Διωνύσοιο. [2] M. ἴθμασι , corr. ὄμμασι. [3] M. R. νυ-
σαίην. [4] M. R. βεβρηκότες. [5] M. R. παμπηδην. [6] M. ἐπί.
[7] M. R. βύσσαις. [8] M. ἀκοναίη. [9] M. ἄρχος.
[10] M. R. ἀφύσσῃς. [11] M. πέλοι.

Uomo domo dal vin , che senno toglie .
Come allorchè , pigiata la villana
Frutta , i Sileni aii del cornuto Bacco ,
Per la bevanda spumeggiante , pria
La mente armati , van girando gli occhi ,
E colle membra lubriche ne scorrono
Per la Nisea collina vaneggiando ;
Così questi non veggiono più lume
                                                      Gra-

Sicut nocte solent qui vina bibere meraca: 30
Aut veluti expressis Sileni agreslibus uvis
Cornibus insignem qui nutrivere Lyaeum,
Posiquam tentarunt spumantia pocula mentem,
Primum oculis variant, titubantes inde per imas
Incedunt Nyssae malesidis pressibus oras: 35
Talis eos premit epoto vertigo veneno.
Hoc etiam quidam dixere myoctonon, omnes
Quod perimat qui sint ausi delingere mures:
Pardalianches & huic novien posuere, quod illo
Pastorum insidiis infecta carne veneno 40
Pantherae pereant celsis in collibus Idae.
Mors quoque thelyphononque ? & cammoron indidit atrox
Feminei sexus, duris in cautibus, altos
Per montes nascuntur, & hinc aconita vocamus.
Accipe sed calcem ¹⁰, quantum comprendere pugno 45
Ipse potes, fulvi cotulamque infunde falerni:

Sic

    Gravati dalla trista pestilenza,
Cui chiaman topicida, poichè quella
I dolorosi sorci leccatori
Diserta sperperando dalle barbe;
Altri pordalianche, o strozzapardi;
Poich' alle vaste belve pongon morte
I bifolchi, e i pastori delle capre,
D' Ida alle falde, e in Falacree colline.
Sovente il micidiale della femmina
E l' affatto mortale; ma ne' poggi
Aconei, ovvero delle Coti,
L' Ida aconito femmina produce.
Di calcina una man ben piena a questo,
Rimedio fia, allorachè il verdetto
Nettare ben pigiato attignerai,
E una cotila è piena di vino.

M 4   E d'

Σὺν δὲ καὶ ἀβροτάνοιο ταμὼν ἀπὸ καυλέα θάμνου,
Καὶ ¹ χλοερῶ πρασίοιο, τὸ δὴ μελίφυλλον ὑδεῦσι,
Καί τε σὺ ποιήεντος ἀειθαλέος χαμελαίης·
Βλάστην, πηγάνιόν τε πίοις ἐπὶ βάμμασι σίμβλων.
Σβεννύς τ᾽ ² αἰθαλόεντα μύδρον γενύεσσι πυράγρης,
Ἠὲ σιδηρήεσσαν ἀπὸ τρύγα, τήν τε καμίνων
Ἔντοσθεν χοάνοιο διχὴ πυρὸς ἤλασε λιγνύς.
Ἄλλοτε δὲ ³ χρυσοῖο νέον βάρος ἐν πυρὶ θάλψας,
Ἠὲ καὶ ἀργύρεον, θολερῷ ἐνὶ πώματι βάπτοις·
Πολλάκι δ᾽ ἡμιδαὲς χειρὸς βάρος αἴνυσο θρίων,
Παῦρα χαμαιπίτυος, τό, τ᾽ ὀνίτιδος αὖον ὀρείης,
Ἠὲ νέον ῥάδικα πολυκνήμοιο κολούσας,
Τέτρασιν ἐν κυάθοισι χαδεῖν μελιηδέος οἴνου·
Ἠέ τι ⁴ μυελόεντα χαλικρότερον ποτὸν ἴσχεις ⁵,
Ὄρνιθος στρουθοῖο κατοικάδος, εὖθ᾽ ὑπὸ χύτρῳ
Γῆα καταθρύπτῃσι βιαζομένης πυρὸς αὐγῆς.
Καί τε βοὸς νεαγέντα περιφλιδόωντος ⁶ ἀλοιφῇ

Τῃ

E d' abrotonσ frutice tagliando
Appreſſo, i gambi, e in un del verde praſio,
Cui meliſillo appellano; e tu il germe
D' erboſa, ſempre verde camelea,
E la ruta ne bevi, d' alveari
In bolliture, e ſerrea maſſa acceſa
Spegnendo con maſcelle di tenaglia;
O fondata di ferro, ch' entro a' forni
Nel colatoio ſeparò del fuoco

La

Sic mortem effugies , diraeque medebere pesti .
Nec minus abrotoni [11] ramosum abscindito thyrsum ,
Marrubiique , meliphyllon dixere , virentis ,
Atque chamaelaei [12] fruticis frondentia semper
Germina , vel rutam cum dulci combibe mulsa .   50
Forcipibus prensum candens extinguito ferrum ,
Aut ferri faecem rigidi , quam ardente camino
Separat impuram , pellitque acerrimus ignis .
Quinetiam argenti suit utile pondus , & auri ,
Ignibus accensum & mersum stridentibus undis .   55
Quod si dimidium foliorum sumere pugnum
Terrestris piceae [13] cupias , & onitida siccam [14] ,
Sive polycnemi radicem legeris : ista
Profuerint , cyatbis cum vini exhausta quaternis .
Tuque cohortali praestans medicamen habebis   60
Ex gallo [15] , quem urens , & aheno subditus ignis
Coxerit , in tenuemque liquarit membra medullam .

                                                       Po.

        La summea ; talor , d' oro un novello
        Peso scaldando , o pure argenteo , in torbido
        Fuoco , nella bevanda tu ne tigni .
        Sovente mezza man togli di poche
        Foglie di camepiti , od umil pino ;
        E 'l secco dell' onitide di monte ;
        O mozzando la giovine radice
        Di policnemo , in bicchier quattro infondi
        Di dolce vino ; o midollosa tieni
        Prettissima bevanda di gallina ,
        Augello casalingo ; allorchè sotto
        Il pentolo , forzandolo la fiamma
        Del fuoco , macerate avrà le membra ;
        E di vitello scoppiante di grasso
        Liquefacendo la capace pancia ,

                                                       Del

Τιξάμενος κηρίταιο ποτῷ ἐγχανδ'α [1] ηδύν .

Ναὶ μὴν καὶ βλατσάμοιο [2], τότ' ἐν σταγόνεσσι γάλακτος

Θηλυτέρης πώλοιο χέας ὀπὸν , ἄλλοτε νύμφαις ,   65

Εὐτ' ἂν ὑπ' ἐκ φαρυγος χύη πχαειργέα δόρπον.

Πολλάκι δὴ σκίνακος δερκευνέος , ἢ ἀπὸ νεβροῦ

Πυετίην τμήξαιο· πόρσις δ' ἐνὶ [3] νέκταρι φύρσας·

Ἄλλοτε καὶ μερέης ἀπὸ ῥιζία φοινικοέσσης

Ὄμμῳ [4] ἐνὶ σπυτεῖ πρ.βαλὼν καὶ ὀμήρεα κόψας   70

Οἴνῳ ἐνεψηθέντα [5] πόροις κυμάτοισι μελίσσης [6] .

Καί κεν ἐπικρατέουταν ἐπαχθέα νοῦσον ἀλάλκοις [7]

Φωτός. ὃ δ' ἀτφαλίεσσι πάλιν μετὰ ποττὶν ὁδεύοι.

     Δεύτερα δ' αἰγλήεντος ἐπιφράζευ πότιν ἐχθρὰν [8],

Κιρναμένην ὀλοοῦ ψιμμυθίοιο [9] ἥ τε γάλακτι   75

Πάντοθεν ἀφρίζοντι , νέην εἰδήνατο χροιὴν ,

Πελλίτιν ἐν γρώνῃσιν [10] , ὅτ' εἴαρι πιὼν ἀμέλξαις.

Τοῦ μὲν ὑπὲρ γεύκίς τε , καὶ ᾗ ῥυσσαίνεται [11] οὖλα

Λέφρος· ἐπιστύφων ἐμπάσσεται [12] . ἀμφὶ δὲ [13] ὁλκὸς

                                              Τί-

---

[1] M. ἐγχινίη. [2] M. R. μὴν βαλσάμοιο . [3] M. R. ἐν .
[4] M. R. ἐλμευ. [5] M. R. ἐνιψηθέντα. [6] M. R. μελίσσαις.
[7] M. R. ἀλάλκης. [8] M. R. ἐχθρὴν. [9] M. ψιμιθίυ. R. ψι-
μυθίυ. [10] M. R. γρώνησιν. [11] M. R. ῥυσαίεται.
[12] M. ἐμφράσεται. R.ἐμπλάσσεται, corr. ut M. [13] M.R. ἢ.

Del brodo t' empirai ; e ancor verfando
Del ballamo il liquore diftillante,
Ora in gocce di latte di puledra,
Ed ora in linfe , quando dalle fauci
Buttata avrai la non fmaltita cena.
Speffo da animal , che dorme a occhi
Aperti , o da cerviatto , e cavriuolo
Il caglio taglia , e dallo in vino infufo ;

                                              Or

Pocula sint etiam quibus exsaturere , liquamen
Excocti vituli atque in pinguia iura soluti .
Lacte etiam liquidum quem sudant balsama [16] *succum*   65
Femineo , aut unda fluviali dilue , postquam
Compuleris vomitu crudum decedere virus .
Eximere & lepori timideve coagula damae
Expedit , & tenui resoluta bibisse salerno .
Vel tu sanguineae radices accipe mori [17] ,   · 70
Ictibus & crebris in robore pinse cavato ,
Atque mero incoctas , cum lento porrige melle ,
Pellere sic poteris grassantem in viscera morbum
Quique bibit , pedibus rursum consistere firmis .
    Nunc ad cerussae [18] *lethalia pocula mentem*   75
Adverte , illa alba niveaque simillima lacti ,
Quod spumam late attollit , quum tempore verno
Rure revertentes implent mulctralia vaccae .
Gingivae rugis , & totis undique malis
Insidet , adstringitque : hinc lingua est aspera , & isthmus
                       Fau-

Or del moro vermiglio le radici
Gettando dentro ad un mortar di legno
Pestate in uno , e cotte in vino , dalle
A' dolori di pecchia , e l' affannoso
Mal , che 'l possiede , caccerai dall' uomo ,
E riviaggerà con franco piede .
    Secondamente , avvisa la bevanda
Nimica del lucente , mescolata
Di tutta biacca , o vogliam dir psimmitio ,
Che nel fresco color rassembra latte
Da per tutto schiumante in ben capaci
Secchi , allorchè di primavera grasso
Il mugni . Ora di quel , sulle mascelle
E dove si corrugan le gengive ,
La schiuma costrettiva si s' asperge .

                           Del-

Τέτρηχε γλώτσης, νέατος δ᾽ ὑτοκάφεται ᾽ ἰσθμός.   80
Ξηρὰ δ᾽ ἐπιλλίζων ὀλοῇ χελλύσσεται ἄτῃ.
Ἀβλεμὶς ἢ γὰρ ἐκεῖνο ² πέλει κάρος· ³ αὐτὰρ ὁ θυμῷ
Ναυτίεις ⁴ ὀλοοῖσιν ὑποτρύει καμάτοισι,
Πολλάκι δ᾽ ἐν φαέεσσιν ἄλην ἑτερειδέα λεύσσων·
Ἄλλοτε δ᾽ ὑπναλέος ⁵ ψύχει δέμας, οὐδέ τι γῦα   85
Ὡς τοπάρος δονέει, καμάτῳ δ᾽ ὑποδάμναται, εἴκων.
Τῷ καὶ πρηυαδίης ⁶, ἢ ὀρχάδος εἶαρ ἐλαίης,
Ἢ ἔτι μυρτίνης σχεδίην δεπάεσσιν ὀρέξαις.
Ὄφρ᾽ ἂν ὀλισθήνασα ⁷ χέῃ κακὰ φάρμακα νηδύς.
Ἠὲ σύ γ᾽ οὐθατόεντα διοιδέα ⁸ μαζὸν ἀμέλξας   90
Ῥεῖα πόροις ⁹. φιαρὴν δὲ ποτοῦ ἀποκίνυτο γρῦν.
Καὶ σὺ δέ γ᾽ ¹⁰ ἢ μαλάχης ἐκδάμνυς, ἢ φυλλάδα τήξας¹¹
Χυλῷ ἐνὶ κλώθοντι, κακηπελέοντα κορέσσαις.
Πελλάκι σήσαμα κόπτε· πόροις δ᾽ ἐν νέκταρι καὶ τά.
Ἠὲ σὺ κληματόεσσαν ἐν ὕδατι πλύνεο τέφρην   95

Θαλ-

---

¹ Μ. ὑπὸ κάρθιος. ² Μ. κεῖνο. ³ Μ.R. βάρος. ⁴ Μ ναυσιόεις. ⁵ Μ διπναλίος. ⁶ Μ. R. πρημαδίην. ⁷ Μ. ἀπο-
λισθήνασα. ⁸ διοιδέα. ⁹ Μ. φέροις, ita corr. in R.
¹⁰ Μ. ἢ δὲ σύ γ᾽. R. ἠδὲ σύ γ᾽. ¹¹ Μ. πήξαις.

Della lingua lo ſtraſcico s' inaſpra;
S' inaridiſce ſotto in fondo l' iſmo;
Con arido ſingulto, e ſecca toſſe,
Facendo arco di ſtomaco, e aſciugando
Di corpo a guiſa di leuto, il petto,
Poſciachè quello è cavo, o ſonnolenza.
Or ei col cuor, nauſeabondo, ſtride
Sotto immortali ambaſce, e ben ſovente
Colle luci ſcorgendo ſtrane forme;

Or

Faucibus extremis aret , morboque fatiscens   80
Aeger inexpletum tuffit , nec fputa fequuntur .
Huic caput infirmum nutat , tum naufea triftis
Urget , & extremo franguntur membra labore .
Falfa modo [17] *ante oculos rerum fimulacra videntur ,*
Nunc fopor algentes multum complectitur artus ,   85
Robore deflectos , nec corpus , ut ante , moventes .
At praebe [10] *fubito pinguem quem myrtea fuccum ,*
Premadia [11] *, aut orchas compreffa emittit oliva ,*
Lubrica ut obfcenum virus labatur ab alvo :
Aut lac quod pingui tumidoque ex ubere vaccae   90
Mulfifti , nudum rugis [22] *concede revulfis :*
Aut malvae excoctis ramis foliifque tenellae ,
Exple ceruffata tenaci vifcera potu :
Tritaque Lenaeo confundas fefama [23] *dulci .*
Nec non farmenti calidis perfundito lymphis ,
                                              Et   95

Or affonnato , ne raffredda il corpo ;
Nè le membra , qual pria , punto commove ;
E cedendo all' affanno , refta domo .
Però , o di premadia uliva , o d' orcade
Sangue , o d' uliva mortine , liquore
Vergine porgi a bere ne' bicchieri ,
Acciocchè il ventre lubricato verfi
I malvagi veleni ; o tu mugnendo
Di latte colma sbonzolante poppa ,
Agevolmente dà : folo ne togli
Della bevanda la rugofa fpuma ;
E tu fufti di malva , o foglia in fugo ,
Che fa le fila , dileguando , quello
Sazierai , ch' è dal male travagliato .
Speffo fefami trita , e dà anco quefti
In nettare ; o la cenere tu lava
Di fermenti fcaldata entro dell' acqua ;
                                    E nel

Θαλπομένην . τὸ δὲ ῥύμμα νεοπλεκέος καλάθοιο
Κόλπις ἰκμήνειας· ὁ γάρ τ' ἀναδέξεται ἰλύν .
Καί τε κατατριφθέντα μετ' ἀργήεντος ἐλαίου ,
Σκληρ' ἀπὸ περσείης κάρηα βλάβος ; οἶον ἐρύξει [1] ,
Περσ.υ. ἤν ποτε [2] ποσσὶ λιπὼν Κηφηΐδα γαῖαν ,   100
Λύχεν' ἀποτμήξας ἀρπηγονόεντα [4] Μεδούσης ,
Ῥεῖα Μυκηναίῃσιν ἐπεξήσεν ἀρούρης [5] ,
Κηθος νέα δῶρα , μύκης ὅθι κάππεσεν ἄρτης ,
Ἄκρην ὑπαὶ [6] πρηῶνα Μελανθίδος· Ἔνθα τε νύμφη
Λαγγείη [7] πόμα κεῖνο Διὸς τεκμήρατο παιδί .   105
Πολλάκι δ' ἐνθρύψειας ἐν ὀπταλέῃσιν [8] ἀκοσταῖς ,
Γερραίης λιβάνοιο χύσιν περιπηγέα θάμνοις ,
Καί τε σύ γ' ἢ κάρης ἀπόδακρυον , ἢ ἀταλύμνου ,
Ἢ [9] πτελέης , ὅτε πολλὸν ἀεὶ καλλείπεται ; ὅσχαις
Κόμμι , τὰ δὲ χλιόεντι [10] ποτῷ ἐπαγωγέα τήξῃν [11] .   110
Ὄφρα τὰ μέν τ' ἐρίγησι , τὰ δ' ἑψητοῖσι δαμασθεὶς ,
Ἀλθήσῃ ὑδάτεσσιν , ὅτ' ἐκμήνῃ [12] δέμας ἰδρώς·

                                        Καὶ

[1] M. Cάρos.   [2] M. ἐρύξοι .   ita corr. in R.   [3] M. ἥν ἵτι.
[4] M. R. ἅρκη γινείντα .   [5] M. R. ἀρούραις .   [6] M. ὑπό.
[7] M. R. λαγγίνς.   [8] M. ἀγαλίησαν. R. αὐαλίψοι· .
[9] M. κατ-αλείνται R. καταλείβεται.   [10] M.R. χλιόωντι.
[11] M. πήξιις. R. τήξιις.   [12] M.R. ἐκμήνῃ.

E nel feno di pevera novella
Il ranno cola , ch' ella il ceneraccio
Riceverà , Della perfea le dure
Noci , con olio candido fchiacciate ,
Fia , come fe teneffer lungi il danno ,
Quella , Perfeo già co' piè laffando
la Cefeide terra , dopo avere
Tagliato colla fcimitarra il collo

                                        Fe-

Et per vimineum, cinerem coluto canistrum,
Ut nitida excluso fiat lixivia [24] limo.
Tunsa quoque interdum quae Perses [25] protulit ossa,
Palladio noxam depellant mixta liquori.
Hunc olim Perseus postquam Cepheia liquit   100
Arva, & fecundae praecidit colla Medusae,
Cephei nova dona, Mycenis intulit agris,
Ensis ubi capulus [26] cecidit, quem Graeca Mycetem
Lingua vocat, super alta Mlantbidis, hunc ubi potum
Langia inventum nato monstravit Abantis.   105
Illum etiam in ptisana persaepe liquato, Sabaei,
Quae libani ramos concrescit lacrima circum.
Aut cape gummosam quae stillat de nuce, guttam:
Vel quae ulmi patulis in ramis, aut atalymni [27]
Plurima inest, tepidoque humore soluta iuvabit,   110
Ut partem vomitu, partemque cadentibus undis [28]
Pellat, ubi expressus manarit corpore sudor.

                                                      Quin

Fecondo di Medufa, di leggiero
Crefcer la feo in Micenee campagne,
Nuovo don di Cefeo, ove il Micete,
O pomo cadde della fcimitarra;
Di Melantide fotto il fommo poggio,
U' la ninfa Langea, la fua bevanda,
Di Giove additò al figlio; fpeffo trita
In toftato orzo, di gerreo incenfo
Spargimento rapprefo intorno a' rami;
O lagrima di noce, o d' atalimno,
O d' olmo; allorchè molta per li rami
Gomma ne vien lafciata. Or quefte cofe
Buone al mal, ftempra in tiepida bevanda;
Acciocchè parte vomiti, e dall' acque
Calde parte domato, ne guarifca,
Quando il fudore bagneranne il corpo;

                                                         E

Καί κεν, ὅ γ᾽ ἄλλοτε δόρπα δεδεγμένος, ἄλλοτε δ᾽ οἴνῃ
Πιοτέρῃ· κορέοιτο [2], καὶ ἀλκέα πότμον ἀλύξαι.

 Μὴ μὲν κανθαρίδος σιτηφάγου [3] εὖτ᾽ ἂν ὀδώδῃ, 115
Κεῖνο ποτὸν δέξαιο χυτῇ ἐναλίγκια πίσσῃ.
Πίσσῃ· γὰρ ῥώθωσιν ἄγει βάρος. ἐν δὲ χαλινοῖς
Οἷά τε δὴ καρφεῖα νέον βεβρωμένα κέδρου.
Αἳ δ᾽ ὅτε μὲν πλαδόωντι ποτῷ ἐπὶ χείλεϊ δηγμὸν [4]
Τεύχουσιν, τότε δ᾽ αὖ τε περὶ ςόμα νείατα γαστρός. 120
Ἄλλοτε καὶ μεσάτη ἐπιδάκνεται ἄλγεσι νηδὺς,
Ἴκύςις βρωθεῖσα· περιψαύουσι δ᾽ ἀνίαι
Θώρηκος· τύθι χόνδρος ὑπὲρ κύτος ἕζετο γαςρός.
Αὐτοὶ δ᾽ ἀςχαλόωσ᾽, ἄλλη [5] δέ φιν ἤθεα φωτὸς
Ἄψυχος πεδάει, ὃ δ᾽ ἀελπέα δάμναται ἄταις· 125
Οἷά τε δὴ γήρεια νέον τεθρυμμένα πάππου,
Ἠέρ᾽ ἐπιπλάζοντα διαψαίρουσιν ἀέλλαις.
Τῷ δὲ σὺ πολλάκι μὲν γληχὼ [6] ποταμηΐσι νύμφαις,
Ἐμπλήδην κυκεῶνα πόροις ἐν κύμβεσι τεύξας,

         Νη

---

[1] R. ὅ τ᾽. [2] R. κορέσαιτο, corr. [3] Μ. R. σιτηςόρε. [4] Μ. δη-
χμὲν. [5] Μ. R. ἀςχαλίωσιν, ἄλη. [6] Μ. γληχὺν. R. γλη-
χῶ, corr. γλ ηχην.

E prendendo così talora cena,
Talor di vin più pingue si riempia,
Ed il destino poderoso scampi.
 Per mangiagran cantaridi, allor quando
Putono, a pece liquida simili,
Non ricevere tu quella bevanda;
Che alle nari di pece la gravezza
Apportano, e ne' denti, come bucce
Di cedro, pure allora masticate.

         Que-

Quin fatur [29] ille cibis , hic laeti munere Bacchi ,
Vitabit poti metuenda pericla veneni.

    Heus fuge cantharidum [30] , si quando olfeceris , haustum. 115
Ille picis [31] liquidae tartrum diffundit odorem
Naribus , & cedro similis versatur in ipso
Ore sapor , quum quis mandit virgulta virentis.
Qui bibit hunc multo perfusum humore , molestos
In labiis [32] morsus , atque ima sentit in alvo. 120
Nec minor exercet mediam dolor : horrida surgunt
Vlcera [33] vesicae, compressum pectus [34] anhelat ,
Qua super ossa cavo incumbunt mollissima ventri.
Ira [35] venit vehemens , & pandiculatio [36] corpus
Distendit defectum animo : vis dira veneni 125
Praevalet , & miseros , praeter spem , pascitur artus.
Ac veluti excussi volitant per inania pappi ,
Et vento druersi abeunt : sic mente feruntur [37].
Sed tu puleium [38] misce fluvialibus undis ,
Atque imple tristi [39] , quae sicces cymbia , potu ,

                                      Ie-

   Queste talor sul labbro dal ber, molle,
Formano il morso ; e intorno anco talora
Alle bocche del ventre ultime , ed ora
La pancia a mezzo , da' dolori è morsa ;
O la vescica esulcerata , e rosa ,
E l' angosce ricercano il torace.
Allora il condro sopra il ventre posa ,
Ed essi via si gettan dal dolore,
Un' altra , lega i moti d' uomo , esanime.
Dal fato domo è quel senza speranza :
Qual da spini , di hori erranti peli
Spazzan per aria procellosi venti.
A costui tu sovente dà puleggio ,
Colle ninfe del fiume , pienamente
Un beveron facendone in bicchieri.

                 N   Di

Νηςείρης Δηοῦς μορόεν ποτόν· ᾧ ποτε Δηὼ   13:
Λευκανίην ἔβρεξεν ἀν' ἄστυρον Ἱπποθόωντος
Θρηΐστης ἀθύροισιν ὑπαὶ ῥήτρῃσιν ¹ Ἰάμβης.
Δήποτε δ' ἢ ² σιάλοιο καρήατος, ἠὲ καὶ ἀμνοῦ
Ἀμμίγδην σποράδεσσιν ³ ἐΰτροχάλοιο λίνοιο ⁴.
Ἠὲ νέον κορσεῖα ταμὼν κερχεντα χιμαίρης,   13
Ἠέ τι ⁵ που χηνὸς μορόεν ποτὸν αἴνυτο χύτρου.
Ἐς δ' ἔμετον κορέσαιο. τὰ δ' αὐθρόκ νειόθι βράσσοις⁶,
Ἐμμαπέως, ἔτ' ἄπεπτα πύλῃ μεμιασμένα δόρπα.
Πολλάκι δ' ἐν κλυςῆρι νέον γλάγος οἰὸς ἀμέλξας,
Κλύζε· τὰ δ' ἤλιθα γαςρὸς ἀφόρδια κεινώσειας.   14
Ἄλλοτ' ἀλυσθαίνοντι ποθὲν γάλα πῖον ἀρήξει.
Ἠὲ σύ γ' ἀμπελόεντα γλύκει ἐνὶ παυλέα κόψας ⁷
Χλωρὰ νέον πετάλοιςι περιβρίθοντα κολούτας,
Ἠὲ μελισσάων καμάτῳ ἐνὶ παῦρα μορύξαις,
Σκορπίοεντα ταμὼν ψαφαρῆς ἐκ ῥίζεα γαίης,   14
Αἰὲν κεντρήεντα· τόη γε μὲν ὕψι τέθηλεν,

                                Οἴη

¹ M. ὑπὸ ῥήτροισιν. ² M. δή. ³ M R. σκιαδέσσιν.
⁴ M. R. σιλίνα. ⁵ M. R. ἢ ὅτι. ⁶ M. R. βράσσαις.
⁷ M. R. κόψαις.

Di Cerere digiuna alma bevanda;
Onde Cerere già bagnò le fauci,
Per lo caſtel d' Ippotoonte, moſſa
Di Tracia Iamba da' giocoſi motti.
Anco capo di porco, ovver d' agnello,
Miſto con ſemi di girevol lino,
O di capra tagliando, di novello
Cornuta teſta, o d' oca, tò in bevanda
Di pentola fatale; e sì ti ſazia

                                  Fi.

Ieiunae Cereris , quo quondam fertur inanem   130
Ventriculum satiasse , pii Hippothoontis in urbe ,
Quum de Threiciae salibus rideret Iambes.
Pinguia nonnumquam porci cerebella ⁴⁰ , vel agni
Cocta diu sumas teretis cum semine lini ,
Tempora vel caprae quae vix dum cornua gessit ,   135
Druide , percotteve ex ansere confice potum .
Quae tu multa vota , dum crudo in ventre ⁴¹ morantes
Impurasque dapes cogas exire vomendo .
Saepe etiam ventrem , tenerae perfunde capellae
Lacte novo , ut sordes multas , faecemque remittat.   140
Sin bibere ⁴² hoc mavis , nihil est praestantius illo .
Aut virides vitis ramos ⁴³ deserpe , recenter
Indutos foliis , miti quos intere passo .
Asperaque ⁴⁴ & semper spinis horrentia duris
Infunde in flavo radicis frustula melle ,   145
Quae caulem in sicca sublimem tollit arena

                                        Aspho-

Fino al vomito , e tutta tu di fondo
Venire in capo fa , mettendo giuso
Le dita , dalla porta dello stomaco ,
La non smaltita ancora impura cena.
Spesso in clistere , o lavativo infondi
Latte d' agnella , allora allora munto :
Vota del ventre i piccioli escrementi ;
Il fresco pecorin latte bevuto
Darà talora al paziente aita .
O tu di vite i pampinosi giovani
Verdi tralci potando rigogliosi ;
Trinciando in mosto , o in lavoro d' api ;
Tagliando da terren sassoso poche
Radiche , a scorpione affigurate ,
Partirai , sempre pungigliose , e acute .
              N 2   Pul-

Οἵη περ μολόθουρος, ἔνιτχυα δὲ καυλέα βάλλει.
Καὶ δὲ σὺ δραχμάων πιτύων βάρος αἴνυτο γαίης
Παρθενίης, ἣν Φυλλὶς ὑπὸ κνημοῖσιν ἀνῆκεν
Ἰμβρατίδος ¹ γαίης· ² χιονώδεος, ἥν τε κεράσης
Ἀμνὰ Χητιάδεσσι νέων σημήνατο νύμφαις,
Κερκετέω νιφόεντος ὑπὸ σχινώδετιν ὄχθαις,
Ἢ ⁵ καὶ σιραίοισι ³ πότιν διπληθέα ⁴ τεύξαις.
Σὺν δέ τε πηγανόεντας ἐνιθρύψειας ὀράμνους,
Ὀργάζων λίτεϊ ῥοδέῳ, θρόνα πολλάκι χραίνοις
Ἠρινέῳ· ⁵ τό, τε πολλὸν ἐπαλθέα νοῦτον ἔτευξεν.

　　Ἤν γε μὲν οὐλόμενόν γε ποτὸν κορίοιο δυσαλθὲς
Ἀφραδέως ⁶ δ' ἐπ' ἄεσσιν ἀπεχθομένοισι πάσηται ⁷,
Οἱ μέν τ' ἀφροσύνῃ ἐμπληγέες, οἷά γε ⁸ μάργοι
Δήμια λαβράζουσι, παραπλῆγές θ' ἅτε Βάκχαι,
Ὀξὺ μέλα βοόωσιν ἀταρμύκτῳ φρένας οἴστρῳ.
Τῷ μή τ' ἐξ ἑδανοῖο ⁹ πόρσις δέπας ἔμπλεον οἴνης,
Πράμνιον αὐτοκρηὲς, ὅπως ὑπετύψατο ληνοῦ.
Ἢ ⁸ νύμφαις τήξαιο βαλὼν ἁλὸς ἔμπλεα κύμβην.

Πολ-

¹ M. Ἰμβρασίδης. ² M. R. αἴης. ³ M. σιρχίοις. R. σιραίοιο.
⁴ R. διπλήρεα. ⁵ M. ἰρινέα. ⁶ M. ἀφραδέος. ⁷ M. R. πά-
σωνται. ⁸ M. τι. ⁹ M. R. τῷ μέν τ' ἰξιδανοῖο.

Pullula l' erba in alto, quale appunto
La moloturo, e gracil gambi getta.
E tu di dramme quattro un peſo togli
Della terra Partenia, cui produce
Fillide ſotto a' poggi della terra
Imbraſide, nevoſa; e cui cornuto
Agnel ſcoprio alle Cheſiadi ninfe,
Del Cercete nevato alle giuncoſe

Ri-

Asphodelo similem, gracilisque excrescit in altum.
Vel tu Partheniae [45] *drachmarum pondera terrae*
Quatuor accipias, quam Phyllis collibus altis
Imbrasiae profert, & quam quae cornua gestat   150
Fertur Chesiadis pecus ostendisse puellis
Iuxta Cercetii iuncosa fluenta nivosi.
Purpureamve sapam [46] *geminato pondere sumes,*
Atque intrita simul miscebis germina rutae,
Sed prius irine, prius & perfusa rosato.   155
Et morbi facilis reddetur cura maligni.
   Si quisquam [47] *imprudens graviter* [48] *redolentia taetri,*
Et vix cedentis coriandri pocula cepit,
Ille amens, stupidusque, insani more pudenda
Passim deblaterat, furiali & percitus oestro   160
Asper, acerba tonans, Baccharum imitatur Erinnyn.
At contra suavi carchesia plena falerno
Exhibe, ut hoc primum fuderunt torcula purum:
Aut solves massam salis humectantibus undis.

Sic-

   Rive, e bevanda doppia formerai;
   E triterai in un, rutali rami
   Con unguento rosato mescolando;
   Unta spesso le foglie di selvaggio
   Fico, che il mal rende sanabil molto.
      Che s' uno la mortifera bevanda
   Del corio, o aconito in triste tazze
   Beva senza consiglio, questi, tocchi
   Da follia, quai matti, alla scoperta
   Sclamano, e quali forsennate Bacche,
   Da intrepido furor prese, senz' occhio
   Battere. Or tu non dare a questo, tazza
   Piena di vin straniero; Pramnia pretta,
   Come dal torcolar pigiato fue.
   O struggi con le ninfe, su gettandole,
   Un vasel pien di salsa acqua marina.   Spes-

Πολλάκι δ' ὀρταλίχων ἀταλὼ ὠδῖνα κενώσκε ,   16
Ἀφρὸν ἐτεγκεράσαιο , θοοῦ δορτήϊα κέπφου .
Τῷ γὰρ δὴ ζωήν τε σαοῖ καὶ πότμον ἐπισπεῖ . .
Εὖτε δόλοις νήχοντα κακοφθόρα τέκν' ἀλιήων
Οἰωνὸν χραίνωσιν . ὁ δ' εἰ χέρας ἔμπεσε παίδων ,
Θηρεύων ἀφρῖο νέην κλύδα λευκαίνουσαν .   17

Καί τε σύ γ' ἀγλεύκην βάψαις ἰόεντα θάλουσαν , ,
Ἥν τε καὶ ἀτμεύειν ἀνέμοις πόρεν ἐννοσίγαιος
Σὺν πυρί . καὶ γὰρ δὴ τὸ , πνοιαῖς συνδάμναται ἐχθραῖς.
Πῦρ μὲν ἀείζων καὶ ἀχύνετον ἔτρεσεν ὕδωρ
Ἀργέσας , καί ῥ' ἡ μὲν , ἀκοσμήεσσα φιλοργὸς , ,   17
Δεσπόζει νηῶν τε καὶ ἐμφορέων αἰζηῶν ,
Ὕλη δ' ἐχθομένοιο πυρὸς κατὰ θεσμὸν ἀκούει .
Ναὶ μὴν , ἀτμένόν τε κερκιθμενον λίπος οἴνῃ ,
Ἥ χίονι γλυκέος μίγδην πόσις , ἄλγος ἐρύξει .
Ἦμος ὑπὸ ζάγκλῃσι περιβρίθουσαν ὀπώρην   18
Ῥισαλέην ἰσχνοῖο καὶ ἐκ ψιθίης ἐλινοιο

Κεί-

1 R. ἐπισποῖ. 2 M. Κ. θάλασσιν. 3 R. δὴ πνοιαῖς.
4 M.R. φιλοργής. 5 M R. ἐμφορίων 6 R. ἀλιήων. 7 M. ζάγ-
χῃσι. 8 M. R. ῥυσταλίην .

Speſſo delle galline il freſco parto
Votando , dentro meſcivi la ſpuma ,
Eſca del preſto ceffo augel di mare ,
Ch' a lui la vita campa , e morte porge ,
Quando con frodi , de' peſcanti i figli
Malvagi , ſtruggitori , aſſalgon quello
Notante augello ; ed ei de' figli incappa
Nelle mani , cacciando della ſpuma
La novella ondicciuola , che s' imbianca .
E tu ancora intigni il violaceo

Non

Siccum etiam ovorum [49] *miscebis saepe putamen*   165
Candenti spumae : fulicae gratissima longe
Esca illa est , cui mortem adfert , vitanique tuetur.
Namque huc insidias piscator fraude volucri
Molitur miserae , quae dum comprendere tentat
Ore avido spumam fluitantem , in retia fertur.   170
Necnon & pelagi salsis immerge fluentis
Qui corion biberit : pontum Neptunus [50] *& ignem*
Ventorum levibus voluit servire procellis ,
In partesque rapi varias metuentia ventos .
At maris imperio tumidi , longaeque carinae ,   175
Et iuvenes parent qui per vada caeca feruntur ,
Silva inimico igni naturae subdita lege est.
Vinum etiam liquido permistum tollet olivo
Omne malum , atque nivis [51] *cum musto potio dulci .*
Quando falce gravem & maturam vinitor uvam   180
Incurvus resecat , psithiaque e vite racemos

Con-

Non dolce mare , il quale a' venti feo
Servir , col fuoco infieme , Ennofigeo ;
Ovver Nettunno , che la terra fcuote ,
Ch' ei domo vien dagl' inimici venti.
Il fuoco fempre vivo ; e lei che mai
Non fi verfa acqua , aggion timor de' venti.
Il mar difordinato , furibondo
Signoreggia le navi , e gl' uomin fopra ;
Fa le comandamenta del nimico
Fuoco la felva , e fua ragione afcolta.
Certo fervendo al vino olio , e mifchiatofi
O di mofto con neve mefcolato
Bevanda , caccerà il dolore , quando
Tofato fotto falci il carco Autunno ,
E le gravide pigne di rugofe
Uve , da tralcio di moftofa pfitia ,

Le

Κείροντες θλίβουσιν ¹, ὅτε ῥοιζηδὰ μέλισσαι
Πεμφρηδὼν σφῆκές τε, καὶ ἐκ βέμβικες ² ὄρειαι,
Γλεῦκος ἅλις δαίνυνται ἐπιῤῥαγέεσσι πεσοῦσαι,
Πιοτέρην ὅτε βότρυν ἐτίνατο κηκὰς ἀλώπηξ.
      Καί τε σὺ κωνείου βλαβόεν τεκμαίρεο πῶμα.
Κεῖνο ποτὸν δὴ γάρ τε κιρήατι φοινὸν ἰάπτει,
Νύκτα φέρον ³ σκοτόεσσαν· ἐδίνηεν δὲ καὶ ὅσσε.
Ἴχνεσι δὲ σφαλεροί τε καὶ ἐμπάζοντες ⁴ ἀγχαῖς,
Χερσὶν ἐφερπύζουσι· κακὸς δ᾽ ὑπὸ νείατα πνιγμὸς
Ἴσθμια καὶ φάρυγος ξεινὴν ἐμφράσσεται οἶμον.
Ἄκρα δέ τοι ψύχει ⁵. περὶ δὲ φλέβες ἔνδοθι γυίων
Ῥωμαλέαι ξέλλονται. ὁ δ᾽ ἠέρα παῦρον ἀτίζει ⁶,
Οἷα κατηβολέων· ψυχὴ δ᾽ ἀϊδωνέα λεύσσει.
Τὸν μὲν τ᾽ ἢ λίπεος κορέσαις, ἢ ἀμισγέος ⁷ οἴνης,
Ὄφρα κεν ἐξερύγῃσι κακὴν καὶ ἐπώδυνον ἄτην.
Ἠὲ σύ γε κλυστῆρος ἐνεὶς ὁπλίζεο τεῦχος.
Πολλάκι δ᾽ ἢ οἴνης ἀμιγῆ πόσιν, ἢ ἀπὸ δάφνης
Τεμπίδος, ἢ δαύκοιο ⁸ φέροις ἐκ καυλία ⁹ κόψας,
                                                    Η"

¹ M. R. θλίβωσιν. ² M. βίβικις. ³ M. R. φέρων.
⁴ M. R. ἐμπλάζοντις. ⁵ R. δ᾽ ἐπιψύχει. ⁶ M. ἀλύξει.
⁷ M. ἢ ἀναμισγίος. ⁸ M. R. ἠδ᾽ αὐχμοῖο. ⁹ M. R. καυλία.

Le pigeranno; allora, che le pecchie,
Penfredon, vefpe, e bembici di monte
Mangiano il mofto a fazietà, cadendo
Su i granelli dell' uva; e allorchè il grappolo
Più graffo guafta la maligna volpe.
      Dell' Aconito tu, a quefti fegni
La bevanda nocevole difcuopri.
Poichè quefta bevanda micidiale
                                                    Scer-

Conculcat pedibus , quum fuci ignavaque vefpa ,
Vvarumque bibunt crabronum examina fuccum ,
Atque maligna nocet plenae vulpecula viti.   185
   Tu quoque 52 figna malae iam contemplere cicutae .
Haec primum tentat capus , & caligine denfa
Involvit mentes: oculi vertuntur in orbem :
Genva labant , quod fi cupit ocyus ire , caducum
Suftentant palmae corpus : faucefque premuntur   190
Obfeffae , & colli tenuis praecluditur ifthmus.
Extremi frigent artus , latet abditus imis
In venis pulfus , nihil infpiratur ab ore .
Fata inftant , Ditemque mifer iamiam adfpicit atrum .
Aft oleo 53 hunc fatura , nec vino parce meraco ,   195
Vt vomitu redeat demiffum in pectora virus :
Clyfteremque pares , quem ventris in ima recondas .
Saepe merum per fe , vel quam Peneia Tempe
Producunt laurum 54 , qua primum pulcer Apollo
                                 Di-

Sterminio al capo imprime , fcura notte
Recando , e fa girare anco le luci ;
E mettendo il piè in fallo , ed inciampando
Nelle vie , colle man van brancolando .
Ed un cattivo affogamento fotto
Le gangole , il camin ftretto di gola
Ne tura , e ancor l' eftremitadi fredda ;
E le vene robufte entro le membra
Stringonfi ; e poco aere va rendendo ;
Come giù pofto , e l' alma Pluto fcorge ;
Coftui o d' olio fazia , o di vin pretto ,
Finchè ributti il malo e trifto fato ;
O del criftero tu n' arma l' arnefe ,
Infondendo , o di vigna il liquor puro
Sovente , o pur di dafne delle Tempe ,
O tagliando di dauco i gambi , arreca ,
Che la Delfica chioma , la primiera
                                   In-

Η πρώτη Φοίβοιο κατέςεφε Δελφίδα χαίτην.   200

Η πέπερι κνίδης τε μέγα · σπερμεῖα λεήνας,

Νείμειας , τό , τε νέκταρ ὀπῷ 'μπευκέϊ χράνας.

Δή ποτε δ' ἰρνέϊυ θυέες μετρηδὸν ὀρέξαις ,

Σίλφιά τ' ἐνθρυφθέντα μετ' ἀργήεντος ἐλαίου.

Ἐν δὲ μελιζώροιο γλυκέος πόσιν , ἐν δὲ γάλακτος   205

Ἀφριόεν νέμε τεῦχος ὑπὲρ πυρὸς ἠρέμα πίνειν ³.

        Καί κεν λοιγήεντι παρὰ σχεδὸν ἄχθος ἀμύνοις ⁴

Τοξικῷ , εὖτ' ἀχέεσσι βαρύνηται ποτῷ ἀνήρ.

Τοῦ καὶ ἔνερθε ⁵ γλῶσσα παχύνεται · ἀμφὶ δὲ χείλη

Οἰδαλέα βρίθοντα περὶ ςμάτεσσι βαρύνει ,   210

Ξηρὰ δ' ἀναπτύει , νειόθεν δ' ἐκρήγνυται οὖλα.

Πολλάκι δ' ἐς κραδίην πτοίην βάλε , πᾶν δὲ νόημα

Ἔμπληκτον μεμόρηκε , κακῇ ἐσφαλμένον ἄτῃ.

Αὐτὰρ ὃ μηκάζει , μανίης ὑπο μυρία φλύζων.

Δηθάκι δ' ἀχθόμενος βοάα ἅ τις ἐμπελάδίω φῶς   215

Ἀμφιβρότην κώδειαν ὑπὸ ⁶ ξιφέεσσιν ἀμηθείς.

Η ἅ τε ⁷ χερνοφόρος ζάκορος βωμίςρια Ῥείης ,

                                                                            Εἰ-

¹ Μ. ρ. μέγα.   ² Μ. ἐν πιύκει.   ³ Μ. ρ. θάλψας.
⁴ Μ. ἀμύνης.   ⁵ Μ. νέρθε.   ⁶ Μ. ρ. ἀπό.   ⁷ Μ. οἵά τι.

Inghirlandò di Febo : e pepe , e femi
Fortemente d' ortica difpianando ,
Diftribuifci , il nettare intridendo
Col negro amaro fugo ; e del profumo
Trino , ovver di ghiaggiuol , porgi a mifura.
E i filfii triti con bianco olio , ed entro ,
Beva di dolce mulfo , ed entro danne
A ber , forma fpumante dolcemente
Sovra 'l fuoco , di latte ; ed al mortale
                                                                        Saet-

Dicitur interta crines cinxisse decoros :   200
Aut dabis exsectum dauci consumere caulem ,
Vel piperi urticae semen miscebis acuto ,
Et vinum succo quem Cyrenaica 55 mittit .
Irinique parum , gratum spirantis odorem
Praebe , & cum claro calidum tere laser olivo .
Mulsa 56 quoque expediet , necnon spumantia lacte   205
Cymbia , si medico tepefacta calore bibantur .
    Toxica 57 si potu saevum secere dolorem ,
Protinus immiti properes succurrere noxae .
Lingua homini inflatur , distentaque labra tumorem
Circum ora attollunt , & magna mole gravantur .   210
Ore spuit sicco , rimis gingiva fatiscit .
Horror saepe quatit trepidantia corda : furore
Exundat diro mens exagitata veneno .
Balantes imitatur oves , & mille furores
Concipit , exclamat ferventi ut concitus ira ;   215
Cui vitale caput violentus ademerit ensis 58 :
Aut veluti cui templa Rheae & libamina curae
                                                    Ae-

Saettume , il dolor curerai tosto ,
Colla bevanda ; allorchè l' uomo aggrava :
Di cui in fondo , la lingua ingrossa , e intorno ,
Gravan la bocca le gonfiate labbra ,
E secco sputa , e scoppian le gengive .
Spesso nel cuore abbattimento getta ,
Ed ogni senno sbigottito uccide ,
Smarrito dall' orribile destino .
Ei bela , per la smania delirando ;
Continuo dolendo , grida , quale
Uomo presso con spade smozzicato ,
O qual ministra dell' altar di Rea ,
Che i mistici crateri vien portando ,

                                                    ll

Εἰνάδι λειοφόροισιν ἐν χρίμπτουσα κελεύθοις [1],
Μακρὸν ἐπερβοάα γλώσση θροεῖ· οἱ δὲ τρέουσιν [2],
Ἰδαίης ῥιγηλὸν ὅτ᾽ εἰσαΐουσιν ὑλαγμόν·   220
Ὥς ὃ νόον λύσση· ἐσφαλμένα βρυχανάαται [4]
Ὠρυδὸν, λοξαῖς δὲ κόρχις ταυρηδέα λεύσσω·
Θήγει λευκὸν ὀδόντα, παροφρίζει δὲ χαλινῶς.
Τὸν μὲν καὶ δεσμοῖσι πολυπλέκτοισι [5] πιέξας,
Νέκταρι θωρήξαιο, καὶ οὐ χατέοντα κορέσκων,   225
Ἦκα [6] βιησάμενος. διὰ δὲ στόμα βρυχὸν ὀχλίζοις
Ὄφρ᾽ ἂν ὑπεξερύγῃσι [7] δαμαζόμενος χερὶ λώβην.
Ἠὲ σὺ βοσκαδίης χηνὸς νέον ὀρταλίχηα
Γυάσιν ἐντήξαιο πυρὸς μεμορημένον αὐγαῖς.
Καί τε σὺ μηλείης ῥηχώδεος ἄγρια κάρφη   230
Οὔρεσιν ἐνθρεφθέντα, πόροις ἀπὸ σίνεα κόψας.
Ἠέ τι καὶ κλήροισιν ἐπίβολα, τοῖά περ ὧραι
Εἰαριναὶ φορέουσιν ἐνεψιήματα κούραις [8].
Ἄλλοτε δὲ στρούθεια, τοτὲ βλοσυροῖο κυδῶνος,
Κεῖνο φυτὸν Κρήτηθεν, ὃ δή ῥ᾽ ἐκόμισαν ἄρουραι [9].   235

Πολ-

[1] M. κελεύθους. [2] M. ῥέουσιν. [3] M. R. λύσση. [4] R. ἐσ-
φαλμένος, corr. βραυχανάαται. [5] R. πολυστρίπτοισι.
[6] M. ἠέ. [7] M. R. ὑπιξιρύησι. [8] M. κύροις.
[9] M. ἐκόμισσαν ἄρυραν. R. ἱκόμισσαν ἄναυροι.

Il nono dì piegando nelle vie
Comunali, con lingua in lungo ſtrepito
Gridando ſe ne va; treman le genti,
Il latrar dell' Idea rigido udendo:
Così quegli arrabbiato, forſennato
Rugge ululando, e con pupille oblique
Mira a foggia di toro, arruota il bianco
Dente, e la ſchiuma fa larga per bocca.   In-

Aeditua, in plateas, nona quando luna revertit,
Fertur, & Idaeos campos ululatibus implet :
Tum trepidi horrescunt audita voce bubulci.   220
Sic miser in rabiem versus fremit ille, rugitque,
Et torva, in morem taurorum, lumina torquens,
Exacuit dentes, & spumam fundit ab ore.
Quem 59 primum manicis strictum vinclisque teneto,
Tum vi non magna diductas nectare fauces   225
Imple, atque immissis stridentia protinus ora
Irrita digitis, vomat ut virosa coactius.
Aut pullum quem nuper edax excluserit anser,
Merge in aquam, & flammis elixa undantis aheni.
Et virgulta 60 rudis profunt silvestria mali,   230
Sed purgata prius, quae crescunt montibus altis ;
Quaeque per aestatem nostris nascuntur in hortis
Mala, quibus ludunt delectanturque puellae.
Strusbiaque interdum, vel quae devecta Cydone
Arbore in austera crescunt, edisse iuvabit.   235

          Sed

 In robuste ritorte or lui premendo,
Di nettare tu l'arma, ancorchè d'uopo
Non n'abbia, empiendol dolcemente a forza ;
E la bocca ferrata a leva poni,
Acciò, dalla man domo, il mal ributti :
O tu d'oca ingraffata un giovin papero
Struggi nell'acque, di buon fuoco a fiamma ;
O tu di melo alpro felvagge fcorze
Nodrite in monti dà, fpine troncando,
O quelle de' noftrali ereditaggi,
Quai la bella ftagion di primavera
Per traftullo produce alle donzelle ;
Ed ora le ftrutee, o pafferine,
E talora del rigido Cidone
Quella pianta, che a noi venne di Creta,

            Am-

Πολλάκι δὴ σφύρῃσιν ἅλις ἐπκελλέα κόψας,
Ὕδασιν ἐμβρέξαιο, νέην δ' ὀσμήρεα γληχὼ¹,
Σπέρμασι μηλείοισι βάλοις, ἐνομήρεα φύρων.
Καί τε σύ γ' ἢ ῥοδέοις Θυίεν μαλλοῖσιν ἀφύσσων,
Παῦρα λίπος στάξειας ἀνοιγομένοις στομάτεσσιν,   243
Ἠὲ καὶ ἰρινέοιο· μόγις δέ γε ² μυρί' ἐπιτλὰς
Ἤματιν ἐν πολέεσσιν ἀκροσφαλὲς ἴχνος ἦλαι.
Ἀσφαλέως πτυικτὸν ἔχων ἑτεροπλανὲς ὄμμα
Τῷ μὲν Γερραῖοι Νομάδες χαλκήρεας αἰχμὰς,
Οἵ τε ⁴ παρ' Εὐφρήταο ῥόον πλέοντες, ἀρούρας   245
Χραίνουσιν. τὰ δὲ πολλὰ ἀναλθέα τραύματα τεύχει,
Σάρκα μελαινομένην. πικρὸς δ' ὑποσύρεται ⁵ ὕδρης
Ἰός. σηπόμενον δὲ μύδῳ ἐκρήγνυται ἕρφος.

    Ἢν δὲ τὸ Μηδείη· Κολχηΐδος ἐχθόμενον πῦρ
Κεῖνο ⁶ ποτὸν δέξηται ἐφήμερον, οὗ παρὰ ⁷ χείλη   250
Δευομένου δυσάλυκτος ἵπτεται ἔνδοθι κνηθμός·
Οἷά τ' ὑπῷ νιφόεντι κράδης, ἢ τρηχεῖ κνίδη

                                              Χρῶ-

¹ M. γληχὴν. ² M σύγι ῥοδέης. ³ M R. δί κι. ⁴ Dcell in M.
verf. 143. ac deinde a verf. 145. ad verf. 275 inclufive,
qui quidem defectus adnotatus fuit in margine verbis
λείπεσι είνοι λα΄. defunt verfius 31. ⁵ μ. ὑπεβόσκιται.
⁶ R. κατέ τις ὑπεδέξηται. ⁷ R. περὶ.

Ammaccando fovente in copia infieme,
Nell' acque imbagna, e l'odorato, frefco
Puleggio, in femi getta tu di melo,
Tutto in uno mefcendo, e ftemperando.
E 'l fragrante rofato olio con fiocchi
Attignendo di lana, poche gocce
Diftila giufo nell' aperta bocca,
O d' irino; e a gran pena dopo avere

                                              Sof.

Sed contufa fimul , liquidifque madentia lymphis
Mijtaque pul·io , gratum quod fp·ret olorem :
Quodque rofam [61] redolet , vel quod fapit irin olivum ,
Ori , cum lana , pot·s in,tillare reclufo .   240
Plurima fed tandem perpeffos tempore longo ,
Vix umquam [62] poterit greffus firmare lab ntes ,
Sed trahet attonitus oculis fallentibus aevum .
Ifto Gerraei Nomades , populufque rapacem
Qui co it Eupbraten , armans fua tela v neno :   245
Quae poftquam haeferunt , & non fanabile vulnus
Infl·xere , caro livet , virufque putrefcit
Vipereum , atque cutis fe tabo feta refolvit .
  Si quifquam [63] infeftos Medeae Colcbidis ignes
Incautus gutturi ephemeron , ille repente   250
Uritur [64] internis faeva prurigine labris .
Ut cui vel fici fucco candente , vel acri

                                              Vr-

Sofferte bene diecimila cofe ,
In molti dì alzerà la lubric' orma ,
Sicuramente ftupido tenendo
L' occhio , e in diverfa parte ftralunando .
Con quefto i Gerrei Nomadi , e coloro ,
Che lungo Eufrate giran la campagna ,
Intridon l' afte , che an di rame punta ;
Quefte fanne infanabili ferite ;
La carne nera , e amaro fotto infracida
Veneno d' Idra , e dalla marcia fcoppia
L' infracidata pelle . Che fe quella
Bevanda della Colchide Medea
Prenderà l' uom , ch' efimera fi noma ,
Alle labbra di lui mentre è bagnato ,
Difficile prurito entro s' appiglia ,
Come di fico da nevato fugo ,

                                              O

Χρῶτα μικινόμενος , ἢ καὶ σπειραδεῖ κόρση
Σκίλλης , ἥ τ᾽ ἔκπογλα νέην φοινίξατο σάρκα .
Τοῦ καὶ ἐπιτχμένοιο περὶ στόμαχον βάρος ἵζει   255
Πρῶτ᾽ ἀνερεπτόμενον , μετέπειτα δὲ λοιγέϊ συρμῷ ,
Ῥιζόθεν ἑλκωθέντα , κακὸν δ᾽ ἀπόηρυγε δειρῆς .
Ὡσεί τε κρεάων θολερὸν πλύμα χεύατα ' δαιτρός·
Σὺν δέ τε καὶ νηδὺς μεμιασμένα λύματα βάλλει .
Ἀλλὰ σὺ πολλάκι μὲν χαίτην δρυὸς οὐλάδα κόψας ,   260
Πολλάκι καὶ φηγοῖο πόροις ἀκύλοισιν ὁμήρη ,
Ἠὲ σύ γε βδήλαιο νέον γλάγος ἔνθθι πέλλης .
Αὐτὰρ ὃ τοῦ κορέοιτο καὶ ἐν στομάτεσσιν ἐρύξαι ³ ,
Ἤ μὴν πουλυγονιο τότε βλαττήματ᾽ ἀέξοι .
Ἄλλοτε δὲ ῥιζεῖα κατακψηχθέντα γάλακτι ,   265
Σὺν δὲ καὶ ἀμπελόεις ἕλικας ἐνθρύπτεο νύμφαις ·
Ἴσως καὶ βατόεντα περιπτορθεῖα κολούσαις .
Καί τε σὺ γυμνώτειας εὐτρεφέος νέα τέρφη
Κασπανῶ ⁴ κερύοιο ταχυφλοίοιο ⁵ κάλυμμα ,

Νεῖ-

¹ R. χεύατο . ² R. γλάγος . ³ R. ἐρύξει . ⁴ R. κασπανο
⁵ R. ταουφλοίοιο .

O macchiato da afpra ortica ei foſſe
Il corpo , o da ſpiral capo di ſcilla ;
Che forte arroſſa la novella carne .
E di quella avvallata , la gravezza
Siede intorno allo ſtomaco , da prima
Divorandolo , e poſcia con mortale
Raſchiar dalle radici eſulcerando ,
Il mal viene eruttato dalle fauci ,
Qual lavatura torbida di carni
Il cuoco ſparge , e il ventre ancora inſieme ,

Mac·

Vrtica , aut scillae perfrictum vertice corpus ,
Horrendum in tenera quae tollit carne ruborem .
Hoc ubi susceptum est [65] , stomacho grave pondus in ipso 255
Insidet ; is ructat primum , post ulcera diro
Contrabit ex vomitu , foedusque e gutture fertur ,
Carnibus ablutis qualem coquus abiicit , bumor :
Alvusque impuras effundit sordida faeces .
Saepe [66] salutiferam quercus fagique virentis 260
Caede comam , glandemque simul quae pendet in illis .
Et lac [67] in mulctram subducito , collaque mande
Dum stomacbum saties , & pleno contine in ore .
Herbae etiam ramos , cui ductum a sanguine [68] nomen ,
Vel modo radicem lacti incoxisse iuvabit . 265
Vitens [69] & palmes tenera mollescat in unda ,
Atque rubi borrentis pariter virgulta terantur .
Hirsutamque nucem [70] , quae laeto provenit agris
Vbere Castaneis , exempto cortice nuda :

                                                 Et

Macchiati sciog'imenti ne ributta .
Tagliando or tu sovente della querce
La crespa chioma , e dà sovente ancora
Quella del faggio colla ghianda insieme .
O tu entro a secchio , fresco latte mugni ,
Ed ei s' empia di questo , e tenga in bocca .
Del poligono certo ora i germogli
Gioveranno , or le barbe in latte trite .
Tralci di vite ancor tritane in linse ;
E pota ancora ramucei di pruno .
Tu ignuda ancora le novelle sfoglie ,
Velame della grossa nodritiva
Noce castagna di spinoso riccio ,
Ove l' ultima polpa , arida spoglia
Circonda , della noce d' aspra scorza ,

                        O   *Cui*

Νείαιραν τόθι σάρκα περὶ σκύλος αὖον ὀπάζει
Δυτλεπέος κχρύσιο, τὸ Καστανὶς ἔτρεφεν αἶα.
Ῥεῖα δὲ νάρθηκος νεάτlω ἐξαίνυτο νηδὺν,
Ὅς τε Προμηθείοιο κλοπὴν ἀνεδέξατο Φώρης·
Σὺν δὲ καὶ ἑρπύλλοις Φιλοζώοιο πέτηλα,
Εὐφήμου τ' ἀπὸ καρπὸν ἅλις καταβάλλεο μύρτου.
Ἢ καί που σιδοεντες ἀπιβρέξαιο κάλυμμα
Καρπείου, μίγδlω δὲ βαλὼν ἐμπίπεο μύρτοις [1],
Ὄφρ' ἂν ἐπις ῥοντι ποτῷ, νοῦσον δὲ κεδάσσαις.
Ἰξιόεν δέ σε μή τι δόλω παρὰ χείλετι πῶμα
Οὐλοφόνον λήσειεν, ὅ, τ' ὠκιμοειδὲς [2] ὄδωδε.
Τοῦ μὲν ὑπὸ γλώσσης νέκτος τρηχύνεται ὁλκὸς,
Νέρθεν ὑποφλεγέθων· τὸ [3] δέ οἱ ἐμπάζεται [4] ἦτορ
Λυσηθεὶς, γλῶσσαν δὲ κατατριει κυνόδοντι.
Δὴ γὰρ ὅ γ' ἔμπληκτος φρένα δάμνεται [5], ἀμφὶ δὲ δοιοὺς
Εἰκῆ ἐπιφράττουσα [6] πόρους τυφλώτατο νηδὺς
Ὑγρῶν τε, βρωτῶν τε, καταπνίγουσα δὲ πνεῦμα
Ἐντὸς ὑποβρομέει, ὀλίγω δ' ἐνελίσσεται ὁλκῷ [7].

Πολ-

[1] Μ. ἐκπίσπο μύρτης. [2] Μ. λύσιιν ὅτῳ κυμαιιδὲς.
[3] R. ὃ. [4] Μ R ἐμπλάζεται. [5] Μ. R. δάμναται.
[6] Μ. ἐπιφρίσσουσι. [7] Μ. ὁλμῷ.

Cui la terra Castanide nodrio.
Della ferula ancora agevolmente
Dismidollane tu l'estremo ventre,
Del furto Prometeo l'involatrice.
Del serpillo le foglie a vita amico;
E 'l frutto in copia getta giù di mortine,
Da nominarsi con riguardo, e cura.
Di melagrana, o bagnane la scorza,

E co'

Et cape qui carnem siccus liber implicat imam, 270
Exime & interno ferulae de ventre medullam,
Quae quondam furtivo incanduit igne Prometbei.
Et folia expediunt numquam morientia olentis
Serpylli 71 *, & quas fert baccas asperrima myrtus.* 72 275
Punica cum myrto quod gestant mala putamen
Excoque, & infectum, decocto prolue ventrem,
Vt tandem austero vincas medicamine morbum.
Ne vero 73 *admotum labris fallare bibendo*
Viscosum ulophonon, quod praefert ocima gustu. 280
Mox tumor 74 *& summam gravis inflammatio linguam*
Accendit, cordis vires animusque recedunt.
Tum linguam rabido laceratam dente remordet,
Et stupet attonitus qui viscum exhausit, & ambo
In caeco obstructi connivent ventre meatus 285
Potus atque cibi: flatus ubi carcere clausi
Dant strepitum, & circum spatiis volvuntur iniquis.

                                  Hor.

E co' mirti in confufo tu la prendi;
Acciocchè con iftitica aftringente
Bevanda, il morbo ne difperga, e cacci.
Nè dell' iffia ti sfugga la bevanda,
Con frode, appreffo al labbro, micidiale,
Che all' odore il baffilico fomiglia,
Che a par del vifchio le budella impania.
Incorrentifce a lui fotto la lingua
Infiammata, nell' ultima fua coda.
Il cuore fi divora dalla rabbia,
E col dente canin taglia la lingua,
Or ei folle, domato è nella mente;
Così a cafo turando i due condotti
De' mangiari, e degli umidi, s' accieca
Il corpo, e foffogando il vento, dentro
Bolle, e con poco tratto fi ravvolge;

              O 2   Spef-

Πολλάκι δ' ἐν βροντῇσιν [1] ἀνομβρήεντος ὀλύμπου
Εἰδόμενος, τότε [2] δ' αὖτε κακοῖς ῥόχθοισι θαλάσσῃ,
Οἷος πετρκίῃσιν ὑποβρέμεται σπιλάδεσσι.   2[?]
Τῷ καὶ ςευγομένῳ περ ἀνήλυθεν ἐκ καμάτοιο,
Πνεῦμα μόλις, πότιες [3] δὲ παρχυτίκα λύμματ' [4] ἔχευαν
Φαρμακόεις ᾠοῖσιν ἀλίγκια, τοῖά τε βσσκὰς
Ὀρταλὶς αἰχμηροῖσιν ὑπευνηθεῖσα νεοσσοῖς.
Ἄλλοτε μὲν πληγῇσι νίον θρομβήϊα γαςρὸς   2[?]
Ἐκβαλεν ἐν μήνιγξιν ἀνόςτεα [5], πολλάκι νίσῳ
Μαρναμένη δύςπεπτον ὑπὲκ γόνον ἔκχιε γαίη.
Τῷ μέν τ' εὐβρεχέως [6] ἀψινθίου ἄλγος ἀρήξει [7],
Ἔκτυφον πόμα κεῖνο νεοτρίπτῳ ὑπὸ γλεύκει.
Καὶ δ' ἀπὸ [8] ῥητίνην τερμινθίδα [9] πολλάκι πεύκης,   3[?]
Πολλάκι καὶ τίτυος γςερῆς ἀπὸ δάκρυα τμῆξαι,
Μαρσύου [10] ἠχί τε Φοῖβος ἀπὸ φλία δεύσατο [11] γυίων.
Ἢ δὲ, μόρον πολύπυςον ἀπ' κίάζουσα [12] κατ' ἄγκη,
Οἴη, συνεχέως ἀδινῷ ἀναβάλλεται ἠχιῷ.

Λ".

[1] Μ. Ρ. δι' βροντῆαν. [2] Μ. ποτέ. [3] Μ. πόσσοις. [4] Μ. λύ-
ματ'. [5] Μ. ἐν μήνιγξιν ἴβωλλεν αὐ' ςίᾳ. [6] Μ. Ρ. εὐ-
βρεχίος. [7] Ρ. ἰρήξει. Ρ. καί ποτε. [9] Μ. σπερμινθίδα.
[10] Μ. μυρσίου. [11] Μ. Ρ. δύσατο. [12] Μ. Ρ. ἰπαιαζουσα.

Speſſo ſimile a' tuoni del ſereno
Olimpo, ed or del mare a' triſti fiotti,
Qual bolle ſotto a dirupati ſcogli.
Per queſto al travagliato ſuſo aſcende
Il vento appena, e toſto le bevande
Medicinali, l' immondezze ſpargono
All' uova ſimiglianti, quai nodrita

Gal.

Horrisono veluti caelum tonat omne fragore,
Aut celeres duris illisae rupibus undae
Clamorem attollunt inter cava saxa, fremuntque: 290
Sic misere afflictus vix tandem [75] *ducere presso*
Ore potest animam, ac si quis medicata [76] *propinet*
Pocula, mox sordes similis profunditur ovis,
Qualia concepit coitu gallina frequenti,
Et pugnans crebris contuso corpore plagis   295
Abiicit, informe & crudum sine tegmine semen.
Sed tantos [77] *pellent abfinthia cana dolores,*
Et morbo expedient, musto diluta recenti.
Et piceae resina [78] *vel Oriciae terebinthi*   300
Danda, aut quae tristi de pinu lacrima venit,
Marsya ubi a Phoebo nudatus pelle pependit.
Interitum cuius deplorans illa, gemitque,
Perpetuo, & maestis implet iuga sola querelis.

Con-

Gallina, che si giacque sotto a' galli
Giovani battaglieri, a sprone armati;
Talora per le piaghe rilevate
Di fresco nella pugna, sconciature
D' utero, e vesce malmature, e vane
In terra sversa. A lui l' amara, ed afra
Astrettiva d' assenzio bevanda,
Infuso in mosto di novel pigiato,
Il duolo curerà, e trementina
Ragia; spesso di picea, e spesso ancora
Di pin gemente lagrime ne taglia,
Di Marsia u' Febo dispogliò la scorza;
E quella pianta, la famosa morte
Piangendo, per le valli, sola un spesso
Fa di continuo risonar lamento.
Sazia del fior del copicida maschio

O 3   Po-

Ἆσαι δὴ πολίοιο μυοκτόνου ἄρσενος ¹ ἄνθευ   3
Ἠέ τι καὶ ῥυτῆς πεδαιὰς ² ἀπαμέργεο ³ βλάςας ,
Νάρδον λιμναίου τε χαδῶν ἄπο κάςορος ὄρχιν .
Ἢ ἰδελὸν κνηςῆρι κατατρίψαις χαράκτρῳ
Σιλφίου , ἄλλοτ᾽ ὀλίζον ⁴ ἀποτμήξειας ὀτοῖο ⁵.
Πολλάκι δ᾽ αὐαλέης τραγοριγάνου , ἠὲ γάλακτος
Πηγνυμένου κορέοιτο ῥεημέλκτῳ ⁶ ἐνὶ πέλλῃ .   3

    Ἢν δέ τις ἀφροσύνῃ ταύρου μέλαν αἷμα πάσηται ,
Στρευγεδόνι προδέδαυπε δαμαζόμενος καμάτοισιν,
Ἦμος πιλνάμενον , ςέρνοις κρυςαίνεται εἶαρ
Ῥεῖα , θρομβῦται δὲ μέσῳ ἐνὶ τεύχεῖ γαςρός .   3
Φράσσονται δὲ πόροι , τὸ δὲ θλίβεται ἔνδοθι πνεῦμα
Αὐχένος ἐμπλασθέντος . ὁ δὲ σπαδόνεσσιν ⁷ ἀλύων ,
Δηθάκις ἐν γαίῃ σπαίρει ⁸ μεμορυγμένος ⁹ ἀφρῷ.
Τῷ μέν τ᾽ ἢ ὀπόεντας ἀποκραδίσειας ¹⁰ ἐρινοὺς ,
Ὄξει δ᾽ ἐμπίσαιο , τὸ δ᾽ ἀθρόον ὕδασι μίξας   3
Συγκεράων νύμφας τε καὶ ἔνςυφον ποτὸν ὄξους.
Ἠὲ καὶ ἐκφλοίοιο καταχθέος ἕρματα ¹¹ γαςρὸς ,

                                              Καὶ

¹ M. R. ἄργεος .   ² Κ. πέδυκε .   ³ M. R. ἀναμέργεο .
⁴ R. ἄλλοτε δ᾽ ἴσον .   ⁵ M. ἄλλοτε δ᾽ ἀποτμήξειας ἐποῖου.
⁶ M. R. ῥεημίλκτῃ .   ⁷ R. σποδόνισσιν.   ⁸ M. R. σκαίρει .
⁹ M. μιμορυχμένος.   ¹⁰ M. ἀποκραδήπιας .   ¹¹ M. ἔργματα.

Polio , e di ruta gli umili germogli
Cogline ancora , e nardo , e del paluſtre
Bevero sì il teſticolo ne prendi.
O con grattugiator coltello raſchia ,
Un obolo di ſilfio , ed ora un poco
Taglia del ſugo , e ſpeſſo dell' aſciutto
Tragorigan ſi ſazzi , o di rappreſo   Lat

Convenit [79] & polii redolentem mandere florem ,   305
Parvaque ferventis decerpere germina rutae [80] ,
Et nardum , & testem fluviali e castore caesum .
Laseris aut radix obulam quae pendeat unum
Secta iuvat , modicusque liquor qui fluxit ab illo .
Siccum etiam origanon birci de nomine dictum :   310
Haustaque profuerit concreti copia lactis [81] .
        At si quis [82] tauri nigrantem forte cruorem
Sorbuit , afflictus saevo iacet ille dolore .
Namque cruor subiens penetralia corporis alta
Concrescit , mediaque coit glaciatus in alvo .   315
Aëris arcta via est , presso quem gutture clausum
Intus pulmo tenet : convulsus [83] at ille , frequenter
Concutitur saliens , & spumis oblitus ora .
Sed tu [84] lacte graves ficorum collige grossos ,
inque mero mergas acido , mox omnia lymphis   320
Confundes , mordax ut acetum temperet unda :
Et vacua tumidum tendentia pondera ventrem .

                                                          Quin-

    Latte in un fecchio frefcamente munto .
        Che s' alcun per follia , di toro il negro
Sangue pafciuto avrà , e per l' ambafcia
Fia ftramazzato , domo da' dolori ;
Caduto allor nel petto , indura il fangue
Rapprefo agevolmente , e fi fa mola
In mezzo dell' arnele della pancia :
Turanfi i pori ; entro fi fchiaccia il fiato ,
Chiufa la gola ; e quel convulfo , lungo
Tempo , fparnazza al fuol , fozzo di fpuma .
Scofcendi a lui fucchiofi agrefti fichi ,
Ed in aceto infondi , e tutto quanto
In acqua mefcolando , ftemperando
Linfe , e bevanda ftitica d' aceto :
O del pefante ventre i fondamenti
                    O 4   *Stri-*

Καί τε σὺ πυετίην ὀθόνης πολυωπεῖ κόλπῳ
Φύρσιμον ἠθήσαιο τοτὲ ' πρικὸς , ἄλλοτε νευροῦς² ,
Η" ἐρίφου· τότε δ' ἂν σὺ καὶ εὐσκάρθμοιο λαγωῶ   3:
Λινύμενος , μογέοντι φέροις εὐαλθέ ' ἀρωγήν.
Π'ὲ νίτρου ςήδλω ὀβελοῦ πόρε τριπλόον ἄχθος
Εὐτριβέος · κίρνα δὲ ποτῷ ἐνὶ δεύκεῖ ⁴ βάκχου ,
Ε'ν καὶ σιλφιόεσσαν ὁποῖό τε μοιρίδα λίτρω ,
Καὶ σπέραδος κραμβῆεν ἅλις μεμορυγμένον ⁵ ὄξει .   3:
Α'σαι δὴ ⁶ ῥάδικα κακοφλοίοιο κονύζης ,
Η" πέπερι , βλάστας τε καταρμίξαιο ⁷ βάτοιο ,
Καί κεν πηγνυμένοιο χύσιν διὰ ῥεῖα κεδάσσαις ,
Η'ὲ διαθρύψειας ἐν ἄγγεσιν ἑστηκυῖαν ⁸ .

   Μὴ μὲν ἐπαλγύνουσα ⁹ πόσις βουτρήστιδος ἐχθρῆς 3
Λήσειεν , σὺ δὲ φῶτα δαμαζόμενον πεπυθοῖο.
Η' δ' ἤτοι λίτρῳ μὲν ἐπιχρώξουσα χαλινὰ
Εἴδεται ἐμβρυχθεῖσα βαρύπνοος· ὀμφὶ δὲ γαστρὸς
Α"λγεα δινεύοντα περὶ στομάτεσσιν ὄρωρεν .

                                              Οὖ-

¹ R. ποτέ. ² M. νεβροῦ. ³ M. εὐαλθὶς, mox vero pro νίτρυ
   habet λίτρυ. ⁴ M ἐν τεύχει . ⁵ M. μεμορυχμίνυ .
⁶ M. δὲ . ⁷ M R. ἤ πέπιριν , ἢ βλάςα κατασμώξαιο .
⁸ M. R. ἱςηῶαν . ⁹ M. R. ἀπαλγύνυσι .

Striſcerai giuſo , e rete or tu di daino ,
Or di caprio togliendo , o di cerbiatto ,
O di capretto , o pur di ſnella lepre ,
Cola nel ſen di lino a molti fori ,
E al paziente recherai ſoccorſo .
O di nitro acciaccato , a peſo danne
Tre oboli , e diſtempera in bevanda
Di bacco antica , generoſa , bruſca .

                                              Den-

Quinetiam capreae , imbellifue coagula [85] *damae ,*
Aut haedi , aut agili leporis de corpore rapta
Liquida per tenuis angusta foramina veli   325
Colanda : & facilem dabit haec tibi cura falutem .
Aut nitri [86] *dones obolorum pondera ternum*
Laevis & intriti , quae miti dilue Baccho .
Laferis & iustam , fuccique fluentis ab illo
Libram adde , & crambes madefactum femen aceto .   330
Tuque olidae exfatura flomachum radice conyzae ,
Cui piper , & duri fint germina mixta rubeti [87] *.*
Sic facile incides glomeratum , in frufla , cruorem ,
Atque alte medio franges in vifcere fixum .

    Sed neque [88] *te lateat fi quis bupreflida taetram*   335
Hauferit : epotam figna haud obfcura fequentur .
Illa quidem nitro [89] *fimili mox ora colore*
Inficit , ingratamque exhalat manfa mephitin :
Et flomachum , tumidumque exercent tormina ventrem .

                                                            Vri-

Dentro , di filfio , e d' opo , parti eguali
E di feme di cavol , quanto ferve ,
In aceto flemprato , in tutto libbra ;
Sazia della radice di conizza
Ch' à trifta fcorza , o pur di pepe , e trita
I germogli di pruno , e di leggiero
Sciogliendo , verferai ciò ch' è rapprefo ,
O ftriterai , mentr' egli fta ne' vafi .
      L' accorgimento tuo non fugga quella
Bevanda dolorofa di nimica
Buprefte : e l' uom domatone comprendi .
Quefta a falnitro s' affimiglia , a' denti
Attaccata , il fuo morfo avendo fatto ,
Di grave odore ; e forgono d' intorno
Alla bocca del ventre rigiranti

                                                            Da-

Οὖρα δὲ τυφλοῦται, νεάτη δ' ὑπὸ κύστις ὀρεχθεῖ.   340
Πᾶσα δέ οἱ νηδὺς διαπίμπραται. ὡς δ' ὁπόθ' ὕδρωψ
Τυμπανόεις ἀνὰ μέσσον ἀφυσγετὸν² ὀμφαλὸν ἴζει,
Ἀμφὶ δέ οἱ γύοις τετανὸν περιφαίνεται ἔρφος.
Ἢ καί που δαμάλεις, ἐριγάστερας ἄλλοτε μόσχους
Πίμπραται, ὁππότε θῆρα νομαζόμενοι δατέονται³,   345
Τοὔνεκα⁴ τλὼ, βώτρησιν ἐπικλείουσι νομῆες.
Τῷ καὶ εὐκραδίης τριπετεῖ⁵ ἐν νέκταρι μίξαις,
Σίκων αὐανθεῖσαν ἅλις πότιν ὀμφαλόεσσαν.
Ἠέ τι⁶ καὶ σφύζῃ μιγάδην τεθλασμένα κόψας,
Ἐν πυρὶ τηξάμενος πυρετῶν⁷ ἀλκτήρια⁸ νούπων.   350
Καί κε μελιζώροιο νέον κερέσχιο ποτοῖο
Ἀνέρα λαιμώσσοντα⁹, τοτὲ γλάγος εἰν ἑνὶ χεύαις,
Πολλάκι φοίνικος ψαφαρὸν καταμίσγεο καρπόν.
Ἄλλοτε δ' αὐαλέης δὴν ἀχράδος, ἢ ἀπὸ βάκχης,
Ἢ ἀπὸ μυρτίνης¹⁰, ὀτὲ μυρτίδας οἰνάδι βάλλων.   355

H⁴

, In M. et R. deeſt δ'. ² M. R. ἀφυσγετὸς.³ R. πίμπραται
ἰσχετήσειν ὅταν καυλεῖα φάγωσι. ⁴ M. εὔτκα.
⁵ M. R. εὐκραδίης τριπετῆ. ⁶ M R ἤ τι.⁷ M. R. πορέτιν.
⁸ M. ἀλιτήρια. ⁹ M. μαιμώσσοντα. ¹⁰ M R. μυρτίνης.

Dolori, e sì s' acciecano l' urine.
Gorgoglia ſotto l' ultima veſcica.
Tutto gonfia, qual vela, incelo il ventre:
Come quando l' idrope timpanite
Poſa il pattume all' umbilico in mezzo;
Ed intorno alle membra teſa appare
La pelle. Or queſta incende, or le vitelle,
Facendole gonfiare, ora i panciuti
Giovenchi, allor che paſcolando partono

L'

Vrina ⁹⁰ *adstricta est, magno vesica dolore*   340
Ingemit, & sa vis ardoribus aestuat alvus.
Tum quasi tympanicus ⁷¹ *sordentem corporis hydrops*
Obsidet umbonem, & distenta cuticula totis
Contrahitur membris: fortes nunc illa iuvencos,
Nunc vitulos inflat ⁹² *, si quando pascua laeta*
Carpentes avido lacerarunt ore latentem: 345
Vnde illam Graio bupreslida nomine dicunt.
Sed tamen ⁹³ *auxilium feret is, qui nectare siccas*
Miscuerit trimo, ficus dederitque bibendas:
Aut simul in pila tunsas qui macerat igne,
Egregium adversus febres medicamen, & inde   350
Propinat pleno mellitum gutture potum:
Quique ubi lac ⁹⁴ *pendenti expresserit ubere vaccae,*
Saepe levem haud dubitat palmae ⁹⁵ *coniungere fructum,*
Achradis ⁹⁶ *aut durae, vel quae pyra Bacchica multi*
Myrteaque appellant Lenaeo immergere dono.   355

                                                    Ma-

L' animale ; e però quella , bupreſſe ,
O bruciabovi appellano i paſtori .
A lui di fichi di buon fico in copia ,
Secchi , colmi , bevanda miſchierai
In nettar di tre anni ; o in combutto ,
Con un maglio ſchiacciati , e peſti , in fuoco
Liquefacendo , di febbroſi ardenti
Mali , rimedi ; e del melato pretto
Liquor novellamente ſazia l' uomo
Famelico ; e ancor latte in uno meſci .
Sovente miſchia il fral di palma frutto ,
Or di ſecca ſalvatica peruzza ,
O bacca , o mortea , ed ora coccole
Di mortella infondendo dentro al vino .

                                                    Ed

Ἢ ὅ γε καὶ θηλῆς ' ἅτε δὴ βρέφος ἐμπελάοιτο
Ἀρτιγενές, μαστοῦ δὲ ποτὸν μοσχηδὸν ἀμέλγοι·
Οἵη τ' ἐξ ὑμένων νεαλῆς ὑπὸ ωῦθατι · μόσχος
Βράττει ἀνακρούουσα χύσιν μενοεικέα θηλῆς.
Ἄλλοτε πιαλέη· πόσιος ³ χλιαροῖο κορέστοις ⁴,   360
Ἐς δ' ἔμετον βιάοιο, καὶ οὐ χατέοντά περ ἔμπης
Χειρὶ βιαζόμενος, ἢ καὶ πτερῷ, ἢ ἀπὸ βύβλου ⁵
Στρεπτὸν ἐπιγνάμψαιο κακὸν ἐρυτῆρα φάρυγγος.

      Ἢν δ' ἐπιθρομβωθῇ νεαλὲς γάλα τεύχεϊ γαστρός,
Δή ποτε τὸν δέ τε πνιγμὸν ἀθροιζομένοιο δαμάζει.   365
Τῷ δή τοι τρισσὰς πόσιας πόρε, μέσσα μὲν ὄξευς,
Δοιὰς δὲ γλυκέος, στεγανὴν δ' ὑποσύρεο νηδύν.
Ἤέ τι ⁶ καὶ Λιβύηθε ποτῷ ἐγκνήθεο ⁷ ῥίζας
Σιλφίου, ἄλλοτ' ὁποῖο, νέμοις δ' ἐν βάμματι τήξας.
Πολλάκι δὲ θρύπτειραν ἐπεγκεράσαιο κονίλην,   370
Ἤὲ νέον βρυόεντα ⁸ θύμοιο στάχυν· ἄλλοτ' ἀμύνει
Βότρυς εὐκνήμοιο ⁹ μίγα βρεχθέντος ἐν οἴνῃ.

                                                                                      Ἐν

' Μ. θηλῇ. ² Μ. ἐπ' ὕδατα, R. ἐπὶ ὕδατα. ³ Μ. R. πόσιος. ⁴ Μ. R. κορίσκοις. ⁵ Μ. βίβλου. ⁶ Μ R. ἢ ἔτι.
⁷ Μ. ἐνιηθεο, R. ἐνικνήθεο. ⁸ R. κρυόεντα. ⁹ Μ. R. ἰὐ-
κνήμοιο.

Ed or come di fresco nato infante;
Al capezzol s' accosti ; e della poppa
Munga il liquore , di giovenca a guisa ,
La qual sotto la poppa , giù tirando
Dalle membrane , scuote del capezzolo
L' amabile diluvio : ed or ne sazia
Della grassa bevanda d' olio tiepido;
Al vomito costrigni anco malgrado,

                                                                      Pro-

Maternam ille etiam , pueri de more , papillam ,
Voeraque , ut vitulus fugat distenta iuvencae .
Qui petulans primum ut caepit prodire secundis ,
Elicit e mammis quadrantem viribus undam .
Pinguis & interdum tepefacti potus olivi   360
Provoret ad vomitum [99] , atque immissis ora lacessens ,
Coge recusantem digitis , pennaque , recurvoque
Et modice intorto fauces purgante papyro [98] .

   Sin lac [99] in grumos gravida glomeratur in alvo ,
Praecluditque animam , & pectus suffocat anhelum :   365
At potum praebe , cuius pars acris aceti
Vna sit , & passi geminae : ventremque repurga
Clystere , & Libycis devectum laser ab oris
Intere , vel succum , dilutaque combibe posca .
Saepe etiam incidens [100] lixivia danda , thymique [101]   370
Semine spica gravis , sarmentosaeque racemus [102]
Vitis opem tulerit , Bacchi madefactus in imbre .

                                Pota

  Provocandol con mano , o pur con penna:
O cordicella di papiro attorci ,
Che i mali tragga iuso da le fauci .
    Se farà cacità il fresco latte
Nell' arnese del ventre , e allor lui doma
Soffogamento del rappreso umore .
Per questo tre allora da' bevande ,
D' aceto in mezzo , e l' altre due di mosto .
E traggi sotto , l' indurito ventre .
O di Libia di silfio le radici
Ralchia , or dell' opo , sovra la bevanda ,
E dallo in infusione stemperandolo .
E spesso mesci ancor trita conila ,
O del timo il novello germogliante
Spigo ; e giova talor dell' euenemo
Il grappol mescolato , e infuso in vino .

                                    Del

Ἐν καί που ταμίσοιο ποτὸν διεχεύατο θρόμβους,
Καὶ χλοεραὶ μίνθης ἀποφυλλάδες ʼ, ἠὲ μελίσσης,
Ἠὲ καὶ ἐν στύφοντι ποτῳ μεμοφυγμέναι ὄξευς.   375

    Ἀλλ' ἄγε δὴ φράζειο δορύκνιον, οὖτε γάλακτι
Ὤ'πή τε βρῶσίς τε περὶ στομάτεσσιν εἴκται.
Τῳ δ' ἤδη   λυγμοὶ μὲν ἀνθέσσοντες ὀμιχρτῆ
Αὐχέν' ἀνακρούουσι.ν· ὁ δ' ἀχθόμενος στόμα γαστρὸς
Πολλάκι μὲν δαίτην ἀτερεύγεται αἱματόεσσαν,   380
Ἄλλοτε ινδύων ʼ θολερὴν μυξώδεα χεύει.
Τηνεσμῷ δ' ⁴ ὡσεί τε δυσεντερος ἀχθομενα Φώς.
Δή ποτε τειρόμενος καμάτοις καρφουσι δέδουπε
Γαῖα δαμείς, οὐ ⁵ μὲν ποθέει ξηρὸν στόμα βρέξαι ⁶.
Τῳ δὲ σὺ πολλάκι μεν γλάγεος πόσιν, ἄλλοτε μίγδην   385
Ῥεῖα γλυκὴν ⁷ νείμειας ἁλυκότερον ⁸ δετάσσι.
Καί τε καὶ ὄρνιθος φιαρῆς ⁹ πυρὶ τηκομένη σάρξ,
Θωρήκαν ἤμυνεν εὐτρεφέων βρωθεῖσα,
Ἤμυνεν καὶ χυλοι ἅλις κύμβῃσι ῥοφηθείς.

                                        Ο"σ.

ˡ M. в ἄπο φιλλάδις. ² M. R. τῇ δ' ἤτοι. ³ M. R. ιη-
ουίων. ⁴ In M. et R. δεεβτ δ'. ⁵ M. pro ὑ habet ἑ.
⁶ M. βρέξαι. ⁷ M. R. γλυκὺ. ᵇ M. R. ἁλυκρότερον.
⁹ M. R φιαρῷ.

Del caglio il ber , le cacità anco ſcioglie .
Verdi foglie di menta , o di meliſſa ,
Mille in bevanda ſtitica d' aceto .
    Orsù impara il doricnio , di cui
La viſta , ed il mangiare nella bocca
A latte è ſimigliante . A queſto omai
Diluſati ſinghiozzi vengon dietro ,

                                        Dan.

Pota quoque interdum solvere coagula [101] *grumos,*
Et viridis nepetae stillantia germina mulfa,
Aut perfufa anini linguam mordentis aceti .   375
    Nunc age contemplare dorycnion [104] *, adspice primum*
Quam color & gustus niveo funt proxima lacti .
Et mox singultus nascentes colla frequenter
Comprimere , insuetos , stomachumque indigna ferentem
Saepe cibos vomitu , resperfos fanguine , furfum   380
Pellere , nunc infra [105] *caenofum effundere mucum :*
Vt quem tenalmus , miferandaque tormina vexant .
Qui faevo cruciatu , exhauflis viribus aeger
Stratus humi iacet , atque arentia negligit ora
Colluere : at contra poti vis maxima lactis ,   385
Et tepidi fi quis mfcebit pocula paffi .
Quinetiam elixi flammis caro candida galli
Profuerit , quae armos robuftaque pectora veftit ,
Nec minus expreffum iuvat abforbere liquorem ,

                                     Et

Dando alle fcoffe fauci afpre sbrigliate :
Sulla bocca del ventre , ei caricato ,
Speffo ributta infanguinata cena ;
Ponzando or fparge torbida , muccofa ,
E quafi da tenefmo , o mal di pondi
Gravato l' uomo , e da leccanti pene
Afflitto , calca giù , le membra domo ;
Nè di bagnar defia l' afciutta bocca.
A questo fpeffo tu da' latte a bere ,
Talor mifchiatamente , di leggiero
Da' mofto ne' bicchieri un po brufchetto.
E di graffa gallina , macerata
Dal fuoco carne del ben pingue petto ,
Giovò mangiata ; giovò anco il brodo
Sorbito in buone tazze ; e quanti fopra
                         L' on-

Ὅσσα τε πετρήεσσιν ¹ ὑπερ ² ροχθοῖσι θαλάσσης   39ο
Κνώδαλα φυκιόεντας ἀεὶ περιβόσκεται ³ ἀγμοὺς ,
Ὧν τὰ μὲν ὠμὰ πάσαιτο, τὰ δ' ἑφθέα, πολλάκι θάλψα;
Ἐν φλογιῇ, στρόμβων δὲ πολύ πλέον, ἠέ τι κάλχης ⁴
Κηραφίδος, πίννης δὲ ⁵ καὶ αἰθήεντος ἐχίνου
Δαῖτες ἑταλθήσουσιν, ἰδὲ κτένες, ὐδέ τι κήρυξ   395
Δὴν ἔσεται, τήθη τε γεραιόμενα ⁶ μνίοισι .

        Μηδέ σέ γ' ἐχθομένη λήθη πόσις, οὐ γὰρ ἄϊδρις,
Φαρικοῦ , ἢ γναθμοῖσιν ἐπὶ βαρὺν ὤτασε μόχθον ,
Τὴν ἤτοι γευθμῷ ⁷ μὲν ἱπαισμένην μᾶθε νάρδῳ ⁸.
Ἤνυσε καὶ ⁹ σφαλερούς, ὁτὲ δ' ἄφρονας. ἐν δὲ μονήρει   4οο
Ῥηϊδίως ἀκτῖνι βαρὺν καταναίρεται ἄνδρα.
Ἀλλὰ σὺ πολλάκι μὲν σταδίην εὐανθέα νάρδου
Ῥίζ΄δα θυλακόεσσαν ¹⁰ ὀπάζεο, τήν τε Κίλισσαι
Πρηόνες   ἀλδαίνουσι περὶ ¹¹ πλημμυρίδα Κέστρου·
Ἄλλοτε δὲ σμύρνειαν ἐϋτριβές . αἴνυσο ¹¹ δ' αὐτὴν   4ο5
Ἴριδα λειριόεν τε κύφη, τότ' ἀπέστυγεν Ἀφρώ,
                                Οὔ-

¹ Μ. R. πετρηέττος. ²R. ὑπὸ ³ Μ R. περιфρίωεται. ⁴ Μ R. χίλ-
κης . ⁵ Μ. πίηνς τε. R τε. ⁶ Μ. γραιόμινα. ⁷ Μ γιυ-
θῶ. ⁸ Μ. μαθεν αρδῶ. ⁹ Μ. R. δὲ . ¹⁰ Μ. ριζίδ). φυ-
λακέτσαν. ¹¹ Μ. πρηώιτε. ¹ Μ. Κ. πυρά. ¹ Μ. ἄλ-
λοτι.

L' onde del mar , pietrofe ognor , viventi
Pafcono intorno l' aligofe rupi.
Di quefti , parte crudi egli fi mangi ,
Parte leffi , fovente rifcaldando
Alla fiamma ; e di ftrombi più affai ,
Che di calca cerafide ; e di pinna ,
E dell' accefo marin riccio i cibi
Guariranno , ed i pettini ; nè il cerice ,
O la buccina già troppo fia lunge ,   E

Et quotquot petras inter scopulosque sonantes,   390
Algosa & circum pascuntur littora pisces [106].
Hos crudos, vel si prunis libet indere, tostos
Mande : sed in primis prosunt conchylia, murex,
Et carabi, & pinnae : dabit & rubicundus echinus
Auxilium, & pecten, nec postponenda medelis   395
Buccina, & in musco quae degunt ostrea vult.
  Nec vero pharici [107] potus (tam certa videntur
Signa) latere potest, quod sensu torquet acerbo [108]
Maxillas, nulloque sapit discrimine nardum.
Perturbat mentem [109], tremebundaque membra resolvit,   400
Et patitur miseros lucem non amplius unam
Vivere : sed iusto radicem pondere nardi
Thylacitis [110] praebe, Cilicum quae montibus altis
Crescit, ubi undosi labuntur flumina Cestri.
Smyrnion [111] serito interdum, simul irida sumas,   405
Lirineumque caput, dea quod Cytherea perosa,

              De

 E l' oftriche mammofe, ed orecchiute,
Regalate co' mufcoli, o topetti.
  Nè l' odiofa sfuggati bevanda,
Che non fei infciente, detta farica,
Che dà gravofa pena alle mafcelle.
Nel gufto impara lei fimile al nardo.
Barcollanti, e talor fa deliranti.
E in unico fole, agevolmente
Un uomo groffo uccide. Or tu ben fpeffo
Pefata porgi la fiorita barba,
Baccellofa di nardo ; e cui gli fcogli
Nutrono di Cilicia intorno al fluffo,
E rifluffo del Ceftro ; or lo fmirneo
Ben foppefto, e la fteffa iride togli,
E la gigliata follevata tefta,
Cui Venere ebbe in odio, ed in difpetto,

     P   Per-

Οὕνεκ' ἐριδμαίνεσκε [1] χροῆς ὕπερ, ἐν δέ νυ θρίοις
Ἀργαλέην μετάτοισιν ὀνειδίην [2] ἐπέλασσε,
Δεινὴν βρωμήεντος ἐναλδήτατα κορήνην,
Κέρσας εὐήκεϊ νεόθεν ξυρῷ. ἐν δέ νυ θάλψεις [3]   4II
Ἤϊα κριθάων νεοθηλέα, φυλλάδα τ' ἰσχνήν [4].
Πολλάκι δὲ σκύλαιο κάρη, περὶ δ' αἴνυτο λάχνην
Πηγάνου, ἥν τ' ὤκιςα βορὴ ἐπεσίνατο κάμπη,
Βάμματι [5] δ' ἐνδεύταιο, καὶ εὖ περὶ κόρτεα πλάσσοις.

        Μὴ μὲν ὑοσκυάμῳ τις ἀϊδρήεντα κορέσκοι   4I
Νηδὺν, οἷά τε πολλὰ παρασφαλέες σπέρχονται.
Ἠὲ νέον σπείρημα καὶ ἀμφικάρηνα κομάων,
Κοῦροι [6] ἀπειπάμενοι, ὀλοὴν θ' ἑρπηδόνα γυίων,
Ὀρθόποδες βαίνοντες ἄνις μογεροῖο [7] τιθήνης.
Ἀλεσύνῃ [8] βρύκωσι κακανθήεντας [9] ὀράμνους.
Οἷα νέον βρωτῆρας ὑπὸ γναθμοῖσιν ὀδόντας
Φαίνοντες, τότε κνηθμὸς ἐνοιδέα δάμναται ὕλα.
Τῷ δ' ὁτὲ μὲν καθαρῷ γλάγεος πόσιν ἤλιθα πίνεῃ,

                                                    Ἀλ-

[1] M. ἐριδαίνισκι. [2] M K. ὀνειδίην. [3] M. R. θάλψεις.
[4] M. νεοηλέα, φυλλάδας ἰσχνήν. R. νεοηλέα φυλλάδα τ'
    ἰσχήν. [5] M. R. βάμματα. [6] M. κοῦροι. [7] M. μογε-
    ροῖο. [8] M. R. ἠλοσύνη. [9] M. R. κάκ' ἀνθήσαντας.

Perchè contendea seco del colore;
Forte vergogna in tralle frondi pose,
Di rugghiante allevando orribil clava
Tosa dal ceppo con rasoio acuto.
E fresca scalderai farina d' orzo,
E secca foglia; e spesso ancor la testa
Spoglia, e di ruta taglia anco lanugine,
Cui prestissimo guasta ingordo brucio;

                                        E nel-

De forma quoniam secum contendere vellet ,
Illius in mediis , probro cessura perenni
Impressit foliis pudibunda [112] *rudentis aselli .*
Saepe caput rade [113] *, & demptam quam fervida gestat* 410
Ruta comam , viridesque solent erodere campae ,
Exscisam cultro summa ab radice , levemque
Hordea quam primum fuderunt trita farinam
Perfundas posca : gemina & line tempora circum .

   Nullus byoscyamo [114] *male prudens expleat alvum ,* 415
Vt faciunt queis caeca animum dementia versat :
Aut pueri quando lanugo vertice prima
Decidit , & pedibus possunt incedere rectis
Repere iam obliti , nec adhuc nutricis egentes ,
Flore malo insignes qui gaudent mandere ramos . 420
Vt modo quum primos coeperunt edere dentes ,
Prurituque tumens illis gingiva doleret .
At vexam [115] *exhausti curabit copia lactis ,*

                        Aut

  E nella bollitura entro ne bagna ,
  Ed intorno alle tempia unta ben bene.
     Nè col giusquiamo alcuno ignaro, il ventre
  Empia ; come sovente ruinandosi
  Gli uomin si studian verso il lor periglio ;
  E la fresca semenza , ch' à disdette
  Le chiome intorno al capo , e 'l periglioso
  Serpeggiar delle membra , i giovinetti ,
  Che camminano dritti in piedi , senza
  La travagliosa balia , per errore
  Rodono i rami malfioriti ; e come
  Novellamente discoprendo i denti
  Divoratori sotto alle mascella ,
  Prurito allor l' enfie gengive doma.
  Dagli alquanto da ber , pura di latte

              P 2   Be.

Ἄλλοτε βουκέραος σιτηγένου, ὄρρα περκίας[1]
Εὐκαμπεῖς πετάλοισιν ὑπηνεμίοισιν ἀέξει,
Ἀρμενίῳ μέγ' ὄνειαρ ὅτ' ἐμπλώῃσιν ἐλαίῳ.
Ἠὲ σύ γ' αὐαλέην κνίδης[2] σπόρην, ἄλλοτε δ' αὐτὼ
Νείμαις ὀμόβρωτον ἅδην ἀνὰ, φύλλα τ'[3] ἀμέλξας[4],
Κίχορα κπρδαμίδας τε, καὶ ἰῶ περτεῖον ἔτουτιν.
Ἐν δὲ τε νάτειαν[5], ῥάφανόν θ' ἅλις, ἐν δέ τε λεπτὰς
Ἄμμιγα κρηκεμύων γαθυλλίδας·[6] ἤρκεσε δ' αὐτὴ
Εὐαγλὶς κώδειξ νέον σκηροδοιο ποθεῖσα.

     Καὶ σὺ δὲ[7] μήκωνος κεβληγόνου ὁππότε δάκρυ
Πίνωσιν πεπύθοιο καθυπνέας. ἀμφὶ γὰρ[8] ἄκρην
Γῦα καταψύχουσι· τὰ δ' οὐκ ἀνατί τναται ὄσσε.
Ἀλλ' αὕτως βλεφάροισιν ἀκινέεντα δέδηεν.
Ἀμφὶ δὲ[9] ὀδμήεις καμάτω περιλείβεται ἰδρὼς
Ἀθρόος, ὠχραίνει[10] δὲ ῥέθος, τίμπρησι δὲ χείλη,
Δεσμὰ δ' ἐπεγχαλάουσι γενειάδς. ἐκ δέ τε παῦρον
Αὐχίνος ἱλκόμενον ψυχρὸν διανίσσεται[11] ἄσθμα·

Πολ-

---

[1] M. περσίαις.   [2] M. αὐαλιοκνίδης.   [3] M. R. φυλλάδ'.
[4] M R. ἀμίλξαι.   [5] M. R ναπυον.   [6] M. R. γηθυλλίδας.
[7] M. R. δὶ σύ.   [8] M R ἄκρα.   [9] M. R. καί.
[10] R. ἀχραίνει.   [11] R. διανίσσιται.

Bevanda ; ed or del bucero, a mangiare
Buono, che tralle moſſe al vento foglie
Le ben attorte corna alleva, e creſce,
Gran buona coſa, allor che in olio nuota.
O tu l' aſciutto dell' ortica ſeme,
Or la ſteſſa comparti a ſofficienza,
A mangiar coſì cruda, e la ſua foglia
Succhiare, e la cicoria, e le cardamidi,
                                   E quel-

Aut vescae siliquae [116] *, solitae proferre recurvos*
Sub levibus foliis, referentes cornua, fructus,   425
Vi magna expresso si perfundatur olivo.
Crudam etiam urticam [117] *vel semina sicca comesse,*
Compressum & labiis foliorum exsugere succum
Convenit, intybaque [118] *& nasturcia, perseaque arbos,*
Et napy, & raphanus, tenuisque cacumina porri,   430
Et caput auxilii est, quod iunctis ordine granis
Allia compactum gestant, potuque medetur.
    Fecundi lacrimam quicumque papaveris [119] *hausit,*
Hunc sopor altus habet, glaciali frigore summi
Torpescunt artus, nec lumina caeca recludit,   435
Commissis sed vincta genis immota tenentur.
Vndique permulto corpus sudore [120] *gravique*
Exstillat, pallet facies, sunt fervida labra [121] *:*
Vincula malarum solvuntur: anhelitus imo
Exiguum frigensque simul spiratur ab ore.   440

Sac-

E quella cui perseo dicono, e metti
Napea, e rafano a bastanza; e metti
Sottili insieme capi di cipolle,
E basta ancor bevuto un fresco capo
D' aglio, di spicchi assai ben corredato.
    E tu quando uom la lagrima si beva
Di papavero, ch' à seme nel capo,
Oppresso l' udirai da grave sonno;
Che nell' estremità fredde à le membra;
Nè gli occhi giù ricascano, ma fermi
Così nelle palpebre avvinti stanno:
Fetido per l' affanno il sudor gronda,
Gonfian le labbra, impallidisce il corpo;
Delle mascelle allentansi i legami;
E poco, tratto su dal collo, freddo

Πολλάκι δ' ἠὲ πελιδνὸς ὄνυξ μόρον , ἠέ τι μυκτὴρ
Στρεβλὸς [1] ἀπαγγέλλει· ὁτὲ δ' αὖ [2] κοιλωπέες αὐγαί.
Ἄσσα σὺ μὴ δείδιθι , μέλοιο δὲ πάμπαν ἀρωγῆς ,
Οἰνάδι καὶ γλυκόεντι τοτῷ κεκαφηότα πίμπλα·
Τινθαλέῳ· ποτὲ δ' ἔργα διαθρύπτοιο [3] μελίσσης   4.
Ἄμμιγα ποιπνύων Ὑμήττιδος· [4] αἵ τ' ἀπὸ μόσχου
Σκήνεος ἐξεγένοντο δεδουπότος ἐν νεμέεσσιν .
Ἔνθα δὲ καὶ κοίλοιο κατὰ δρυὸς ἐκτίσσαντο
Πρῶτόν που θαλάμους συνομήρεες· [5] ἀμφὶ καὶ ἔργων
Μνησάμεναι [6] Δηοῖ πολυωπέας ὤπασαν [7] ὄμπνας [8] ,   4.
Βοσκόμεναι θύμα ποσσὶ καὶ ἀνθεμόεσσαν ἐρείκην.
Δὴ τότε δ' ἢ [9] ῥοδέοιο νέον θύος εὔτριχι λίνῳ [10]
Ὀχλίζων κυνόδοντα , τότ' [11] ἡμύουσι [12] χαλινοῖς [13]
Ἐνθλίβοις , μᾶλλον δὲ βαθὺν κεκορεσμένος [14] ἕλκοις ,
Ἠὲ καὶ ἰρινέου· ποτὲ [15] δ' αὖ μορόεντος ἐλαίης [16] .   4
Αἶψα δὲ τόνδ' [17] ἑκάτερθε διὰ ῥέθος ἔγρεο πλήσσων ,
Ἄλλοτε δ' ἐμβοόων· ὁτὲ δὲ κνώσσοντα μαλάσσων [18] ,

Ὄφρα

[1] M. ςιβλός. [2] M. ὅτε μὲν. [3] M. R. διατρίψαιο. [4] M. ὑ-
μήττιδος. [5] M. θαλάμας συνομήρεας. R. θαλάμους συνομήρεας. [6] M. μνησάμενοι , ita corr. in R. [7] R. ἤνυσαν .
[8] M. R. ὄμπας. [9] M. R. δὴ. [10] M λήνι. [11] R. κὴ. [12] R. εἰ-
μύουσι corr. [13] M. R. χαλινούς . [14] M. R. κεκορεσμένον.
[15] R. τότε. [16] M. ἐλαίου. [17] M. R. τὸν γ΄. [18] M. κινώσ-
σοντας ἀλάσσων .

Fiato paſſa ; e ſovente o livida ugna
La morte avviſa , od iſcontorto naſo ,
E talor anco l' affoſſate luci .
Tu non temer , ti ſia 'l rimedio a cuore ;
E con calda di vin dolce bevanda
Empiendo lo ſpirante , e moribondo ,
Ora appreſtando in un miſchiatamente

Del-

Saepe etiam obtortae nares [111] vel lividus unguis ,
Aut oculi sunt certa cavi praesagia mortis .
Tu ne cede metu , sed curae accingere morbi ,
Dulcia propinans , & fervida vina trahenti
Vix animam , nonnumquam & Hymettia mella remiscens   445
Ex apium deprompta favis , quarum agmina densis
In silvis tauri liquefacto corpore nata ,
Confertim sedes antiquo in robore quercus
Condita legêre , atque operam navantia melli ,
Pasta thymum pedibus , floremque virentis erices ,   450
Multifidos partus Cereri [121] atque opsonia praebent .
Velleraque [124] interdum redolenti imbuta rosato
Instilles clauso , reseratis dentibus , ori ,
Aut satura irino fauces mittantur in imas :
Vel solo interdum torta quod fluxit oliva .   455
Hinc atque hinc faciem palmis , clamoribus aures
Tundito , dum excieas , & torpens concute corpus ,

                                         Fu-

    Dell' ape infusa Imettide i lavori ,
Le quai dalla carogna di vitello ,
Ne' pascoli caduto , fuor n' usciro ;
Ove anco in cava quercia fabbricaro
Pria stando insieme , i talami ; e dell' opre
Rammentandosi , a Cerere ne diero
I bucherati lor favi , e crespelli ;
Pascendo , svolazzando , e su posandosi
I timi , e la fiorita erice , ed anco
La novella fragranza di rosato ,
O d' irino , e di moria uliva , allora ,
Sbarrando il canin dente , ne' ferrati
Denti con lino morbido ne spremi ;
Anzi il profondo , saziando , traggi .
Tosto quello battendo quinci , e quindi
Il corpo , desta : ora gridando addossogli ,

Ὄφρα κατηβολίων ὀλοὸν διὰ πῶμα πεδάτσῃ·
Τῆμος δ' ἐξερύγῃσιν ἀλεξόμενός κακὸν ἄλγος.
Στεῖρα δ' ἐνὶ χλοερῷ λίπεῖ, πρὸ δὲ νέκταρι βάπτων
Τρῖβε, καὶ ἐκθέρμαινε ποτῷ ὀψυγμένα γῦα.
Ἄλλοτε δ' ἐν δροίτῃ κεράων ἐμβάπτεο· σάρκα.
Αἶψα δὲ τινθαλέοισιν ἐπαιονάασσο· λοετροῖς,
Αἵμ' ἀναλυόμενος, τέτανόν τ' ἐσκληκότα· ῥινόν.

Εἰδείης δὲ λαγοῖο· κακοφθορέος πότιν ἔμπης
Οὐλομένην, τὸν κῦμα πολυςείου τέκεν ἅλμης·
Τοῦ δή τοι λεπίδων μὲν, ἰδὲ πλύματος πέλει ὀδμή,
Γευθμὸς δ' ἰχθυόεις νεπόδων ἅτε σαπρυνθέντων,
Ἠὲ καὶ ἀπλύντων, ὁπόταν λεπὶς αὐξίδα χραίνῃ.
Ὅς δή τοι ῥυπόεις μὲν ὑπ' ὀστλίγγεσσιν ἀραιαῖς
Τευθίδος ἐμφέρεται νεαλὴς γόνος· ἢ ἅτε τευθου,
Ἢ ἅτε σηπιάδος φυξήλιδος, ἥ τε μελαίνει
Οἴδμα χολῇ, δολόεντα μαθοῦτ' ἀγρώστορος ὁρμίῃ.
Τῶν ἤτοι ζοφόεις μὲν ἐπίχλοος ἔδραμε γυίοις

Ἴκτε-

³ M. R. ἐμβάλλεο. ² M. R. ὑπαινάασθαι, fed in R. corr.
ἐπαιονάσθαι. ³ M. R. ἐσκληότα. ⁴ M. λαγωοῖο.
⁵ M. λοπίδων. ⁶ M. R. λέπις. ⁷ M. ὑπὸ ςίλγισσιν.

Ed ora fonnocchiofo rifcotendolσ,
Acciò la trifta diffipi cafcaggine;
Recia allora, cacciando il mal malvagio;
E panni lini in graffo olio verde,
Ed avanti nel nettare intignendo,
Frega, e rifcalda col bagnuol le membra.
Or la carne, mefcendo, immergi in trogolo,
E tofto ne lo cura in caldi bagni;
Il fangue rifolvendo, e l' indurita

Pel-

Funeſtum ut ſatis inſtantibus ille veternum
Excutiat , ſumptoque vomat medicamine virus .
Tum molli madidas oleo vinuque lacernas ²¹⁵   160
Induat , & potu frigentia membra caleſcant .
Nunc tepidam affundens aegrum demergito corpus
In ſolium , calidiſque lavetur & innatet undis :
Sic denſata cutis rubiduſque liquabitur humor .

    Diſce venenatos leporis ¹²⁶ *cognoſcere potus*   465
Peſtiferi , mediis peperit quem fluctibus aequor :
Viroſi ſquamas & purgamenta marini
Piſcis olet , piſcemque ſapit qui putridus , & quem
Non perpurgatum ſquamae infecere relictae .
Ille quidem ſordens tenues lolliginis inter   470
Deſertur pendetque comas , quaſi natus ab illa .
Aut quae piſcantis vi paene oppreſſa doliſque
Diffugiens atro perturbat ſepia fluctus .
His color ictericus ⁸²⁷ *, viridi nigroque remiſtis ,*

                                    Cor-

Pelle incordata . Or vò che ſappi ancora
Il veleno mortal della maligna
Lepre micidial , cui partorio
L' onda del mar faſſoſo ; a cui l' odore ,
Di ſcaglie , e lavatura ; ed è il ſapore
Peſciolo , qual di peſce putrefatto ,
O non lavato ; allorachè la ſcaglia
Il corpo , non levata , intride , e guaſta ;
Che ſucido quand' è parto novello ,
Agli radi riccetti s' aſſimiglia
Di totana , o di totano , o di ſeppia
Fuggiaſca , che col fiel neriſce l' onda
Del mar , quando il diſegno à penetrato
Doloſo del predante . Ora di queſti
Spargeſi verde per le membra il fiele ;

                                      See-

Ἰκτερόεις, σάρκες δὲ περιστολάδην μινύθουσι ··   475
Τηκόμεναι · τὰ δὲ ¹ δ³ρτα κατέστυγεν · ἄλλοτε ῥινὸς
Ἄκρον ἐποιδαίνων σφυρὰ πίμπραται . ἀμφὶ δὲ μύλοις ²
Ἄνθεά τε βρυόεντα κυλοιδιόωντος ἐφίζει .
Δὴ γὰρ ἐφωμάρτησεν ὀλιζοτέρη κρίσις οὔρων,
Ἄλλοτε πορφυρέη, τότ᾽ ἐπιπλέον αἱμάτσυσα .   480
Πᾶς δὲ παρὰ δρακέεσσι φανεὶς ἐχθαίρεται ἔλλοψ .
Αὐτὰρ ὁ ναυσιόεις ἀλίην ³ ἐμυδάξατο δαῖτα .
Τῶν ⁴ μὲν, φοινήεσσαν ἅλις πόσιν ἐλλεβόροιο
Νείμειας, τοτὲ δάκρυ νεοβδάλτοιο ⁵ κάμωνος ,
Ὄφρα ποτὸν νέποδός τε κακοῦ ἐκφύρματα χεύῃ   485
Ἄλλοτε βρωμήεντος ἀμελγόμενος γάλα πίνοι .
Ἠὲ χύτρῳ τήξας μαλάχης ῥυτόωντας ⁶ ὀράμνους .
Καὶ τότε ⁷ κεδρινέης πελάσου βάρος ἔμμορε πίσσης .
Βρύκοι δ᾽ ἄλλοτε καρπὸν ἅλις φοινώδεα σίδης
Κρησίδος, οἰνωπῆς τε, καὶ ἣν προμένειον ἔπωσι,   490
Σὺν δὲ καὶ Αἰγινῆτι ⁸, ὅσαι τὰ σκληρέα κάρφη,
                                                    Φοι-

¹ M. R. δ δὲ. ² M. R. μήλοις. ³ M. μιαρὴν. ⁴ M. R. τῷ.
⁵ M. R. ποβλάσοιο. ⁶ M. R. λιπέωντας ⁷ M R. καί ποτε.
⁸ M. σὺν καὶ αἰγινίτιν. R. σὺν καὶ αἰγυπίτιν.

Sceman le carni dileguate , e ſmunte ,
Anno in odio le cene , ed or la pelle
Nell' eſtremo gonfiando ſi ſolleva ,
Ed alle piante fa venir veſciche .
Ed intorno alle poma delle guance
Poſa fior rigoglioſi , e gonfian gli occhi ;
Poca ſeparagion d' urine ſegue ,
Talor vermiglia , e più talor ſanguigna ;
                                                    Ogni

Corpore fit toto , carnes tabefcere [128] fenfim   475
Incipiunt , odere cibos , cutis alta [129] tumore
Tollitur , inflanturque pedes , mox undique malas ,
Ceu flos exoriens , tumidas rubor occupat ambas.
Vrinae [130] exiguum vefica excernit , & illa
Vel modo purpurea eft , vel fanguine tincta rubefcit.   480
Omnem averfatur pifcem [131] , vifoque repente
Naufeat , atque dapes quas mittit pontus , abborret.
His contra bellebori [132] mifceto pocula nigri ,
Aut quam preffa recens lacrimam fcammonia fundit ,
Pifcis ut objceni pellatur corpore virus.   485
Aut afini interdum mulctram bibat ipfe , vel olla
Incocta abfumat vifcofae vimina malvae [133]
Concretamque picem [134] quae cedri caudice manat ,
Vel modo granati [135] fructus Cretenfis abunde
Mandat & oenopes , tum quae promenea vocantur ,   490
Quaeque ferax Aegina tulit , tum cuncta rubentes

                                                                            Ac

Ogni pefce alle luci comparito
E' in odio , e marin cibo abborre , e fchifa.
La roffa dell' elleboro bevanda
A coftui porgi in copia , ed or la lagrima
Di frefca fcamonea ; acciocchè quefta
Bevanda , del mal pefce fparga fuora
La bozzima nel fuo veleno intrifa.
Beva talora di rugghiante il latte ,
O in pentolo di malva i fozzi rami
Disfacendo , e or danne un pefo d' obolo
Della pece del cedro , ed or ne morda
Di melagrano il roffo frutto in copia ,
Del creffio , e del vinofo , ovvero enope ,
E di quello , cui dicon promeneo ,
E infieme ancor del melagran d' Egina ,
                                                                    Quan-

Φοίνι' ἀραχνήεντι διαφράσσουσι καλύπτρη.
Ἄλλοτε δ' οἰνοβρῶτα βορὴν ἐν κυρτίδι θλίψας,
Ὥσπερ νοττεύουσαν' ὑπὸ τριπτῆρσιν ² ἐλαίῳ.

Ἢν δέ τις αὐαλέη πετιετμένος αὐχένα δίψῃ,   495
Ἐκ ποταμοῦ ταυρηδὸν ἐπιπροπεσὼν ³ ποτὸν ἴσχῃ,
Λεπτὰ διασχείλας παλάμῃ μνιώδεα θρῖα,
Τοῦ μέν τε ῥιζηδὰ φιλχίμτος ἐμπελάουτα
Ῥύμῃ, ἅλις προὔτυψε ποτοῦ μετὰ χείλεϊ βρώμης
Βδέλλα. παρχὶ λαπάρη τε καὶ ἱμείρουτα φόνοιο.   500
Ἢ ὅθ' ὑπὸ ζοφέης νυκτὸς κεκαλυμμένος αὐγὰς
Ἀφραδίως κρωσσοῖο κατακλίνας ποτὸν ἴσχῃ,
Χείλεσι πρὸς χείλη πιέσας, τὸ δὲ λαιμὸν ἀμείψῃ
Κνώδαλον ἀκροτάτοισιν ἐπιπλῶον ὑδάτεσσι·
Τὰς μὲν ἵνα πρώτιστον ὀχλιζομένας ῥόος ὤσῃ,   505
Ἀθρόα προσφύονται ἀμελγόμεναι χροὸς αἷμα.
Ἄλλοτε μέν τε πύλαισιν ⁴ ἐφήμεναι, ἔνθά τε πνεῦμα
Αἰὲν ἀθροιζόμενον, ςιπῶ διανίσσεται ⁵ ἰσθμοῦ.

Ἄλ-

¹ M. ὡσεί τε νοτέυσαν. R. ὡσεί περ νοτέυσαν. ² R. τρι-
πτῆσιν. ³ M. προπεσὼν ὑπιταυρηδὸν.
⁴ M. R. πύληαν. ⁵ M. R. διανίσσωται.

Quanti mai le vermiglie dure grana
Con fottil velo cuoprono fpartite.
Il vinofo mangiare ora dell' uve
In pevera di vimini premendo,
Qual giovinetta fotto i torchi uliva.
       Se alcun le fauci d' arfa fete oppreffo
A un fiume, a bue, giù dechinato, beve,
Colla man le fottili alghe levando,
Di coftui, che fciacquando fa romore

A fe-

Ac duros acinas tenui quae cortice condunt.
Nunc vero in qua lum coniecta prematur edulis
Uva [136], velut pra lis udae stringuntur olivae.

·Si quisquam [137] multum sitiens e flumine, vultu   495
Ceu taurus prono liquidas potaverit undas,
Seponens manibus sordes, algamque natantem,
Illius in fauces accedens impete magno,
Longa, fame crepitans, quae sanguine gaudet hirudo
In labra cum potu, post ventrem fertur in altum.   500
Sive sub obscura quum lumina nocte teguntur,
Ora, levare sitim cupiens, male providus urnae
Admoris, fluitans tunc summa vermis in unda
Irruit, & fauces subiens invadit apertas:
Quoque illum varie iactatum cursus aquai   505
Pertulit, heic haeretque & combibit ore cruorem.
Nunc tenet obsessos animae vocisque canales
Aër angustum qua praeterlabitur isthmum:

                                                    Nunc

A feconda dell' acqua, per mangiare,
Sanguiluga mignatta in copia, al bordo
Accoſtandoſi, fuor ne ſpiccia, appreſſo
Alla coſcia, bramando e ſangue, e ſtrage.
O allorchè da tenebroſa notte
Le luci ricoperto, d' una brocca,
Disconſigliatamente già chinato
Avvalli la bevanda, labbra a labbra
Premendo, e giuſo valichi la gola
Il ſerpentel notante all' acque in cima.
Queſte, u' da prima la corrente portale,
Ed affollate le ſolpigne, ed urta,
Il ſangue tutte a mugnere s' attaccano
Dal corpo, ed or ſi poſan ſulla porta,
V' ſempre accolto viene, e vanne il fiato,
Per iſmo anguſto, ed or ſi colma quella,
                                            L' uom

Ἄλλοτε δὲ ςομίοισι πέριξ ἐπενήνοθε γαςρὸς,
Ἀνέρα πημαίνουσα, νέην δ' ἐπενείματο δαῖτα.   510
Καὶ σὺ τότ' ἐν δεπάεσσι κεραιόμενον ποτὸν ὄξευς
Νείμειας, ποτὲ δαῖτα συνήεα χιονόεσσαν,
Πολλάκι κρυςάλλοιο νέον βρέῃσι παγέντος.
Ἠὲ σὺ γυρώσαιο καθαλμία βώλακα · γαίης
Ναιομένην, θαλερὴν δὲ πόσιν μενοεικέα τεύξαις,   515
Ἢ αὐτὴν ἅλα βάπτε, τότ' ἠελίοισι δαμάζων,
Εἶδαρ ὀπωρινοῖσι, τότ' ἠνεκὲς ἐν πυρὶ θάλψας.
Πολλάκι δ' ἢ ἅλα πηκτὸν ὁμιλαδὸν, ἢ ἁλὸς ἄχνην
Ἐμπίταις, τήν τ' αἰὲν ἀνὴρ ἁλοπηγὸς ἀγείρει
Νειόθ' ὑριςχμένην, ὀπίθ' ὕδασιν ὕδατα μίξῃ.   520

   Μὴ μὲν δὴ ζύμωμα κακὸν χθονὸς ἀνέρα κήδοι,
Πολλάκι μὲν ςέρνοισιν ἀνοιδέον, ἄλλοτε δ' ἄγχον,
Εὖτ' ἐπὶ φωλεύοντα τραφῇ βαθὺν ὁλκὸν ἐχίδνης
Ἰὸν ἀποπνεῖον· ςομίων δ' ἀποφθόλιον ἆσθμα,
Κεῖνο ποτὸν ζύμωμα, τὸ δή ῥ' ὑδέουσι μύκητας   525
Παμπήδην. ἄλλῳ γὰρ ἐπ' οὔνομα κέκριται ἄλλο.

                                                        Ἀλ-

¹ M. τοβ'.   ² M. ἑωλαδι, ita corr, in r.   ³ M. φλογί.

L' uom danneggiando, in sulla bocca al ventre,
E parti a se di nuova cena face.
Tu allor ne' bicchier mesciuto aceto
Danne a bere, e talor nevato cibo
Insieme porgi, e spesso ancor di gelo,
Che sia alle tramontane or or ghiacciato.
Scava, o di terra una salmastra zolla
Battuta dalla gente, ed abitata,
E copiosa fa ricca bevanda;
O la stessa da' a bere acqua di mare,

                                                        Ora

Nunc vero medii circumfedet ofcula ventris ,
Atque hominem excrucians ingefta cibaria pafcit . 510
Hanc autem urentis qui pocula mifcet aceti [138] *,*
Quique nivem [139] *adiungit , Boreae vel frigore duro*
Adftrictam praebet glaciem , decedere cogit :
Aut falfam [140] *terrae perfoffam vomere glebam*
Accipias , largeque bibas humore madentem . 515
Mox etiam pelago ex ipfo falis unda [140] *petatur*
Solibus autumni vel multis fervida flammis .
Effoffique fales pariter vel mifta iuvabit .
Spuma falis [142] *, funde demerfam quam legit imo*
Confundens undis falfamentarius undas . 520
　　Ne mala te vexent terrae fermenta [143] *, caveto.*
Illis faepe tument praecordia , collaque duro
Vt laqueo arctantur , latebris fi proxima crefcunt
Vipereis , taetrum quibus exit virus , & ipfum
Concipiunt caeco qui mittitur halitus antro. 525
Quifque vocat fungos , fed plurima nomina paffim [144] *.*

Tu

 Ora domata dagli eftivi foli ,
 Ed or continuo a fuoco rifcaldata.
 E fpeffo , o fal rapprefo , o di fal fpuma
 Melci , cui fempre , uom che rappiglia il fale ,
 Accoglie , e giù nel fondo ella fi pofa ,
 Quando l' acque rimefcola con acque.
  L' uom non offenda il lievito malvagio
 Della terra. Sovente effi nel petto
 Rigonfiano , e talor foffogan , quando
 Crefciuti fian fovra il profondo ftrafcico
 Di vipera intanata : indi veleno
 Spirando : ora del fiato della bocca ,
 E del covil bevanda è quel fermento :
 Quefto chiamano funghi in generale ,
 Che ad altro è altro aggiudicato nome.

        Or

Ἀλλὰ σύ γ᾽ ἢ ῥαφάνοιο πόροις σπειρώδεα κόρσην,
Ἢ ῥυτῆς κλώθοντα περὶ σπάδικα κολούσας,
Πολλάκι καὶ χαλκοῖο πάλαι μεμογηότος ἄνθην.
Ἄλλοτε κλημκτόεσσαν ἐν ὄξει ῥύπτεο ' τέφρην.   530
Δή ποτε ῥιζίδα ' τρίβε πυρίτιδα βάμμετι ῥκίνων,
Ἠὲ λίτρον, ποτὲ ³ φύλλον ἐναλδόμενον πρασιῇσι
Καρδαμίδος, μῆδόν τε, καὶ ἐμπριόεντα σινήπι ⁴·
Σὺν δὲ κκὶ οἰνηρὴν φλογιῇ τρύγα τεφρώσαιο,
Ἠὲ πάτον φρουθοῖο κκτοικάδος. ἐκ δὲ βαρεῖαν   535
Χεῖρα κατεμματίων ⁵ ἐρύκοις λωβήτορα κῆρα.

     Ἢν δὲ λιπορρίνοιο ποτὸν δυσάλυκτον ἰάψῃ
Φαρμακίδος σαύρης πολυκηδέος, ἣν σαλαμάνδρην
Κλείουσιν, τὴν οὐδὲ πυρὸς λωβήσατο λιγνὺς,
Αἶψα μὲν ἐπρήσθη γλώσσης βάθος· ἂψ δ᾽ ὑπὸ μάλκης⁶.   540
Δάμναται, ἐμβαρύθων δὲ κακὸς τρόμος ἄψεα λύει.
Οἱ δὲ περισφαλέοντες, ἅτε βρέφος ἑρπύζουσι,
Τετράποδες· νοεραὶ γὰρ ἀπὸ φρένες ἀμβλύνονται.

                                        Σχρ-

¹ Μ. θρύπλεο. ² Μ. R. ῥιζάδα. ³ Μ. R. τότε. ⁴ Μ. R. ἐμ-
πρίοντα σίνηκυρ. ⁵ Μ. κατεμβατίων. R. κατιμματίον.
⁶ Μ. αἶψα δὶ(corr. ὑπὸ) μάλκης. R. αἰψ᾽ ἀπο μάλκκε.

Or tu da feminal capo di rafano,
O di ruta potando un verde ramo,
O fior di rame, che patì ab antico.
Cenere tal fiata di fermenti
Getta in aceto, e sì ne trita, e in quello
La barbicciuola pilatrina intingi,
O nitro, e talor foglia di nasturzio,
Che crefce fu ne' verdi fpartimenti;
E 'l medo, e l' afpra fegatrice fenapa,
                                        E la

Tu contra rapheni [145] *finuofum corpus, & acris*
Concede excifum rutae de cefpite ramum,
Chalcantbumque vetus [146] *, natum futoris in ufus.*
Vel modo clematidis [147] *cinerem mifcebis aceto,* 530
Nunc vero in pefcam nitrum, tritamque pyrethri
Radicem infundes, vel quae nafcuntur in hortis
Cardamaque & Medum malum [148] *, exurenfque finapi.*
In cinerem pariter vini convertere fecem
Gallinaeque fimum [149] *ne fpreveris, inque profundum* 535
Guttur, ut evites fatum, demittere dextram.

 Sin quis vifcofi triftifque venena lacerti
Mortifera ebiberit, vero Salamandra [150] *vocatur*
Nomine, damnofus quam non violaverit ignis,
Exemplo ardentem vexant incendia linguam : 540
Torpefcunt [151] *, proprioque trementia pondere membra*
Solvuntur, non firmi errant, pedibufque quaternis
Vt pueri incedunt : nam mens obtufa vacillat.

          Plu.

 E la vinaccia incenera alla fiamma.
 O lo fterco d' augello cafalingo,
 Ed a tutto poter la man gagliarda
 Mettendo giù, tranne il nocevol fato,
  Se poi l' inevitabile veleno
 Offenderà di quella, che non ave
 Pelle, lucerta velenofa, trifta,
 Che cagion' è di molti pianti, e morti,
 Cui falamandra appellan, cui nè meno
 Del fuoco la fuligine l' offende;
 Ingroffa tofto della lingua il fondo,
 E vien da freddo rattrappito, e cotto.
 Scioglie aggravando un rio tremor le membra;
 Non reggendofi quei, ferpon qual putto,
 Quadrupedi animali ; che la mente,
 E l' intelletto ottufi fanfi, e morti.

    Q   La

Σάρκα δ' ἐπιτροχόωσιν ἀελλέες ἄκρα πελιδναὶ
Σμώδιγγες σάζουσι κεδαισμένης κακότητος .   545
Τῷ δὲ σὺ πολλάκι μὲν πεύκης ἀπὸ δάκρυα μόρξας ,[1]
Τενθρήνη. ἀναμίγδα τόροις ἐν πίοσιν ἔργοις·
Ἠὲ χαμαιπίτυος βλαςήμονος ἄμμιγα κώποις
Φύλλα καθεψήσεικε , ὅσους ἐψήτατο[2] πεύκη .
Ἄλλοτε δὲ σπέρματος κνίδης μυλοεργεῖ μίσγων ,   550
Τερσαίνοις ὀρόβοιο παλήματι .[3] καί ποτε κνίδην
Εὐψαλίην κρίμνοισι παλυνάμενος[4] ψαφαροῖσιν ,
Ἐν[5] λίπεϊ χραίνοιο· βορῇ δ' ἀέκοντα κορέσκοις .
Ναὶ μὴν ῥητίνη τε καὶ ἱερὰ ἔργα μελίσσης ,
Ῥίζα τε χαλβανόεσσα , καὶ ὠεὰ θιβρὰ χελώνης   555
Ἀλθαίνει ,[6] καὶ γέντα συὸς φλιδόωντος ἀλοιφὴ ,
Ἀμμίγδην ἀλίοιο καθεψηθέντα χελώνης
Γύοις , ἢ ταχινῇσι διαπλώει πτερύγεσσιν .
Ἄλλοτε δ' ὑρείης κυτισηνόμου , ἰῶ τ' ἀκάκητα[7]
Αὐδήεσσαν ἔθηκεν , ἀναυδήτόν περ ἐοῦσαν   560

Ἐρ-

[1] Μ. τμήξεις, ρ. μόρξεις. [2] Μ. ρ. ὅσσε τ' ἐθρέψατο.
[3] Μ. παλήματι . [4] Μ. κρίνοισι παλυνέμενος. [5] Μ. σὺν.
[6] ἀλθαίνει τέτ' ἐνερθε πυρὸς ζαφιλοῖο κεραίη ἀλθαίνει ,
  Μ. ρ. in quo ζαφιλαῖο corr. ζαφλιγοῖο . [7] Μ. ἀκάκητος .

La carne in cima ſcorrono gremite
Livide macchie , e gemon , diſſipata
La peſtilenza . Però tu ſovente
Della picea le lagrime aſciugando,
Colle graſſe opre della pecchia dalle,
O della camepiti , od umil pino
Germogliante le foglie in un commiſte,
Tu leſſa colle pine quante mai

La

Plurima perque cutem vibex [112] livefcit in orbem,
Et faniem exftillat, multum tardante veneno.   545
Huic vero lacrima [113] celfae medicabere pinus,
Si lento cupias fufam componere melli.
Necnon cum piceae [114] terreftris germine, pini
Incoque maturum qui pendet in arbore conum.
Atque mola decuffae ervi mifcere farinae   550
Expedit, & ficcare urticae femen, & ipfam
Vrticam [115] tenui confperfam polline, coctam
Ex oleo ediffe, invitoque obtrudere ventri.
Quin refina tenax & apis fetura facratae
Radix galbanea, & tenerum teftudinis ovum,   555
Diftentaeque fuum multa pinguedine carnes
Cum curva auxilie veniunt teftudine coctae
Quae pelagi fluctus velocibus innatat alis.
Aut montana etiam, cytifo quae vefcitur, & quam
Reddidit e muta [116] modulanti voce canoram   560

                                                    Mer-

La picea alleva, e tal fiata ancora
Di femenza d' urtica mefcolando,
Con fpolvero di cece dalla macine
Lavorato, verrai fciugando, ed ora
La leffa ortica, di farina d' orzo
Infarinando, intriderai nell' unto,
E daraila a mangiar, benchè ei non voglia.
Ragia, di vero, e facre opre di pecchia,
E radica galbanica, e calde uova
Di teftuggine giovano, e di porco
Graffo bracato, e gl' inteftini, e 'l graffo,
Della marina tartaruga infieme
Colle membra leffati, che con prefte
Ali naviga il mare, ora di quella
Di monte, pafci-citifo, cui il femplice
Favellante rendeo, quantunque muta,

                    Q 2   Mer-

Ἑρμείης . σαρκὸς γὰρ ἀπουνόσφισε ' χέλειον
Αἰόλον· ἀγκῶνας δὲ δύω παρετείνατο πέζαις.
Καί τε σὺ γ᾽ ἢ γερύνων λαιδροὺς δαμάσαιο τοκῆας.
Ἄμμιγα δὲ ῥίζας ἢ ῥυγγίδας ² ἐν δὲ ἐπαρχὲς
Θάλπε βαλὼν χύτρῳ σκαμμώνιον· οἷσι κορέσκων   505
Ἀνέρα , καὶ θανάτοιο πέλας βεβαῶτα , σαώσεις.

   Ἢν γε μὲν ἐκ φρύνοιο θερειομένου ποτὸν ἴσχῃ ,
Ἠέ τι καὶ κωφοῖο λαχειδέες ³ , ὅς τ᾽ ἐνὶ θάμνοις
Εἴαρι προσφύεται ⁴ μυρόεις λιχμώμενος ἕρπην ⁵ ,
Τῶν ἤτοι θερόεις μὲν ἄγει χλόον ἠΰτε θάψου ,   570
Γυῖα δὲ πίμπρησιν . τὸ δὲ , συνεχὲς ἁθρόον ἄσθμα
Δύσπνοον ἐκφέρεται , παρὰ χείλετι δ᾽ ἐχθρὸν ὄδωδεν.
Ἀλλὰ σὺ τῷ , βατράχοιο καθεψέος , ἠὲ καὶ ⁶ ὀπτὴν
Σάρκα πόροις . ὁτὲ πίσσαν ἐν ἡδέϊ μίγμενος οἴνῃ ,
Καί τε σπλὴν᾽ ὀλοοῖο κακὸν βάρος ἤρκισε Φρύνης ,   575
Λιμναίης Φρύνης πολυηχέος , ἥ τ᾽ ἐπὶ φύκει
Πρῶτον ἀπαγγέλλουσα βοᾷ θυμάρμενον εἶαρ.

                                        Λυ-

¹ Μ Ρ. ἀπθυ νέσφισι . ² Μ. ἠρυγγίδας , ita corr. in Ρ.
³ Μ. Ρ. λιχειδίος . ⁴ Μ. προσφύρεται . ⁵ Μ. ἄρσην.
⁶ Μ. καθιψίοιο ἤ.

Mercurio , poi ch' ei sceverò da carne
La vaia coccia , ed alle spalle due
Braccia distese , o tu di ranocchietti
Uccidi gli sfacciati genitori ;
   E radici , o pur rungidi in un mesci ;
E in pentola gittando copioso
Scammonio cuoci ; onde tu l' uom saziando,
Salverai , presso a morte anco venuto.
   Che se di rospo , o riscaldata al sole
                                        Esti·

Mercurius , picto insontis qui cortice carnem
Exemit , geminumque ancona intendit in oris .
Dede neci turpes ranas [157] *, stirpemque remisce*
Spinosae erynges , simul & scammonia iusto
Pondere feruescat , saturumque a morte reduces 565
Hoc potu , inferni subeuntem limina Ditis .

 Pocula [158] *si quisquam aestivis medicata rubetis*
Ebibit , aut ranis , quae mutae hirtaeque cohaerens
Vere novo arbustis , rorantemque aëra sugunt ,
Illa quidem thapso [159] *similem per membra virorem* 570
Molemque [160] *ingenerant , confertaque pectore anhelo*
Ducitur aegre anima , & foetor gravis insidet ori .
Praesidio tamen [161] *est ranarum torrida flammis*
Aut elixa caro , vel pix [162] *infusa falerno .*
Splen quoque letiferae pondus crudele rubetae 575
Profuit , in stagnis glauca quae degit in ulva ,
Garrulaque optati praedicit tempora veris .

          Mu-

Eftivo rana avrai prefo veleno ,
O pur di muta irfuta , che mortale ,
La primavera , entro le macchie nafce ,
Ed a leccare ftaffi la rugiada ;
Di quefte , quella eftiva fa pallore
Qual di tapfo , e le membra incende , ed enfia ,
E continovo anelito frequente ,
Malagevole , trifto n' efce fuori ,
Con odiofo dalle labbra odore .
Or tu di rana alleffo , oppure arrofto
Carne dà , ora pece mefcolando
In dolce vino , e milza giova al trifto
Pondo di quel mortal venen , di rana ,
Paluftre rana , ftrepitofa molto ,
Che ful mufco , e full' aliga , la prima
Grida avvifando primavera amica.

    Q 3   Ma

Αὐτὰρ ὅ γ᾽ ἄφθογγός τε καὶ ἐν δονάκεσσι θαμίζων,
Πολλάκι μὲν πύξοιο χλόον κατεχεύατο γυίοις·
Ἄλλοτε δ᾽ ὑγραίνει χολόεν στόμα· καί ποτε λυγμοὶ 580
Ἀνέρα καρδιόωντα θαμινότεροι[1] κλονέουσι.
Δὴν δὲ κατικμάζων ἄγονον σπόρον ἄλλοτε φωτὸς,
Πολλάκι θηλυτέρης σκεδάων γυίασι τελέσκει··
Ναὶ μὴν τοῖς ὅτε νέκταρ ἀφυσγετὸν ἐν δεπάεσσι
Χεύοις[3], εἰς ἔμετον δὲ καὶ οὐ χατέοντα πελάζεις[4]. 585
Ἠὲ πίθου φλογιῇ θάλψας κύτος αἰὲν ἐναλθῆ[5]
Ἀνέρα θερμήσαιο·[6] χέαι δ᾽ ἀπὸ νήχυτον ἱδρῶ.
Καί τε καὶ αὖ ξηρῶν δονάκων ἀπὸ ῥίζεα κόψας,
Οἴνῳ ἐπεγκεράσαιο· τὰ δή ῥ᾽ ὑποτέτροφε λίμνη
Οἰκείῃ· τόθι λεπτὰ δι᾽ ἐκ ποσὶν ἑρπετὰ νήχει. 590
Ἠὲ φιλοζώοιο[7] κυπείριδος, ἠὲ κυπείρου.
Αὐτόν τ᾽ ἠνεκέεσσι τρίβοις πανάπασον ἐδωδῆς
Καὶ πόσιος ξήραινε, καθατρύσαιο δὲ γυῖα.

    Ἐχθομένη δέ σε μή τι λιθάργυρος ἀλγινόεσσα
             Λή-

[1] M. R. θαμίστεροι. [2] M R. τελίσκει. [3] M. R. χιύαις.
[4] M R. πιλάζοις. [5] M. ἀναλθῆ. [6] M. R. θιρμάσσαιο.
[7] M. φιλιζώοιο.

Ma quella muta , e che abita tra canne
Sparge spesso color buffeo alle membra ,
Ed or la bocca biliosa ammolla ;
E talora singhiozzi più frequenti
Turban l' uomo che pate mal di stomaco.
Lungo tempo talor , dell' uom scolando
Infeconda semenza , dissipandola ,
Con femminili membra la compisce.

A

Musa autem [163] *& longa latitans sub arundine, buxi*
Diffundit viridem per languida membra colorem.
Os quoque bile madet [164] *: morsus aliquando molesti*   580
Corda premunt, crebris singultibus ilia saltant [165] .
Inviti stillant, tam vir quam foemina, multo
Semine [166] *, nec superest sobolis spes ulla futurae.*
Sed tu funde merum pateris [167] *, testaque repostum*
Promito, & ad vomitum cogas si forte recuset.   585
Illum etiam in labro [168] *quod subdita flamma fovebit,*
Calfacias, fusoque cutis sudore madescat.
Quin & arundineam [169] *siccam caesamque, lyaeo*
Radicem misce illarum quae plurima stagnis
Crescit, ubi immundas gaudent innare per undas: 590
Vel quam iuncus habet grati quadratus odoris.
Assiduo, vacuum potusque cibique, labore
Exerce [170] *, tumidumque resicca & digere corpus.*
     Argenti [171] *si te crudelis spuma lacessit,*

                                             Pro-

A questi or quando nettare in buondato,
Ne' bicchier mesci, a vomito, malgrado
Suo ne l' adduci ; o 'l corpo ognor malsano
Riscaldando alla fiamma di fornace,
L' uomo scalda ; sudore ei versi immenso.
Di secche canne ancor barbe tagliando,
Che la propia palude ne nutrio,
Ove tra' piè sottili bestie nuotano,
Mescola in vino, o dell' amica a vivere
Ciperide, o cipero : quel, digiuno
Affatto d' ogni cibo, e di bevanda
Con passeggi continovi rasciuga,
E gracili le membra, e smunte rendi.
     Non ti sfugga il litargiro odioso
Doloroso, allor cade al ventre peso;

Ed

Λήσειεν· τότε γαϛρὶ πέσῃ βάρος· ἀμφὶ δὲ μέσσον [1]   595
Πνεῦμά τ' ἀνειλίστοντα κατ' ἐμφάλιον βρομέῃσι [2].
Οἶά περ εἰλίγγοιο δυσκλθέος, ὅς τε [3] δαμάζει
Ἄνδρας ἀπροσφώτοισιν ἐνιπλήσσων [4] ὀδύνῃσιν.
Οὐ μὲν τῶν γ' [5] οὔρων ἄνυται ῥύσις· ἀμφὶ δὲ γῦα
Πίμπραται. αὐτάρ που μολίβδῳ [6] εἰδήνατο χροιήν·   600
Τῷ δ' ὁτὲ μὲν σμύρνης ὀδελοῦ πόρε διπλόον ἄχθος,
Ἄλλοτε δ' ὁρμίνοιο [7] νέην χύσιν, ἄλλοτε κόψαις
Οὐρείην ὑπέρεικον, ὅθ' ὑσσώπου ὀροδάμνους·
Πολλάκι δ' ἀγριόεντα κράδην σπέραδός τε [8] σελίνου
Γ'θμιον. ᾧ θ' ὑποκοῦρον ἀλίβαττον Μελικέρτην [9]   605
Σισυφίδαι κτερίσαντες ἐπηέξηταν ἀέθλους [10].
Ἠὲ σύ γ' ἐν πέπερι [11] ῥυσίμῳ ἐνομήρεα κόψας,
Οἴνῳ δ' ἐντρίψαιὸ [12] κακῆς δ' ἀπερύκεο νούσου.
Κύπρου τε βλαστεῖα νεανθέα [13] πολλάκι σίδης,
Πρωτόγονον κυτίνοιο πόροις ἀνθήμονα καρπόν.   610

Μὴ

[1] M. μέσσον, ita corr. in κ. [2] M. κατιμφάλιον βρομέῃσιν·
κ. ὀμφάλιον. βρομέῃσιν. [3] M. R. ὅτε. [4] M. ἀνίρα
ἀπροφάτοισιν ἱπαίσσων, R. ἀνίρας ἀπροφάτοισιν ἱπι
πλήσσων. [5] Deeſt γ' in M. [6] M. R. μολίβῳ.
[7] M. R. ὁρμίνθοιο. [8] M. σποραδός τε. [9] Verba ἀλίβι
πλον Μελιχέρτην, ſunt in lacuna in R. [10] M R. αἴθλοις.
[11] M. ἐμπίπερι, R. πέπιριν. [12] M. R. οἴνῳ ἐνιτρύψαιο.
[13] M. R. βλαϛιαν εὐανθέα, in R. tamen corr.

Ed al mezzo al bellico rivolgentiſi
Fremono i flati, e gorgogliando vanno,
Qual d' inſanabil volvolo, che uccide
Con iſcuri dolor gli uomin battendo.
Non ſi compie lo ſcolo dell' urine,
Enfian le membra, e piombo ſembra il viſo.
                                        Or

Profpice , tunc alvus gravis eft [172] , flatufque rotati [173] 595
Volvuntur , medioque cient umbone tumultus .
Ileon infeftare putes , qui caeca volutans
Murmura diftorquet faevis cruciatibus aegros .
Siftitur urinae curfus [174] , tumor undique corpus
Occupat : & vultum fpecies plumbi [175] aemula foedat . 600
Aft obolos [176] myrrhae binos largire Sabaeae ,
Poculaque hormini , aut crefcens hypericon in altis
Montibus , byffopi vel germina caede Ciliffae .
Saepe etiam agreftem ficum , Ifthmiacumque [177] felini
Semen , quod merfo Melicertae funus agentes 605
Sifyphidae puero , victori praemia donant :
Rugofumque [178] piper fimul intere , cumque liquore
Leneo exhauri , & triftem medicabere morbum .
Germinaque interdum florentis parva liguftri [179]
Puniceique novos granati collige fructus . 610

Par-

Or a coftui di mirra doppia dofe
D' obolo dà , ed or d' ormino frefca
Spruzzaglia , or pefta la montana iperico ,
E talora le ramora d' ifopo :
Speffo il fico felvaggio , e d' apio il feme
Ifmio , onde al fanciullo Melicertè
Immerfo in mar l' effequie celebrando ,
I premi ne nutrifcano i Sififidi ,
O peftando con pepe , e in un con rufimo ,
Trita nel vino , ed il reo morbo caccia ;
E di cipro i germogli novamente
Fioriti , e fpeffo ancor di melagrano ,
Il primiero di citino , fiorito
Frutto tu dà , ovver di balaufto .   Ma

Μὴ μὲν δὴ σμῖλον σὺ κακὴν ἐλατηΐδα μάρψαις
Οἰταίην, θανάτοιο πολυκλαύτοιο δότειραν.
Ἢν τε καὶ ἐμπλείουσα · χαλικροτέρῃ τότις οἴνης
Οἴη ἐπαλθήσειε ¹ πικρὰ χρέος, ἡνίκα φωτὸς
Ἴσθμια καὶ φάρυγος ⁴ στεινὴν ἐμφράττεται οἶμον . 615
        Καὶ τὰ μὲν οὖν Νίκανδρος ἑῇ ἐγκάτθετο ⁵ βίβλῳ
Μοχθήεντα μύκητα παρ' ἀνέρι Φαρμακόεντα.
Πρὸς δέ τι σοι δίκτυννα τεὰς ⁶ ἐχθήρατο κλῶνας,
Ἥρης τ' ⁷ Ἰμβρασίης μούνης ⁸ στέφος οὐχ ὑπέδεκτο ,
Κάλλεος οὕνεκα Κύπριν ὅτ' εἰς ἔριν ἠερέθησαν ⁹ 620
Λ᾽θάναται ¹⁰, κόσμησεν ἐν Ἰδαίοισιν ὄρεσσι.
Τῆς σύ γ' ἀπ' εὐύδροιο νάπης εὐαλθὲς ὄνειαρ
Καρπὸν πορφυρόεντα συναλδέα χειμερίῃτιν
Ἡελίου θαλφθέντα βολῆς ¹¹ δοίδυκι λεήνας
Χυλὸν ὑπὲρ λεπτῆς ὑθόνης , ἢ σχοίνιδι κύρτῃ 625
Ἐκθλίψαντα πορεῖν κυάθου κοτυληδόνα πλήρη ,

                                        Η⁴

¹ м. в. πολυκλαύςοιο. ² м. ἐμπλίϵͷ. ³ м εὐαλθήςϵιϵ .
⁴ м. φάρυγγος. ⁵ м.в. ἐνικάτθϵτο. ⁶ м. δίκτυνα τϵͷς,
в τϵͷς. ⁷ Deeſt r' io м. ⁸ м. в. μούͷη . ⁹ м. ἠίρ-
6ησαν . ¹⁰ в. ἀͷάνατοι. ⁵¹ м. в. 6ολϵͷς.

Ma non coglier la rea ſmilo abetina
Etea , datrice d' aſſai triſta morte ;
La qual , piena bevanda di vin puro
Sola riſanerà , oltre al dovere ,
Quando dell' uomo il gorgozzul ſi tura ,
Ed il ſentiero anguſto delle fauci.
        Queſte coſe Nicandro adunque poſe
Affaticate , nel ſuo proprio libro ;

                                        Il

Parce venenata taxo [150] *quae furgit in Oeta*
Abietibus fimilis , letoque abfumit acerbo ,
Ni praeter morem pleno cratere meraca
Fundere vina pares , quum primum fentiet aeger
Arctari obftructas fauces animaeque canalem .   615

   Ille ego [151] *Nicander qui libro multa notavi*
Defcripfique meo infefti medicamina fungi ,
Praeterea monec ramos quos invida Pallas
Odit , Iunoni nec conceffere coronam ,
Sed Venerem , quum effent formae certamina divis ,   620
Victricem ornarunt frondofae in collibus Idae ,
Atraque ftagnofo decerpere femina faltu ,
Cocta atque biberno maturefcentia fole ,
Egregium auxilium cochleari intrita , levique
Linteolo , aut curvo tranfmittere vimine fuccum ,   625
Et pleno expreffum cyatho praebere bibendum :

                                                   Aut

    Il fungo velenofo , appreffo all' uomo.
    E giova quella di cui ebbe a fdegno
    Dittinna i rami , e dell' Imbrafia Giuno
    Sola , non ricevette la corona ;
    Perocchè per cagion della bellezza ,
    Venere , quando in lite le Immortali
    Levaronfi , adornò fu i colli Idei.
    Di quefta tu or l' utile rimedio
    Da poggio acquofo il bel purpureo frutto
    Da' vernini di fol raggi fcaldato
    Col cucchiaro fpianando , il fugo fopra
    Sottil ftamigna , o pevera di giunchi ,
    Spremendo dà , cotila in pieno ciato ;

                                               O più

Η᾽ πλεῖον· πλεῖον γὰρ ὀνήϊον. ὀ γὰρ ἀνιγρὸν
Πῶμα βρετοῖς. τότε γάρ τε καὶ ἕρκιον ῆκε ¹ πίνϑα.

Καί κ᾽ ἔνϑ᾽ ὑμνοπόλοιο καὶ εἰσέτι Νικάνδροιο
Μνῆστιν ἔχοις, ϑεσμὸν δὲ Διὸς ξενίοιο Φυλάσσοις.   630

¹ M. R. αἶχι .   ² M. καίχιν ῖϑ᾽ . R. καίχιν θ᾽.

Aut multis , ſi plus cupias prodeſſe , ſaporis
Nil habet ingrati , & certam hinc ſperare ſalutem.

Iam te Nicandri memorem precor eſſe poëtae ,
Atque Iovem iura hoſpitibus reverebere dantem .   630

O più che più , è miglior ; perciocch' all' uomo
Diſguſtola non è queſta bevanda.
E queſto ſe tu 'l bevi , è ſofficiente.

Sovvengati del vate ancor Nicandro,
E di Giove oſpital la legge guarda .

In fine al teſto originale del Salvini ſi legge
la ſeguente poſtilla

Finito , lode a Dio , il dì 13. di Gennaio 1701. giorno
del Perdono di S. Giovanni di Firenze , e giorno
della mia naſcita da me Anton Maria
Salvini con grande mia fatica .
Lode a Dio .

IN ALEXIPHARMACA NICANDRI

IO. GORRHAEI

ADNOTATIONES.

ALEXIPHARMACA proprie appellantur a medicis medicamenta, quae deleteriis pharmacis medentur, non extrinsecus quidem corpori imposita, sed intro assumpta. Haec & alio nomine Alexiteria vocantur, quamquam sunt qui hoc tantum nomine ea quae venenatarum bestiarum ictus sanant, nuncupanda censent. Ambo communi nomine Antidota dicuntur a Galeno qui & discrimen hoc quod retulimus inter Alexipharmaca & Alexiteria parvi facit. Venit utrumque ἀπὸ τῦ ἀλέξειν, quod ex veneno nexam arcet, eadem ratione qua & Amuleta ab amoliendo Latinis dicta sunt.

1 SINT QVAMVIS. Scribit Nicander Colophonius ad Protagoram Cyzicenum, illique Alexipharmaca sua nuncupat. Sunt autem Colophon & Cyzicus civitates duae in Asia, longo a se intervallo distantes. Illa enim in Ionia, haec in Bithynia ad Hellespontum est.

2 CYZICIOS. Protagoras incolebat Cyzicum, quae civitas est maritima, vel verius Hellesponti insula, quae continenti, non aggesta quidem terrae, sed pontibus, ut inquit Strabo, iuncta fuit. Eadem antea Arctonesos vocitata est, Plinio Stephanoque auctoribus, propterea quod monti subiacet ἄρκτων, id est, ursorum vocato. Hinc factum est ut dixerit Nicander Protagoram sub Arcto habitare. Estque id multo verisimilius quam dicere per Arcton ursam Septentrionemque designari, quod tamen Graeco Scholiastae video placere, etiamsi Cyzicus multo propius quam Colophon ad Septentrionem accedat.

3 ATTES. Fabula eiusmodi fertur, Rheam deûm matrem Attem pastorem valde amasse, eamque ob caussam indi-

gna-

gnatum Iovem immiſſo apro , ut clam id faceret quod
palam committere matris pudor vetabat , Attem morti
dediſſe . Sepultum autem cum a Rhea , atque in eius
honorem ſacra illi ab incolis verno tempore inſtituta
fuiſſe .

4 CREVSAE PROGENIES. Ex Xutho Aeoli filio & Creuſa Ere-
chthei filia nati ſunt duo filii Ion & Achaeus . Quorum
hic Iheſſaliam ſe contulit & Achaeos a ſe dixit . Ille
vero Athenas dicitur condidiſſe & Ioniam ex ſuo nomine nuncupaſſe . In Ionia autem Colophon eſt & iuxta
Colophonem Claros Apollinis oraculo nobilis, & lacuna
cuius potu oracula reddebantur , ſed breviore, ut ait
Plinius , vita bibentium .

5 ACONITVM . Quid ſit Dioſcorides declaravit . Cuius duo
genera deſcribit , e quibus unum Pandectarum auctor
idem facit cum napello apud Arabas celebri , ſed mani-
feſto , ut mihi videtur , errore . Illum ego longiſſime
diſtare ab aconito, & hellebori nigri ſpeciem quamdam
eſſe exiſtimo; quod facile is intelliget, qui ſcripta Avi-
cennae expenderit , & noverit helleborum homini acerrimum eſſe , ut ait Lucretius , venenum : at capris adi-
pes , & coturnicibus augere .

6 ACHERON . Narrant aconitum ex Cerberi procreatum vomitu , poſtquam ipſum Hercules ab inferis extraxit per
ſpecum Acheruſiam , ad manes , ut aiunt , perviam ,
Heracleae civitati vicinam . Ideoque plurimum aconitum in Ponto naſci iuxta ripas Acherontis fluvii .

7 PRIOLAI . Priolaus filius fuit Lyci , regis Maryandinorum.
Hunc Hercules devicit , & oppida eius ſubvertit : erat
autem condita prope Heracleam .

8 CONSTRINGVNT . Dioſcorides de aconito, a potu , inquit,
ſtatim cum adſtrictione aliqua dulcedinem linguae inducit aconitum. Ceterum quod ego verti teſtudineum palatum , dicitur Graece οὐρανίσσαν ὑπήνην, nec dubium
eſt palatum , non barbam & extimam faciem intelligi ,
quod recte dicitur οὐρανόν, id eſt in caeli formam ca-
meratum .

9 THELYPHONON . Aconitum θηλύφονον dicitur,quod,ut Theophraſtus & Plinius ſcribunt, radix eius genitalibus omnium quadrupedum ſeminini ſexus indita , mortem eo-
                                                    dem

dem die inferat , eoque modo interemptas a Calphurnio
Beſtia dormientes uxores proditur . Sunt autem quibus
haec vox corrupta videatur , & aconitum non Θηλύφονον . ſed Θηρίφονον dici , quod feras , ſi ab b᾿s guſte ur,
occidat . Verum Illi apte utraque adpellatio congruit ,
uti & Cammori ſive etiam Cammari cognomen . Video
enim controverſum hoc eſſe, an Cammoron vel Cammaron dici debeat . Plinius , eumque ſequuti Ruellius &
Marcellus Cammaron legunt ſcribuntque, quod radicem
modicam inflexam , & Cammaro , eſt autem quaedam
cancrorum ſpecies , ſimilem marino aconitum habeat ,
quam tamen Dioſcorides non Cammaro , ſed ſcorpionis
caudae aſſimilavit . Reperi tamen omnia exemplaria
tum Nicandri , tum Dioſcoridis Cammoron h. bere , atque ita legendum ætus Nicandri interpres plane innuit ,
κάμμορον explicans κακῇ μέρῳ ἀναιροῦν , hoc eſt ſaeva
morte perimens .

10 CALCEM . Medicamentum hoc eſt valde exſiccans redundantem ex aconito humiditatem, uti & ſcoria ferri , cuius poſtea faciet mentionem .

11 ABROTONI . Abrotonum & marrubium calida ſunt , &
ſiccant tertio exceſſu , item & ruta , quae praeterea tota ſubſtantia venenis adverſatur .

12 CHAMAELAEI. Chamaelaea ſurculoſa eſt & de fruticum genere , multum deterget ; nam & multum habet amaritu-
dinis, ſed praeterea bilem pituitamque purgatione educit.

13 PICEAE . Scribit Dioſcorides chamaepityn herbam , quae
terreſtris picea eſt , exiſtimari privatim contra aconitum
remedio eſſe , & in Heraclea Ponti , quo loco etiam
naſcitur aconitum , provenire. Quamquam & manifeſta
qualitate prodeſſe poteſt , abſtergendo , expurgandoque
viſcera , & valenter ſiccando .

14 ONITIDA . Onitis ſpecies eſt origani , ſed origano aliquan-
to inefficacior . Calfacit & ſiccat , & peculiarem adverſus venena vim poſſidet . Sic & polycnemon , cui magna eſt cum origano ſimilitudo .

15 EX GALLO. Galenus ſecundo Antidotôn , pinguis gallinae
iure utitur . Sed nihil vetat etiam antiqui gallinacei ius
exhibere , quod venenum internis partibus adhaerens maxime detergeat . Ceterum tum pinguis gallinae , tum
vi-

256ANNNNN

vituli elixi liquamentum, non tam ad curationem, quam εἰς τὴν ἀνάληψιν facere videtur. Nam poſt tam vehementer ſiccantia, exhibere eiuſmodi ἐπικεραςικά rationi conſentaneum eſt. Niſi quis & illa ad curationem conducere hac ratione exiſtimet, quod pinguedine ſua meatus occludant ne facile venenum in venas tranſeat, & ventriculum reſolventia faciliorem ad deiectiones efficiant.

16 BALSAMA. Balſamum excalfacit & ſiccat, ideo putredini ab aconito inductae medetur. Sed & vim quamdam habet adverſus omnia venena peculiarem, praeſertim ſuccus eius qui opobalſamum dicitur.

17 MORI. Radix mori, praeſertim autem eius cortex, purgat alvum, & modice adſtringit, ac purgatione quidem aconitum educit, adſtrictione vero iter illi ad venas praecludit. Hoc medicamentum etiam Dioſcorides libro primo commendat.

18 CERVSSA. Multas quidem ad res utilis eſt, ſed intro aſſumpta, veneni maleficium habet. Conficitur ex plumbo acris aceti vapore ſoluto: nec tamen acris eſt aut mordax, ſed refrigerat & ſiccat, atque ideo emplaſticam vim obtinet, eam ob cauſſam quum primum ſumpta eſt, palato, linguae, gingivis, dentibus, & faucibus inhaeret, unde candor partibus illis inducitur.

19 FALSA MODO. Id fit vaporibus frigiditate denſatis & convolutis.

20 AT PRAEBE. Primum moliri oportet ceruſſae vacuationem tum per vomitus, tum per deiectiones: ad utrumque pinguia ſunt efficaciſſima. Nam & in ventriculo ſupernatant, & inteſtina quodammodo inungunt, & efficiunt lubrica. Quare oleum, lac, & malvae decoctum conveniunt: nec has quidem tantum ob cauſſas, ſunt enim reliquis omnibus venenis communes, ſed etiam quod ceruſſae qualitatibus contrarias qualitates ſortita ſunt.

21 PREMADIA. Plures ſunt olivarum differentiae, quarum unam eſſe Premadiam vocatam non eſt dubitandum, de qua tamen non potui quidquam ab alio ſcriptum reperire.

22 RVGIS. Rugae lactis ſunt pellicula illa quae lacti ſuperinducitur, a Graecis γραῦς appellata: propterea quod manifeſtas rugas, inſtar vetulae, habeat. Hanc a lacte credo eximendam, quoniam ſiccitatis quodammodo particeps

ticeps eſt, & ori faucibuſque ceruſſa adhuc imbutis adfi-
gitur & inhaeret .

23 SESAMA . Seſamum multum viſcidum & pingue eſt , modice calfacit & emollit . Quare ſiccitati ceruſſae reſiſtit,
nec patitur eam intra corpus reſiccari & concreſcere .

24 LIXIVIA. Lixivia haec incidit & abſterget ceruſſam, inter-
niſque gulae , ventriculi , & ceterorum vaſorum ſpatiis
adſixam , avellit . Itaque non modo ea colluendum os
gargarizandumque, ſed etiam bibere ipſam expedit, ſicut
& aquam mulſam , quam Dioſcorides his qui ceruſſam
hauſere p raeterea bibendam conſulit .

25 PERSEA . Perſicorum oſſa ſive nuclei evidentem habent a-
maritudinem . Proinde calfaciunt & detergent . Eſt autem perſea arbor a Perſeo dicta , quam ille primus Mycenis , ut ait Nicander , plantavit , dono ſibi datam a
Cepheo , poſtea quam Meduſae collum amputaſſet , quod
ſecundum Nicander vocat , quoniam ex eo Chryſaor &
Pegaſus nati ſunt , ut ſcribit Heſiodus in Theogonia .

26 CAPVLVS . Ferunt Mercurium Perſeo ex ſatis denunciaſſe
& praecepiſſe , ut ibi gladii manubrium excideret, illic
urbem conderet, quod quum eveniſſet, urbem Mycenen,
ſive Mycenas appellavit. Eſt autem in Peloponneſo condita.

27 ATALYMNI . Ego prunum eſſe ſuſpicor, quod quum Dioſcorides omnia fere e Nicandro in librum ſuum ſextum tranſ-
tulerit , & magna ex parte verbum verbo reddiderit ,com-
mendet prunorum gummi contra ceruſſam .

28 CALENTIBVS VNDIS . (ita enim legendum pro *cadentibus
undis*) Poſt maiorem ceruſſae partem vomitibus & de-
iectionibus redditam , quod reliquum eſt , & iam in
venas corpuſque receptum , id balneo digerere haud in-
utile fuerit, a quo non hoc tantum commodi, ſed etiam
intemperiei per ceruſſam inductae alteratio ſperatur .

29 SATVR . Ciborum & vini copia non modo ceruſſae, verum
aliorum etiam omnium venenorum maleficia temperat ,
& nonnumquam vomitus aut dejectionis alvi occaſionem
praebet .

30 CANTHARIDVM. Cantharides omnibus notae ſunt . Calfaciunt
& ſiccant exceſſu quarto , urunt , erodunt , mordicant ,
putrefaciunt , ſed maxime infeſtae ſunt renibus , & veſi-
cae , cumque his ex profeſſo inimicitias exercere viden-
R tur.

tur . Accidunt autem ab eorum potu afperrima omnium
& difficillima fymptomata .

31 PICIS. Non tantum odore , fed & guftu gravis eft cantharidum potio , etiam fi guftus modo mentionem feciffe
Diofcorides videatur .

32 IN LABIIS . Hauftis cantharidibus cuncta fere ab ore ufque
ad veficam erodi fentiuntur, quae in tres partes diftinxit
Nicander , labra , ventriculum medium , & imam alvum.

33 VLCERA . Vefica maxime inflammatur, inde δυσουρία fuper-
venit , & faepiffime fanguinis mictus .

34 PECTVS ANHELAT. Inflammatio & febris ardentiffima diffi-
cilem inducunt refpirationem , ut ea parte comprefsus
efse thorax videatur , qua chartilagineus eft .

35 IRA. Propenfiffimi funt ad iracundiam , fpiritu vitali in-
flammato , & circa cor ebulliente .

36 PANDICVLATIO. Id fit ad extremum fractis & exfolutis viribus , quibus corpus humanum confirmatur .

37 MENTE FERVNTVR . Phrenitis tandem fequitur tam vehementes inflammationes fpirituum , & humorum , neque
ulla menti requies datur , quod calore , bileque divexetur.

38 PVLEIVM . Pulegium acre & fubamarum eft plurimumque
tum excalfacit , tum extenuat . Quamobrem non poteft
manifefta qualitate contra cantharidas prodefse , fed vi
totius fubftantiae alexipharmaca , cuius nemo poffit , ut
ait Galenus , rationem affignare . Nec vero tantum cantharidibus , fed omnium etiam venenatorum morfibus
cum vino potum fubvenire Diofcorides docet .

39 TRISTI. Ferunt Cererem quum filiam raptam quaereret, lu-
ctu fameque afflictam , ab Hippothoonte hofpitio exce-
ptam fuiffe & illic puleium cum aqua bibiffe , interea
dum Iambe famula multis falibus dicteriifque luderet ,
ut Cererem etiam quamvis triftem , ridere compulerit .

40 CEREBELLA. Omne cerebrum pituitofum eft, difficulter recipit concoctionem , tarde digeritur , craffum fuccum
generat , & praeter alia movet naufeam . Itaque ciendis
vomitibus accommodatiffimum eft , multoque magis cum
lini femine quod flatuofum eft , nec facile a ftomacho ,
propter levitatem , poteft comprehendi .

41 CRVDO IN VENTRE. Cogendus ad vomitum aeger eft , dum
adhuc venenum in ventriculo continetur , necdum ab eo
tranf-

tranfiit in maiores venas : tantumque praedicti cibi offerendum , donec ventriculus nimio humore redundans evomat .

42 BIBERE . Lac ferofa fubftantia refrigerat & deterget , & internum aeftum a cantharidibus excitatum compefcit , potum magis quam per clyfterem intromiffum .

43 VITIS RAMOS . Vitium teneri palmites extergendi vim habent , & aliquam fimul refrigerandi .

44 ASPERAQVE . Non poffum facile divinare quam heic herbam Nicander depingat afphodelo fimilem , quum nec eius interpres hanc proprio nomine appellet , nec eius mentionem Diofcorides libro fexto feciffe videatur .

45 PARTHENIAE . Samium aftera intelligit , qui & mediocriter refrigerare , & fanguinis profluvia , quae fere cantharidas confequuntur , fiftere , cum dyfentericis exulcerationibus mederi poteft, & vim praeterea habet toti fubftantiae infitam adverfus omnis generis venena . Hanc aries invenifse dicitur in Phyllide , quod nomen fodinae eft in qua terra illa legitur .

46 SAPAM . Sapa medicamentum eft παρηγορικόν . Ruta tota fubftantia venenis refiftit . Expedit igitur rutam conterere , eamque mifcere cum fapa feu pafso , & unguento irino rofaceoque .

47 SI QVISQVAM . De coriano five coriandro non convenit inter Diofcoridem , & Galenum ; ille frigidum credidit , hic calidum efse magnis rationibus afseverat .

48 GRAVITER . Tam gravis eft fumpti coriandri odor , ut toto corpore illiusqui id hauferit, fentiatur. Quod quidem non omni coriano accidere dicit Graecus Nicandri interpres , fed agrefti modo ,quod ab eo defcribitur foliis latioribus, & procerioribus , multis adnatis , numerofa radice , & plurimis ornatum floribus. Alterum enim quod fativum eft , ait fuave efse , & odoris non ingrati .

49 OVORVM . Galenus coriandri facultates exponens, haud parum illi inefse dixit humiditatis . Quamobrem ovorum putamina trita cum fale aut muria , ipfaque per fe muria , falfaque omnia contra coriandrum auxilio funt . Illa enim valde exficcant . Ego vero non tam ficcitate, quam naturali & occulta antipathia falem , falfaque fumpto coriandro mederi puto .

50 NEPTVNVS . Digreſſio eſt poëtica , minime quidem ad coriandri curationem conducens, ſed medico & philoſopho non indigna, per quam maximarum in orbe rerum, quarum in hac vita praecipuus uſus eſt , naturam exponit .

51 NIVIS . Si frigidum coriandrum eſt , haud recte nix videtur exhiberi. Verum refrigerandae bili accommodatiſſima eſt , cuius fervore , maxima phrenitis oboritur hauſto coriandro . Adde quod eam non omni tempore, ſed oporae fervoribus exhibendam Nicander praecipit, quam ipſe elegantiſſime per vindemiam deſcribit .

52 TV QVOQVE . Cicutam maxime refrigerare omnes norunt, ut Averroëm , vel eius interpretem , & conciliatorem noſtrum pudere debeat, eam calidam & ſiccam tertio gradu ſcripſiſſe: id enim hauſtae cicutae ſymptomata evidentiſſime oſtendunt : capitis gravitas , vertigines , caligo oculorum , mentis abalienatio , motus maxima imbecillitas , intercepta reſpiratio , ſuffocatio , extremarum corporis partium perfrictiones , nullus pulſus arteriarum, Graeci ἀσφυξίαν vocant . Haec enim omnia ex frigiditate , tamquam prima cauſſa naſcuntur.

53 OLEO . Adhibetur oleum ad ciendos vomitus : poſt quos clyſteres injiciendi, & purgantia medicamenta propinanda ſunt, quae delapſam in inteſtina eius portionem exturbent : poſtea vero ad efficaciſſimum remedium , meracas vini potiones , tranſeundum .

54 LAVRVM . Laurus vehementer calefacit : daucus item & piper . Sed ſemen urticae minus , tamen maximam partium tenuitatem obtinet , per quam facile cicutae craſſities incidi tenuarique poteſt : quia autem non tam calidum eſt quam fortaſſe expedit , ideo cum pipere miſceri debet .

55 CYRENAICA . Succus Cyrenaicus , qui & ſilphii & laſeris liquor aliter dicitur, etiam atque etiam calfacit . Irinum quoque unguentum oleumque calidum eſt , & praeterea vomitum ſicut diximus , facit .

56 MVLSA . Et mulſa , & lac non tam ad cicutae curationem conducunt , quam pertinent ad analepticen , ſimulque prohibent ne tam calida medicamenta quibus uſi ſumus , corpori noceant. Itaque per intervalla debet lac ſive aſininum ſive etiam vaccinum exhiberi, quod & medicamen-

ta-

torum acrimoniam obtundit , & aliquam praeterea vitiofi humoris partem , aeque ac mulfa deterget .

57 TOXICVM . Quid fit , incertum adhuc eft . Plinius fallo
, putavit a taxo , arbore venenata , dictum . Sunt enim
utriufque veneni accidentia multum inter fe diverfa , &
a Nicandro atque Diofcoride manifefto diftincta . Eft autem toxicum veneni certa quaedam fpecies , quo barbari
fagittas fuas olim tingebant , quae Graecis τόξα vocantur . Nec tamen venenum omne , quo illae tingebantur ,
hoc nomine appellabant . Nam & dorycnio inficiebantur
aliquando , de quo poftea fuo loco dicemus . Diofcorides
toxicum plantae genus efse innuit lib. 5. ipfumque Afcle-
piades & Galenus inter fimplicia venena adnumerant , libro fecundo Antidotôn . Quorum fententiae accedit &
Lucanus poëta lib. 9. agens de afpide , quae folo veterno interficit .

> *Non tam , inquit , veloci corrumpunt pocula leto*
> *Stipite quae diro virgas mentita Sabaeas ,*
> *Toxica fatilegi carpunt matura Sabaei .*

Nec poenitendum quidem eft veneni tam perniciofi no-
titiam periifse , fed feculo potius noftro gratulandum , id
genus deleterii taeterrimi , quod prioribus feculis tam notum erat , & ufitatum , ut aliquam ipfius defcriptionem
adferre antiquos pigeret , nunc prorfus ignotum efse .

58 ENSIS . Exclamat , inquit , veluti is cui aliquis enfe mina-
tur exitium , aut velut Rheae aeditua & facerdos nona
luna , hoc eft , nono die menfis , quo die Rheae deûm
matri facrificia fieri folebant apud antiquos .

59 QVEM . Primum oportet vinculis arcte deligatos compefce-
re . Eft enim illis tam vehemens phrenitis , ut nifi illata
vi & neceffitate cogantur , medico non obediant . Deinde vinum plurimum in os infunde , donec evomant , nifi
confultius agere Diofcorides videatur , qui non vino in
tanta phrenitide , fed pafso & oleo rofaceo utitur . Ad
vomitum quoque conducit anferis ius decocti , fimulque
immenfam toxici ficcitatem emendat .

60 ET VIRGVLTA . Omnia malorum genera exhaufto toxico
conveniunt , nec earum modo fructus , fed virgulta etiam
cortice fuo nudata : quae ego puto decoquenda in aqua
fimul cum puleio , & poftea bibendum ipforum deco-

Quum. Mala autem ipsa etiam citra cocturam esitasse prodest. Cunctae equidem hanc ob caussam utilia esse arbitror, quod frigida sint & humida, quibus duabus qualitatibus toxici intemperies refrenatur. Sed potissimum stru-
thia cotoneaque, quae Cydonia, a Cydone Cretae oppido, unde primum advecta sunt, Graecis nuncupantur,
iuvant : quia praeterea adstringant, & ventriculum ro-
borantia, vaporum partem qui feruntur in cerebrum, re-
primant.

61 QVODQVE ROSAM. Oleum rosaceum & irinum adhibentur
ad ciendas vomitiones. Sed rosaceum privatim fervorem
atque incendia toxici restinguit. Ea vero per lanam in-
stillare intra fauces oportet, quod insania furorque aegrum
divexet.

62 VIX VMQVAM. Tantum est toxici scelus, ut non nisi difficillima curatione, rarissimeque incolumes evadant qui
id hauserint. Quod si qui extra periculum redditi sunt,
non nisi post longum tempus e stratis surgunt, & quum
surrexerint, attoniti reliquo tempore vitam agunt.

63 SI QVISQVAM. Ephemerum duplex est Galeno, unum quod
folia caulemque lilio similem habet, & radicem oblon-
gam, alioque nomine Iris agrestis dicitur : alterum vero
deleterium & letale, quod aliter Colchicum, quoniam
in Colchide regione Ponto vicina enascitur, & a Romanis bulbus agrestis appellatur. Radicem hoc habet rotundam, vulgo Hermodactylon esse creditur. Theophrastus
scripsit ephemeron venenatum, de quo heic agitur, hellebori folio esse, eamque ob caussam ita dictum, quod
eodem die iugulet. Quum autem multis rebus commune
sit ephemeri nomen, ut ambiguitatem tolleret Nicander,
addidit infestos Medeae Colchidis ignes, quod forte eo
Medea in veneficiis uteretur, aut ipsum prima invene-
rit. Graecus Interpres male putat ephemerum veneni genus esse non simplex, sed compositum.

64 VRITVR. Erodendi vim inesse ephemero patet ex sympto-
matis, & propterea toto genere deleterium esse.

65 HOC VBI. Suffocationes & ponderosae ventriculi gravita-
tes fiunt adsumpto Colchico, quales a fungis sentiuntur.

66 SAEPE. Praecipua mala, quae Colchico inferuntur, sunt,
intestinorum laevitas, & tormina. Quare non abs re
quer-

quercus & glandes fic affectis devorantur. Sunt enim
partes omnes quercus adftringentis facultatis participes.
Adftringit etiam fagus, & omnes imbecillas partes cor-
roborat. Itaque funt haec non Colchici quidem, fed eius
fymptomatum remedia.

67 LAC. Ad mitigandos dolores, & ardores reftinguendos
adhibetur, nec dubium eft quin non folum bibi, fed
etiam per clyfterem inilci poffit, quomodo in omnibus
dyfentericis medici iniiciunt, fed praefertim bubulum,
quod tam praefenti ope dicitur his, qui Colchicum biberint, mederi, ut ubi id fit, nullum aliud efficacius remedium quaerere oporteat.

68 A SANGVINE. Herba haec eft, quae a Romanis fanguina-
lis dicitur, a Graecis autem polygonos. Adftringit fluen-
tem alvum, ftomachi ardores refrigerat, & internis partibus Colchico debilitatis robur addit.

69 VITEVS. Extrema vitis germina modice pofsunt fordes inte-
ftinis adhaerentes detergere, fimulque haud obfcuram
habent adftrictionem. Quod autem & tota rubus adftrin-
gat, manifeftiffimum eft.

70 NVCEM. Caftaneam nucem appellat Nicander, quam tamen
inter glandes Diofcorides recenfet. Sic dicta eft a Cafta-
no Magnefiae oppido, vel, ut alii volunt, Apuleiae,
non procul a Tarento. Adftringentis eft facultatis, praefertim vero, quae inter corium, & carnem earum fub-
iecta membrana eft. Nec vero illa tantum, fed etiam
eius caro privatim his, qui ephemerum hauferint, utilif-
fima efse proditur.

71 SERPYLLI. Serpyllum cum lacte decoctum exhibendum efse
puto, priufquam mala ex Colchico invalefcant. Hic enim
fuffocationibus medetur, craffitiem veneni & flatuum
ab eo prodeuntium incidens difcutienfque. Eft enim fer-
pylli facultas acris, & excalfactoria, eamque ob caufsam
ubi oborta iam dyfenteria eft, ferpyllo videtur efse abfti-
nendum.

72 MYRTVS. Haec guftu afperrima eft, aeque & mali punici
putamen, quod malicorium dicitur. Proinde lienteriam
& tormina ex potu ephemeri contracta fanant.

73 NE VERO. Ixias, five ulophonum chamaeleonis fpecies eft
vifcum ferentis. Neque enim fimpliciter chamaeleo exi-

fti-

ſtimari debet , etiamſi huius quoque radix venenoſa eſt ,
& canes, ſues mureſque occidat. Nam & Paullus Aegineta ſeorſum de ixia deque chamaeleone ſcripſit , mul-
tumque differentia utriuſque ſymptomata enumeravit .
Ipſeque Dioſcorides in prooemio lib. 6. venena in ſuas
quaeque claſſes digerens , inter radices chamaeleonem ,
& ixiam ſeparatim recenſet. Ex quo apparet non viſcum
quidem ipſum chamaeleonis, ſed eius radicem deleteriam
eſſe , maximeque ſi verum eſt quod proditur , Creten-
ſes mulieres chamaeleonis viſcum mandere ſolitaseſſe lu-
cubrationum gratia, ne ſomnum ineant in opere . Ceterum a viſco ixias nomen factum eſt, quaſi viſcariam plantam dicas. Namque viſco redundat , tam tenaci & per-
nicioſo , ut non niſi interaneorum conglutinatu interitum adferre videatur . Vnde & ουλοφόνον nuncupatum
puto , quaſi ουλον φόνον φέρων, hoc eſt pernicioſam mortem interens .

74 MOX TVMOR. Notae quibus ixiam deprehendas ſunt, ocimi
ſapor , lingua tumens , & inflammata , defectus animi ,
mentis abalienatio , meatuum omnium obſtructio , vi-
ſcerum inteſtinorumque tumultus & ſtrepitus , & ſup-
preſſa corporis excrementa .

75 VIX TANDEM. Afflatuum copia comprimitur diaphragma ,
unde difficillima omnino reſpiratio eſt .

76 MEDICATA. Exhibito purgante medicamento, pituita craſſa
& inviſcata deiicitur, ſimilis ovorum albumini, quod ſae-
piſſime gallinae nondum maturum perfectumque, & ſine
teſta abortiunt .

77 SED TANTOS. Poſt vomitus , & alvi deiectiones peractas,
remedio eſt abſicthii dilutum cum muſto , aut vino co-
pioſo, aut aceto mulſo exhauſtum: valet enim ad reſeran-
das obſtructiones , & diſcutiendos nimium craſſos flatus .

78 RESINA. Reſinae omnes deſiccant & calefaciunt , viribus
tamen imparibus , atque ideo digerunt & detergent , ſimulque partium ſortitae ſunt tenuitatem. Quare his pro-
ſunt qui ulophonum deglutierint, ſed praecipue terebin-
thina , ut quae minimum habeat acrimoniae , & poſt
hanc picea , deinde pinea .

79 CONVENIT . Quamvis ulophonum calidum ſit , & ſiccum ,
quia tamen viſcoſum eſt , eaque de cauſa noxium , inci-
den-

dentia, & detergentia poftulat medicamenta. Itaque polium recte adminiftratur, quod & vifceribus omnibus obftructiones eximat, & fuppreffis ab ulophono excrementis vacuationem liberam reftituat.

80 RVTAE. Ruta crafsos lentofque humores valenter incidit, unde urinas movet. Eft & tenuium partium : quare flatus maxime compefcit. Habet etiam nardus vires eafdem, licet imbecilliores. Idem poteft & caftorium celeberrimum facultatibus iftis medicamentum, & a Galeno in libris fimplicium maxime praedicatum : lafer aeque & liquor eius, qui κατ' ἐξοχὴν fuccus appellatur.

81 LACTIS. Lac omnibus fere venenis competit, tum quod temperatiffimum fit, tum quod eorum acrimoniam reprimat, quodque praeter cetera, analepticum fit.

82 AT SI. Credo frequentius quondam epoti taurini fanguinis periculum fuifse inter facrificia, multis, quum tauros immolarent, & parum propitia exta intnerentur, in fummam rerum defperationem adductis. Hoc modo fertur Themiftocles olim periifse in Ioniae Magnefia, quum poculo exceptum tauri fanguinem repente haufifset. Magnam habet is craffitiem, ideoque celerrime coët & durefcit in ventriculo, magifque quam alius quilibet fanguis. Omnis enim protinus ut extra vafa fua effufus eft, concrefcit, & in grumos glomeratur. Inde adftrictio gutturis, & intercepto anhelitu fuffocatio.

83 CONVVLSVS. Non eft dubium quin fanguis ille in ventriculo grumofus, & haud facilis folutu, neque per vomitum reddi poffit, neque in alvum defcendere, eamque ob rem corrumpatur, & malignos vapores in cerebrum mittat, & graviter os ventriculi offendat, ut ex eo fymptomata epilepticorum fimilia, convulfiones, concuffiones univerfi corporis, & fpuma circa os proveniant.

84 SED TV. Vnum eft in taurino fanguine totius curationis praecipuum caput, ut coëuntem durefcentemque fanguinem folvamus, perque alvum praecipitemus. Vomitum enim in hoc Diofcorides improbat, vitandumque monet, quod eo conatu fanguinis grumi magis fe denfant. Sunt autem ficorum cradae, five groffi ad eam rem accommodatiffimi, qui adeo calidi fnnt, & tenuium partium, ut fi cum carnibus bubulis vel duriffimis incoquantur,

tur,

tur , eas friabiles, & teneras efficiant. Eas Nicander non cum aceto sincero , sed cum posca sumendas consulit , quae etiam vim habet incidendi , & attenuandi .

85 COAGVLA . Coagulum omne digerentis est facultatis , nec leporinum tantum , sed etiam omnium aliorum animalium . Lac tamen in ventre coagulatum dissolvit efficacius quam cetera . & concretum simili modo sanguinem. Est aut m cum aceto eliquandum percolandumque .

86 NITRI. Nitrum tenuium partium est, introque sumptum secat & extenuat crassos lentosque succos potentius multo quam sal . Easdem fere vires habent silphium , succus Cyrenaicus , brassicae semen in aceto infusum , & conyzae utrumque genus .

87 RVBETI. Rubi folia , germina , flos , fructus , radix , denique totus ipse rubus leviter adstringit , unde & ventris profluvia strenue sistit . Ex quo mirum videri potest , ipsum in hoc affectu contrariam poscente curationem exhiberi . Verum ille dissimilium partium est , habetque , sed praesertim radix eius , praeter adstrictionem , non paucam tenuem substantiam , per quam & lapides renum comminuit . Dioscorides non germina , sed succum eius ex aceto propinat .

88 SED NEQVE . Buprestis animal quoddam est cantharidi , & specie , & viribus adsimile , ut ait Galenus , vel ut Plinius scarabaeo longipedi ; sed & Nicander , & Dioscorides buprestidem manifeste inter animalia recensent . Plinius tamen alterius buprestidis , oleris cuiusdam agrestis , mentionem facit , quam & boum venenum dicit , eaque degustata boves prosilire , & a veteribus contra eam remedia, tamquam contra venenum prodita fuisse . Idem scripsit & Etymologici auctor , nisi quod in hoc nomine βοῦν non animalis speciem , sed magnitudinem significare arbitratur .

89 NITRO. Dioscorides gustu tantum nitri buprestidem prodi dixit. Nicander vero , & gustu , & odore graveolentiam nitri sentiri cecinit .

90 VRINA. Vt est buprestis viribus cantharidi similis , ita similes notas habet , de quibus ante diximus .

91 TYMPANICVS. Flatibus scatet corpus universum , adeo ut , & umbilicus, qui sordidus est , & veluti sentina corporis intumescat supra modum , sicut solet per hydropas

tym-

tympanicos fieri, ipfaque cutis extima velut contractior facta diftendatur.

92 INFLAT. Verbum πρήσσιν, five πρίσσιν, a quo βούπρησις dicitur, & inflammare, & inflare significat.

93 SED TAMEN. Hauftae bupreftidi conveniunt quaecumque contra cantharidas opitulantur: privatim autem ficus aridae, quae proprie caricae appellantur, in vino intrirae, aut etiam decoctae. Sunt enim moderate calidae, & anodynae: habentque aliquam partium tenuitatem, per quam ad flatus difcutiendos valent. Quas etiam ob facultates febribus conferre pofsunt, humorem concoquentes, incidentes, & detergentes. Id quod ficcae magis quam virides efficiunt. Sed & hac ratione forte convenient, quod alvum adftrictam fubducunt.

94 LAC. Interea dum flatibus diftendantur hypochondria, lac dare malum eft. Itaque in hoc affectu non nifi inclinato decedenteque iam periculo propinari debet.

95 PALMAE. Diftinxit aperte Diofcorides tempus exhibendi fructus palmarum, fcilicet quando iam bupreftidis fymptomata defierunt, & tumor fere totus refedit. Tunc enim non levi adftrictione roborat interna vifcera, exficcat humoris vitiofi reliquias, fuoque calore non pauco noftrum auget.

96 ACHRADIS. Achras pirus eft filveftris. Bacchea & myrtea pirorum funt fpecies. Sunt autem pira omnia frigida, & adftringentia, ac frigiditate quidem calidam bupreftidis intemperiem emendant, adftrictione vero ftomacho grata funt, ipfumque roborant.

97 AB VOMITVM. Non oportet remediorum ordinem in poëta requirere. Ecce enim quod primo fieri debuit, poftremum adfcripfit, omnibus modis aegro vomitum provocandum effe.

98 RAPTRO. Vult charta intorta inflexaque gulam irritari. Quod autem papyrum fauces purgare dicit, non ira accipiendum eft, quafi propria vis illi ad eam rem infit, fed quod gula ab eo laceffita, per fauces noxius humor effundatur, non aliter quam a digitis, & penna, aut alio quovis alte in os demiffo. Nicander Graece vocat κακῶν ἐρυτῆρα φάρυγγος.

99 SIN. Lac non eft natura fua venenofum, fed per errorem

tan.

tantum veneni mala invehit. Error autem in lactis ufu maximus eft, ipfum ftatim ut inditum coagulum eft, haurire. Nam quia priusquam concreverit, editur, poftea in ventriculo concrefcit, & intra priores etiam venas, quae per initia ipfum exceperint: factaque obftructione fuffocationis pericula eveniunt. Quod fane non eveniret, fi admixto coagulo interpofitaque mora ipfum in vafculo fuo concrefcere pateremur. Sic enim devoratum in ventriculo manet, dum concoquatur, & ex craffo tenuatum in venas tranffumitur. Illud autem contra liquidum, ficut erat, in venas recipitur, una cum coagulo fuo, cui adhuc vires integrae funt, illicque glomeratur, neque prius inde difcedit quam concoctum tenuatumque. Ex quo manifefte patet, quae fit lactis in cafeum recens concreti a propofito nunc lacte differentia.

100 INCIDENS. Lixivia omnis tenuium partium eft & incidit. Hanc Nicander Θρυπτήραν cognominavit, ex quo patet non quamlibet, fed maxime incidentem deligendam effe. Diofcorides hoc Nicandri carmen, ficut reliqua fere omnia profa reddens, ἀντὶ τῆς Θρυπτήρας πιλοποιητικὴν κονίαν dixit, id eft lixiviam quam parant hi qui τοὺς πιλοὺς, hoc eft pileos coactis lanis concinnant, cui lana fuccida quae in ea madet, partium tenuitatem indit. Ea Galenus ufus eft libro fexto Methodi medendi ad nervum punctum, inque penuria alterius medicamenti, quum forte aegro vicinum πιλοποιόν vidiffet (fic enim lego, non ut Linacer πηλοποιόν, quod verbum omnino nullum in lingua Graeca eft) aquam ab eo lixiviam popofcit. Namque digerendi & incidendi vim habet maximam: praefertim fi illi additum fit acetum: quod quamvis noftri pileorum artifices non admifceant, quondam tamen addere folitos Plinius commemorat, lib. 8. Naturalis biftoriae cap. 48. ubi de lanarum generibus edifferit. Haec autem potiffimum libuit adnotaffe, ut Marcello Diofcoridis interpreti fcrupulum, quo mirum in modum torquetur, libro fexto capite de Lacte cui mixtum coagulum eft, eximerem.

101 THYMI. Incidit & calefacit vehementer, omnefque fere fuppreffas vacuationes reftituit.

102 RACEMUS. Remedium hoc parum admodum efficax eft, nec temere a Diofcoride neglectum praetermiffumque.

103 COAGVLA . Nemo miretur , coagula ad curationem adhiberi , quum tamen ab his omne malum prodierit. Siquidem tam valenter digerunt & extenuant , ut non aliud fit praeftantius in hoc affectu praefidium , maxime fi cum aceto foluta bibantur . Hoc etiam fe expertum fuifse non folum in leporino , fed etiam in aliorum omnium animalium coagulo Galenus memoriae prodidit . NEPETAE . Nepeta quae Graecis calamintha dicitur , effentia eft multum tenui , & calida , quare maxime incidit . Bibenda autem eft cum mulfa aut aceto .

104 DORYCNION Dorycnium idem efse cum folano furiofo Dioscorides in prooemio lib. 6. prodidit. Similiter & Plinius , qui praeterea dorycnium vocari dixit , quod olim eius fucco lancearum , quae δόρατα dicuntur a Graecis , cufpides tingerentur : aliter quam Demophon , qui hanc nominis adfignat rationem , quod ad inferendam mortem pares τῷ δόρατι vires habeat . De eo praeterea Theophraftus fcripfit , eum qui drachmae pondere id biberit , fibi placere ac fe pulcerrimum exiftimare , mente nimirum iam tentari coepta : qui vero duplicato pondere , magis infanire , fpectris animo obverfantibus : fi vero triplicato , iam perfecte & iugiter infanire : quod fi quid ponderi adiiciatur , repente mori . Sed infaniam quidem inter eius notas Nicander omifit , ut manifeftam . Eft autem temperie frigidum naturaque fomniferum . Qua quidem qualitate infaniam excitare non poteft , quam intemperies veterno contraria parere confuevit . Ex quo fequitur id veneni genus vel diffimiles partes continere , vel occulta quadam proprietate hoc efficere .

105 NVNC INFRA . Tenefmo vexantur qui dorycnium hauferint , eumque humorum putrefcentium acrimonia parit . Quibus malis omnibus vires intantum profternuntur , ut aeger quamvis maxime fitiens , tamen bibere neg'igat .

106 PISCES . Teftacei fere funt omnes hi pifces , eorumque alii facile , alii difficilius concoquuntur , aut etiam corrumpuntur. Itaque vis potius occulta in his , quam manifefta ratio eft , nifi quis fubducendae alvi gratia exhibendos arbitretur .

107 PHARICI . Quid fit Pharicum non certo conftat . Nemo enim eorum qui de venenis fcripfere , de eo quidquam

prae-

praeter notas & curationem tradiderunt . Apparet hoc
tantum ex Dioscoridis procemio in libro sexto , arborem , fruticem , aut herbam esse , & proinde simp'ex deleterium fuisse. Sed & Galenus libro secundo Antidotôn
ipsum inter simplicia venena recenset . Quidam credidere
nardi speciem esse , aut aliquid in nardo nascens , quod
nardum sapiat , quodque nonnihil veneni vicem gerens
in nardo gigni scriptum legeriot , ex quo Pison illud vulgo nuncupatum , tamque celebre , ut iam omnia venea-
rum genera uno eius nomine designentur , Indi conficiant,
exitiale non potu modo , sed & in sudore corporibus admotum . Nec repugnat quidem hoc pharicum esse , &
tamen illi nardum aut nardi spicas adversari. Multa eamque venena produxit natura , quae secum suas ferunt an-
tidotos .

108 ACERBO . Id est molesto , nequis putet heic propriam sa-
poris differentiam esse . Graece dicitur, ἡ γναθμο, αν ἱχί
βαρὺν ὥπαα μύχθον , hoc est , quod gravem maxillis
infert dolorem .

109 PERTVRBAT . Pharicum in furorem agit , nervorum reso-
lutionem , & convulsiones inducit , sive id fiat ab eius
siccitate, sive a multitudine vitiosi humoris in cerebrum
confluentis .

110 THYLACITIS . Hoc est montanae nardi cognomen , scriptum etiam a Dioscoride libro primo. Sic autem nardus
dicta est, non omnis quidem , sed quae in Ciliciae montibus nascitur , propterea quod ex Cilicia a mercatori-
bus in Graeciam sacculis conclusa venalis adferretur: θύ-
λαξ enim sacculum ex corio factum utremque significat,
& θυλαχοφόρους Helychius interpretatur θυλάκοις συμ-
φίροντας τὰ ἀμώματα καὶ πήραις .

111 SMYRNION . Quod quidam hipposelinum agreste cognomi-
nant , & Iris , calida sunt & sicca . Quare nervorum
resolutionibus auxiliantur , quas pharicum accersit . Re-
sistunt autem & putredini pharici , quod ego inter de-
leteria , quae Graecis σηπτδονώδη a putrefactione dicuntur , adnumerandum puto .

112 PVDIBVNDA . Credo luteos illos apices intelligi , qui ex
fundo calycis emicant , qui pudendis asini similes aliquo
modo videri possunt . Non potui autem fabulam hinc ab

aiio

alio fcriptam repetire , mirorque id io Nicandro , qui
alibi lilium Veneris χάρμα , hoc eft delicias appellavit .

113 RADE . Heic capiti remedia Nicander admovet , quae &
phreoitidem demulceant , & humorum a quibus coo-
vulfio fit & paralyfis , portionem digerant & ficcent .
Hoc ruta praeftat ; illud pofea & hordeacea farioa efficitur.

114 HYOSCYAMO . Quem hyofcyamum Graeci dicunt , Latini
Apollinarem herbam & altercum nuocupant : fic autem
Graece dicitur , quod paftu eius coovellantur fues , &
in fummum periculum adducantur , nifi protious aqua fe
copiofa intus forifque proluerint. Galenus tria ficit eius
difcrimioa , uni femen atrum , alteri modice flavum ,
tertio album tribuit . Sed primum quidem deterrimum
eft , potumque , ebrietati fimilem amentiam , & foporem
inducit: poftremom vero in medicina minime afpernan-
dum eft , tertio fere exceflu refrigerans . Itaque primo
nullus utitor , nifi qui mentis male fanae eft : aut puer ,
qui pulcritudioe floris captus , eum aliquando mandit .

115 AT NOXAM . Facillime omnium curantur , qui hyofcyamum biberint , fi copiofam aquam inullam , aut lac , prae-
fertimque afininum , fin minus , caprinum aut bubulum
exhauriant . Haec eaim hyofcyami ficcitatem , a qua a-
mentia eft , emendant .

116 SILIQVAE . Siliqua arboris genus eft , filiquas pro fructu
ferens falcatas , & cornibus fimiles , qua de caufsa eam
Graeci κιράτιον appellant . Credo hanc ad irritandum vomitum inftitui , praedulcis enim eft: proinde facile oau-
feam movet , fumpta praefertim cum oleo , ficut Nicao-
der confulit .

117 VRTICAM . Cuncta fere remedia haec pugnant contra hyofcyami frigiditatem , & craflos vapores qui meotem tur-
bant , incidunt . Ioter quae urtica primum habet locum,
caius tum froctus , tum folia , tum femen , quod praefertim ficcum eft , maximam habent partium tenuitatem ,
& non mioimum calotis . Praeterea abftergent , & quadam veluti titillatione alvum fubducunt . Sunt vero &
io napy & io nafturcio maiores ad eadem vires .

118 INTYBA . Cichorium omne frigidum eft , fed non omne
ficcum . Hortenfe enim in humiditate , & ficcitate tem-
peratum eft . Quare aeutrum videtur temperie fua hyo-
                                                        fcya-

scyamo adversari : eamque ob rem arbitror a Dioscoride
consulto praetermissum, sicut & perseam arborem . Reliqua autem omnia ab eo referuntur , magna calfaciendi
& incidendi facultate praedita .

119 PAPAVERIS. Opium dicitur liquor papaveris, eius praesertim, quod longiorem reliquis papaverum generibus caly-
cem habet , & totum procerius squalidiusque est . Nam
quamvis alia quoque refrigerent , & soporifera sint , hoc
tamen excellit, atque in refrigerando quartum ultimum-
que locum obtinet, somnumque ideo inducit , qui stupor
verius quam sopor dicatur, & exstincto calore nativo saepe mortem adfert . Namque omnium fere symptomatum
causa quae epoto liquore papaveris exoriuntur , ad summam illam frigiditatem refertur .

120 SVDORE. Id fieri potest vel a virium sola imbecillitate ,
vel calore nativo ad cutem , frigore veneni propulso &
exspirante,& spiritibus per poros resolutis , quos tenues
humores , qui frigore densari non potuere , consequuntur. Gravis autem ille sudor est , ut qui opium redoleat.

121 FERVIDA LABRA. Graece est πίμπρησι δὶ χιλη. Est autem
ambigua huius verbi significatio , ut ante diximus , quod
& urere , & inflare significet . Quorum utrumque etsi
potest opio succedere , mihi tamen videtur fervorem potius designare .

122 OBTORTAE NARES. Ista letalis est facies , quam Hippo-
crates in Prognostico depingit, & quam Galenus exstincto calore nativo fieri posse demonstravit .

123 CERERI. Idest praebent apes mella , cum quibus panem
opsonii vice edamus. Nicander Graece dixit , Δηοῖ πο-
λυωπίας ὤπασαν ὄμπνας. Sunt autem proprie ὄμπνα,
πυροὶ μέλιτι βεβριγμένοι, hoc est panis melle adspersus,
& conditus .

124 VELLERAQVE . Qui opium bibere , iacent velut mortui
& omnibus naturae officiis destituti . Itaque quum ex se-
ipsis nihil agant , cogendi sunt ea devorare quae salutis
causa imperantur. In primis autem ad vomitum compel-
lendi sunt , per lanam instillato in fauces oleo rosaceo ,
vel irino , vel etiam simplici , quale primum ex praelo
profluxit. Sed irinum videtur accommodatissimum , quia
praeterquamquod vomitorium est , etiam calfacit & cras-

s.tiem

fitiem frigidorum humorum flatuumque extenuat . Non
eft autem dubium quin praeterea acerrimis clyfteribus
alvum refolvere oporteat .

225 LACERNAS . Ab opii frigiditate univerfus etiam corporis
habitus refrigeratur , humores denfantur , cutis adftringi-
tur . Contra haec Nicander duo praefidia adhibet , velles
oleo , vinoque imbutas & madentes , & aquae tepidae
balneum , in quo calfacientia quaedam medicamenta in-
coxiffe , non dubito quin fit optimum . Sic enim corpus
concalefcet, fanguis , quem ego Lucretium imitatus , ru-
bidum humorem appellavi , liquabitur , & cutis adftricta
laxior evadet .

226 DISCE VENENATOS . Lepus marinus ex lacertorum genere
eft , parvaeque lolligini fimilis , informis magis offa quam
pifcis: folo colore leporem refert , veneno exitiabilis , five
in potu , five in cibo datus , aliis autem etiam vifus . Siquidem gravidae fi omnino adfpexerint feminam ex eo genere , ftatim naufea & redundatione ftomachi vitium fa-
tentur , deinde abortum faciunt . Cetero homines quibus
in paftu datus eft , dicuntur mori totidem diebus quot
vixerit lepus . Hi autem pifcem putridum olent: hoc primo argumento veneficium id deprehenditur .

227 ICTERICVS . Non eft leporis marini venenum praefenta-
neum , fed fenfim hominem conficit , & faeviffima adfert
fymptomata, inter quae icterus eft , & viridi nigroque mi-
ftus color . Fit autem hoc a putredine humorum . Nam &
leporis venenum putrefactione erofioneque deleterium eft .

228 TABESCERE . Corpus nutriri definit , vel quod corruptos
a lepore humores non poffit fibi adfimilare , vel propterea quod pulmones malo quodam leporini veneni occul-
to tandem exulcerentur , unde febris & tabes fiunt . Quod
quidem ulcerati pulmonis malum Nicander aperte indica-
vit , fcribens genas illis rubere , & velut rofeo colore
pictas videri . Hoc enim fit humorum in pulmonibus putrefcentium calore in faciem fublato .

229 CVTIS ALTA . Credo hydropem fignificari, etiamfi nec Diofcorides , nec alius quifquam eum inter notas recenfue-
rit . Sed ratio facile id perfuadet .

230 VRINAE . Supprimitur urina non multo poft epotum leporis venenum ab inflammatione renes & veficam obturan-

S   te ,

te , vel ab immodico calore ferum omne fanguinis ab-
forbente. Quod fi quid urinae reddatur, initio fanguinea
eft & rubra propter inflammationem : procedente autem
invalefcenteque malo purpurea evadit , humore magis
putrefcente , & calore nativo paullatim pereunte .

131 AVERSATVR PISCEM . Non eft mirum eos qui, in tanto periculo ob pifcem verfantur , pifces odiffe. Sed hoc occul-
tam aliam cauffam habere exiftimo: maxime autem ,quod
quum omnes alios pifces averfentur & oderint , & vifis
etiam illis terreantur ,folos fluviales cancros libenter com-
edant , & admifto vino tritos bibant , eofque magna
cum utilitate concoquant . Tunc autem indicium & fpes
falutis magna eft , quum pifces amare & in cibos admit-
tere coeperint .

132 HELLEBORI . Poft vomitus & alvum folutam , purgans
medicamentum ex helleboro nigro & fcammonia compo-
fitum exhibere oportet, quo radicitus quidquid adfumptum
eft veneni , evellatur . Huic autem Avicenna etiam agari-
cum & fuccum glycyrizae adiicit,atque fecundo tantum
die a quo fymptomata exorta funt , dandum effe monet.

133 MALVAE . Valet malva contra inflammationes internas ,
dolores fedat , fuoque lentore internas partes inungit , ne
facile leporini veneni acrimonia erodantur . Eadem ad
vomitus & alvi deiectiones conducit . Sunt & in lactis
afinini potu paria fere commoda .

134 PICEM . Lacrima cedri ab aliis pix , ab aliis refina , a
Galeno cedri oleum , ab omnibus fere Cedria dicitur .
Calfacit & ficcat: abfumptaque humiditate corpora prae-
fertim mortua praefervat a putredine .

135 GRANATI . Mala punica , five granata refrigerant , ad-
ftringunt , & ficcant : quare humores a leporis putredine pofsunt vindicare . Alii non integris malis , fed
acinis tantum utuntur , in quibus vifcidi aliquid ineft ,
quo poteft commode rofio impediri . Sunt autem & oe-
nope , & promeneum , & aeginenfe punicorum fpecies.

136 VVA . Paffum videtur heic parare Nicander , quod dandum
continue his eft , qui leporem marinum hauferint .

137 SI QVISQVAM . Hirudo vermis eft in aquis degens , qui
& fanguifuga appellatur . Eius duo genera reperiuntur,
unum caput habens magnum , coloris ruffi , variis diftin-

Qum

Qum filamentis, & quodammodo lanuginofum. His multum virus ineft, idque alicui adfixae parti invehunt. Id
quod vel ex aquis, in quibus degunt facile deprehendas.
Alterum eft tenuius, & a cauda muris non multum di-
verfum, cui & breve caput eft, & venter rubet, atque in aquis puris habitat. Sed hae quoque venenofae
funt. Quare fi non ante purgatae, & probe deterfae corpori adfigantur, vulnera aliquando infanabilia faciunt,
tum quod etiam plerumque adfixa relinquunt capita, qua
de caufsa multi intereunt, ficut Meffalinus olim e con-
fularibus patriciis, quum ad genua admififfet. Verum
partibus externis idfixae multo facilius decidunt, vulne-
raque curantur, quam ubi vel naribus, vel ori, vel
ventriculo inhaeferint. Adde quod & aegrum, & medicos plerumque latent. Nec tamen quibus eas notis pof-
fis difcernere, Nicander & Diofcorides explicarunt,
quum tamen cognitu plane necefariae videantur, ne qui
earum occafione vel fcreat, vel emungit fanguinem, alia
de caufsa laborare exiftimetur. Ergo fi quis pluribus deinceps diebus cruorem evomuerit, fcreaverit, vel emun-
xerit, quem nec dolor aut gravitas capitis, nec ictus
etiam exprefferit, magna hirudinis fufpicio eft, maxime
fi aeger fuctionis fenfum aliquem percipiat. Eft autem
fanguis qui excernitur tenuis, & qualem Graeci ἰχῶρα
vocant, nifi forte hirudo in maioris alicuius venae orificium impegerit, ex qua fanguis affatim erumpat.

138 ACETI. Acetum non modo cogit hirudinem loco cui ad-
haefit, excidere, fed etiam ipfam interficit.

139 NIVEM. Monent plerique, & nivem, & glaciem in ore
continendam effe, nec bibendum, ut hirudo, quae frigi-
dis in aquis degere confuevit, humoris frigiditatem fen-
tiens, & appetens, ad eam feratur, ficque facile reiici poffit.

140 AVT SALSAM. Sal omnis ad avellendam hirudinem utilif-
fimus eft. Id quod externis in partibus facile licet expe-
riri. Illa enim quamvis avidiffime fanguinem exfugens,
protinus decidet, fi falem, vel cinerem etiam ori ipfius
infperferimus. Sunt autem falis geminae differentiae: nam
aut foffilis eft, aut marinus: foffilis e terra effoditur,
qualis in Cappadocia effe dicitur, & in Oromeno Indiae
monte, in quo lapidicinarum modo caeditur renafcens:
marinus ex aqua maris efficitur ficcata aeftivis folibus.

141 SALIS VNDA. Dicit praebendam esse aquam marinam, vel a sole, vel ab igne calidam.

142 SPVMA SALIS. Multis in regionibus qui salem faciunt aquam dulcem marinae affundunt: nisi imbres plurimi e caelo decidant, ut sal incundior sit, & minus acris, quam dum miscent, spuma gignitur, quam dandam Nicander consulit, & ἀχνυω vocat, ut etiam Homerus vocavit.

143 FERMENTA. Fungorum duplex est differentia. Aut enim edendo sunt, aut letales. Omnibus origo eadem. Nam e limo, & acescente succo madentis terrae excitantur, quam ob caussam arbitror a Nicandro terrae fermenta nuncupatos. Est enim fermentum aciditatis cuiusdam frigidae particeps, habetque tantam cum fungis naturae similitudinem, ut si caudice populi nigrae iuxta terram conciso, aqua resolutum infundatur, ilico fungi enascantur, quos proprie aegiritas vocant. Vitiantur autem fungi multis de caussis, & evadunt venenati. Si enim rubiginosus clavus, si putridus aliquis pannus, si arbor noxia, si serpentis caverna iuxta fuerit, & patescentes primum adhalaverit, perniciales fiunt. Namque strangulationes laqueis similes inducunt, & animi deliquia, & sudores frigidos, si quis vel crudiusculos, vel maiore copia ingesserit, ore ventriculi angustia pondereque oppresso, & maligna putrescentium fungorum qualitate vexato: iidemque putrescentes malum id saepe invehunt, quod Graeci χολιρὰν appellant.

144 NOMINA PASSIM. Sunt inter fungorum genera boleti, quibus Paullus Aegineta principatum dedit: sunt & Amanitae dicti, quibus secundum adsignat locum. Dicuntur etiam alii aegiritae, laciniae, & ab ovorum similitudine, ovati, sicut & a spongia spongioli. Graeci quoque poëtae fungos γηγενεῖς, hoc est natos terrae cognominarunt. Sunt praeterea multae fungorum differentiae, quae variis in locis, variis etiam nominibus designantur.

145 RAPHANI. Fungus frigida humidaque admodum planta est: crassos humores flatusque gignit. Quare calidis siccisque medicamentis, & incidentibus expugnari debet, si quando molesta est. Vim autem eiusmodi habent raphanus, & ruta.

146 CHALCANTHVMQVE. Atramentum futorium deficcat, non
inftrenue calfacit, & adftrictione quam poffidet vehe-
mentiffimam, humiditatem exprimit fuperfluam. Ex aceto autem dandum eft, quo tenuius evadat.

147 CLEMATIDIS. Foliis clematidis (herbarii volubilem appellant) acris & adurens facultas ineft, nec dubium quin
& eorum cioeri. Sed vis illa cauftica mifto aceto tem-
peratur, quod etiam non leviter fungorum fuccum craffum incidit. Vires etiam clematidi fimiles habent pyrethrum, nafturcium, finapi, & faex vini ufta.

148 MEDVM MALVM. Medicum malum, quod & Citrium dicitur, partium habet tenuitatem: praeterea veneficii
cuiuslibet optimum fcribitur effe amuletum

149 GALLINAEQVE. Stercus gallinaceum ficcum eft, & calidum,
& apprime his qui ab efu fungorum fuffocantur, utile,
fi minutiffime contritum ex pofca, aut oxymelite hiba-
tur. Namque aegri non multo poft humorem craffiffimum,
crudiffimumque vomunt, unde fuffocationis periculum
plane tollitur. Id fe in multis expertum fuiffe Galenus
fcripto teftatus eft.

150 SALAMANDRA. Haec in lacertarum genere eft, ignavum
animal, ftellatum, coloris varii, numquam nifi magnis
imbribus proveniens, & ferenitate deficiens.

151 TORPESCVNT. Torpor, nervorum refolutio, tremorque
fequuntur hauftam falamandram, liquatis a calore praeter
naturam humoribus cerebri, vel in caput aliunde fubla-
tis, & per nervos fparfis eofque obturantibus, ad eun-
dem modum, quo febribus ardentibus, & apoplexias,
& letargos, & paralyfes fuccedere videmus, nec mirum fi deliria inde fiant.

152 VIBEX. Partes in quas plus veneni confluit, aut quae
funt ad putredinem magis proclives circumquaque live-
fcunt, putrefacta iam carne, & calore nativo pereunte,
ex quibus fanies quaedam virofa diffluit, tandemque illae
emoriuntur, & corruptae decidunt.

153 LACRIMA. Pini refina acris eft, ficcat, & calfacit, &
craffos humores incidit, & digerit.

154 PICEAE. Eadem eft in picea terreftri, five triffagine,
Graeci χαμαίπιτυν dicunt, quae in refina pini ratio.
Expurgat enim abftergitque, & obftructa aperit, & fic-

S 3   caa-

cando , putrefcentem abfumit faniem haufta falamandra
emanantem : ea autem tritis fimul nucleis pineis decoquenda eft .

155 VATICAM . Haec tenuium admodum partium eft. Dicit
autem Nicander cum ervi polline , & tenui farina in
olen coquendam , quo magis incidat , detergat , & obftructiones expediat .

156 E MVTA . Puer adhuc Mercurius fpelunca egrediens in qua
natus erat , obviam primum habuit tefludinem , quam
quum exinaniffet , feptem in ea tetendit chordas , duabuf-
que extremitatibus a ligavit , quas αἶκῶνας , id eft cubitos Nicander vocavit , propterea quod cubiti in modum inflexae funt , atque ita citharam ex tefludine con-
fecit , quam & Graeci χέλιν ἀπ' τῆς χελώνης appellant .Fabula fcripta eft in hymne Homeri in Mercurium ,
& multis illic verfibus decantata .

157 RANAS STIRPEMQVE . Hoc vere tota fubftantia alexipharmacum eft , temperie quodammodo medium inter fala-
mandrae virus & corporis noftri naturam , & venenofita-
te aliqua , ficut omnia quae toto genere deleteriis ad-
verfantur , participans , quam non eft dubiom ineffe ranis . Eft & eryngium commune venenorum omnium remedium . Porro antidotus haec folis duobus iftis eryngii
radice , & ranis conftare poteft , quo modo etiam Diofcorides confulit , aut fcammoniae portiuncula aliquando
adiicienda eft , ut corpus univerfum a putridis humoribus expurgetur ,& venenum paullatim deiiciat . Avicenna non modo antidotum iftam , fed omnia etiam Theriaces , & Mithrydatii genera exhibenda confulit .

158 POCVLA . Duae fummae ranarum differentiae. Nam aut
in aqua degunt , aut in ficco . Illae geminae dicuntur ,
palultres , quae virides funt , & marinae magna ex parte rubeae . Hae fimiliter duplices perhibentur : aliae
enim per apertos campos vagantur , aliae in vepribus
tantum degunt , & fub rubis latitant , ob id rubetarum
nomine donatae , grandiffimae cunctarum , geminis veluti cornibus , plenae veneficiorum : has Graeci φρύνους vocant , deque his primum Nicander differit . Has autem
ipfe θερμομένους ,hoc eft aeflivas appellat , quod vel aefla-
te potiffimum appareant , vol id temporis venefici pun-

Ɖa multis in locis earum cute faniem inde promanantem colligant, & adfervent cibis inficiendis deterrimam.

159 THAPSO. Quid fit thapfus, anne idem cum thapfia, non conftat. Graecus Scholiaftes dicit efle ιῖδος βοτάνης χλωράς, eftque verifimile illam nunc herbam intelligi, quae in Theocrito pcëta legitur tingendis lanis utilis, qua & capillus flavus efficitur.

160 MOLEMQVE. Graece fcriptum γυῖα δὶ πίμπρησιν, quo verbo tumorem inflationemque corporis fignificari patet ex Diofcor. qui pro eo reddidit ἱπιφέρει οἰδήματα σώματος.

161 PRAESIDIO TAMEN. Plinius fcripfit lib. 32. cap. 5. ranarum marinarum ex aceto decoctarum fuccum contra venena bibi, & contra ranae rubetae venenum, & contra falamandras. Quod fi verum eft, remedium plane hoc fuerit tota fubftantia alexipharmacum, cuius & eadem ratio eft, quae fanguinis fcorpionis contra fuum venenum, quod morfu infuderit.

162 PIX. Pugnat pix contra ranas manifeftis qualitatibus. Siccat enim & calefacit, habetque evidentem partium tenuitatem, qua craffos flatus incidit, & digerit.

163 MVTA AVTEM. Etfi variae funt ranarum differentiae, unum tamen eft earum temperamentum. Sunt enim omnes frigidae atque humidae, nec earum notas & curationem Diofcorides eam ob cauffam diftinxit. Omnibus enim pallorem fuccedere dixit, ut buxo fimiles colore videantur, qui quamlibet hauferint.

164 BILE MADET. Ab obftructione fymptoma hoc poteft proficifci, per quam bilis, & in corpus univerfum, unde buxeus color, & in os, unde calidum biliofumque fentitur, regurgitat.

165 SINGVLTIBVS. Affectus eft ventriculi fingultus, qui & ilia & mufculos epigaftri exagitat. Nafcitur in his a copia, frigidi & pituitofi humoris, ventriculi os convellentis.

166 SEMINE. Sequitur involuntaria feminis excretio ranarum potum, fed habet, ut mihi quidem videtur, cauffam latentem, qualem & cantharides ad ulcerandos renes, & lepus marinus ad erodendum pulmonem habent. Quod enim vafa potiffimum fpermatica, non item diuretica, aut fphincteris mufculus, refolvantur, alia omnino eft praeter frigidam ranarum intemperiem, alioqui & opio, & cicutae, & hyofcyamo id effet commune.

167 SED TV FVNDE MERVM. Poſt vomitiones multa vini meᵣ
raci potio utiliſſima eſt , frigidos craſſosque humores ,
& flatus calefaciens , atque incidens.

168 IN LABRO. Lavari quotidie debent , & In aquae calidae
folium defcendere , quó humor flatufque digerantur.

169 ARVNDINEAM . Arundo calfacit , ſiccat , deterget , incl-
dit , extenuat , digerit , quae omnia unanimiter in veneni iſtius medelam confpirant. Paribus fere facultatibus
praeditus eſt cyperus, qui Latinis inncus quadratus dicitur.

170 EXERCI . Scopus unus eſt in exhibendis veneni ranarum
antidotis, corpus nimia humiditate frigiditateque tumidum
ſiccare , & digerere . Quamobrem non eſt negligenda
exercitatio , ſed maxima celeritate currere , & ſpaciari
oportet . Sic enim nativus calor augebitur , humores
craſſi tenues fient , ſuperflui vacuabuntur , & ex uſſo
torpore , qui hoc in malo praecipue moleſtus eſt , priſti-
nus corporis vigor redibit .

171 ARGENTI . In argenti fodinis lithargyros , & hydrar-
gyros reperiuntur , quorum illud argenti ſpumam , hoc
argentum vivum Latini , mobilitatem eius contemplati,
appellarunt , ſicut & Graeci , quod aquae modo fluere
videretur , hydrargyron. Plura ſunt utriuſque genera.

172 ALVVS GRAVIS. Spuma argenti , & argentum vivum pondere ſuo inteſtina exedunt & perforant . Eſt enim lapi-
dea terrenaque eorum ſubſtantia , nec parum aquea, qua
de cauſſa gravia ſunt.

173 FLATVS . Frigiditas flatus hos parit , hi tormina & inte-
ſtinorum dolores: quorum tamen potiſſima cauſſa eſt eroſio.

174 SISTITVR . Hoc fit ab inflammatione , & influxu humoris in imum ventrem tantopere difcruciatum. Dolor enim
fluxionem commovet .

175 PLVMBI . Non eſt mirum ſi ſpuma argenti ex plumbo con-
flata , plumbique naturae particeps , ubi humores corporis infecerit , plumbeum colorem inducat .

176 AST OBOLOS . Duo ſunt praecipui in curando hoc veneno
ſcopi : roſionem impedire , & corporis tumorem digerere . Itaque poſt vomitus lac prodeſt, cibi item pingues &
viſcidi , de quibus nihil hoc loco Nicander: namque illa
modo remedia perſequitur , quae flatus difcutiant , urinas retentas provocent , ſudorem moveant , & tandem
corporis tumorem ſiccando refolvant .

177 ISTHMIACVMQVE. Melicerta qui & Palaemon & Portunus dicitur, filius fuit Athamantis & Inus, cum quo mater in mare se praecipitem dedit, quod Athamanta maritum suum furere videret. Addit Pausanias Melicertae corpus a delphine postea evectum fuisse in Isthmum Peloponnesi, inter Aegaeum & Ionium mare, cuius fauces Corinthus obsidet, & a Sisypho repertam illicque sepultum, & in eius honorem Isthmiacum certamen institutum, quod Corinthii celebrarent, in quo qui vincebat, selino, hoc est apio donabatur.

178 RVGOSVMQVE. Habetur Graece ῥυσ́μω, quo nomine Graecus Scholiastes male putat rutam significari. Est enim piperis epitheton, & rugosam significat, ῥυάς enim dicitur ὁ ῥυτίδας ἔχων. Isto etiam Persius satyra quinta usus est.

179 LIGVSTRI. Absque morsu & acrimonia ligustrum digerit & siccat.

180 VENENATA TAXO. Smilos, smilax, thymion Graecis, taxus Latinis, arbor est venenata, non potu modo, sed sola etiam umbra, siqui sub ea dormiant cibumve capiant, quo potissimum tempore flores edit. Est autem veneni tam praesentis, ut sint qui taeterrima venena taxica ab ea vocata fuisse existiment, quae nunc toxica dicimus. Adfert suffocationes, & totius corporis refrigerationem, & alvi profluvia, & celerem mortem, nisi protinus calidis succurratur. Solum merum Nicander heic exhibet, efficacissimum sane remedium, sed praeterea commode reliqua omnia possunt imperari quae contra cicutam prodesse scripta sunt.

181 ILLE EGO. Nicander quasi oblitus quo loco de fungis egit, remedium ex myrto ceteris adiungere, id nunc addit. Sed myrtum quidem non nominat, describit tamen satis aperte. Nam quum Venus Iunonem & Palladem secum de forma contendentes vicisset, praeter auream pomum, myrtea etiam corona ornata est, quo factum est ut semper fuerit Veneri gratissima myrtus, & eius dicata numini. Sunt & baccae nigrae myrto. Praeterea litoribus & aquosis locis maxime provenit, & non nisi hiberno sole, hoc est tarde admodum maturescit. Quae omnia non parum cum Nicandri versibus conveniunt. Sed nemo medicorum quod sciam, remedium hoc fungis adhibuit, &

pri-

prima fronte videri poteſt ad fungorum curationem inu-
tile . Nam quum illi calefacientia incidentiaque medicamenta poſtulent , quis audeat myrtum , cui maxima ineſt
adſtrictio , exhibere ? Solus Plinius poſt Nicandrum ſcripſit lib. 23. cap. 9. Myrtum ſativam candidam , minus
utilem eſſe medicinae quam nigram : ſemen eius fungis
mederi in vino potum, paulloque poſtea, folia ipſa fungis
adverſari trita ex vino . Nec id quidem caret probabili
aliqua ratione : myrtus enim contrariis conſtat ſubſtan-
tiis : nam etſi vincit in ea frigidum terrenum , habet tamen etiam tenue quiddam calidum. Quapropter valenter
exſiccat , & quum alvum ſiſtat , urinas promovet . Iam
ergo tolerabilius hoc remedium contra fungos videatur ,
quam pira , quae tamen praeſentiſſima ope dicuntur his
qui ab eorum eſu male habent , ſubvenire , & maxime
ſilveſtria , in quibus tamen ſuperflui crudique humoris
ingens vis redundat, a quo etiam ſolo magnae ſtomachi
anguſtiae excitantur .

AVVISO AL LETTORE.

*La Metafraſi di Eutecnio , che quì ne ſegue , è ſtata da me
traſcritta dal Cod. VIII. Pl. LXXXIV. della Laurenziana Biblioto-
ca , ed è procurato di ſupplirla nelle ſue mancanze coll' aiuto del
Cod. di Vienna , ſcritto unitamente col Dioſcoride in caratteri ma-
iuſcoli nel ſecolo V. di Criſto , la deſcrizione dal quale ſi può vede-
re nella Paleografia dall' incomparabile Montfaucon Lib. III. p. 202.
Si trova nel mentovato Codice l' effigie di Nicandro con quello di altri illuſtri Medici , in atto di tenere colla ſiniſtra un volume , e d'
irritare colla deſtra diſtoſa un ſerpente .*

*L' eruditiſſimo Sig. Dottore Gian Lodovico Bianconi , Conſigliere
e Medico primario della Corte Elettorale di Dreſda , ed ora deſtina-
to dalla modeſima ſuo Miniſtro reſidente in Roma, mi è gentilmente
traſmeſſa la copia della Metafraſi di Eutecnio , che dal Codice di
Vienna per la ſua privata nobiliſſima Biblioteca ſi procurò fine dall'
A. 1760. Coll' aiuto di queſta è potuto riempiere , dove è ſtato poſ-
ſibile gli ſpazzi vuoti del Codice Mediceo , o ſoggiungerti dell' altro le
varie lezioni , mantenendo l' iſteſſa ortografia , e collocazione di ac-
centi , i quali benchè da antica mano , pure eſſere ſtati ivi poſte-
riormente aggiunti ſi oſſerva .*

ET-

ΕΥΤΕΚΝΙΟΥ ΤΟΥ ΣΟΦΙΣΤΟΥ

Τῶν Νικάνδρου Θηριακῶν

ΜΕΤΑΦΡΑΣΙΣ.

Ἡ Ὑπόθεσις.

Νίκανδρος ὁ ποιητης εγραψεν ποιηματα δυο ὧν
το μεν πρωτον επιγραφεται Θηριακα ὁ προσ- 16c.
φωνει ερμησιανακτι εαυτου φιλω και συγγενι ΄ τὸ
δε δευτερον επιγεγραπται αλεξιφαρμακα ο προσφω-
νει πρωταγορα ιατρω τινι των επ᾽ αὐτου. περιεχει δε
το μεν πρωτον τατε των ερπετων ειδη . και τας απο
τουτων γιγνομενας τοις ανθρωποις βλαβας ετι μην και
βοτανας και τας ονομασιας και τα ειδη τουτων . και
ποια βοτανη ποιου θηριου θεραπευει πληγὴν . το δὲ
μετὰ τοῦτα τάς τε των θηλητηρίων διαφορας αι τινες
ἐκ τε ριζων καὶ λιθων παρ᾽ ἀνθρώπων ἐξευρεθῆσαν
πονηρων . καὶ τὰς ἐφ᾽ ἑκάςου θηλητηριου βλαβη ἰα-
τρικας βοηθείας . καὶ ἀντιπαθεις θεραπειας . ὁ δὲ κό-
πῷ ἐν ἀμφοτέροις τοῖς ποιήμασι πρὸς σωτηρίαν των
ἀνθρώπων καὶ ὠφέλειαν ἐξεύρηται .

Ἡ Ἑρμηνεία.

Τῶν ἑρπετῶν θηριων . οποσα ἐςιν ἐν ειδεσιν κα᾽ pag.
τας γινομένας ἀπὸ τούτων βλαβὰς αις περιπιπτουσιν 18.
απροσδοκητως καὶ ἀπαραφυλακτως ανθρωποι . ετι γε
μην και τας εφ ἑκαςω πληγματι αλεξικακους τε και
σωτηριωδεις βοηθειας ω φιλτατε ἑρμησιαναξ σαφεςατα
ως οιον τε σοι και αληθεςατα απαγγελω . δηλον γαρ
ως εκδιδαχθεντα σε , και εκμελιτήσαντα τα τοις αν-
θρω-

θρωποις οψησιμα . ου γεωργος , ουχ υλοτομος , ου βου-
κολος , ουχ οςις ων των εργαζομενων και πονουντων
την γην φροντιδος τε αποςερησειεν , και προςετι τιμης
αλλ' αγαπηςειεν τε και θαυματος αξιως ειεν εις πει-
ραν ερχομεν⊙ . οςις ουν των βοηθηματων των παρα σου . η μεν δη των θανατηφορων και αλλως ανια-
ροτατων ερπετων φαλαγγιων τε και εχιδνων φυσις
επι τα μεν τοι και των αλλων οποσα εςι τοις ανθρωποις
επαχθεςατα τε και συμφορων παμπολλων αιτια γενε-
σιν τε εδεξατο και αρχην του ειναι απο τουτων τιτηνων

pag. αιματος εκεινου και φονου ηνικα του προς τους θεους ως
20. φησιν ησιοδος ο απο της ασαρκης πολεμου ηρχοντο .

Ει δε γε τι και χρη των αυτων λεγοντι πι-
ςευειν ποιητη οτι δη εν μελιτη που και τω ελικωνι
παρα τον ποταμον τον περμησσον ανηκεν σκορπιον η
αρτεμις ειθ' οτι κεκεντρωμενον και μαλα εναργως και
οτι λεγεται χαλαζηεις ο σκορπι⊙ ουτ⊙ ο αυτος δη
λεγι . ετι δη γαρ φησιν η δι⊙ και λητους θυγατηρ
προς ωριωνα χαλεπως τον εκ βοιωτιας διετεθη . οτι αυτης εκειν⊙ των αδικων οιμαι και καθαρων ου παρε-
τηςατο προσαψασθαι ιματιων χειρι πληγηναι τον ωριωνα . υπ αυτου διεκελευσατο . και ο μεν την πληγην
επεινοχως ετυγχανεν και κατα του σφυρου υπελ-
θων δηλαδη του λιθου υφ ου εκρυπτετο . ο δε προει-

*sic. δομεν . . . . . [1] υ θρασους ταυτην την ο ωριων εδεδωκι
δικην . ενεςι δη ουν ταυτα . και τα περι τουτων τω
ουρανω και εν τη των απλανων φαινεται περιφανως

σφαι-

---

[1] Desunt novem , credo , litterae , cum particula pergameni , scalpello exsectae .

σφαιρα . και οια δη θηραν μετιοντ@ τιν@ ενεργως
δικνυται ¹ τουτο και πανυ μεν τοι το σχημα δια των   ¹ fic.
αςερων σπωςουν αν συ διηηθης εκ παντος τουτο μεν
χωριου πατης δε ανθρωπων διαγωγης αποτροπην τινα
των ερπετων τουτων θηρειων ευρασθαι . προφυλαξαμε-
ν@ τω παρα σφων δεινων . ωστε μητε εν καλυβη τινι
σοι μητε εν επαυλει . οια ποιμενων και βουπολων ταυτα αγαπητα οικητηρεια εατει ποτε προσελθειν θηρειον
αδεως γε μην . αλλως τε και κινδυνων ανευ επι του
εδαφους κατακλινεις ευδοις του θερους . και της ωρας
εκεινης παραγενομενης εν ητο καθευδειν ουτως φιλουσιν
ανθρωποι . Την τε της θερμης υπερβολην και την χα-
λεποτητα ετημην του πνιγους εκτρεπεσθαι πειρωμενοι
και αποφευγοντες . ζεφυρου τε αυραις μαλακαις και
τιναις ανεμων ηδυταταις επιθυμουντες εντυγχανειν ερχομενοι προς τον υπνον δια της εσπερας .

    Οιχησεται δε ουδεν ηττον τα τοιαυτα διωχθεν-
τα τα θηρεια και αποχωρησει ου μονον χαμευνουντ@
ουδε διατριβοντ@ εν υπαιθρω σοι και εν τη επαυλει .
αλλα και απο των τοτων οπωσων διαρρει το υδωρ και
εις ιν ² αι υλαι και τα αλση και οι λιμνες και ενθα-   ² fic.
δε εςιν η θρεμματων νομη . αφεξεται δε ομοιως της
βλαβης και τουτων των ζωων αποχωρης ει δε. ουδεν ηττον και της εσχατιας αυτης και ενθα γιγνεται και
τρεφεται ταυτι τα θηρεια ου προσελευτεται δεοντι γε   pag.
σοι ουδε εν τη αλω καθευδοντι ουδεν ταις αρτι φυο-   22.
μεναις ³ εαρος υποφαινομενου .

                                        ΜΑ-

¹ Inter verba φυομεναις & εαρος fuprafcripta eſt vox εοτρκ.

ΜΑΡΑΘΟΝ　　ΕΧΙC ΑΠΟΔΥΟΜΕΝΗ.

Εν ω δη συμβαινει καιρω τους οφις εχρι του γηρως αλλως αποτιβεμενους την φροντιδα. νεους μεν γιγνεσθαι και απαλους. του δε οξεως μεν ορχν κεινεισθαι δε θαττον ενδεως εχοντας ποιησαμενους δη κατα σχολην σφας το μαραθον τροφην. του τε οξυβλεπειν και του κινεισθαι μη βραδιον την ισχυν δεχεσθαι.

Οφις δη ουν οιμαι κ̄ την απο τουτων των θηριων γιγνομενην απελασαι κηρα περιεσεσθαι σοι ην βουληθης. επιθεις πυριθυμια.

ΕΛΑΦΟΥ ΚΕΦΑΛΗ.

Τουτο μεν κερας ελαφου του τας πλειστας ακμας τε και φυας εχοντ☺.

ΛΙΘΟΣ ΓΑΓΑΤΗΣ.

Τουτον δε και λιθον ον γαγατην προσαγορευουσι. ος καομενος μεν επι πλειστον οσον και τω πυρι προσομιλων αναλωτ☺ μενει δαπανηθηναι γαρ υπο πυρος. επι μη φυσιν εδεξατο ταυτην ουτ☺ ουδεμια θεμις.

ΒΛΑΧΝΟΝ.

Και την της βοτανης δε εκεινης κομην. ην καλουσι βλαχνον ενιοι δε πτεριν επιβαλλομενην τω πυρι. και θυμιωμενην τοις ερπετοις αιτιον φυγης θηριοις γιγνεσθαι.

ΛΙΒΑΝΩΤΙC.

Γιγνεσθαι δε ουδεν ηττον τα αυτα θυμιωμενης τοις ερπετοις της λιβανωτιδος ην οι πωλλοι μεν καχυ προσαγορευουσι. απ αυτης της ριζης θεμενοι την επωνυμιαν. εστι γαρ παραπλητια η ταυτης ριζα τη κριθης ριζη.

KAP-

ΚΑΡΔΑΜΟΝ.

Ταυτη μεν τοι λιβανωτιδι καρδαμου τε επιμειξαι
νεκρου . και δορκιου το ισον κερατος προφυλακτικον
των ερπετων εναποτελεσης θυμιαμα .

ΜΕΛΑΝΘΙΟΝ.

Ομοιως δε και το μελανθιον η βοτανη ασφαλτου
και θειω κατα το ισον συμμιγεντων αυτω . θυμιωμενον
τη δυσχερεια διωκειν της οδμης τα θηρεια δυναται .

Δυναται δε τα αυτα τις και Θρακιο λιθο
θυμιωμενο αποτελεσεπ ος εαν μεν πυρι παραδοθη
προτερον υδατι λουταμενο πλεον επαγεται προς εαυτον
το πυρ . ελεου δε ουκ ανεχεται κεομενο ουδ αν ολως
ειδοις ετι περι αυτον το πυρ ην σοι τω λιθω κεομενω
τουτω προσοικη ελαιον . και μεν φυσις ωσπερ εφην
τουτου τοιαυτη του λιθου . Φερει δε τουτον μεν τον
λιθον ποταμος εν θρακη . και εστιν ονομα μεν ποντος
τω ποταμω τουτω . ευρισκεται δε εν αυτω και θυ-
μιωμενος διωκει τη τη αποφορας βαρυτητι τα γενη
τουτων των ερπετων υποχωρης ειδε ουδεν ηττον ταυτι
τα θηρεια και εκ ποδων στησεται επιτιθεμενης μεν τω
πυρι χαλβανη και θυμιωμενης . μετα δε ταυτης χρωμενοις τω καπνω των κεδρινων ξυλων και της ακηκιδος
δυσεται τοι γαρ ουν κατα της γης τα μεν αυτων κατω.
τα δε εις υλας φευξειται που τα δ' εις ερημιαν. αδια δε
τω βουλομενω καθευδειν ενθα δαν εληται . κατα ταυτα
περιεσαι πολλη και τοις μεν ευπορειν δυναμενοις των βοτανων τουτων τοσαυτα ειρησθω . οποσοις δε εστιν εργω-
δες και καματον φερει δια το μη εχειν αρα αυταις
εν καιρω κεχρησθαι τον απο των ερπητων βουλομενοι
φυ-

φυγειν περιγιγνομενον κινδυνον χρηςεον τη λεγομενη
καλαμίνθη . ΤΟΤΕ υποςορητασι την βοτανην αυτοις .
βουληθεις δ ανευροις την βοτανην ταυτην · ελθων των
πλησιον η ποταμου η ελωδους τόπου .

ΑΓΝΟΣ.

Ου μην αλλα και τον αυτον ον αγνον λεγουσι
pag. 26. και τουτον υποςορνυμενον τον κατακλιθεντα . καθαπερ
και την βοτανην ην πολιον φασιν απημονα φυλαττει.
και τουτον παρα της πειρας εσχηκαμεν. εστι δε δυςω-
δες τουτο και φορτικον τοις ερπετοις το πολειον λειαν.
Υποτεθεν δε τη ςρωμνη το τε εχιΐον και ο νομεος ερ-
πυλλος . ος το αει θαλλειν οιμαι παρα της φυσεως
εδεξατο .

ΟΡΙΓΑΝΟΝ.

Το τε οριγανον ωσαυτως δη και το αβροτονον .
¹ ſc. χαιρει γιγνομενον τοις ομοις τοποις . δικνυται¹ δε της
αυτης οντα δυναμεως . και ταδε .

ΟΝΟΓΥΡΟΝ.

Το τε του αγνου βρυον. και το ονογυρον ετι μην
και η κονυζα ισχυει τα αυτα και ροιας δε ομοιως καλαθοι.

ΑΣΦΟΔΕΛΟΣ.

Και ο ασφοδελος χλωρος ων και ουτος ην τυχη.

ΣΤΡΥΧΝΟΣ   ΕΡΥΘΡΟΔΑΝΟΝ.

Τοτε στρυχνος και ον τινες μεν σκυρα ετεροι
δε ερυθροδανον επονομαζουσιν . την ισην εις το διατω-
ζειν παρεχεται τους ανθρωπους δυναμιν απο των θηριων ην υποςτορησασθαι τις αυτα βουληθη . τα μεν
τοις χυρατοις βουκολοις εστιν εχθρα οτι αυτοις ουκ
¹ ſc. ανεχονται αι βοαις² φαγουται ησυχιαν αγειν. αλλα
εξοιστρωσι.   ΠΕΥ-

ΠΕΥΚΕΔΑΝΟΝ.

Ἱκανον δε εστιν εκδιωκειν και το πευκιδανον τα
θηρεια ταυτα . της γουν αποφορας ουκ αν ποτε ανα-
σχεσθαι υπομεινειεν ' καν ἠ θρασυτατον των ερπετων . ' sic.
ουτω κομιδη πονηρον και λειαν δυσχερες ἡ ταυτης φαινεται τοις ερπετοις της βοτανης ψυη . και ταυτα μεν
ωφελιμωτατα επι καταχλεινομενοις σφισι τοις ανθρωποις
γιγνεται παρ αυτα και ἐν ερημαις . η και προ των
χηραμων . η καταδυσεως τιθεμενα ουκ εα προσελθεῖν .

Και οὕτως ἄρα τοις ανθρωποις τα των βοτανων
των τοιουτων ἠδη εξευρηται τε παρα της φυσεως και
προς σωτηρειαν .

Οπογα δε αλιψαμενους ουκ εα φοβεισθαι την εκ
των θηρειων ἐπιβουλην αλλα αναχωρειν επι ποδα κατα-
ναγκα δηπου ταυτα καταπαρασκευαζειν . χρηστεον ἐπὶ pag.
τα και τουτοις εἰς την σωτηρειαν . τον της κεδρου καρ- 28.
πον . και το πευκεδανον . και οριον την βοτανην ουτω
καλουμενην εμβαλων ελαιω ξηρανθεντα . κηπειτα μεν
τοι και ταυτα μετα των φυλλων της κονυζης ειτα α-
λιψαμενος ου προσοισεται την βλαβην οὐδε αναμενει
παρ εκεινων κακον τι πισπῆσθαι .

ΣΙΛΦΙΟΝ.

Και η ριζα δε του σιλφιου και ελελισφακος εμ-
βληθεντα και ταυτας λαιω ομοιως βοηθει . ιδοις δ' αν
αποστραφεν οιμαι . και ολιγωρησαν προσπτυσθεν ερπε-
τον . βαρυνεται γαρ ικανως και ανατρεπεται το θηριον
ην ανθρωπιου αν τυχη οδμη του σιαλου .

ΜΑΛΑΧΗ ΑΓΡΙΑ.

Εςι δε δη και το δια καμπης απηχθημενον βοη-
Τ   θη-

θημα τοις ερπετοις λιαν . μετα γαρ της λεγομενης
αγρειας μαλαχης του καρπου εμβληθεισαι ελκω καμπα
και ανατριφθεισαι ικανωτατα τους χρησαμενους ονιησιν .
ωστε ατρωτους τον απαντα και ανεπιβουλευτους των θηριων τουτων διαβιουν χρονον .

    Ην δε και δυο κλωνες κοπωσιν . και πτω εις
λεπτον . μετα γε μην καρδαμου την ολκην αγοιτ☉
εις οβολον . και δαυκου της βοτανης . του καρπου . μη
πω ξηρανθεντ☉ . ωστε μη πλεον ειναι . συμπαν η ο
ποσον ανδρος δυνατη δεχεσθαι . ειτα τροχια γενομενα
σμικρα εν ανηλιω μεν αλλως προσηνεμω δε χωριω ξηρανθεν
σφοδρα . των τροχιων μετα ταυτα τουτων ανιεμενων εις
ελαιον . ουδεις μηποτε μεμψει νοικη . τη τοις χρωμενοις
τω ελαιω τουτω παραγιγνομενη βοηθεια .

ΕΧΕΙC ΚΑΙ ΕΧΙΔΝΑ .

Pag. 30. lin.   Ου μην αλλ ει και δυο ευροι τις θηρια αλληλοις
εγτυγχανοντα [1] και συμπεπλεγμενα δια της μιξεως . ειτα λαβων . εμβαλων ζωντα ταυτα συμπεπλεγμενα .
και εν ειδεσιν τισιν εις τι δηλαδη σκευος προεψησαι
χρησιμως ταυτα κατεσκευασμενον εψεσθαι . ποιειτω .
δυναμενον ρυεσθαι γαρ και προσανεχειν πανυ σφοδρα
ποιησει φαρμακον των απο των ερπετων περιγιγνομενων
τοις ανθρωποις ολεθρον . ου μηποτε συγχωρουν εις ερ-
γον προελθειν . συνεψιτθω δε τοις θηριοις τουτοις αρτι του τυθεντος αυτοις . μυελος ελαφου δραχμαι δε
εσωταν μεν περι τας τριακοντα ο σταθμ☉ τουτο του
μυελου ροδινου δε ελαιου το εμβαλλομενον εις ταυτα .
τριτη μοριον εξω χοος εξω δε απο του ροδινου του εικη μεν ουδεν απλως [2] κατεσκευασμενου . αλλο φασι
                               ΤΟΥC

---

[2] Inter ευ̃ιν & απλως superscriptum est ουδι .

τους μυροπωλας ονομαζειν τριπτον ναι μην και ωμο-
τριβους εδεμου μετρον ισον τω ροδινω εμβαλλεσθαι κα-
λον κατα ταυτα δε και τον κηρον τεταρτον τουτων
τριακοντα ελκοντος δη σταθμονεσται δε περιρυωτι . εψο-
μενον αι σαρκες τουτων των οφεων και συντακωσιν επιμελως εξαιρειν μεν χρη φροντιζοντα και αποχωρι-
ζειν σφων τας ακανθας . ειναι γαρ ιον [1] τινα εις αυτας και κακιαν πολλην . επιμελες δε γιγνεσθω κει-
νειν [2] ταυτα σοι του λοιπου παντα και αμα παντα μη [2] fic.
γνυται και ως οτι μαλισα αποτελειν εις εν . ην γαρ
ουν τις ολως ποτε καθελων τυχη η και τα του θερους εργα μετα χειρας εχων οποτε αυτα εαυτων χα-
λεπωτερα τυγχανει και βλαβερωτερα τοις ανθρωποις .
η τυχον αλοωνος τις ουν η λικμων τον σιτον η υπ-
νων η παιων τι ουν αχμισος δε μη ειη τουτου . μηδε
απληψος του φαρμακου μακραν απαισαι του ανθρωπου ταυτα τουτων καν εγγυς ων τυχη . ει δε προσ-
αψεται μη προαληψαμενω η τροφης μη μετειληφοτι αν-
θρωπω θηριον οποτε μαλλον αναλισκεται και ενεργοτε-
ραν ο πληγεις δεχεται την βλαβην ουδεν ηττον επα-
μυνει και τουτοις δυνησει τοις λεγεσθαι μελλουσιν
περι τουτων υπ εμου χρωμεν@ . ερχομαι δε λεξων
οποσα εςιν των βλαβερων τεως κατ ειδος θηρεων .

pag.
32.

ΔΙΨΑC.

Η διψας το μεν παχ@ επιπλεον του αρρεν@
αυτη . και το μικ@ δοκει . τον δε θυμον δυσχερης πανυ
τις τυγχανει και ανυποσατος . ο δε θανατος οξυτερον

Τ 2   τοις

τοις υπ αυτης διχθεισιν απαντα ουκ αν ποτε τις ρα-
διως πληγεις υπ αυτης το καθ εαυτον διαφυγοι . εςι
δε ωρα του ετους και ανιςχουσιν αι πλειαδες μολις κν
ειδοις αυτας υποφαινομενας πλητιον του ταυρου . Ενταυθα δη θερμενομενη . και ων ετεκνωσατο της ανα-
τροφης φροντιζουσα δεινοτερα προσελθειν ανερω πω γιγνεται ποτε μεν εξω της ευτης και ετι τας νομας ερχομενη ποτε δε επανιουτα επι τον φωλεον εκ της νομης και τροφης κεχορεσμενη και υπνου ποτε μετα-
σχειν θελουσα .

ΕΧΙΔΝΑΙ .

Ε'κτρεπεσθαι δε χρη και προοραν διαφυγον-
τ(ο)ς εχεως τον επι τη συνουσια παρα της θηλειας αυτω περιγιγνομενον θανατον η εν οδω ποτε . η εν αλλω
τω χωριω περιπεσιν τινα . η μεν γαρ θηλεια συνπλα-
κεντ(ο)ς αρα αυτη και συμμιγνουμενου του αρρεν(ο)ς εμ-
φυτα τους οδοντας κατα του αυχεν(ο)ς αποκοπτει αυτου την κεφαλην .... σ αν εκεινου εν τη γαστρ
την υπερ σφων του ..... ρος δικην βουλομενοι λα-
βειν ηκιςτα μεν ...... ωραν ως αυτους αποκυηθηναι
εκδεχονται . διαφαγοντες δε την γαστερα αλλ(ο)ς αλλα-
χοθι γιγνονται μεν ανιεις και εξω τουτου τοκου ταδε
μη την απο των τεκνων επ αυτηρεςιν διαφθοραν αμη-
χανον φυγειν . μονη δε των αλλων ερπετων η εχις εγκυ-
μων γινεται ταδε αλλα τουτον μεν ουδαμως πεφικε
γιγνεσθαι τον τροπον . τικτουσι δε κα και θαλπουσι
αυτα ετι τα μεν τοι εντευθεν γιγνεσθαι φιλει τα τουτων

τῶν καὶ τὴν ταξιν του εναι δεῖ διαφυλαττειν ακεραιον.
αλλα μην οποταν και τυχη ανεβωσα τε και επανιουσα
εις την νεοτητα εκ του γηρους τη τε ακμη χαιρουσα
και αυτω τω ταχει εν οφθαλμοις ελθοις τουτου μη συγ
εναντιος ελθοις τουτω τω θηρειω μηδ᾽ οτ ανιμησασθαι
αυτη επιχειρησαντος ελαφου τον θανατον διαφυγουσα
ανθρωπου προσψαυσειεν ελθουσα μελεσι. ου δε γαρ αν
τοτε περιεσται ο τω χολω τω ταυτης και τη αναγκη
περιπεσων. απηχθημεναι δε εισι δεινως αυται ταις δε
ελαφοις και τοις νεβροις και πανταχου περνοστουσι
τα δε δυσβατα των χωρεων και τας αιμασιας οι ελα-
φοι την δια της σφων αναπνοης επαγειν τοις ερπετοις
βουλομενοι μοριν.

ΣΗΨ.

Εστι δε ουτω τις τοπ⊙ οθρυς [1] καλουμενος τατο
αλλα δυσχιμερος ον και κομιδη τραχυς ευφορος δε εστιν
ο δε των ερπετων αει αν και αυτα εχουσι αι φαραγ-
γες. και οσοι δε εισιν αλλαχοσε τραχεις και δασω-
δις [2] τοτοι πληθ⊙ τουτων βοσκει των θηριων.   [2] sic.

Μορφας δε αμειβειμεθ σηψ πανυ πλειστας οσας   pag.
μεταβαλλεται δε την ειδεαν. και δοκει φαινεσθαι τοις   36.
ορωσι χωμον η τι του χωριου ισωπερ τοιουτα την διαιταν. τουτων δε οσοι μεν των θηρεων συλλιθους τε και
ερημοτερους των τοπων νεμονται ολιγοι μεν εις το μεγεθος αγριοι δε δεινος την δε ορμην εισι διαπυροι και
συντονοι οξεις. το δε δηγμα ουχ οιον τε αυτων ποτ-
τε μη και διαφθειρειν. Εσαν δει δε ενιοις η χροια.
τοις μεν οποιον δη λιθ⊙, τοις δε χλωρον οιον και
                                                                 ομοιον

ομοισιν ιω αλλοις δε οιον η εν ψαμμω διαιτα χρωμα
περιπλει·

ΑCΠΙC ΦΟΙΝΙCCA.

Οραν εξεττι και ταυτην απο του ειδους σοι την
ασπιδα και καταμανθανειν ως τοτε ονομα Φοινῆσσα απο
του σχηματος εδεξατο. Φοβερα τε γαρ εστιν ηδε και
υπερ τας αλλας και δη και εγχυσαι ανθρωπου σωματι
χαλεπη πεφυκεν. συνσπειρωμενη τοιγαρουν και αγουσα
εαυτην επι την γαστερα εναντιαν τω ταχει ποιειται
την οδον. μεγιστη δε ουσα νωδης εστιν η κεινησις [1] αυτη

[1] sic. γιγνεται μετα ραθυμιας. βαρυνομενης δε εοικεν εχειν τες
οφθαλμους υπνω και σφας συμμεμυκεν. ως τα πολλα
οταν τις κτυπον τινα αλλως η ψοφον ποιηση. και θεα-

[2] sic. σηται φως τοτε εφνιδιως [2] φανεν. αυτικα ωσπερ και εξ
υπνου διανισταμενην αυτην οψει και γοργον βλεπουσαν
συναγουσαν τε αυτην και συνσπιρωμενην [3] ειτα εκ με-

[3] sic. σης της συστροφης ορθουμενην τε την κεφαλην ιδοις αν
και οργη ζεουσαν.

ΑCΠΙC.

Διαφερει δε κατα πολυ ου μονον ηδε τω μεγεθει
[pag. 36.] των αλλων ασπιδων αλλα και τω ειδει. μηκους μεν
γαρ μετρον παρεχεται πλεον η οσον εχειν μετρον ορ-
γυιατω δοκει. τοδε δη ταχω τω εαυτης ταυτης ανα-
λογουν μηκει θηρωντω λεοντας και καπρους τινος οιον
ανιλοις ακοντιω τιθει δη την χροιαν η αυτη παντοτε αλλα υπαλλαττει και ποτε μεν ποικιλλομενη ποτε δε
ως τεφρα γιγνομενη, και αυθις μηλινοεδης, και αλ-

[4] sic. λοτε μελανομενη [4], και αλλοτε εις οψιν αγει τους ορωντας
εαυτην τη χροια μιμουμενη ζοφον οιαν δε ο νειλω χροι-
αν

αν εξ αιθιοπιας εχων επισυρομενος την γην ερχεται
το εντευθεν επι την θαλασσαν μαλιστα εμφερης εστιν.
ή δε ταυτη τη ειδεα εχι ' δε εκιρθε του μετωπου ση- ¹ sic.
μεια δη τινα. οιον δυο οφρυων δυναμενα διαταξειν
σχημα υπο τουτοις κινουμενοις τοις τυλοις πυρωδες εστιν
ιδειν τους οφθαλμους αυτης και γοργον βλεποντας ει δυσ-
πωμενη δεως τα πολλα. και μητ' αγαν εκτινομενη μητε την σπειραν συνηγμενην παντελως εχουσα αλλ οιον
εικη και μετριως αμφοτερων εν ταυτω το σχημα σω-
ζουσα. εις υψος αιρεται μεν τον αυχενα. ενορα δε δεινον τι, και αυθαδες λιαν. οιδενομενη ' και σπευδουσα ² sic.
παραδουναι τον πληγεντα υφ' αυτης απημερω μοιρα. ³ sic.
εχει δε του ³ εξεχοντας οδοντας τεσσαρας. κοιλοι δε pag.
πως εισιν. οι δε μαλλον αγκυλοι. ο δε ιος παρακει- 40.
ται τοις οδουσι εγγυς. καλυπτονται δε ομως ουτοι και
οσω ζωνη το σχημα τουτο εστιν αυτοις υμην. ουκ αν
διαφυγοι τον θανατον τι οτε ο δηχθεις υπ αυτης τας
ουν απηχθημενοις παρ ημων εμπεσοιεν αιδε. ου γαρ
οιωντε τον αλοντα τω θηρειω ποτε τουτων οιδησιν τινα
υπομειναι ⁴ η φλεγμονης ογκον. αλλ οιον οινωθεις κα ⁴ sic.
καταοχημενοι.

Ομοιον δε το ειδ⊕ τω εχει ο κεραστης εχει.
ταροσον ο μεν αυτοιν τυγχανει κερατων αμοιρος ο δε
δη τουνομα εδεξατο απο του πραγματος ⁵ .

ΚΕΡΑΣΤΗΣ ΔΙΚΕΡΑΤΟΣ. pag. 48. v.6.

Μορφαι δε τουτων εισιν αυτων ερπετων δυο.
και το μεν αυτοιν τεσσαρα θατερω δε ανεχει κερατα
της

5 Hoc loco deeſt Metaphraſis eorum quae leguntur a verſ.
190. uſque ad verſ. 257. incluſive.

τῆς κεφαλῆς δυσ. εἰσι δὲ τὴν χροίαν. αἱ δὲ καθάπερ ἡ τεφρα τῶν ὀδῶν δέ εἰσιν αἱ τούτων ἐγγὺς διατριβαὶ ναὶ
μὴν καὶ παρὰ τὴν ψάμμον ἡδέως ἔρχονται. διαλλάττει
τοίνυν κατὰ πολὺ ὁ κεράστης τοῦ ἔχεως τῇ πορείᾳ ταύτῃ. ὅτι ταχεῖαν μὲν μᾶλλον καὶ κατ᾽ εὐθὺ ὁ ἔχις ποιεῖται τὴν ὁδόν. ὁ δὲ οὐ μόνον σκολιὰν καὶ ταῖς ἀποκλεί-
σεσι κεχρημέν© πλείοσιν βραδίον ἔρχεται ἐφ᾽ ὃ περ ἂν
σπεύδῃ. ἀλλ᾽ οἷον ὁλκὰς ἐπιπεσόντος αὐτῇ ἐναντίου καὶ
δυσχεροῦς καθάπαξ πνεύματος ἐπὶ τὸν ἕτερον τῶν το-
χῶν πλεῖν ἀνάγκης ἔχει. καὶ ἡ τούτου τις πορεία τοιαύτη φαίνεται. τὸ δὲ δῆγμα τοῦ θηρίου τοῦδε πελιδνὸν ποιεῖ τὸν τόπον καὶ ἐπ᾽ αὐτῷ ὄγκ© ἐγείρεται.

ηϛ. Φλύκτεναι ¹ δὲ καὶ μᾶλλον ταῖς ἀπὸ τῶν ὄμβρων
παρεοικυίαι πομφόλυξιν ἐπιγιγνόμεναι τῷ πλήγματι
τὰς ὀδύνας ἐμβλύτερας παρασκευάζουσι γίγνεσθαι. ἡ-
περ τὸ δῆγμα τοῦ ἔχεως παρέχειν τοῖς ἐξ αὐτῶν πληγεῖσιν ὠδύνην πέφυκεν. οὐ παραχρῆμα δὲ τοῦ κεράσ-
του τὸ πλῆγμα ἀναιρεῖ ἀλλὰ καὶ εἰς ἕνα τὴν ἡμέραν
τὸν τρωθέντα ἄγει. βαυβῶνες δὲ καὶ ὀσφὺς τοὺς τοι-
ούτους ἐπιτρίβουσι καὶ λαχνν καμνουσι, δυσθυμίαι τε
ἐνοχλοῦσι καὶ τὰ ἀπὸ ταύτης τὸν πάσχοντα συνέ-
χει δυσχερῆ. μόλις τε καὶ δυσχερῶς τὴν ψυχὴν ἀπ-
αλλαττομένην τοῦ σώματος ἐστι θεάσασθαι καὶ θρῆνων οὐ
μακρῶν.

ΑΙΜΟΡΡΟΥΣ.

Τὸ μὲν δὴ ὄνομα αἱμόρρους ἀπὸ τοῦ εἴδους τῶ
κατ᾽ αὐτὸν τὴν προσηγορίαν ἐδέξατο. αὖθις δὲ ἡ κλῆσις παρὰ τοῖς ἐξ αὐτοῦ γιγνομένοις τῶν ἔργων ἐλεγ-
χ© γίγνεται. Τὴν μὲν οὖν δίαιταν ποιεῖται, καὶ
τὰς

τας καταδυσεις ο αιμορρους αυτος εν δαπεδαις τε κỳ
τραχεσιν ικανως χωριοις θαμνωδεσι τε ουχη κακιστα
και οριοις τοποις. ομως εν τουτοις καταδυομεν@ μετα κορον αναπαυλης τε ως τα πολλα και υπνου λαγ-
χανει. εςι δε αυτω το μεν μηκ@ ουδεν μαλλον πο-
δ@. παχ@ δε αρχεται μεν αυτω ειναι και εςι της
κεφαλης απο τοιουτος πλησιον. απολεπτυνεται δε εις
την ουραν. και εστιν μυουρος. εςι δε αυτου το μεν   pag.
χρωμα ουκ αει μεν μελας. εςιν γαρ οτε και φλογω-   32.
δης γιγνεται. μεθ@ δε επι τον αυχενα των κατω
μερων εις λεπτοτητα ικανως αποτελευτων. κερατα
δε φορι ¹ δυο κατα του μετωπου. λεπτα μεν τοι   1 ſic.
ταυτα και αφαη. και τα των ακριδων μιμουμενα.
ο αυτ@ δε και σχεδον κατα τους οφθαλμους τη ακρι-
δι εςιν. ορα δ' ουν φοβερον και πυρ εκλαμπουσιν οι
οφθαλμοι. αλλως τε και η κεφαλη φρικωδες τι εςι.
υποκινουμενον γαρ το κατω δικυσι ² γενιον. και σκι-   2 ſic.
αν ¹ παρεχον εν τε τοις λιγμοις και καμπαις. οποταν ³   3 ſic.
οιχεσθαι. απιον που δηξειεν αυτο. την μεν τοι κι-
νησιν ο αιμορρους εςιν καθ' εαυτον βραδυς και παραπλη-
σι@ τω κεραςη. διεξιτι γε μην αψοφητι και οιον επινε-
μομεν@ τοις καλαμων φυλλοις βραχυτατον ψοφον απο-
τελει. αλλα γαρ και τον τρωθεντα υπ αυτου συμβαινει
εκ παντ@ τοιουτοις αρα συσχεθηναι κακοις. και οιοις
αν τις περιπεσων ποτε ουκ αν διαφυγοι. πρωτον μεν γαρ
οιδενεται ⁴: μετα δε μ πολυ την χροιαν κυανην δικυσιν ⁵.   4 ſic.   5 ſic.
οδυναται περι την καρδιαν. ωγκωμενην εχει την γαςε-
ρα. αυθις εκκρινομενην αυτην και διαχωρουσαν. νυκτος δε
επιγενομενης εξιςι ⁶ μεν αιμα δια ρινων. εξιςι δε ομοιως   6 ſic.

V   αυ-

αυτου και δια των ωτων. φερεται δε και δια του ϛο-
ματ☉ ομοιως αιμα μεμιγμενον χολη. αλλα τοι και μετα των ουρων ατακτως καταφερομενον αιμα ρυϊσκεται. ⟨ᾗ⟩
το δερμα ρηξεις υπομενει εξω χωρειν επιγομενου· και δι
αυτων τουτων του αιματ☉ .

Maxima pars ſequentis folii, quod in Codice eſt
   404. abſciſſa eſt, nec reſtat ex pagina priori niſi
   caput ſerpentis, & verba, quae ſequuntur.

   Heic debet eſſe nomen & effigies ſerpentis.

ΓΕΝΟΙΤΟ μεν . . . .
ΤΗϹ θηλεω . . . .
μη δ ευποι . . . .
μεν αμηχαν . . . .
μεν τουτου . . . .
τεμφθειεν . . . .
ως υπο του . . . .
ταν υπολυ . . . .
θης ο λογος . . . .
χως ειτειν . . . .
λαττετο ει . . . .
νηϹ ανεμο . . . .
αιγυπτο . . . .
ο τοτε βα . . . .
εξελθον . . . .
τινος κα . . . .
τοτε δη . . . . - . .

   Altera pagina, quae ſequuntur, ita ſupererant.

. . . . προσθλειβεν ης
                                       . . . .

. . . . σ οδουσιν αυτου
. . . . μεν ουν καν ω
. . . . ολλυται υπο του
. . . . εια τη ελεη δι
. . . . θραυεται τοῖ γαρ
. . . . ακανθης μεσο
. . . . ων διαρραγεν
. . . . οιον μεσω κỳ
. . . . μετα ταυτα
. . . . οις τουτοις
. . . . ωζειν ουκ αν
. . . . και κερκσην
. . . . και του κι
. . . . υς.

Heic picta fuit serpentis effigies, cuius adhuc caput
superest.

Παρεοικεν δε ο σηπεδων αλλο μεν ουδεν τω αιμορ- pag. 36.
ρω το δε ειδ[ος] μονον. τα μεν τοι αλλα ουχολυτ[α]
εςι. εοικεν γαρ ουτ[ος] εν μεν ταις πορειαις προσπτιοντι.
κατα παντ[ος] δε παρεχεται του σωματ[ος] τριχας.
και μην αλλα και ταπητος ευανθους ο δε που δικτυσι
την χροιαν και του μετριου μειζονα μεν την κεφαλην
φορει αποδεουσαν δε τω λοιπου σωματ[ος] και σκολιαν
αλλως εφιλκεται ουραν. ο μεν δη δηχθεις υπ αυτου
προς τω λιαν αυτον οδυνασθαι ουδε τον θανατον διαφευ-
γει. νεμεται δε ο ιος τουτου και κομιδη χωρει κατα
παντ[ος] του πληγεντ[ος] υπ αυτου σωματ[ος] περιρυεται.
ισχνεται δε αυανθεισα καθαπερ εκ πυρ[ος] η κεφαλη των

V 2   εν

ἐν αυτη τριχων . ωςε μηδεν απεοικεναι δοκειν μαρανθεισι
τω γηρᾳ ακανθων ανθεσιν . αλλα μην και τας των οφρυων αυτων τριχας και τας των βλεφαρων. αλισκομένας
τω κακω και μαραινομενας εν τℨτω εςαι σοι θεᾱσθαι.
μελη δε εκεινα του δηχθεντ☉ τριχων. ἔρημα γιγνομενα
λεπραν και εφιλεν και αλφους ταυτ᾽εξει επακολουθουντα.

ΔΙΨΑC.

Τη εχιδνη κατα πολλα εοικεν η δυψα: τα μεν
μηκος εχουσα εκεινης ελαττον. ενεργοτερα δε. αποκτει-
ναι ως οτι μαλιστα υφ εαυτης. τον πληγεντα θαττον.
εχει δε την μεν. ουραν μελαινομενην ακριβως η δε κατ
αυτην την ακρανℨτο δε δηγμα αυτης δεινως.αιθει την. καρδιαν και εντευθεν αρχεται το κακον . και μεταδιδωσι τω
παντι δηλαδη σωματι .

Γιγνεται δε αμηχανος περι τε το ςoμα και τα χειλη αὐτμος του τρωθεντος λειαν . ιςασθαι τε τον πονον
τον απο του δηℨους επιτιθεμενον αυτω ουχ οιος τε εςτιν
του λοιπου ουδε μην την ταλαιπωρειαν.

Απαγορευων γουν τοις παρουσι και ουκ εχων οτω
ᾗ χρησηται ελθων επι πηγην τινα η αυτου φρεατος πλησιον . ταυρος ως τις δηψων και ουτος ερχεται επι τον
ποταμον επα απληςως εχων του ὕδατος τουτου εμφορει-
ται πολλου και ουκ ανιησιν εις τοςουτον ες οτου ου της
γαστρος ραγισης εξω τα εν αυτη παντα μετα του υδατος
ενεχθειν . Φερεται γε μην κατ αυτατουν τοκαδς τις λο-
γ☉ οτι σκηνικα φησιν διενει ο ζευς μα το᾽ την αρχην μα-
τα των αδελφων και ειχεν εκαστος την εαυτων . διῇ δε
εμελεν του θυρανου και εβασιλευεν δοξαν δε ουτω τους ανθρωπους αυτω της νεοτητ☉ εσεμνυνεν περιφανως δωρα

pag. 58.

' lic.

οτι

ὅτι αυτω κατεμωρυσαν την κλοπην του πυρ⟨ος⟩ . αλλ οι
μεν την νεοτητα εκ δι⟨ος⟩ λαβοντες ινα αυτη χρωντο . α-
βουλιας τε και αφροσυνης ἔργον εργασαντο . οὐ γαρ δη
μη μεθεντες απιπαντο αυτης . επιταξαντες δε ονον επεθεσαν
αυτην . μετα δε αυτ⟨ου⟩ μεν απηει την οδον ο ονος . κατα-
λαμβανομενος δε υπο διψης πικρως και πνεους τι ων λιαν
ερχεται επι τον φωλεον . ως ο λογ⟨ος⟩ τοτε του θηριου τουτου εκ νυμφων δε ην επιτραπεν τουτο κρηνης ειναι φυλαξ
εδ᾿ το ¹ ουν ελθων ευθεως του θηριου τουτου ακεσιν παρ αυ-   ¹ fic.
του δεξασθαι των δη πουν των αυτον και απαλλαγηναι   pag. 60.
υπισχνειται . παρεξιν ταυτα το θηριον ην και ον⟨ος⟩ αφ ων
περ εχων ερχεται φορτιων παρασχειν βουληθη . κ̈ δια τουτο εξ εκεινου τα μεν θηρεια αποτιθεμενα το γηρας αυθις
επανερχεται εις την νεοτητα . το δε των ανθρωπων επικη-
ρον γεν⟨ος⟩ ανεχεται περιμενοντα του γηρως κακα . ουδε
αποξυσασθαι δυναται . εντευθεν μεν ουν το διψην τουτω
προσετεθη και καλειται διψας το θηριον . θανατον δε οξυτερον επαγει . οις αν υπαρξειεν πληγηναι παρ αυτου . οτι
και φλεγεσθαι . υπο διψης τους τρωθεντας ποιει .

. . . . ΧΕΡCΤΔΡΟC.

. . Ουδεν ο χερσυδρος ατεκμενας δοκει το ειδ⟨ος⟩ ασπι-
δ⟨ος⟩ . ουδε ουκ αναπιμπλησι το σωμα δυσχερειας τινος ην
προσψαυση μονον ταις οδουσι .. πρωτον μεν γαρ βαρυτα-
τη τις οδμη . και . δυτ . . . . δης . λιαν αυτου δια παντ⟨ος⟩
χωρει .. επιτα ² . δια του βαθους ἴον το ετου δεινου και ως   ² fic.
οτι . μαλισα τρεπωντ⟨αι⟩ . ισχουσι . τε αλγηδονες τον πληγεντα απαυστοι . ευχιαι τε επι τουτοις ζεσεις και
φλυκτεναι ³ επι παντι φλυονται . γιγνεται δε τω ³ fic.
χερσυδρω τουτω διαιτα πρωτα μεν εν λιμνη ποιουμενω

τους

τους εν ταυτησι βατραχους . μετα δε ταυτα ξηρανθεισης
ως εν θερι της λιμνης υπο του ηλιου και σφοδρα φρυγεισης
ερχεται επι την εν χερτω μονην αυτικα και ποιει διαιταν . αναινομεν⊙ μεν λιαν υπο του ηλιου δαψον δε και
δυσφορουμενος εισω την γλωτταν των γναθων εχειν ουχ

¹ sic.   οιος τε εστι. ὑποδικνυσι ¹ δε ως φοβερον τοτε μεν προβε-
βλημενην εχων αυτην τοτε δε ουκ εχων. και παλ'ν υπο-

² sic.   κεινουμενην ² και αλλοτε υπερκυπτουσαν του δεωτ⊙ πλεον . ελαχεν δε αρα αυτω καλεισθαι χερτυδρω οτι κα-
ταλιπων εκεινας τας εν τω υδατι διατριβας αντηλλαξα-
το και εχει το της γης χωριον. ἕνεκα δε της χροιας φαι-
λοτατ⊙ εςι προς τοις αλλοις .

ΑΜΦΙCΒΑΙΝΑ.

Folium plus dimidia parte in longitudinem eſt
abſciſſum , nec reſtant niſi ea , quae ſequuntur .
Pagina prima folii 407.

pag.   Και το μεγεθος ελ . . . .
62.   βραδυτεραν την αμ . . . .
ως εςιν μανθανε . . . .
και ταυτην ὀνομαζ . . . .
μη παραιτου οτι . . . .
την εςι τας κε . . . .
ρατης ετερας κεφ . . . .
μηκ⊙ του θηρειω . . . .
αλλ' αμαυρον και ας . . . .
τει εχει δε ισχυρο . . . .
και εςι παν αλλω . . . .
το δερμα κατα την . . . .

το

το θηριον τουτο . . . .

Φωλεω και εςιν . . . .

το κακκυ . . . ων γετ . . . .

ξηται μετα τον χε . . . .

το απο δειρ . . . .

βανε. ειτα επαγω . . . .

ευτως ατο δερ . . . .

φυλαττων αυτο ε . . . .

βοηθειας οτοτα . . . .

ρας κακως η τα . . . .

νοσου δια τι θη . . . .

ΣΚΥΤΑΛΗ.

Altera pagina folii 407.

. . . . λησια την ιδεαν

. . . . η αλλ ουν τω τε ογ-

. . . . οσουτον εκεινης

. . . . ιας παχ☞ πλεον ης

. . . . οις δαγροις τρε

. . . . σ ευλεων [1] εντερα

. . . . ους .

. . . . μη εξελθοντ☞ με

. . . . υχ . . . ωνος . επιλαμ

. . . . ετι το μαραθον ρα

. . . . τα πλησιον ετι τη

. . . . τη τα λοιπα θηρεια

. . . . αποδυσηται αλλο

                                        . . .

[1] Legi poteſt etiam ευδιων.

. . . . σβατοις τοποις
. . . . τυχουση γη χρω
. . . . εκα δε του τικη
. . . . εφ' υδωρ ερχεται.

ΒΑΣΙΛΙΣΚΟΣ.

Ου μην αλλα και αυτου σοι του βασιλεως των ερπετων περι εθελω διελθειν . και ως το μεν ιδειν αυτον βραχυτατ@ εστιν . υπεραιρει δε τη δυναμι των αλλων ουτος και ισχυι πλεον . εχωθ@ μεν ουν εστι την ιδεαν . την μεν τοι κεφαλην οξυτεραν φορει . μηκος δε περι
που παρεχεται παλεσων εννεα . την σπειραν ουκ εξι συν-
ηγμεν@ αλλα εφηπλωται δια παντ@ . φοβερως δε δοκει τοις αλλοις ειναι πως και εστιν ερπετοις ουκ αν υπο-
μινειεν αυτου της φωνης τον ηχον ετι νομην η ποτον αλλως παραγιγνομενον η αυθις επανερχομενου εκ κοιτην περι μεσημβρειαν . αλλ επι φυγην τα θηρια ην μοκου ακου-
ση της φωνης εκεινου παρ αυτα τρεπεται . τρωσκα δε ην
τινα και τυχη . ο δε ονομαζουσι βασιλισκην . απορρεα
μεν τας σαρκας διαλυεσθαι . δε και τα μελη του τρωθεντος ποιει . ουκουν ουδε παρ ορνιθων ιδοις αν τουτοισι τα
νεκρον κατεσθιομενον . ουδε υπο κυκων σπαυθις . ουδε υπ
αλλων ελκομενον αγρυων και σπαραττομενον θηριων επι
πονηρον το σωμα και δυσχερες . λικα αποπνει αυτο . δη
τουτου τοις πλησιαζουσι προσετεθη . ην δε καταληφθειη
υπ αναγκης τιν@ οιωνος οιον μενη κυων τω νεκρω τουτο
προσελθων της απ αυτου τυχη και μετασχη βορας αυτου που κειται παραχρημα και παρα τον νεκρον ελθ-
θων ο τοιουτ@ νεκρος .

. . . . ΔΡΥ-

ΔΡΤΙΝΑΣ Η ΥΔΡΟΣ.

Τον μεν τοι δριμχυ επιστω σαφως ουτως ετι μην κ̄
την τουτου φυσιν . χερσυδρον μεν γαρ αυτον οι πολλοι pag. 66.
καλουσιν . οτι απολιπων τους υδρηλους και λιμνωδεις το- ver.6
πους παρ᾽ οἱς εποιετο την διαιταν . επι τους ξηρους ερχεται και αυχμωδεις λιχν . μετα δε ετεροι δρμαιαν
τον αυτον λεγουσι . διοτι και ταυτης υπεριδων ησπερ
ετυγχανεν ελομενος εν ταις αισχατιαις ¹ . και τοις αλ- ¹ sic.
λως ² τοποις τραχυτεροις ουτως διαιταν και μονην διωκο- ² sic.
μενος υπο οιστρου και κεντουμενος επι τε τας δρυς κα-
ταφευγων ερχεται . και επι τας φηγους . και χρηται
τουτοις προς σηκησιν . ον τροπον χρηται και ταις θα-
μνοις προς το εγκαθευδειν . υδρω δε εοικως το καθαρον .
κχι ἐπι τω νωτου το μελας ειναι ωσπερ εκεινος , διασω-
ζων τραχυτεραν εχει την κεφαλην . οδμην δε βαρειαν
ικανως και ανυποστατον το παν αυτου σωμα παρεχεται .
κχι οιον η ιππου δορα εξοζει χαλεπον σαπισα και δυσ-
ανασχετον οκοταν ταις των σκυτοδεψων παραδοθη χερσιν
σηψιν υπομεινασα πολλην και διαμυδησηι τοιουτων οι πλη-
γεντες υπο τυ δρυϊνα η κατ αυτης οιον της αγκυλης η τυ pag.
ποδος κατω χαλεπην οιον κ̄ μοχθηραν δια παντος αγωσι 68.
τυ σωματος πνοην . κ̄ περι μεν το τεθρωμενον μερος υπο
τυ θηριω ογκος αμηχανος εγειρεται . ερευθος γε μην κχι ετι
ουδε αιματωδες τι επανθει τη χροια . αλλχ μελενεται ³ . ³ sic.
παραφροσυνη τοινυν επι τουτοις και σφοδρα της φωνης
παραλυσις επιλαμβανει τον πασχοντα . αι τε γαρ οδυ-
ναι συνεχουσι και επι ταυταις τα δυσχερη εν οφθαλμοις
τυγχανοντα της κακοπαθειας . αιτια γιγνεται παντα πα-
σι της παραφροσυνης ξηροτης τε αυν ουχ ολιγη και σηψις .

X

των

των σαρκων ταχεια και ακμαζουσα νεμομενου κατα
ταυτα πανταχη του ἰοῦ εξ αναγκης επιλαμβανει.
ολιγωριαι τε ως πλεισται και σκοτος φερεται κατ ο-
φθαλμων. χασμη τε προς τουτοις κ̉ βραχυτης αλληλοις
επισυμβαινοντα την των ουρων εποχην εργαζεται σφοδρα. υπνος τε αμα τω ρεγχειν και λυγμος καρτερος επι-
συναφθεντα προς τω ποτε μεν χολωδεις ποτε δε αι-
ματωδεις εμετους γιγνεσθαι. διψα δε αμηχανος και τρο-
μος ισχυρος επ αυτον υστερον ενελθοντα κομιδη πονηρον
αυτω κατασκευαζουσι τον θανατον.

ΔΡΑΚΩΝ.

Εσει τοινυν ηγνοηκως ουδε τον δρακοντα τον κατα
σε ουδε σε ληιεται ην προσειδης μονον αυτον απο του σχηματος το μεν ουν μηκος τω θηρεω εις πληθος εξηπται την
δε χροιαν ανθουσαν δεικνυσι κυανου. εν ασκληπιου τετρα-
φθαι λεγεται τουτονι παρα το πηλιον. πελεθρονιον μεν τοι
τον τοπον τουτον οι ταυτη καλουσιν. και δρυες περιε-
στασι πληθος αυτων πολυ. και εστιν ο τοπος κατηρε-
φης ουπερ τον δρακοντα της κομιδης τουτον ηξιωσθαι λογος. ιλαρος εστιν αλλως και γαυρειαν δοκει. κ̉ τριστοιχοι
μεν εισιν οι οδοντες αυτω. οφθαλμοι δε ιλαρον βλεπουσι.
και ο τωγων επανθει του χρυσου. οστινα δ' αν κατεπελ-
θων ουτος ποτε γενηται του πληξαι και οργητων τυχη
ανατλεως λυμενεται ουδεν. η τοσουτον μονον εις οδυνην
υπ αυτου τον πληγεντα αγει εις οσηπερ αν κ̉ μυς εκει-
νον ενδακων ηνεγκεν. και αιματος φοραν τοσαυτην οσην
περ αν εκ του τραυματος του πυρ εκεινου συμβαιη ουτως
επακολουθηση.

Εστι γε μην εχθρος τω αετω και μισειται λιαν οτι
αυ-

p² B.
70.

¹ Sc.

αυτου διαφθειρειν ουκ απεχεται τα εγγονα. αλλ επι την
καλιαν ελθων επιτιθεται μεν ην τυχη τοις ωοις επιτιθεται
δε τοις νεοττοις πλημμελειας ειδος αφιεις ουδενι τα κατε-
σθιει . πολλακις δε και αυτω εκεινω τω αετω εχοντι
θηραν λαγωου η βοραν προβατου τιθεμενω ποθεν εξερ-
πυσας επιτιν ο δρακων . ο δε εσθιειν μεν ετελθοντος
ουκετ' ανεχεται . τρεπονται δε επ' αλληλους οιδε και
διαμενουτι . μαχομενοι προκειμενης αμφοτεροις της θοι-
νης εις φιλονικιαν . επιλαμβανεσθαι δε περιπτταμενου του
αετου αραμενος ο δρακων την κεφαλην ανω περιβλεπων
πανταχου προθυμος γιγνεται και ορμα δρατγεσθαι .

ΚΕΓΧΡΙΝΑС.

Οι την λημνον επισταμενοι . νησος δε εστιν η
λημνος ανακειμενη τω ηφαιστω και την δυσχιμερον σαμοθρακην . ανεχουσι δε αυται μεν εκ του προκειμενου
πελαγους της θρακης κατ αυτα της αινου ιε . . . . . . ¹
και . . . . την της ηρας λεγουσι . ποταμος μεν τοι ταυτην
διαρρει την αινον . και εστιν ονομα τω ποταμω αιβρος .
εστι δε δη και ζωνειον ο . . λος καλουμενον . ενθα Ορφευς
εκιθαριζεν κα . . . . εν αυτρον η εκατη . και οι γιγνω-
σκοντες τα χωρεια ουχ ηκιστα επιστανται ταυτο το
θηριον . οτι ποτε εστιν ο κεγχριvας εν γαρ . . . . . τοις
τας νομας τοις τοποις ποιειται . προσετεθη δ ουν τω
αυτω ονομα ερπετω και καλειται λεων . οτι των αλλων
αυτος εοικεν ερπετων διενηνοχεναι μη μονον ταχει και
μεγεθει αλλα και αυτω τω ειδη και αυτη ισχυει . επε-

Χ 2   ται

pag.
72.

---

¹ Sex heic circiter litterae videntur deeſſe , cum ipſa pergameni particula abſciſſae . In ſequentibus vero lacunis
ſcias totidem videri litteras abeſſe , quot ibi puncta ap-
poſuimus .

ται τοινυν τω πληγεντι αυτικα δη και παραχρημα τι
σωμα τρεπεσθαι ιουτος τε εις βαθος του ιου και το
παν επινεμομενου υδερον τε ευθυς επιλαμβανειν την γαστερα βαρειας τε αλγηδονας εξ αυτης γιγνεσθαι και
τον θανατον ηκειν και διαλυεσθαι . ναι μην αλλα κỳ
καυματος οντος σφοδρου ισταμενου θερους πιεζουμενος υπο
λιμου ανα τα ορη πορευεται ζητων εξ αιγων η προβατων αυτω τινα ποριτασθαι τροφην . οι δε ηγουμενοι των
προβατων τυγχανουσι ψυχαξοντες περι μεσημβριαν . υπη-
νεμον γαρ τι χωριον εξευροντες οιδε και σκειαν παρε-
χειν οποταν η καυμα δυναμενον την απο των φυτων ολι-
γων αποσκησαντες της νομης ταυτην η ενταυθ’ απαγα-
γοντες προσαναπαυουσιν . ταυτα μεν ουν περι λιμνον κỳ
την σαμοθρακην ο κεγχρινας απεργαζεται επιων και

[*] Sic.   λυμενομενος [*] τοις εκει θρεμμασι . μηδε . . δε αυτως εστω

θρασυς μηδε μην ασκνος εκ λογισμου οστις εναντιος ελθων ποτε βουληθηναι εχει τω θηριω τουτω χωρηται . προς

[*] Sic.   μαχην . Ο . . . . . . μη ου πρωτον μεν εξ αυτης της θεας

επιτα [*] μεν τοι και της αλλης αυτου μαχειας τε αμα

pag.   και θρασυτητος του θηριου καταληφθεις αλω . μετα ταυ-

74.   τα δε περιπλακεις οιον αυτικα υπ’ αυτου που και περι-
ελιηθεις μυζηθεις τε αμα και χωρησας ολος δια του στο-
ματος καταποθη . αλλ ου χρη τα δεινα περιμενειν .
απαλλαττομενον δε αμα ταχυτητι του κινδυνου την μεν
κατ ιθυ πορειαν λαμβανειν ουδαμως συμφερον . εκτρετε-
σθαι δ . . . υτην ωφελιμωτατον ως τα πολλα . και ποτε
μεν χρη βαδειζειν την επι δεξιαν ποτε δε την επι θα-
τερα αποκλεινειν μερη . . . . . . ξοδους τε και υποστροφας
ποιουμεν@ συνεχεις και επαναζευξεις παραιρουμεν@
ευρεα

ευρεχ θησει τουτον δη της ορμης τον θηρα. ταχυτατος γαρ ων το κατ' ευθυν εν ταις των καμψεων περιστροφαις ευρισκεται βραδυς. οδυνωμεν@ γουν τους σφονδυλους και αυτην αταταν την ακανθαν ελαττοι του δρομου. τοιουτον αρα τον κεγχρειναν τουτον ειναι αι προς θρακην νητοι παρεχονται.

ΕΛΩΠΟϹ ΤΥΦΛΙΝΟϹ
ΑϹΚΑΛΑΒΩΤΗΣ
ΑΚΟΝΤΙΟϹ ΛΙΒΥΟϹ
ΜΟΛΟΥΡΟϹ ΜΥΟΘΗΡΟϹ.

Εςι μεν ταπιν@ [1] την προσοψιν ο ασκαλαβωτης. το δε δηγμα ουκ εςη [2] ταπινος. διαγγελλει δε η φημη περι αυτου ταυτα οτι η δημητερ αχθεσθεισα αυτω θινως ενεμεσησε και αμυνομενη τριπτολεμον γαρ δη τον εκ μετανειρας γενομενον η οινη θερχπενις [3] του καλλιχορου πλησιον ελθων εν τη ελευσινι παρ αυτο το φρεαρ ο ασκαλαβωτης ως ο λογ@ τον τριπτολεμον λεγει ενταυθα επληξεν. Εςι μην ερπετων γενη αλλων και αλλων. πλην ηττον εςι πονηρων και λειαν αβλαβων. χωριοις δε ενδιαταται διαφοροις οντα διαφορα. εχει δε προσηγοριας τα γενη και καλειται απ αυτων. ελοπες τοινυν οι μεν αυτων και αλλοι λιβυες κεκληνται.

[1] sic.
[2] sic.
[3] sic.

Μυοθηραι τε επι τουτοις αλλοι και οι την κλησιν εχοντες απο του πραγματ@ ακοντιαι. και μολουροι εισιν ετεροι και τυφλιναι αλλοι.

Α'λλα και βοτανων αυτικα και ριζων τοι περι ᾽ς της απ αυτων δη τουτων πορίζομενης ωφελειας ου μην αλλα και της ωρας καθ' ἣν δει λαμβανειν τας βοτανας ετοιμως αφηγησομαι σοι και συν ακριβεια. ἱν' ἐαν

pag. 76.

πο-

ποτε τιν☉ ολως το σωμα βουληθωση πληγη κατετχημενον η αλλως οδυνη παραμυθητασθαι βαρουμενον η του εκτωζειν δια τουτων δυναμις σοι παρη. χρη δε συ μονον αρτι λαμβανοντα και εκ του ευθεος τας βοτανας φερειν την ιασιν τοις την απο των ερπετων πληγην παραδεξαμενοις. αλλα και ευγεων απο χωριων και βατεων

[1. sic] αλλως. εν οις κωνωπες[1] γιγνονται απο της ενυπαρχουσης νοτιδος ταις χωριοις τουτοις.

ΚΕΝΤΑΥΡΙΟΝ
ΚΑΙ ΑΡΙΣΤΟΛΟΧΙΑ.

Εςω δη πρωτη σοι των ρειζων εις αφηγησιν ερχομενη και ων ενεκα παρεχεται θεραπιας χαριν ηδε η λεγομενη χειρωνι☉.

Ο' δε χειρων αυτ☉ αφ ου περ εσχεν και η ριζα την επωνυμιαν κενταυρος ην και πατρος γεγονεν εκ τυ

[2. sic] κρανου. εν δη τω ορι[2] της θετταλιας τω πηλιω επειδη ηδε ην η ριζα ουκ ελαθεν αυτον αλλα εξευρισκει. και καλει τογε εντευθεν χειρωνιον αυτην οτι αυτ☉ αυτης ο χειρων ευρετης γεγονεν.

Και το μεν ειδ☉ αυτης τυγχανει τοιονδε. εμφερης εςι κατα φυλλα αμαρακι. το δε ανθ☉ παρεχεται χροιαν την απο του χρυσου. η ριζα γε μην ουκ εις βα-

[3. sic] θ☉ αλλα επι πολλης[3] εςι και γης εν ολιγω. δυναται δε διδομενη παντι τω πληγεντι υπ' ερπετου. υφ οιου δ αν τυχη ρυεσθαι και υπεξαγειν ολιγου δειν τον τω θανατω προσομιληκοτα. εμβαλλων τοινυν εις ολμον τοσουτον απ αυτης της ριζης οποσον αυταρκες εςι και προς θεραπειαν εις κοτυλην οινου. προτερον μεν τοι κοψας ειτα τον οι-

[4. sic] νον επιχεας διδου τηνικαυτα πινειν τω εγγυς. και παρα το δεινον εκιν☉[4] ελθοντι.

Ε'αν τε τοινυν ουσαν ξηραν εαν τε και ανελομενος
εκ της γης αυτικα μαλα ταρα χειρας εχη ουδεν τουτο
σοι διοιτι θεραπιας χαριν.

Εμοι μεν ουν δοκει δια τουτο και το πανακιον προσ-
ειρησθαι. επιλεγεται γαρ και τουτω τουτο το ονομα
πανακιον. διοτι ακεσιν επιφερει. και διαδραντες απικ-
σι πολλοι α περιμενειν αναγκη θεραπιας σχη τι τους
ταις απο των ερπετων συμφοραις και κακοις αμηχανοις
περιπεπτωκοτας. εχομενη δε εστι της βοτανης ταυτης αρι-
στολοχεια και ταυτην εγω καλουμενην οιδα. και αυτη μετ
οινου πινομενη ποιειν τα αυτα τη προτερα βοτανη δυναται.
Φυεσθαι δε εν συνσκιοις ως επι παν φιλει. και απο του ^{pag. 78.}
συλλαμβανεσθαι προς ευτοκειαν ταις τικτουσαις αυτην
γυναιξιν ουτως αριστολοχια κεκληται. Φυλλα δε φερει
μεν κισσοειδη και σχεδον τα αυτα δικνουσα¹ τη περικλυ- ¹ sic.
μενη. ανθει δε ερυθρον και οιον η υσγινος. ταυτη δε κε-
χρηται προς τας βαφας των οιαπερ αυτη την χροιαν η
υσγινος τυγχανει. αποπνει δε δεινον αρα και λειαν δυσ-
χεραις² και τον καρπον παρεοικοτα ταις αχρασιν φερι και ² sic.
μυρταδος αντικρυς τω καρπω και βακχης και του των
ατιων.

ΑΡΙСΤΟΛΟΧΙΑ СΤΡΟΝΓΤΛΗ ³
ΚΑΙ ΤΡΙΦΥΛΛΟС.

³ sic.

Α'λλα μην αρσενος τε και θηλεως η ταυτης παρεχεται της βοτανης φυσις διαφορας. της μεν γαρ αρρε-
νος αριστολοχειας εστι υπομηκης τε η ριζα και χωρει προς
βαθος και εστιν περι τι ου πηχυεα. η θηλεια δε εστιν
ουχ ομοιως μακρα αλλα ευστρογγυλος εις μεγεθος. και
εις το βαθος ου λειαν η ρειζα κατισιν. πυξω δε τη
                                                        εν

ἐν ὡρικῳ το εἰδ' ἐοικεν και ἐστι . της κρητης το χωριον εν ω αι πυξοι τοιαυται φυονται . πινομενη τοινυν οινου μετὰ και τουτου μελαν' εις δραχμην τοις υπο εχιδνων η εχεων διχθισιν ' ικανως βοηθει. Και το λεγομενον

sic.

τριφυλλον ουδεν εκ παθειν τον δηχθεντα ουδε υπομειναι
βλαβην τινα πληξαντ' ερπετου . ειναι μεν τοι την βοτανην ὡς ὁτι μαλιστα επιζητει ταυτην ὁρινων ατο και

sic.

αποκρημνων και τραχεων τόπων εκλεγεσθαι . ετει ² γε
μην το ³ τριφυλλον τουτο παρα μεν ενιων μαυανθες τρι-
πετηλον δε παρ ετερων προσαγορευεσθαι . εχει δ' ουν
τα μεν φυλλα παρεοικοτα τοις του λωτου οδμην δε την
αυτην τη ρυτη . ὁ πηγανον λακεδαιμονιοι ρυτην τη επι-
χωριω κεχρημενοι λεγουσι του φωνη. οποταν δε δη της βοτανης ταυτης μαρανθη μεν το ανθ' τα δε φυλλα αιχη-
ται δοξης ας αν αποφορας ασφαλτου μετεχειν εσθανο-

sic.

μενος ⁴ της οδμης του τριφυλλου τουτου . χρησιμον δε εσι
τηνικαυτα συναγειν το σπερμα οποταν εγκαλαταν εαυτου γηραιον γενηται . στρογγυλον μην εσι το σπερμα . ἡ
κυμβαλου σωζομενον. επ αυτου δικνυται το σχημα.
υπο οφεων δε τας δηχθεντας αμα οινω τοδε διατωζει
ποθεν ,

ΘΑΨΙΑ

ΚΑΙ ΕΛΞΙΝΗ.

Αλλα σοι και ταυτας εγω τας συνθετους αρα και
θεραπευτικας βοηθειας ωταν οιιστε ω διεξελευσομαι . εσι
τις της' σικελεια εν η θαψ' τις λεγομενη γιγνεται
βοτανη. ταυτης της θαψου την ριζαν τριψας ὡς μαλιστα επιμελως . μετα μεν τα του αγνου του καρπου νη-

ριν

---

³ Inter voces μην & το superadditum est verbum αξιοι .

ριν τε προς τουτοις την βοτανην και πηγανιον επιβαλων .
θυμβρης τε ομοιως κλωνας αλλ ου της ομου αλλα της
εν τοις τοποις τοις ημερωτεροις φυομενης . η γαρ δη ορι-
αυτη θυμβρα εις υψ- αιρεται καθαπερ ερπυλλ- . αυ-
θουντ- τε δη το σφοδρον ασφοδελω ριζαν τοτε καυλιον
αλλοτε κ, αλλοτι σπερμα . ετι μεν τοιαυτο φεροντος τι
ασφοδελου και εχοντ- εν εαυτω το σπερμα του λιβου
ταις ουσαις προστιθει . ελξινη δε εστι βοτανη και λεγεται τουτο απο του μηδεν αυτην συγχωρειν πλησιον εαυτης φυεσθαι . αυτη που τον μεν χειμον εξωδης τυγχανει .
αλυβασις η δε δια τουτο προς των πολλων ονομαζεται .

Χαιρει δε εν τω ελι γιγνεσθαι και μαλλον εν ευ-
υδροις τοποις . καψας κ, ταυτην αμα ταις ρηθεισαις την βοτανην επιμελως ταταις μαλιςα τα μεν οξι προσχρωμεν-
και διαμιγνυς ταις αλλαις συναναλαμβανει . ει δε μη
παρειη οξος οινω προσκεχρησο . ει δε αποστερη και τουτου
εθι σοι την ετι το υδωρ και ουτως ανχιρου παντα δια των
υδατ- . αντιζωον γαρ τω θανατω κατασκευασις βοηθημα και σωτηριωδες αντικρυς απο των ερπετων.

Hactenus ex Codice Vindobonensi , Medicei defectus suppletus : quae sequuntur , ex Mediceo descripsimus , alterius variis lectio-
nibus in calce paginarum adiectis .

ΠΕΡΙ ΑΛΚΙΒΙΟΥ ΚΑΙ ΠΡΑΣΙΟΥ [1].

Καὶ ἡ ῥίζα δὶ ἀγαθόν τί ἐστιν ἄρα ἐπίστασθαι pag.
αὐτήν , ἢ πρότερον μὲν ἔχει ἰόν [2] · ὕστερον δ' ἀλκίβιον 80.
προσαγορευθεῖσα [3] . ἔστι δ' οὖν τὰ μὲν φύλλα ἐξ αὐτῶν [4] v.541

Υ   οἷον

[1] Cod. Vindob. αλκιβιον και πρασιον. [2] εχιῖον. [3] προσ-
αγοριυθισα . [4] εαυτων.

οἷον ἀκάνθας ὁρᾶν περιβεβλημένα τὰ ταύτης καὶ περικεί-
μενα, τὸ δὲ ἄνθος αὐτῆς οἷόν περ καὶ ἰῷ, τὴν ῥίζαν δὲ
οὐκ ἔχει παχεῖαν, ἀλλὰ ἐπὶ μῆκος ἐκτέταται[1]. λέγει δὲ λόγος τις· περὶ ἀλκιβίου, ὡς ἦν καὶ κιβιός[2]
τις καὶ ἐκάθευδε πλησίον, καὶ παρ᾽ αὐτὴν ἐλθών του ποτὲ
τὲ τὴν ἅλω, τὸ δὲ γιγνόμενον ἦν ἐν θέρει· ἔρχεται μὲν
τὸν ἀλκίβιον κ τιτρώκει ἔχις εἰς τὸν μηρόν· ὁ δὲ δια-
στὰς[4] ἐκ τοῦ ὕπνου, κ ὀδυνόμενος[5], γίγνεται μὲν εὐ-
θέως ἑαυτοῦ, λαβὼν δὲ πλησίον οὔσης ῥίζαν[6] τῆς βοτάνης ταύτης, εἶτα ἀνασπάσας ἀπὸ τῆς γῆς ταχὺ, κα-
τακόπτειν παραδίδοσιν[7] αὐτοῦ ταύτην τοῖς ὀδοῦσι· κ ὃ[8]
μὲν ὑγρὸν ὅσον ἦν τοῖς ἐντὸς, διὰ τοῦ λαιμοῦ χωρηγεῖ[9]
χωρίοις, τὸ δὲ ἄλλο τῆς ῥίζης ὅθεν ἦν τὸ ὑγρὸν ἐκμυ-
ζηθὲν, τοῦ στόματος ἐξαγαγὼν καταπλήττει[10] τὸ ἕλκος.

Ἀλκίβιον τοίνυν ἡ βοτάνη μετὰ ταῦτα διὰ τοῦτο
κέκληται, πρόσθεν ἐχιὸς[11] λεγομένη, ὅτι τε ὁ εὑρὼν τὸ
πρῶτον, εἴτε ὁ χρησάμενος περισωθεὶς Ἀλκίβιος ἦν. Οὐ
μὴν ἀλλ᾽ ἔτι καὶ τῆς πρατίου χλωρᾶς οὔσης, κόψας ὁμοῦ
κλῶνας πάνυ σφόδρα, καὶ λευκῷ ἐν οἴνῳ ἀναλαβὼν,
τοὺς ὑπὸ ὄφεων πληγέντας, ἕξεις διὰ τοῦ[12] δύναμιν τοῦ
κινδύνου ῥύεσθαι· ἡ γὰρ δὴ πρατιος αὕτη κ τὰς πρωτο-
τόκους λέγεται τῶν βοῶν, ὁπόταν ἦεν[13] αὗται βαρυνό-
μεναι τῷ γάλακτι, ἥκιστα πάντων ἐπὶ τούτοις μετα-
ποιούμεναι τῶν νεογνῶν περιτεθεῖσα τοῖς μαζοῖς, στέρ-
γειν

---

1 εκτετακται. 2 τις ταυτα. 3 ην αλκιβιος. 4 διανεςας.
5 οδυνωμενος. 6 ριζαν. Quam promiscue ι pro ιι, & ιι
pro ι Codex Vindob. usurpat, nullam deinceps huius variae lectionis rationem habebimus. 7 παραδιδωσιν.
8 και το. 9 χορηγει. 10 καταπλαττει. 11 εχειιιον.
12 τουτου. 13 ειεν.

γειν ἀναγκάζει τὰ ἔγγονα, προχεομένου μετκταῦτα πολ-
λοῦ καὶ ἀπορρέοντος τοῦ γάλακτος · ἥδονται δὲ καὶ μέλιτται τῇ πρατίῳ ταύτῃ, ἢ μελίφυλλον μὲν παρ' ἐνίων, μελίκταινον δὲ διὰ τούτου παρ' ἐνίων προσαγορεύεται.
αἱ γὰρ δὴ μέλιτται τῶν κατὰ σφᾶς ἐπιλαθόμεναι χωρίων, καὶ ὧν ἐργάζοντο[1] κηρίων, καὶ οὗπερ ἐποιοῦντο
μέλιτος · παρὰ ταύτην ἴασιν[2] καὶ βομβοῦσιν ἐρχόμεναι,
καὶ ταύτης[4] φύλλα τῆς πρατίου ἐχόμεναι ὑπ' εὐωδίας
καὶ τῶν ταύτῃ καλῶν[5].

ΠΕΡΙ ΤΟΥ ΑΣΤΕΡΙΟΥ[6].

Τοῦ δὲ ὀστερίου τὸ εἶδός ἐστι που τοιόνδε · τοι
χίλαι κατὰ τοῦ νώτου παντὸς αὐτοῦ διήκουσι γραμμαί ·
ἔπειτα ἐὰν προσάψηται ἀνθρώπου σώματι, φρίκην τε
καὶ ταύτην λεπτὴν καὶ καρυβαρείαν[7], ἅμα τούτῳ καὶ
παράλυσιν τῶν γονάτων ὁ ἀστέριος οὗτος φάλαγξ εἴλη-
χεν ἐμποιεῖν.

ΠΕΡΙ ΤΟΥ ΚΥΑΝΕΟΥ ΦΑΛΑΓΓΙΟΥ[8].

Ἀλλὰ μὴν καὶ τὸ κυάνεον οὕτω καλούμενον φαλάγ-

Υ 2   γιον,

[1] ἐργαζοντο. [2] μελιττκ. [3] ἴασι. Hanc quoque varian-
tem lectionem, & huiusmodi alias, in quibus litterae ν
ἐφιλκυσμός in alterutro Codicum occurrat, omittendas
in posterum censuimus. [4] τα ταυτης. [5] Quae heic in
Nicandri Theriacis sequuntur, a versa nimirum 557. usque ad versum 715. eorum metaphrasin suo loco Codices
omittunt, restituunt autem inferius post versum 817. ubi
ipsam quaere: nos enim mss. lectionem sequi utcumque
voluimus. [6] OPNIC. Qui quidem titulus ad ea potius,
quae sequi debuerant iuxta Nicandri Carmen, quam ad
ea, quae de asterio modo enarrantur, pertinere videtur: ex quo colligas, hanc metaphraseos inversionem ex
praepostero quaternionis situ in vetustissimo alio exem-
plari, unde reliqua profluxere, repetendam esse.

[7] καρηβαριαν. [8] ΚΥΑΝΕΟΝ.

γιον, τοιοῦτόν ἐστι τὸ εἶδος, οἷον καὶ τὸ χρῶμα κυάνεον, παρέχεται δὲ μέγεθος μὲν οὐδὲν τοῦτο, οὐδέ ἐστι
βραδὺ, καὶ πεφύκασι τρίχες ἐξ αὐτοῦ, καὶ ἐὰν πλή-
ξῃ, τὴν καρδίαν τοῦτο ὀδυνᾶσθαι ποιεῖ, καὶ ὡς νύκτα
ὁρᾶν, καὶ ἐπιγίγνεται τοῦ πληγέντος τοῖς κροτάφοις
βάρος, συνεχεῖς τε ἔμμετοι[1] καὶ λεπτοὶ, καὶ ἐπὶ πᾶσιν ὁ θάνατος τὸν πληγέντα ἴσχει.

ΠΕΡΙ ΤΟΥ ΑΓΡΩΣΤΟΥ[2].

Ὁ μέν τοι ἀγρώστης οὗτος ἔοικε τὴν μορφὴν τῷ
λύκῳ, ὁ δέ γε λύκος οὗτος οὐδὲν πλὴν μυίας ἀναιρεῖ, ὁ
δὲ ἀγρώστης μελίτας[3], ψήκας, καὶ μύωπας, καὶ ὅσα
τούτων ἀδελφὰ διόλλυσιν[4]. δρᾷ δὲ[5] οὐδὲν δεινὸν ὑπ᾿ αὐτοῦ τὸν πληγέντα ὁ ἀγρώστης οὗτος.

ΠΕΡΙ ΤΟΥ ΣΦΗΚΙΟΥ[6].

Σφήκιον τὸ καὶ καλούμενον δυσδιάκριτον, τὴν[7] μὲν
χροιὰν πυρρὸν ἐστι, καὶ ὡς σφηκὸς φέρει· εἰσὶ δὲ οἱ
σφῆκες θρασεῖς, καὶ τῶν γειναμένων αὐτοὺς σιπῶν[8] ἐπα-
γομένην ἔχουσι τὴν ἀλαζονείαν· ἐξ ἱππίων μὲν γὰρ σφῆκες σωμάτων γίγνονται· τὰς δὲ μελίττας ὁμοίως τὰ τῶν
μόσχων ποιεῖ, τὰ δὲ ἔργα ἑκατέρων τῶν γερανῶν[9] εἰς
ἑκάτερον αὐτοῖν ὁρατὸν[10] γεννησαμένον. τὸ μέν τοι δῆγμα
τοῦ σφηκίου τούτου φλεγμονὴν γενναίαν ἐπιφέρει[11], εἶτα
τρόμον, ἐπὶ τούτοις καὶ ὀλιγορίαν[12], κὴ τὸ μηδὲν ἰσχύ-
ειν ἔτι ἐπ᾿ αὐτὸν ἔρχεται, ὅτε ὕπνος αὐτῶν καταβραχὺ πρὸς ἑαυτὸν ἕλκων, τῷ θανάτῳ παραδίδωσι λεληθότως
ἄγειν.

ΠΕ-

[1] ἔμμετοι. [2] ΑΓΡΩΣΤΗΣ ΟΙ ΔΕ ΛΥΚΟΣ. [3] μελίττας.
[4] διόλλυσιν γένη. [5] δὲ οὐδέκοτε οὐδέν. [6] ΣΦΗΚΙΟΝ.
[7] abeſt τὴν. [8] ἱππων. [9] γένων. [10] ορατοιν. [11] γεν-
νιαν. [12] ολιγωριαν.

ΠΕΡΙ ΤΟΥ ΕΤΕΡΟΥ ΦΑΛΑΓΓΙΟΥ [1].

Ἐχόμενον δὲ δὴ τούτων ἐςὶν ἄλλο φαλάγγιον, καὶ καλοῦσιν αὐτὸ μυρμήκιον, διότι ἐστὶ παρεοικὸς τῷ μύρμηκι τούτῳ [2]· πυῤῥὸν δὲ ἔχει μὲν τὸν αὐχένα· τὸ δὲ ἄλλο αὐτοῦ σῶμα ἅπαν [3] ζοφῶδες τυγχάνει, καὶ δείκνυνται ἀςέρες ἐπ᾽ αὐτοῦ· κεφαλὴ δὲ ἄνευ τῶν ἀςέρων, ἐοικῦα δείκνυται τῷ λοιπῷ σώματι. ἔστι μέν τοι αὐτοῦ τὸ δῆγμα ἐπαλγὲς, καὶ παραπλήσιον τοῖς τῶν ἄλλων. ^{pag. 106.}

ΠΕΡΙ ΤΟΥ ΦΑΛΑΓΓΟΕΙΔΟΥΣ Η ΚΑΝΘΑΡΟΕΙΔΟΥΣ [4].

Ἔτι τούτοις ἐστὶ φαλάγγιον, τὸ μὲν χρῶμα κανθάρου παρέχον, ἄλλως δὲ οὐ μέγα· ἐν τῇ Αἰγύπτῳ [5] περὶ τὰ σπέρματα τούτων πλῆθός ἐστι πολὺ, καὶ τοῖς θερίζουσιν ἐμφύεται, καὶ ὀδύνην παρέχει τὸ δῆγμα. Φλυκταινῶν τε γὰρ ἐπαναστάσεις τὸν δηχθέντα ἴσχουσιν ἰσχυραὶ, καὶ ἡ καρδία πηδᾷ καὶ φρονεῖ ἀλλοῖα, καὶ φθέγγεται μιμηλὸν, καὶ οὐ μόνον ἡ γλῶττα τοῦτο, ἀλλὰ καὶ οἱ ὀφθαλμοὶ ὑπόθερμόν τι καὶ μανικὸν τοιούτων βλέπουσι.

ΚΕΦΑΛΟΚΡΟΥΣΤΑΙ [6].

Τοὺς λεγομένους κεφαλοκρούστας ἡ Αἴγυπτος τρέφει· εἰσὶ δὲ παραπλήσιοι τῇ φαλαίνῃ. αὕτη δὲ μεταδιώκει μὲν ἀεὶ τὸ τοῦ λύχνου φέγγος, ἔρχεται δὲ δειπνούντων. οἱ δὲ καὶ κατὰ τὴν ὥραν, ἐν ᾗ περ ὁ δρόμος ἄρχεται τῆς νυκτός. ἔχει δὲ ὁ κεφαλοκρούστης τὰ μὲν

ατι-

---

[1] ΜΥΡΜΗΚΙΟΝ. [2] τυτο. [3] παν. [4] ΦΑΛΑΓΓΟΕΙΔΕΣ Η ΚΑΝΘΑΡΟΕΙΔΕΣ. [5] αιγυπτου. [6] Deeſt hic titulus. Caput vero inc. Τους κεφαλοκρυςας οι λιγονται η αιγυπτος τρφμ. ιισι δι οι κεφαλοκρουςαι παραπλησιοι τη φαλλαιη κ. λ.

πτερὰ, ςεκὰ, καὶ χλωρὰ, καὶ οἷα κεκνιαμένην· τὴν
χροιὰν ἔχοντα. τοιγαροῦν· τὰς χεῖρας ἴδοις ἂν πολλάκις τοῦ προσαψαμένου τοῦ κρανοκολάπτου. οὕτω γὰρ
αὐτὸν καλοῦσιν οἱ ἐπιχώριοι. γεννᾶται μὲν οὖν οὗτος ὑπὸ
ταῖς περσίαις, τὴν δὲ κεφαλὴν κεκλιμένην ὡς ἑτέρως
ἔχει, καὶ ἐπ᾽ αὐτῆς ἀνέχη³ τὸ κέντρον, καὶ κρύπτειν
αὐτὸ πειρᾶται ὑπὸ τὸν αὐχένα. βαρύνεται μέντοι τὴν
γαςέρα, καὶ τὸ πλῆγμα αὐτοῦ εὐπετῶς εἰς θάνατον
φέρει.

ΠΕΡΙ ΤΟΥ ΕΙΔΟΥΣ ΤΩΝ ΣΚΟΡΠΙΩΝ⁴.

Τὰ δὲ δὴ κατὰ τοὺς σκορπίους λεκτέον εἴδη⁵ ἅττά
ἐστι, κέντρα ἔχουσιν, οἷς παίουσι· καὶ λίαν ἀλγοῦσιν
οἱ πληγέντες· ἔπειτα δὴ τούτων ὁ μέν ἐστι λευκός, βλα-
βερὸς δὲ ἧσσον.

ΠΕΡΙ ΤΟΥ ΠΥΡΡΟΥ ΣΚΟΡΠΙΟΥ⁶.

Ὁ δέ γέ τοι πυρρὸς, ὡσεί τι⁷ μάλιστα ἐπώδυνος.
τὸ γὰρ πλῆγμα οἷον ἀπὸ τοῦ πυρὸς καιόμενον⁸ τὸν πληγέντα εἰς αἴσθησιν ἄγει, καὶ φλεγόμενόν τε ἐστιν
ἰδεῖν δεινῶς ὑπὸ δίψους αὐτὸν καὶ ἀπολλύμενον.

ΠΕΡΙ ΤΟΥ ΖΟΦΟΕΙΔΟΥΣ⁹.

Ὁ δὲ δὴ τρίτος, ὃν ζοφόεντα κεκλήκασιν, οἶμαι,
ἐστὶ¹⁰ τοιοῦτος. μεγάλων ἐμπίμπλησι τοὺς πληγέντας
κακῶν. ὀδυνῶνται¹¹ γὰρ πάνυ σφόδρα, καὶ παρασκαί-
ουσιν οἱ τοιοῦτοι, καὶ γελῶσι πλατύ.

ΠΕ-

---

¹ κικονιμένην. ² κεκονιμένας τοιγαρουν. ³ ανεχει.
⁴ ΣΚΟΡΠΙΟΣ ΛΕΥΚΟΣ. ⁵ pro λεκτέον ἤδη habet λεκ-
τιον γαρ ηδη περι αυτων τοιαυτα. ⁶ Abest hic titulus.
⁷ ως οτι. ⁸ κιομενον. pro diphthongo enim αι saepe ι
adhibet, quod semel adnotasse sufficit. ⁹ ΖΟΦΟΕΙC.
¹⁰ ιςι γαρ. ¹¹ οδυνωνται τι.

ΜΕΤΑΦΡΑΣΙΣ.   319

ΠΕΡΙ ΤΟΥ ΧΛΩΡΟΕΙΔΟΥΣ [1].

Ἐὰν δὲ ὁ χλωρὸς αὐτος πλήξας τύχῃ τινὰ, ὄψει δὴ καὶ τοῦτον ἐχόμενον μεγάλῃ μὲν φρίκῃ, καὶ οἷον ἀπὸ χαλκοῦ [2] ἐπιωρηθῆσει [3]. ἢν δὲ κ̣ ὅταν ὁ ἥλιος αὐτὸς ὢν αὐτὸς ἑαυτοῦ θερμότερος, τύχῃ ὑπὸ τοῦ [4] σκορπίου τις τῷ τούτου πλήγματι γένηται, οὐκ ἂν μὴ ῥιγῶντα καὶ τοῦτον ὄψει ὡς χειμῶνος [5]. τὸ μέν τοι κέντρον αὐτοῦ κοπίδι ἔοικεν, καὶ ἐννέα εἰσὶ τοῦ νώτου ἄχρι τῆς ἄκρας οἱ σφόνδυλοι [6].

ΠΕΡΙ ΤΟΥ ΠΕΛΙΟΥ ΣΚΟΡΠΙΟΥ [7].

Ὁ δὲ ἐμπέλιος τῶν σκορπίων γαστέρα μὲν μεγάλην ἔχει, ποηφάγα δέ ἐστιν ἄλλως, καὶ σιτεῖται τὴν γῆν, τὸ δὲ τοῦ πλήγματος αὐτῷ λοιμὸν [8] ἐμποῆσαι, ὁτωοῦν βαρύτατόν ἐστιν.

ΠΕΡΙ ΤΟΥ ΚΑΡΚΙΝΟΕΙΔΟΥΣ [9].

Σκέψαι δὴ καὶ τοῦτον τὸν σκορπίον, ὡς προσφε- pag. ρής ἐστι τῷ καρκίνῳ, οὗ τὴν νομὴν ἴσασιν ὑποδεχόμενοι 110. αὐτὸν πολλοὶ τῆς θαλάττης αἰγιαλοί.

ΠΕΡΙ ΤΟΥ ΠΑΓΟΥΡΟΕΙΔΟΥΣ [10].

Παγούρῳ δὲ ἔοικεν ὅδε, τῷ καὶ πετράγῳ καρκίνῳ προσαγορευθέντι ὁ σκορπίος [1]. βρεῖται δ᾽ οὖν οὗτος ὑπὸ σαρκῶν, καὶ ἐστὶ ταῖς χηλαῖς κατάσκληρος, καθάπερ ἐκεῖνος ὁ καρκίνος. μεταβαλεῖν [11] γὰρ οὗτος αὐτὸν, καὶ σκορπίον ἐκ καρκίνου γίγνεσθαι, ἁλιέων παῖδες ἡμᾶς διδάσκουσι ταῦτα. ἐπειδὰν γάρ, φασιν, οἱ καρκίνοι
ἐναλ-

---

[1] ΧΛΩΡΟΣ. [2] χαλαζης. [3] ιπιωρηθισι. [4] τω τυ.
[5] ως χιμωνος οψυ.   σφονδολοι. [7] ΕΜΠΕΛΙΟΣ.
[8] αυτου λιμον. [9] ΟΜΟΙΟΣ ΑΙΓΙΑΛΗΙ ΣΚΟΡΠΙΩ.
[10] ΠΑΓΟΥΡΟΕΙΔΕΣ. [11] σκορπιος παντη. [12] μεταβαλλειν.

ἐναλλάξωσι τὴν δίαιταν, καὶ τῆς θαλάττης καὶ πετρῶν
καὶ βρύων τῶν ἐν τῇ θαλάττῃ ἀναγκασθῶσιν ἐκχωρῆ-
σαι, πάσχουσι δὲ αὐτὸ δικτύοις περιβαλλόμενοι, καὶ
ἔξω φέρονται βίᾳ ὑπὸ τῶν ἰχθύων· δεῦρο ποιουμένων
θήραν, ἐνταῦθα ἔξω γενόμενοι, καὶ μετασχόντες τῶν ἐν
τῇ γῇ, ἔπειτα κατά τινων ἐλθόντες φωλεῶν, καὶ δύντες
ἀποθανόντες, οὐκ εἰς μακρὰν πιοῦ² ἐκ τῶν ἐλύτρων ἀνή-
καν φέρεσθαι τῶν ἑαυτοῦ³. λωβῶνται μέν τοι τὸ σῶμα,
ἤν τινος ψαύωσιν⁴ ἠρκότες τὸ κέντρον.

ΠΕΡΙ ΤΟΥ ΜΕΛΙΧΛΩΡΟΥ⁵.

Μελίχλωρός ἐστι σκορπίος, καὶ ὀνομάζεται ἀπὸ
τούτου. ἔχει γὰρ τὴν χροιὰν κηρίνην, καὶ τὸ ἄκρον
μελαίνεται τῆς οὐρᾶς. ἔστι δὲ τὸ δῆγμα χαλεπὸν μὲν
πᾶσιν οὗτος, μάλιστα δὲ παιτί, καὶ εἰς τὸν θάνατον
τοὺς παῖδας παραμικρὸν ἄγει. οὗτος οὖν ὁ σκορπίος
καὶ γὰρ πτερὰ ἔχει, καθίσταται τῶν πυῤῥῶν, καὶ
νέμεται τούτους, καθάπερ ἡ ἀκρίς. τῆς δὲ καρίας ἐμ-
πηδᾷ σοι⁶ ὁ σκορπίος οὗτος, καὶ παρὰ τὸν κισσὸν ταύτῃ που γίνεται τὸ χωρίον.

ΠΕΡΙ ΤΟΥ ΒΕΜΒΗΚΟΣ.

Ἐτίτταμαι δὲ κἀκεῖνο, ὅπως ἂν ἀπέλθῃ⁷ θεραπευ-
θεὶς, καὶ ὁ πληγεὶς ὑπὸ τοῦ βέμβηκος, ὁ γὰρ βέμβηξ
οὗτος τυγχάνει μὲν τὸ πλῆγμα ὡς ὅτι μάλιστα ἐπώδυνος, ἀποθνήσκει δὲ παραυτίκα, ὅτι τὸ κέντρον ἐξε-
ρύσαι πλήξας ἔτι οὐχ οἷός τέ ἐστιν, ὥσπερ οὖν οὐδὲ
αἱ μέλιτται διαφυγγάνουσι τὸν θάνατον, ἀποβαλοῦ-
σαι τὸ κέντρον, αὐτίκα· τοῦ πλῆξαι ἀμύνασθαί σφισι
                                              τὸν

¹ τον ιχ'υν. ² σκορπιους. ³ ιαυτων. ⁴ ψαυωσι.
⁵ Absunt, & hoius, & sequentis Capitis tituli. ⁶ ιμ-
πηδωσεις. ⁷ απελθοι.

τὸν μελιττουργὸν αὐταῖς. ἐπειδὰν δέ εἰσιν ¹ οὕτως, οὐδὲ ὁ βέμβηξ ἄρα τοῦ κέντρου στερηθεὶς ἔτι ζῆν δύναται,
ἀνώλεθρος μὲν γὰρ διαμένει περισώζων αὐτό. ἄκεντρος δὲ
ἐπειδὰν γένηται, ὁ θάνατος ἐπιλαμβάνει αὐτόν τε ὁμοίως
καὶ μελίττας ἀποβαλούσας ἐν τῷ πλήττειν καὶ ταύτας
τῷ κέντρῳ ².

Sequens Caput deerat in Mediceo.

ΙΟΥΛΟΣ, ΣΦΗΞ, ΤΕΝΘΡΗΔΩΝ, ΣΚΟΛΟΠΕΝΔΡΑ.

Οιδα δε ωσαυτως εγω και ο ιουλος μεν οπως πλητ-
τει. οπως δε γε ο σφηξ και ιασαιτ αν τις οπως αυτα
και τα της τενθρηδονος κεντρον και το της αμφικεφαλου
σκολοπενδρης δηγμα η καθ οποτερα ιν αν τρωσας τυ-
χηται κεφαλαιτ πολλακις αναιρει. εχει δε συνεχεις
τους πεδας και εοικεν ερεττομενη πολλων υπο κωπων η
δ᾽ εκεινου μεπηγει.

ΠΕΡΙ ΤΗΣ ΜΥΓΑΛΗΣ ³.

Τυφλὴ δέ ἐστιν ἡ μυγαλῆ φύσει, ὀλέθριόν τε
τὸ ταύτης τοῖς ἀνθρώποις ἐστὶ, καὶ ἀναιρεῖ δῆγμα.
λόγος δὲ καὶ ταύτην ἀπόλλυσθαι ἀμάξης, ἢν τύχῃ παρ-
ελθούσης ἐπιστῇ τοῦ ἴχνους ἡ μυγαλῆ, ὁπόθεν ὁ τρο-
χὸς διέρχεται.

ΠΕΡΙ ΤΗΣ ΣΗΠΙΟΣ ΚΑΙ ΣΑΥΡΑΣ ⁴.

Περὶ δὲ τῆς σηπίος, ἢν οὕτω λέγουσιν, ὑπόχαλ-
κός ἐστι τὴν ἰδέαν. σαύρας δὲ οἷον ἂν ἴδοις τῆς μι-
κρᾶς ⁵ ἐστι τὸ μέγεθος αὐτῆς, ᾗ τὸ δῆγμα ὁμοίως πονηρόν.

⁶ Χαλεπὸν δέ ἐστι θηρίον ᾗ ἡ καλουμένη σαλαμάνδρα. pag.
ἀδικεῖται δ᾽ οὖν ὑπὸ πυρὸς εὐδὲν, ἀλλὰ ἐν τούτῳ διαι- 114.

Z   τᾱ-

¹ ηση. ² τὸ κέντρον. ³ ΜΥΓΑΛΗ. ⁴ ΣΗΨ, ΣΑΥΡΟΣ.
⁵ σμικρας. ⁶ Praefigitur huic Capiti titulus ΣΑΛΑΜΑΝΔΡΑ.

τᾶται , καὶ μένει παρὰ τῷ πυρί , καὶ διέρχεται ἀβλα-
βῶς, καὶ τὸ δέρμα ἡ σαλαμάνδρα πᾶν κατάστικτον ἔχει.

ΠΕΡΙ ΤΩΝ ΕΝ ΤΗͺ ΘΑΛΑΤΤΗͺ ΖΩΩΝ[1].

Καὶ ὁ βυθὸς τρέφει τῆς θαλάττης ζῶα, καὶ λιμαί-
νεται τῶν ζώων τούτων. τοῖς ἀνθρώποις τοίνυν [2] ἡ σμύ-
ραινα τοῖς ὀδοῦσι κακὰ ἐργάζεται , καὶ οἱ πάσχοντες
ὑπ᾽ αὐτῆς εἰσιν οἱ ἁλιεῖς τὰ δεινά. μετὰ γὰρ τὴν θήραν ἐξορμῶσα , καὶ οὗ περ ἐτάχθη πολλάκις κατὰ χώραν πλοιαρίου μένειν , ἐμφύει τοὺς ὀδόντας τοῦ ἀσπαλι-
εύτου τῷ σώματι, ἵνα περ ἂν τύχῃ. λέγεται μέντοι περὶ
τῆς σμυραίνης ἄρα καὶ ὅδε λόγος[3] , ὅτι δὴ τὰς ἐν τῇ
θαλάττῃ καταλιμπάνουσα διατριβὰς, ἐπὶ τῆς γῆς ἔξω[4]
ἔρχεταί τε εἰς ὁμιλίαν , καὶ φοιτᾷ[5] παρὰ τὸν ἔχιν ,
οἷον ἐρωμένη πρὸς ἐραστήν .

ΠΕΡΙ ΘΑΛΑΣΣΙΟΥ ΔΡΑΚΟΝΤΟΣ,
ΚΑΙ ΤΡΥΓΟΝΟΣ[6].

[7] Καὶ μὴν καὶ ὄρνιθος τῆς ἐν ποσὶν καὶ ἐν οἴκῳ οὔσης ὁ περιελὼν μετὰ τὸν τοῦ ὀστέου ὡς οἷόν τε αὐτοῦ τε
τοῦ ἐγκεφάλου τὸν ὑμένα, πολύκνημόν τε ἐπὶ τούτοις λεπτὸν , ἔτι μὴν καὶ ὀρίγανον, καὶ ὕπατος κάπρου τὸ
ἄκρον τοῦ λοβοῦ , τοῦτο δὲ ἐξ αὐτῆς τῆς λεγομένης
τραπέζης ἀνέχειν πέφυκε τὸ ἄκρον τοῦ λοβοῦ ἐνταῦθα
συνενένευκεν[8] ἡ τοῦ ζώου χολή, καὶ εἰσὶ σχεδὸν πλησίον
ἐκείνῳ τοῦ λοβοῦ αἱ αὐταί που λεγόμεναι τοῦ ὕπατος
πύλαι. ἰδίᾳ τοίνυν ἕκαστον τρίψας ἐπιμελῶς, τόν τε ἐγ-
κέ-

---

[1] Hic vero titulus deeſt. [2] τινα [3] ὅδε ὁ λόγος. [4] Inter ἔξω & ἔρχεται haec leguntur , καὶ τὰ τῆς γῆς πάλιν χωρία τρίπεται. [5] φυτᾷ. [6] ΔΡΑΚΩΝ ΘΑΛΑΣ-
ΣΙΟΣ. [7] Reſtituuntur heic omiſſa ſuperius, nimirum
a verſu 557. ad verſ. 725. [8] συνένευκεν.

κέφαλον αὐτὸν καθαρὸν ποιήσας τοῦ ὑμένος , καὶ τὰ
ἄλλα πάντα συναγαγὼν δίδου ἅμα ὄξει πιεῖν τῷ πληγέντι . ἄμεινον δὲ ποιήσει μετ' οἴνου .

ΚΥΠΑΡΙΣΣΟΣ , ΠΑΝΑΚΙΟΝ , ΚΑΣΤΟΡΙΟΝ .

Θαρροῦντα δὲ δὴ προσῆκε κἀκεῖνο [1] κεχρῆσθαι , ὃ
πινόμενον μὲν ὀνίνησι καὶ ἀσινῆ διαφυλάττει , ἢν ὑπὸ
θηρίου τις ὢν τετρωμένος τύχῃ , ἄλλως δέ ἐστιν αὐτὸ
οὐ χαλεπὸν δρᾶσαι . κυπαρίττου τοίνυν ἔστω φύλλα
καὶ πανάκιον ἡ βοτάνη , κάστορός τε ὁμοίως τοῦ ζώου
οἱ λεγόμενοι κρεμαστῆρες , καὶ ἵππου , ὃν ὁ Νεῖλος ἐπὶ
κακῷ τοῖς ἐν Σάει φέρει. ἐξελθὼν γὰρ οὗτος τοῦ ποταμοῦ
λυμαίνεται αὐτῶν τὰ σπέρματα , κείρων τοῖς ὀδοῦσιν
ἐπὶ πολὺ, κᾀ αὖθις ἐπανερχόμενος ἐν τῷ Νείλῳ, εἴ τις ἀφε-
λόμενος πρὸ τῆς [2] ὥρας σκείτας τοῦ θέρους. ἕκαστον τοίνυν
τούτων ἔστω τὸ βάρος εἰς δραχμὴν ἕλκοντος , εἶτα ἢν
ἐνίῃς ταῦτα κόψας ὡς χρὴ διδόναι , τετρωμένῳ δίδου
πιεῖν [3] μεθ' ὕδατος μέντοι .

ΑΒΡΟΤΟΝΟΝ , ΑΜΑΡΑΚΟΝ , ΠΟΛΙΟΝ .

Οὐ μὴν ἀλλ' ἔτι χρὴ λήθην ὑμᾶς μηδὲ τούτων ἄγειν ,
ἀλλ' οἷόν τι δὴ τότε ἀβρότονον ἐμβάλλοντας καὶ δάφνης τῆς ἄρρενος ἔτι μὴν τὸν καρπὸν , διακρίνοις δ' ἂν
αὐτὴν [4] ἀπὸ τῆς θηλείας τὴν ἄρρενα, εἴπερ ἐπισκεψάμενος
εἰς [5] φύλλα τὰ παρ' ἀμφοτέραις. μαθὼν γὰρ δὴ [6] τὰ ταύτης , ὥς που τυγχάνει στενώτερα τὴν [7] φύσιν , μετὰ μὲν
δὴ τούτων τῶν βοτανῶν , ἡ ἀμάρακος ἐμβαλέσθω . φέρουσι δὲ αὐτὴν κῆποι , καὶ τῶν ἀνθήρων οἱ πλείους ,
πυτία τε ἀρτιτόκου πρὸς τούτοις λαγωοῦ καὶ δορκάδος

καὶ

[1] κακεινω. [2] πρωτης . [3] πιειν ωδε. [4] αυτην ταυτην.
[5] εις. [6] δηλαδη . [7] στενοτερα του την, in margine vero
leguntur haec : αγκον σισουκιτι τον λοιπου τιυ.

pag. 86.

καὶ ταύτης νεογνοῦ, κ̣ νεαρῶν · τὰ περιττώματα, κ̣ ἐχῖνον ἐλάφου μέρος ἐστὶν ἐχῖνος ἐλάφου τῆς γαστρὸς, καὶ
ὑπ' ἄλλων κεκρύφαλος αὐτῷ ὄνομα τίθηται. ἀφ' ἑκά-
στου δὴ τούτων ἀνὰ δραχμὰς β΄ οἴνῳ μὴν κεχρημένος² τέ-
τρασι κοτύλαις, καὶ τούτου δὴ λευκοῦ, διδόναι χρὴ
πίνειν τοῖς ἐν χρείᾳ καθεστηκόσι μετὰ τὸ δηχθῆναι. Ἐ-
χόμεθα³ δὲ καὶ τῇ ὠφελείᾳ, ἧς περ παρέχεται τὸ τω-
λιόν. ὅτε γὰρ καρπὸς ὁ τῆς κέδρου, καὶ ὁ τῆς ἀρκεύ-
θου ἅμα δὴ τοῖς ἀπὸ τοῦ⁴ πλατάνου γιγνομένοις σφαιρίοις,
ὥς ἐστι κατιδεῖν, καὶ τῷ σπέρματι τοῦ βουπλεύρου⁵, κ̣
τῆς κυπαρίττου τῷ καρπῷ, καὶ ἐλάφου πρὸς τούτοις δι-
δύμοις ὁμοῦ συμβληθέντα, ἐκσώζειν⁶ ἰσχύτη πινόμενα,
κᾂν ὀπωτᾶν ἔχειν πονηρῶς ὁ δηχθεὶς δόξειεν ἀπὸ τοῦ θηρίε.

ΚΟΛΥΜΒΑΛΙΟΝ, ΙΠΠΟΜΑΡΑΘΟΝ.

Θεραπεία δὲ τοῦ κινδυνεύοντος ἐκ πληγῆς θηρίου
πρὸς ταῖς ἤδη ῥηθείσαις ἔστω τις καὶ ἥδε⁷ ἡ βοτάνη ἡ
λεγομένη κολυμβατία. κομίζων τις ἐμβαλλέτω θυίᾳ,
εἶτα λεαίνων πάνυ σφόδρα, πτίσον εἰς⁸ κοτύλην χυλοῦ
καὶ οἴνου κυάθους παλαιοῦ⁹ β΄, καὶ ἐλαίου β΄, καὶ τύ-
του καθαροῦ, εἶτα ἐπιβαλὼν¹⁰ καὶ διδοὺς ἀπώτεται τὸν
ἰὸν, καὶ οὐκ ἐάσει τὸν πληγέντα τοῦτον ἀπολέσθαι κακῶς. καὶ μὴν καὶ ἱππομαράθου ῥίζαν, καὶ κέδρου καρπὸν καὶ πίσης ἔτι μὴν τῆς ὑγρᾶς, ὡς κοτύλης ἕ-
κτον, καὶ χλωροῦ νάρθηκος κοιλία, κ̣ ἱπποσελίνου σπέρμα, ὀξυβάφου μέτρον ἐχέτω τὸ ἱπποσέλινον, σμύρνης
τε τῆς πικρᾶς, δραχμὰς μετὰ πάντων β΄, καὶ κυμίνου

pag. 88.

¹ νεβρῶν. ² κεχρημένους. ³ ἐχώμεθα. ⁴ τῆς. ⁵ βουπλεύρου. ⁶ ἐξσώζειν. ⁷ ἥδι κολυμβατιαν την βοτανην
την λεγομενην κομιζων, κ. λ. ⁸ πτισανης. ⁹ τῦ πα-
λαιου. ¹⁰ επιβαλλων.

θου τὸ ἀρκοῦν προστρίψας τούτων τὸ αὔταρκες ἐμβαλὼν
εἰς οἴνου κύαθον, ἀπνευστὶ παρεχέτω πληγέντι πίνειν.

ΝΑΡΔΟΣ, ΚΑΡΚΙΝΟΣ ΠΟΤΑΜΙΟΣ, ΜΥΡΙΚΗ, ΚΟΝΥΖΑ.

Νάρδος ἐστὶ βοτάνη, ὁ σταθμὸς ἔστω ταύτης,
δραχμή. καὶ ποτάμιος καρκίνος ἐν νεαρῷ πάνυ καὶ προσ-
φάτῳ γάλακτι τριβέσθω λίαν ἐπιμελῶς, ἶρίς τε ἡ
παρὰ Ῥίδανα καὶ Νάρωνα γεωργουμένη τοὺς ποταμούς,
οὕπερ δὴ Κάδμον ἀφίκεσθαι τὸν Σιδόνιον πεποίηκε, κ̀
Ἁρμονίαν ἐνταῦθα ὁ λόγος λέγεσθαι, καὶ ὅτι δράκοντες
ἐγένοντο, καὶ νέμονται ταύτην, καὶ ταῦτα ὁμοίως ὁμο-
λογεῖ. ἄνθη τε ἐρίνης[1] ἐμβαλέσθω, ἃ ταῖς μελίτταις
εἶναι δοκεῖ κομιδῇ ποθεινὰ, μυρίκη τε, ἧς ἡ φύσις ἐδέξατο κλῆρον, τοῦ μὴ φέρειν καρπόν. λέγεται μέν τοι
καὶ ὡς ἥδε παρὰ[2] πολλῶν ἐν τῷ ὡραίῳ τιμῆς ἠξιώθη,
τούς τε δὴ οὖν μάντεις καὶ προφήτας ἐστεφανωμένους
αὐτῶν τὰς κεφαλὰς κλάδοις προλέγειν ὅτια τοῖς ἀνθρώποις, ἵνα φρονεῖν καὶ δίκαια. ἥ τε δὴ κόνυζα, καὶ
οἱ τῆς ἀκτέας κλάδοι ὁμοῦ τοῖς ἄνθεσι καὶ τοῖς φύλλοις
αὐτοῖς, σάμψουχόν τε καὶ κύτισσον ἅμα τιθυμάλλῳ,
καὶ ταῦτα ἐμβαλέσθω θυίᾳ, εἶτα μιγνύμενα λιούσθω
σφόδρα ἐπιμελῶς, μετὰ δὲ ταῦτα ἐν σκαφίδι οἴνου προσ-
πλεκομένου συναναιρνάσθω, ὁ δὲ οἶνος μέτρον ἔστω δέ-
κατόν που χοός.

p.g.
90.

ΒΑΘΡΑΞ, ΕΛΙΧΡΥΣΟΣ, ΜΥΟΥΛΗΣ.

Ἀμείνους τῶν νέων βατράχων εἰσὶν εἰς θεραπείαν
οἱ παλαιοὶ, καὶ μεγάλα ὀνίνησι τοὺς πληγέντας ὑπὸ
θηρίου, ἢν μέντοι εἰς ὄξος αὐτούς τις καθεψήσας πάνυ
πί-

---

[1] ἐρίνης.   [2] παρα πολλων ὡς ἡ μυρικη του ἐν τω, κ. λ.

πίνειν ἐπιδίδοι τῷ κάμνοντι . εὖ μὲν ἀλλὰ καὶ καθ' αὐτὸ ἧπαρ βατράχου διδόμενον , οὐχ ἧτσον ὠφελεῖ . ὠφελεῖ δὲ τοῦτο ὧδε οἴνῳ[1] ποθὲν , σὺν οἴνῳ δὲ οὐχ ἁπλῶς
πινόμενον[2] , ἔτι μὴν καὶ ἡ τοῦ τρώσαντος ὄφεως κεφαλὴ
τὸν ὑπ' αὐτοῦ τετρωμένον ἀπαλλάττειν κακῶν ὕδατι μὲν
ἀποπλυθεῖσα πάνυ ἐπιμελῶς , εἰς οἶνον δὲ ἀποβραχεῖ-
σα , ἥν τις πίῃ αὐτοῦ οὐδενὸς μεθέξει τῶν δυσχερῶν . ἀ-
τὰρ οὖν καὶ τῆς ἐλιχρύσου βοτάνης ἐπιμελῶς ἔχε , καὶ
τοῦ ἄνθους αὐτῆς τοῦ γλυκέος τὴν θεραπείαν ἐπίστασθαι
μηδαμῶς παραιτοῦ , κορχόρου τε δὴ καὶ τῆς μύου[3] ὀνο-
μαζομένης . λέγεται γὰρ οὖν[4] μυόη ἡ βοτάνη τῆς κατὰ
τὰς ἀκτὰς κονίλης που λεγομένης φύεσθαι ἡρακλέ-
ως[5] ὑπό τινων ὀνομαζομένη[6] , ὑπὸ δὲ ἄλλων ὀρίγανον προσαγορεύεται . ἔστι δέ τις καλουμένη ὄνου[7] πέταλα , βοτάνη καὶ αὐτὴ , καὶ τὸ ὀρίγανον , καὶ τὰ στρόμβια
τῆς θύμβρης , ἃ[8] κάλλιστον εἰδέναι , καὶ οὐκ ἂν μήποτε ὑγιὴς ὁ τούτῳ χρώμενος τῷ φαρμάκῳ διὰ πάντων
ὀφθῇ .

ΡΑΜΝΟΣ , ΠΑΡΘΕΝΙΟΝ .

Pag.
92. Ἐπίστασο δὲ καὶ τὴν ταῖς μικραῖς μικρωνίσιν[9] ἐσι-
κυῖαν ῥάμνον , τὸ λευκόν τε καὶ εὔανθες παρέχουσαν ἄνθος , ἥν που φιλέτερον μὲν ἄλλοι , φιλάλληλον δὲ ἄλλοι προσονομάζουσι , Λυδῶν εἰσι παῖδες οἱ τοῦτο λέγον-
τες , τοῦ Τμώλου δέ εἰσι μὲν Λυδοὶ[10] πρόσοικοι , δείκνυται δὲ ὡς ἔστι παρ' αὐτοῖς τὸ Γύγου σῆμα , καὶ οἱ
τὸ Παρθένιον ἔτι μὴν οἰκοῦντες καὶ Κίλβιον ὄρος , ἔνθα
εἰ-

---

[1] αμα οινω . [2] πινομινον αλλα ιξ αιγυπτου ιτι, κ. λ.
[3] της και μυου . [4] αν και μυονη η δε βοτανη, η της, κ. λ.
[5] τις υπο . [6] Deest ὀνομαζομένη . [7] βοτανη ονου πιτα.
λια η το, κ. λ . [8] Deest ἃ . [9] μηκωνισιν . [10] οι Λυδοι .

εἰσὶν ἵππων, ἀγέλαι καὶ νέμονται πολλαὶ, καὶ μέν τοι
καὶ τοῦ Καΰστρου πυγαὶ ἐντεῦθεν ἄρχονται.

ΕΧΙΟΝ, ΑΓΧΟΥΣΑ.

Ἀλλά τοι καὶ ῥίζαι τυγχάνουσιν, αἳ τοὺς πληγέντας ὀνίνησιν, ἣν ὑπὸ ὄφεων δηχθῶσιν, καὶ περισώ-
ζονται [1] τοῦ κινδύνου, ἃς χρή σε παρ' ἐμοῦ μαθόντα,
δυνάμενα τε δὴ τὰς τούτων καὶ τὰς θεραπείας ἔπειτα
εἰδέναι, καὶ πρῶτον μὲν τὴν ἔχιον [2] βοτάνην οὕτω κα-
λουμένην. εἶδος δὲ οὐχ ἕν ἐστι τὸ ταύτης, ἀλλ' ὑπάρχει β΄. ἡ μὲν οὖν ἑτέρα τούτων ἀγχούσῃ εἴκασαι. ἔτι
γὰρ τὰ φύλλα τραχύτερα, καὶ οὐδὲ ἀνέχει πολὺ τῆς
γῆς, οὐδὲ τοὺς κλάδους εἰς πάχος αἰρομένους ἔχει, ἡ
μέντοι ῥίζα ἐκτέταται, καὶ ἐπιπολὺ διήκει κατὰ τῆς
γῆς κάτω. δασεῖα δὲ ἡ ἑτέρα καὶ σφόδρα ἄφυλλος,
αἰρομένη τε εἰς ὕψος κ̣ αὐχμηρὰ τρέφουσα τὰς κλάδους. ἄνθε
δὲ οἷον ἡ πορφύρα, κ̣ ἔστιν αὐτὴν ἰδεῖν οὐ πόρρω ἀνθοῦ-
σαν τῆς βοτάνης, ᾗ ἐστι χαλκῆς τὸ ὄνομα, τὸ δὲ πρέμνον
διασῶζον ἂν κατίδοις αὐτὴν, τῆς [3] ἐχίδνης μορφήν. τούτων
ἀμφοτέρων λαβὼν ἰσόσταθμον μοῖραν, ἢ [4] ῥίζας ἀκάνθου,
καὶ τοῦ ἠρυγγίου τὸν αὐτὸν ἐκείναις παρεχούσας σταθμὸν, ἐμβαλὼν εἰς θυίαν, ποίει λεπτά. τοῦ μὲν δὴ συν-
άγειν ὁ καιρὸς τὰς ῥίζας ταύτας, τὸ ἔαρ ἔστω σοι. ὁ
δὲ κομίζων αὐτάς τις τραχὺς ὑπαρχέτω τόπος. ἐπιτήδειον
κατασκευάσεις ἐκ τούτων φάρμακον τοῖς ὑπὸ ὄφεων δηχθεῖσιν, ἢ ἄλλων ἑρπετῶν.

ΣΕΛΙΝΟΝ ΟΡΙΟΝ, ΧΑΜΑΙΛΕΩΝ ΛΕΥΚΟΣ,
ΚΑΙ ΜΕΛΑΣ.

Ἔτι [5] δὲ τὸ ὀρινόν ἐστί τις βοτάνη, ὑπάρχει pag.
δὲ   94.

---

[1] περισωζου αι. [2] εχιιϊον. [3] αυτης την. [4] κ̣. [5] Οτι.

δὲ [1] τραχεῖα, καὶ [2] φύλλων τῇδε ἐπίκειται πλῆθος, γι-
γνώσκειν μοι δοκεῖ αυτὴν [3] τὴν βοτάνην, καὶ τὸ σπειρό-
μενον, ὧδε πρὸς τούτοις σέλινον, ὃ γίγνεσθαι μὲν ἐν
Νεμέᾳ τὸ πρῶτον ἤρξατο, οὐδὲ πώποτε [4] τῶν ἑαυτοῦ ἔρημον αφθῆναι [5] φύλλων. τοῦτο τὸ σέλινον δὲ δύηται καὶ
διπλασίαν αὐνήσου σὺν αὐταῖς ταῖς ῥίζαις τούτων τὴν ὁλκὴν παρέχοντος. ὁ δυνάμενος κατὰ λόγον συναγαγεῖν
ταύτας ὁμοῦ πάσας, καὶ κατασκευάσαι, ἔξει μὲν τοῖς
ὑπὸ ἔχεων δηχθεῖσιν εὐπετῶς βοηθεῖν, ἕξει δὲ καὶ τοῖς
πληγεῖσιν ὑπὸ τῶν σκορπίων, καὶ τοῖς τῶν φαλαγγίων
ἁλῶναι πάθεσιν οὐ παραχωρήσει, ἢν μόνον κατασκευαζόμενον ἐπιμελῶς τύχῃ τοῦτο τὸ φάρμακον. ἔστω δὲ . ί-
τον, ὀβολοῦ σταθμὸς τὸ διδόμενον τῷ δηχθέντι, καὶ
εἰς οἶνον πιεῖν.

ΧΑΜΑΙΛΕΩΝ [6].

Χαμαιλέων βοτάνη λέγεται, καὶ ἐστὶ γένη δύο
τῆς βοτάνης ταύτης, καὶ ὁ μὲν τοῦ μέλανος χαμαιλέων γένους ἐς ἴσον ἔρχεται, τά τε φύλλα καὶ τὴν
τραχύτητα ἐν αὐτῷ τοῦ σκολύμου φέρων, ῥίζαν δὲ μεγάλην ἅμα καὶ μέλαιναν ἔχει. γίγνεται δὲ ἐν ἀνηλίοις
χωρίοις καὶ δυσβάτοις ἄλλως. ὁ δὲ ἕτερος τοῦ λευκοῦ
χαμαιλέων γένους, ὑψηλὸς μὲν ὁρᾶται, καὶ ἄνω τῆς
γῆς οὗτος ὑπερέχων πολύ, ὡς ἑτέρῳ [7] δὲ κλινομένην καὶ
βρίθουσαν δι' ἀσθένειαν κάτω τὴν κεφαλὴν ἔχει. γλυ-
κεῖαν δὲ παρέχει ἑαυτὴν ἡ ῥίζα γεύσασθαι, καὶ οὐ
πάνυ λευκήν. ὠφελεῖ δὲ ὁ μὲν μέλας ἥκιστα χαμαιλέων,
ὁ δὲ

---

[1] δὲ δή. [2] ᾗ ὡς. [3] αὐτὴν τοίνυν ταύτην τὴν βοτάνην,
κ. λ. [4] πώποτε δὲ. [5] ὀφθῆναι. [6] Omittitur hic tita-
lus; quae vero sequuntur, sine ulla distinctione adiuncta sunt antecedentibus. [7] ἕτερος.

ὁ δὲ λευκὸς πάνυ, ἣν τά τε φύλλα καὶ τὸν φλοιὸν τῆς ῥι-
ζης ὡς εἰς δραχμὴν κόψας ἐπιχέας ὕδατι δοίη οὕτω 96.
πιεῖν.

ΑΛΚΙΒΙΟΝ.

Α᾽λκίβιον ἄλλη τις ἐνταῦθα κέκληται βοτάνη, ᾗ
τοὔνομα μὲν ἐτέθη ἀπὸ τοῦ εὑρόντος. δίδοται δὲ ¹ αὐτῆς
τοσοῦτον μετ᾽ οἴνου, ἤν τις δηχθῇ πιεῖν, ὁπόσον χεὶρ
ἀνδρὸς δύναται δεξαμένη χωρεῖν. περὶ δὲ ἀλκιβίου τὰ
λεγόμενα ταῦτά ἐστιν, ὡς ἦν, φησιν, ἀνὴρ Α᾽λκίβιος,
καὶ ἐφίλει θήραν. περὶ δὲ τό τε Φαλάκρεον ὄρος, καὶ
Κρύμην, καὶ Γράσσον, ἅπέρ ἐστιν ἄπεδα χωρία τῆς
Τροίας, ὁ Α᾽λκίβιος οὗτος ἐκυνηγέτει, φιλοχωρῶν ἐνταῦθα,
ὡς ² λέγουσι, καὶ λειμῶνα δείκνυσθαι τοῦ δευρίου ἵππου. κυνηγετοῦντος δ᾽ οὖν αὐτοῦ, καὶ ἐπικελεύοντος
τὴν λάκαιναν ἐλθεῖν κύνα κατ᾽ αἰγὸς ἀγρίου, προσελ-
θούσης ὀλίγον τῆς κυνὸς, καὶ κατὰ στίβον ἐρχομένης ἧς
μετῄει θήρας, οἷα δὴ γίγνεται ἡ λάκαινα, οὐ γὰρ δὴ
μεθίει τῆς ἄγρας ἑαυτὴν, παίεται ὑπ᾽ ἐχίδνης κατὰ τὰ ³
ῥαντῆρος, ὡς τοῦ τε ὀφθαλμοῦ μεταξὺ τυγχάνει, καὶ
τῆς ῥινός. κλάγξασα μὲν οὖν ἥδε ἀποσείεται τοῦ θηρίου ⁴,
προσδραμοῦσα δὲ βοτάνης ⁵ μασᾶται τῶν φύλλων ⁶, καὶ
διασώζεται. Α᾽λκίβιος δ᾽ οὖν ἐπὶ τούτοις ἐλθὼν, καὶ
γνοὺς ἅπερ ἴδει ⁷ γενόμενα, τῇ βοτάνῃ ἀφ᾽ ἑαυτοῦ δίδωσι
τὴν προσηγορίαν, καὶ ⁸ ἀγνοουμένην αὐτὴν θεραπείας χά-
ριν εἰς μέσον ⁹ ἤγαγεν.

A a   **Ηεις**

¹ δίδοτε δὲ ται δὲ. ² Deest ὡς. ³ τα τυ. ⁴ το θηριον.
⁵ βοτανη. ⁶ φυλλων της βοτανης. ⁷ ηδυ. ⁸ οτι.
⁹ αυτοις εις μεσον.

Heic definit Theriacorum Paraphrasis in Codice
Mediceo : igitur quae sequuntur ex Vindobonensi supplevimus .

ΚΡΟΤΩΝ.

Αλλα και φυτον εςι κροτων ουτω λεγομενον ο των
μεν καρπον ως ελεαν φερει . και δε ονομαζεσθαι προς των
πολλων κρατι . τουτου δη ουν τον φλοιον χλωρον του
κροτωνος, μελισσοφυλλου τε συν τοις φυλλοις ο και μελιλωτον λεγεται , αμ' ηλιοτροπιου της βοτανης κλαδοις .
ετεον δη ηλιοτροπιον ταυτη τη βοτανη το ονομα οτι δη
προς την του ηλιου τρεπεται δια παντος φοραν . και οσον
ερωτα της ακτιν® προς αυτην εκεινην την ακτινα τοις τε
δε φυλλοις νινευκεν . καθατερ και την ελεαν εμπαλιν θερους μεν τα φυλλα του χιμων® εχειν . εμπαλιν δε τα
του χειμων® εν τω θερι ςρεφειν . πεπιςευται γε μην
pag. 98.
και την ριζαν της κοτυληδον® μαλιςα ωφελειν τους
παιδας οταν υπο χειμων® ρηξις τινες υπομεινωσιν , η
χειμεθλα εκωδυνα την βοτανην αυτους τοτε διαφορειν
ταυτην . ετι μην και της συριτιδ® τα φυλλα οποταν η
χλωρα . και ην σκολοπενδριον προσαγορευουσι βοτανην .
ο καυλ® ο ταυτης ωφελιμωτατον . ωθρει δη και ταυτην την βοτανην ης εςιν ευρετις ασκληπι® . ονομα δε
επιλεγεται το ταυτης πανακες . εν γαρ δη τη χωρα τη
φλεγυων πλησιον μελαν® του ποταμου και παρα το
χειλ® διαγωνιζομενου του της αλκμηνης προς την υδραν
πιδ® παρων τιτρωσκεται αμ' αυτω υπο της υδρας ο
ιφικλ®, και ο ασκληπι® αυτοθεν λαβων την βοτανην
ςπαμυνει αυτω βεβλημενω και ουτως ιαται .

ξϛυ

Εςω σοι του δη βοηθειν καθαπαξ θελοντι και τοδε ειδεναι, τα της γαλης δηπου σκυλακια η αυτην εκεινην
την μητερα ην αγρευσας τυχη ως ετι νεαρα τυγχανει
τας τριχας αφαιρου δια πυρος . ειτα καθηρας επιμελως
το σωμα ταριχεια διδου . μετα δε ταυτα αυτο εν σκια ξη-
ραινε και ανευ ηλιου φυλαττομεν⊙ οφθηναι μη ποτε της
γαλης το σωμα υπο της ακτιν⊙ , αμεινον γαρ ουτως .
Ου μην αλλ' εαν περ τιν⊙ θεραπειας εις χρειαν καταςης
και καμνοντ⊙ αντιλαβεσθαι θελησειας αυτου ποτε πλη-
ξαντος ερπετου της ταριχευθεισης εκεινης και ψυγεισης
γαλης αποξεσας τοσουτον εις οινον διδο̅ι τω δηχθεντι πιειν , οποσον αν τις αποξεσας τυρου η σιλφιου γονος [1] επι-
βαλοι ποτω . μακρω γαρ αριςον τουτο και ταντος....
θερον [2] ικανον φυλαξαι κινδυνου .

pag. 100.

Ικανον δε ςταλεξησει και το της χελωνης αιμα.
χελωνης δε νυν της θαλασσιας ου της αλλης λεγω . και
αναριπησα του κινδυνου ουπερ ιωθεν επιφερειν τω θνητω
γενει των ανθρωπων τα βανατηφορα των ερπετων κατα
δη ουν ταυτα χρη πραττειν το ταυτης και λαμβανειν
αιμα . την χελωνην το μεν πρωτον εκβαλλειν δει της θα-
λαττης εξω . επιτα τους θαλαττουργους αυτην εκβαλοντας
επι της νον⊙ αναςραιφοντας [3] μανθανειν οπου τοτε εχοι
την κεφαλην αυτη . χαλκεω δε ξιφι κεχρημενους κατα δη
του λαιμου του ταυτης ωδε επαγειν την σφαγην . εςω δε
το υποδεχομενον αγγιον το ταυτης αιμα κεραμεον κενον [4] .

[3] fic.

[4] fic.

Α a 2   του

[1] Primas duas litteras vocis γονος ex coniectura supplevimus : nam propemodum evanuerant . [2] Vbi puncta illa
apposuimus , trium tantummodo litterarum vestigia su-
persunt , sed ita evanida , ut eas minime adsequi potue-
rimus .

του τοινυν ϰιματ☉ της χελωνης το μεν τι τουδε πηγνυται, το δε ου πηγνυται αλλα υδατωδες ευρισκεται.
τουτου τοινυν το μεν υδατωδες ουκ εςι χρητιμ.ν. το
δε παγεν ει ξηρανθειη ως τετταρων ολκην δραχμων τη
σκευαςεια προσβαλλειν δει. αγριου μετα κυμινου δραχμων δηπου δυο. πυτιας τε λαγωου δραχμης το ημιτυ.
μιγεντα γαρ ταυτα εις οινον ωφελι' διδομενα. ϰαι η πο-
σοτης του ςαθμου υπαρχετω δραχμη. ϰαι ταυτα μεν τςυ
προς τους υπο οφεων δηχθεντας ωφελιμωτατα.

ΦΑΛΑΓΓΙΟΝ.

    Ως δε ϰαι το των φαλαγγιων εςιν επιβλαβες γε-
νος ϰαι το δηγμα αυτων ουχ οιον τε ειναι μη πονηρα
ειδοτι σοι ϰαι ταυτα διεξελευσομε². εςι δ' ουν ο φαλαγξ
την χροιαν ποτε μεν ζοφωδης ϰαθ εαυτον, ποτε δε ρχγος
την χροιαν ςαφυλης επανθουσαν φερει την γαςερα, ιχων
εν τω μεςω τους οδοντας αυτης πλησιον που ϰαι τραχεις
της γαςτρος προκειμενους φαινει επ αλληλοις μεν χρηται βαδιζων τοις ποσιν. το δε δηγμα αυτου οδυνην ευ
ποιει. ουδε ιχνος η πληγη δικνυσιν. του μεν τοι δηχ-
θεντ☉ υπο φαλαγγιου φοινιττωνται μεν αι παρειαι. Φρι-
κη δε ϰατα παντος αυτου του σωματ☉ χωρει. σπα-
σμοι δε περι τα αιδοια συντονοι γιγνονται. ϰαι ϰιμα
απουρει πολλακις. ναρκα τε επι τουτοις ιςχει τα περι τα
σκελη. ϰαι απο των ιςχειων τουτο αρχεται το δεινον.

ΑΣΤΕΡΙΟΝ.

    ³ Και μεν δη των πληγεντα εις θανατον υπο της
τρυγονος επιςαμε σωζειν. επιςαμε ϰαι δρακοντος εξαρ-
παζειν υπο των τυπεντα δεινα. αλλ ουκ εκεινου ει
                               τη

τη γη λεγω δρακοντος αλλα του ενυδρου . πληττουσι δε
εντχεθεντων επιδαν τοις δικτυοις απαραφυλακτως τινες
ποτε προσαψονται τοις ενυδροις . αυανθειη μεν τ' αν και
φυτον και φυλλων ερημον κατασχιη , καν πανυ ευθαλλη
τρυγονος αυτου κατα του πρεμνου εμπαγεντος κεντρου ,
υπο του ηλιου πιςευσειεν αν τις αυτο γεγονεναι ξηρον
ενορων τοις κλαδοις . την αυτην δη τροπον και του τυ-
πεντος σαρκες υπο της τρυγονος ουκ εις μακραν διαφθει-
ρονται . εχι δε τις λογος ωδε και τον του λαερτου πλη-   pag.
γεντα τρυγονος υπο θαλαττιας κεντρω υπο πηλεγονου   116.
αποθανειν .

ΑΓΧΟΥΣΑ   ΒΑΤΟΣ
ΑΡΚΤΑΙΟΝ ΚΑΙ ΑΙ ΛΟΙΠΑΙ.

Καθεκαςον τοινυν ως οιον τε των προς ταυτα βοηθη-   Βc.
ματων τουντευθεν λεκταιον 'των δυσχερων . επη δ αν εχουσα η αγχουσα οικειως προς την των λεχθεντων βοηθειαν
η τα φυλλα τοις φυλλοις της θριδακινης μιμουμενη, ει μετα
της πενταφυλλου επιλεγμενης λαμβανοιτο , και του ερυ-
θρου της βατου γιγνομενου καρπου , αρκτεον τε η βοτανη
και οξαλλις , η δε και η το ορμενον φερουσα προς τουτοις
λυκαψος . κιχαμος τε εν αυταις και το οριδαλλον . και η
χαμεπιτυς της τε δρυος ο φλοιος αμα ταις ρηθειςαις ει
μιγειη . και κακυκαλις ετι μην και σπερμα ομοιως ςαφυ-
λινου και καρπος τερμινθου χλωρος και φυκος αβροχον θα-
λαττιον και το αδιαντον καθαρον , τουτο δε εν ω μη υει
συμβαλλοις·καιρω , νοντες δε το αδιαντον απεχου συναγειν επι τοις φυλλης ενιζανεν τουτο δε ο ομβρος πεφυκεν.

Αλλα γαρ τοι και το σμυρνιον ανθουν διηνεκως οικειως εχον ευροις αν εις την τουτων χρειαν και την αει θε-
ρε-

μεσθαι υπο του ηλιου φλεγομενην ηριγγιου ριζαν . ετι
μην και η καχρυφορος λιβανωτις ωσαυτως ωφελε , και
pag.
118. απαρινη συν ταις αλλαις και η κολυβατια και μηκων .
Ομοιως η βοτανη και αλλη θυλακις λεγομενη και πε-
παιτις αλλη βοηθειν ικαναι .

Κλωνες τε δη κραδης αρτιφυεις ολοι ολισθοι τε ερ-
νεου οι πρωτης οπωρας πεπαινονται εισιν επωφελεις .

ΠΕΠΕΡΙΤΙΣ   ΚΡΑΔΗ
ΠΥΡΑΚΑΝΘΟΣ.

Παραληφθειη δ αν υπο σου εις ταυτα και η πυρα-
κανθος . . . . . . τ . . . δ . . . . . [1] Φλομου της βοτανης αι-
γιλωπος τε μετα τουτων και χελιδονιον . δαυκης τε ομοιως . ειτα προς ταισδε δη βρυωνας ριζα η την τε εφι-
= bc. λειν [2] και τας λευκας τας απηχθημενας ταις γυναιξιν , οτι μην του καλλους παραιρουνται φυσεως ελαχεν
απαλλαττειν .

Περιστερεων δε τις κεκληται βοτανη και ραμνος ουτω φυτον τι προσαγορευεται τους κλαδους αμα τη δε
βοτανη της ραμνου λαμβανε . αγαθη γαρ εςιν ου μονον
αρηγειν τοις δηχθεισιν αλλα και παντοιας ασης σχεδον
απαλλαττειν εστι ραμνος ανθρωπους παση . Ετι μην
και η παρθενιος επιδαν ενανθειουσης αυτης τους κλαδους
προσχρηση προσφερον γιγνεται εις το σωζειν . και κιχορον αλλη και μιλτος ετερα τις κεκληται βοτανη . φυεται
δε εις πληθος η μιλτος παρα τοις βοιωτοις . και ονομα
τηδε επιτεθεικασι νηπενθης , οτι περιοραν ουχ οια τε εσα
ανθρωπους ολως κρατουμενους λυτη , αλλα υπεξαγει της
                              μνη-

[1] Litterae sunt perforatae .

μνημης των δεινων εις ληθην ελκουσα κατα μικρον, επειτα
την ψυχην εις το της ευφροσυνης αγκγουσα εστησεν γαρ
αυτα χαιρ υσαν χωριον. ο δε γε αγριος σικυος πικραν
μεν την ριζαν τοις γευομενοις παρεχεται, τοις δε διαχωρουσαν μηδαμα εχουσι την γαστερα πανυ επωφελη.
υπεκλυει γουν επιδοθεισα η ριζα και διακαθηρας τον κα-
κοπαθουντα ετι το κατα φυσιν αυτον παντελως ηγαγεν.
και ο καρπος του παλιουρου αλλα του τραχε⊙ νεωστι ᴾᵃᵍ.
ανθουντος συν αυτοις της ροιας τοις ανθεσιν και αυτοις ¹²⁰·
τοις φυλλοις. ϰ υττινς ʼ η βοτανη υστωτεν τε ετι τουτοις
και ονωνις παλιν. πολυκλων⊙ δε εστιν ικανως η ονωνις η ¹ fic.
δε και ... δεσθαι τους ... ων ..... υτ.. ν... το ²
τουτου ποιει.

ΤΗΛΕΦΙΟΝ   ΑΜΠΕΛΙΟΣ
ΣΚΟΡΔΟΝ   ΚΑΙ ΑΙ   ΛΟΙΠΑΙ.

Εστω δη και φυλλα τηλεφιου και νεωστι πεφυτευ-
μενης εν βητρυσι η μεριδ⊙ κλημα σπερμα τε κοριου της
αγρειας και ο κορδον και η τα φυλλα τα λεπτα εχουσα
πουζα και καρδαμον τε ετι τουτοις περτικον τινα. πι-
νων γαρ πιση φλυαρον ουδεν. εστι δε πετεριου το φυτον αφ ου το πετερ. τα φυλλα τουτου κοψας μετα
παντων σωζε. γληχων δε η πλιστα τα ανθη φερουσα
και σινητι ετι τε τουτοις και η στρυχνος ομοιως διασω-
ζειν ικανα και ταυτα τους τρωθεντας εςι. αγε δη και
το εν τοις κηποις αυθις γιγνομενον πρασον και σπερμα κυπε-
δην νυν εγω της βοτανης λεγω, εκεινης αρα της βοτανης
ης οι παιδες επειδαν παιζωσι κατ᾽ αλληλων ερχομενοι
σφας παιουσι τοις φυλλοις. και γελωτα δη το εντευθεν
αυ-

---

² Vbi puncta apposuimus, litterae sunt perforatae.

αυτοι τε εχουσιν οι παιζωντες, και σφας τοις ορωσι παρε-
χουσι . οτι προσαψαμενης αυτοις οπωτουν οι παιδες της
βοτανης ταυτης γελωντες ανιωνται δηθεν .

Και μεν τοι και λευκοτατη κεφαλη της κιλλης και
των βολβων τα ξηρα και ης το ονομα δρακοντιας βοτανης καλεια και ασπαραγος η φυεται πλησιον της ραμνου και αυτης της ραμνου ασπαραγ℗ . ειτα και ο καρ-
π℗ της πευκης ως εστιν ουτος νεαρος και συνεστραμμεν℗
επεωρουμενος τοις κλαδοις .

ΣΚΟΡΠΙΟΤΡΟΣ   ΣΙΔΗ
ΚΑΙ ΑΙ ΛΟΙΠΑΙ.

pag.
122.
I fic.
Τυγχανει μεν τοι τις βοτανη και τω κεντρω παρεοικεν η ταυτης του σκορπιου ρειζα ¹ η σκορπιου μεν υπο
τους τρωθεντας ουκ εασιν εσθαι αλλα θεραπευει . καλουσι γε μην σκορπιουρον την βοτανην τηνδε οτι του θηριου
τουτου τω κεντρω εοικε την ρειζαν .

Ετερα δε παλιν τυγχανει κανταυθα βοτανη και
καλειται σιδη . ο καρπ℗ ο ταυτης κοκκοι εισι υπαρ-
χουσι δε ερυθροι . και γιγνεται η βοτανη η της βοιωτιας μεν εν ψαμαθη παρα δε ποταμου, προτερον μεν σχοι-
νεον οι παλαι εκαλουν, σμηνον δε οι επιχωριοι μετα
ταυτα αυτω ονομα εθετο . παρα τουτον φυεται πολλη
τον σμηνον η σειδη μην και η ινοπ℗ ² αγει και ο χο-
ασπης ποταμ℗ αρωματα φερει . συν ταυταις μιγνυε κ
πιστακιωνα κρεμονας . ταις σμικραις αμυγδαλαις ο των
πιστακιων πως παρεοικε καρπος . καυκαλιδες τε και μυρ-
τα και αρμινθ℗ η βοτανη και μαραθον χλωρον . ετι
μην τοιςδε παρεστω σοι και ερυσιμ℗ βοταμ , και των
                                            αγριων

¹ Inter η & ινοπος ſuperſcriptum eſt δων .

αγριων ερεβινθων ο καρπ☺ βαλλεσθω συν αυτοις τοις
κλαδοις . οδμην δε βαρειαν ο αγρι☺ αυτ☺ ερεβινθ☺
εχει και εξιν επαχθж. εισσυμβριον τε δη και τουτο
επιδαν [1] εν τη ωρα των ανθους γινηται . ωφελιμωτατον
γαρ τοις τρωθεισι καθισαται λειαν . αταρ ουν δη και
το μελιλωτον εξ υπογυου συγκομισθεν . και η οιναθη
δε του ανθειν επειδαν και η δε εντ☺ η του της ωρας
ανθος . βοτανη δε εξιν η οιναθη και φιλειται υπο των
αιπολων οτι τους αιγας ος [2] οιμαι πιαινειν ικανη εις τροφην . παραβαλλομενη τοις κτηνεσι τουτοις η οιναθη αυτη λυχνις τε αμ αυταις , και θρυαλλις βοτανη δε . . . . .
φω [3] . ροδον τε δη και την του πλεισον κ. . . . δη καρπον
κομιζουσαν ην ονομα . . . . . λευκοϊον μεν λεγω υπο σου
γιγνεσθω . αλλα γαρ ταττεσθω προς ταις ουσαις και
η λεγομενη ψιλωθρον παρ ενιων ποχ. και η το ονομα υα-
κινθος ετεθη βοτανη ανθουσα τοις εν τη χρεια τη τουτων
τυγχανει προσφερης. Φιλοθρηνης δε υπ ενιων η αυτη λεγεται . και τινος ενεκα λεγεται ηδε η αιτια βοα .

Οτι υακινθον ο απολλων ταιζωντα παρα τον ευρω-
ταν δισκω απεκτεινεν , αλλα ουχ εχω νυ τον τοι γαρ
ουν θρηνειται υπ εκεινου πολλα και φιλοθρηνης προς των
πολλων ως ο λογος λεγει εξ εκεινου τη βοτανη τουνομα
ετεθη .

ΤΡΙΦΥΛΛΟΝ   ΟΠΙΟΝ   ΕΡΠΥΛΛΟC
ΚΑΙ ΑΙ ΛΟΙΠΑΙ.

Αγε δη μετα των λεχθετων τιθει και το καλουμενον τριφυλλον και τον του οπιου χυλον , ο σταθμος

Bb   τ/ιε

[1] Aliquot heic litterae cum pergameni particula ablatae ,
ut et paullo post .

[1] fic.

[2] fic.

pag.
124.

τρις οβολους ελκων υπαρχετω του οπιου τουτου . και των

[¹ sic.] εοικοτα τω κροκω ερπυλλον ομοιως και κρηθμον και χα-
μεκυπαριτσον ¹ αμα ανησω και σιλφιου ριζη τριβον εις
ποτον τοις δηχθεισιν διδου . διδου δε ποτε μεν αυτα μετ
αλληλων μιγνυς . ποτε δε εκαςον και καθ αυτο πινειν .

Και αλλοτε μεν μεθ υδατος, αλλοτε συν οινω, ποτε δε
συν οξει, κ̨ αλλοτε παλιν συν γαλακτι . οπως γαρ αν κ̨
μεθ ουτινοςουν τουτων ο λαμβανων εσται εξει το ασφαλες.

Οδοιπορουντι δε η θηρωντι η εν ορι διατριβοντι σοι
που και η εν ερημειαις η αλλως εν ανυδροις ευρεθεντι τοποις ην τυχη τι των θηρειων τουτων προσψαυσαν νυγμα-
[pag. 126.] τι, τας παρατυχουσας διαμασω ² λαμβανων βοτανας .
ειτα τον μεν χυλον αποπτυε, τα δε μασηθεντα επιτιθειη
δη και κατα του τοπου το θηριον ηνεγκεν ενταυθοι την
πληγην .

Παυλα τε γαρ το απο τουτου σοι των οδυνων εςαι.
και παντελης καταληψεται σε των λυμαινομενων απ αλλα.

ΑΡΙΣΤΟΛΟΧΙΑ   ΙΡΙΣ   ΝΑΡΔΟΣ
ΚΑΙ   ΑΙ   ΛΟΙΠΑΙ .

Αποφυγοι δ αν και ουτως ὁςτις ουν υπο θηριου
πληγεις και θεραπευθειη, ει ταις υπο των ιατρων λεγο-
μεναις σικυαις ταις χαλκαις χρησαιτο . ειτα αθροισας
δια τουτων το αιμα κενωσης το δεινον . και μεν τοι κ̨
τω της συκης η περτεηκ οπω χρωμενος επι του πληγ-
ματος μεγαλα ονησεις τουτω καταχριων αυτο και σι-
δηρου πεπυρωμενον επιτιθεις κατα του νυγματος . και
ασκου αιγιου πεπιτισσωμενου ποδεων το σφυρον οποταν
η την

---

² Olim tamen legebatur διασω . Syllaba μα addita est supra sequiori aevo.

η την χειρα αλλοτι μερος η κνεισθεν υπο του θηριου
περιδεσμων τουτω παντως απαλλαξει της ανειας. εξ
οσηρου τυγχανετω ο ποδεων ασκου. και ο δεσμος γε-
γονως προτερον του ασκου γιγνεσθω τηνικαυτα δεσμος
του τρωθεντος αερους εκμυζηθειη δ' αν το δεινον κανταυθα υπο βδελλων ει προστεθειεν αυται γε τω τυπεντι
τουτω. ωφελησειε δ' αν και χυμος κρομιου και αιγων
ομοιως τον τρωθεντα τα περιττωματα. επιχρεισθει;
μεν δη αρα ο χυμος τω ελκι, τα περιττωματα δε μετ'
οινου τρυγιας φυρασθεντα η οξους και επιπλασθεντα.
ινα δη πασης αμυντικος η ασης μαθων προς ταυτα κα-
τασκευασης βοηθημα. λαμβανων βοτανας ειτα μιγνυς
προσαγης ταις εκιναις αναιρου αριστολοχειαν και την ιριν.
επι δε ταυταις και την ναρδον. εστι γαρ βοτανη ναρδος
ουτω καλουμενη. χαλβανης τε δη ριζας και πυραιθρον
ξηρον δαυκον τε ωσαυτως και βρυωνιαν. επι ταυταις γλυ-
κυσιδην τε την βοτανην και ελλεβορον τοι τον μελανα,
και τουτον επιδαν ' καταсται ξηρος. το τε αφρονιτρον κ̓
κυμινον κονυζαν τε δη και την ονομαζομενην αγριοστα-
φιδα και δαφνης ετι μην τον καρπον και ης το ονομα βοτανης κυτιττος, και ταυτην μιγνυε συν εκειναις βαλλων.
ιππολιχην δε λεγεται τις ουτω βοτανη. και η κλησις
των ιππων οτι τας λιχνας ηδε θεραπευειν δοκει. το
δ' ουν μεγεθος εστιν αυτης ουχ οια πολυ της γης υπερ-
εχειν ανω και ου δια ² μιων ετερα. μετ εκεινων αρα και ² sic.
ταυταις κεχρησο. ειτα και μηκωνος οπον και αγνου μην
σπερμα βαλσαμον τε δη και το καλουμενον κινναμωμον κ̓
σφονδυλιον αμα αλσι οξυβαφον. οι αλες εστωσαν εις μετρον οι εμβαλλομενοι ταις βοταναις. προς τουτοις κ̓ λαγου-

pag.
128.

'sic.

Bb 2   τυ-

¹ fic. τυτια ' και ο ποταμιος και καρκινος εμβαλλομενα εις ολ·
² fic. μον ταυτα συγκοπτεσθω ' παντα ἀ μιγνυσθω καλως . υτε-
ρον δε εστω λαϊνον ωδε κοπτεσθαι τας βοτανας . τω τε
χυλω της απαρινης εις κυκλων μεγεθε δραχμιαιων απ-
λαμβανεσθαι . ο δε σταθμος ωσαυτως τουτων τυγχανετω
δραχμης . η μεν τοι χρεια διδασκετω το μετρον οσον
εφ εκασω της δοσεως προσηκει τυγχανειν · πινειν δε δει
τουτο και ταυτα εις οινον . καθ' ἑκαστον δε εκλυειν δει
των τροχισκων αρα οινου εις κοτυλας των χρωμενων δυο .
επη δε ταυτα των ομηρου νικανδρου του κολοφωνιου
ει τω της μνημης αποτεθηναι παρα σοι χωριω μη χει-
ρον εχον τα δευρο νομισθειη ποτε ω ερμησιαναξ .

ΠΑΡΑΦΡΑΣΙΣ ΕΥΤΕΚΝΙΟΥ ΣΟΦΙΣΤΟΥ ΕΚ ΤΩΝ ΝΙΚΑΝΔΡΟΥ ΘΗΡΙΑΚΩΝ .

ΤΩΝ ΔΕ ΑΝΤΙΦΑΡΜΑΚΩΝ ΤΑΔΕ ΕΝΕΣΤΙΝ .

Περὶ ἀκονίτου .	Περὶ τοξικοῦ .	Περὶ κορίου .
Περὶ δορυκνίου .	Περὶ ἰξίας .	Περὶ βδέλλης .
Περὶ ψιμιθίου .	Περὶ ψιμιθίου .	Περὶ κολχικοῦ .
Περὶ φαρικοῦ .	Περὶ ὑοσκυάμου .	Περὶ ταυρείου αἵ-
Περὶ κανθάριδος .	Περὶ κωνίου .	ματος .
Περὶ ὑοσκυάμου .	Περὶ μύκητος .	Περὶ γάλακτος .
Περὶ κορίου .	Περὶ φρύνου .	Περὶ σαλαμάνδρας .
Περὶ λαγωοῦ θα-	Περὶ σμύλου .	Περὶ λιθαργύρου .
λασσίου .	Περὶ φαρικοῦ .	Περὶ μήκωνος ³ .

ΑΛΕ-

---

³ Vindobonensis Codex paucioribus titulis hunc capitum
elenchum comprehendit ; post octavum enim reliqui ita
habent: Περι κωνια . Περι εβελλης . Περι μυκητος . Περι
κολχικου . Περι σαλαμανδρας . Περι ιξιας . Περι φρυνου .
Περι ταυριον αιματος . Περι λιθαργυρου . Περι σουκρη-
ςιως . Περι εμιλου . Περι γαλακτος . Περι μηκωνος .

ΑΛΕΞΙΦΑΡΜΑΚΑ.

pag. 178

Εἰ καὶ μὴ τῆς αὐτῆς εἶναι πόλεως, μηδ' ἔθνευς, ὦ Πρωταγόρα, τοῦ αὐτοῦ διεκληρώθημεν, οἴκου τε δὴ καὶ συγγενείας οὐδαμᾶ, καθάπερ ἄλλοις ἔξεςι τῶν τ' αὐτῶν ἀπολαύειν ἡμῖν. οὐ γὰρ δή ἐςι τις ὀλίγη κατὰ τὴν Ἀσίαν ἢ τὰς πατρίδας ἡμῶν κομιδῇ διειργουσα χώρα. οἶον [1] οἴκου τέ σοι καὶ πατρίδος ἦν τῆς αὐτῆς μετεσχηκὼς ἐγὼ περὶ τῶν βοηθημάτων τῶν [2] φαρμασσομένων τοῖς ἀνθρώποις εἰς ἐπικουρίαν παρὰ τῆς φύσεως ἐξηύρηται, οὐδὲ ὑποχειρίους συγχωρεῖ τῷ θανάτῳ τις [3] γνοὺς ὁτωσοῦν λανθάνειν, διεξελεύσεσθαί εἰμί σοι [4] πάσης σαφῶς προθυμίας ἐντός. Οὐκοῦν οἰκεῖα μὲν τὰ σὰ ταῦτα; καὶ ἐν οἷς δίαιτα κατὰ τὸ μεσαίτατον τῆς Ἄρκτου κείμενα τυγχάνει. ἀπέχει δὲ ἐν αἷς ταῦτα οὐ πολὺ θαλάσσης, ἀλλ' ἔςι πλησίον, καὶ τὰ τῆς Ῥέας ὄργια παρὰ τούτοις μένει, ὅτε τοῦ Ἄττεω γάμος καὶ τὰ ἐπὶ τούτοις ὅσα παρὰ σφι τελεῖται. τὸ δὲ ἐμὸν οἰκητήριον ἡ πόλις Κολοφὼν τυγχάνει. Ἀπόλλωνος δέ ἐςιν ἄρα παρ' αὐτὴν ἱερὸν Κλαρίου, καὶ τὸ ὄνομα Κλάρου ἐτέθη τούτῳ τῷ μαντείῳ, ὅτι δὲ ὁ χῶρος οὗτος, κλῆρος ἐγένετο τῶν Κρεούσης παίδων Ῥακίου καὶ Κλάρου, οἳ περὶ τούτων ἡμᾶς σαφέςατα διαγγέλλοντες διδάσκουσι λόγοι.

ΠΕΡΙ ΑΚΟΝΙΤΟΥ [5].

pag. 180.

Ἐπιγνώτη [6] δὲ τὴν βοτάνην αὐτίκα δὴ μάλα προσενεχθεῖσαν τῷ στόματι τὴν ἀκόνιτον οὕτως ὀνομαζομένην. πικρά τε γάρ ἐστιν ἱκανῶς, καὶ κίνδυνον οὐ τὸν [7] τυχόντα ἐπάγει, ἤν τινι δῷς πιεῖν. παρὰ μέν τοι τὸν Ἀ-

χέ-

---

[1] οιον αν υπιρ. [2] ων. [3] τί. [4] ημισυ. [5] ΑΚΟΝΙΤΟΝ. [6] ιπιγνωσι. [7] Deeſt τόν.

χέροντα αὐτῇ φύεται ποταμὸν, αὐτόθι δήπου καὶ πλησίον κατὰ τοῦ χάσματος, ὅθεν πέρ φησι τὰς ψυχὰς
διαποεθμεύειν τὸν θάνατον, καὶ ὁ θεσμὸς τὴν ὑπεισελ-
θοῦσαν καθάπαξ τὸ ςόμιον λέγει πάλιν χωρεῖν μηδέν.
δείκνυνται δέ γε παρὰ ταῦτα καὶ αἱ τοῦ Λύκου παιδὸς Περιολάου πόλεις ὡς εἰσὶν ἔρημοι, καὶ οἶκοι, παρ'
οὓς ἀκόνιτος ἡ βοτάνη ἐνταῦθα φυομένη ἐςίν. δῆσαι δὲ
῾κατὴ τὰ χαλινὰ, τό τε πᾶν στόμα γίγνεται ὁμοίως ἥδε
τοῦ πιεῖν λαχόντος. ςύψις τε τὰ οὖλα καρτερὰ πρὸς
τούτοις κ̓ ἅμα τῇ γλώττῃ τὸν οὐρανὸν σφοδρῶς ἐμπεσοῦσα λυπεῖ. ἐπειδὰν δὲ καὶ τῶν ἐντὸς τοῦ ςτήθους τὸ
δεινὸν ἅψηται, τὸ μὲν πρῶτον λυγμὸν ποιεῖ, καὶ ἀμη-
χανίαν, εἰς τὸ ἀλύειν τε αὖ καὶ ἀδημονεῖν οὐχ ἁπλῶς
ἄγει τὸν πάσχοντα, ὅ τε δὴ στόμαχος ὀδυνᾶται, καὶ
μάλιστα δὴ ἔνθα εἰσὶν αἱ τούτου λεγόμεναι παρὰ πάντων πύλαι. ἀλλὰ μὴν καὶ τὸ λοιπὸν ὅθεν περ δίεισιν ἡ
τροφή, ἄκλειστον ὥς φησι χωρίον διὰ παντὸς μένον, τῶν
πόνων ἐπιτριβόντων αὐτὸ, κ̓ τῶν ἀλγηδόνων τῇ ῾γαςρὶ
τὴν ἄτην ², κ̓ τῷ κάτω παρέχειν ἐντέρῳ φλεγμονὴν πέφυκεν. τινὲς τοῦτο κῶλον προσαγορεύουσι τὸ ἔντερον. ἀρχὴ δέ ἐςι μὲν τοῦτο τῶν κάτω τοῦ ἀνθρώπου μερῶν.
ἔχει δὲ ὁμοίως καὶ τοῦτο πύλας τὸ μόριον. ἀρχὴ μέν τοι
τῆς δοχαίης ταύτης, καὶ γὰρ οὕτως οἶμαι τόδε ὀνομαζόμε-
νον ἐπίςτασθαι, ὁ στόμαχός ἐςιν, ὅτι δέ γί ἐςι καθάπαξ ἥδε δεκτικὴ σιτίων καὶ παρὰ ταύτην φέρεται τὰ
ἐσθιόμενα, αὐτὴ τοῦ ὀνόματος ἡ κλῆσις μαρτυρεῖ. ἀλλὰ
γὰρ ἐπακολουθεῖ τῆς ἀκονίτου τοῖς πιοῦσιν, ἀτὸ μὲν
τῶν ὀφθαλμῶν φέρεσθαι καὶ ἀποςτάζειν ὑγρὸν πλῆθος
αὐ-

¹ αὐτὴ τὲ. ² αςκν.

αὐτῶν πολύ, ῥέεσθαι δὲ καὶ τὴν γαστέρα, πνευμάτων
τε ἐν αὐτῇ γίγνεσθαι διαδρομὰς συχνὰς, ἃ καὶ στηρί-
ξαντα πολλάκις περὶ τὸν ὀμφαλὸν αὐτὸν, ἀσχέτους τοὺς
ὀδύνας πέφυκεν ἐμποιεῖν. βαρύτης τε δεινὴ τῆς κεφαλῆς
ἐπὶ τούτοις, καὶ τῶν κροτάφων παλμὸς ἀνύποιστος κρα-
τεῖ, ὁρᾶν τε οἱ τῶν τοιούτων ὀφθαλμοὶ δοκοῦσιν οὐ κατὰ
τὰ αὐτὰ, οὐδ᾽ εἴπερ [1] προσήκει τοῖς ὁρῶσιν, ἀλλ᾽ ἐνηλ-
λαγμένως. τὸ γοῦν αὐτὸ καθ᾽ αὑτὸ πολλαπλοῦν νομίζει,
καὶ τὰ δύο ὁρᾶν οἴεται τέσσαρα, ὥσπερ ἂν ἔξοινός τις
οὗτος ὢν, καὶ κραιπαλῶν τύχῃ. οἷα μὲν λέγουσι τοὺς
τῷ Διονύσῳ στρατεύοντας τοὺς Σιληνοὺς δῆτα ἐπιτελεῖν
τρυγῶντας καὶ ἐμφορουμένους οἴνου, καὶ ὑπαφρίζοντας,
ἔπειτα διαλυομένους οἷον καὶ λιγυζομένους τὸν αὐχένα,
καὶ παρασυρομένους τὴν φωνὴν, μεθυσθέντας τε αὐτοὺς,
ὑπόθερμον βλέπειν, καὶ κεῖσθαι οὐκ ἐν κόσμῳ ἐπὶ τῷ
ἐδάφους ὄντας τῶν φρενῶν ἔρημον [2]. τοιαῦτα ἄττα κατα-
λαμβάνεσθαι ποιοῦντας τοὺς τῇ βλάβῃ περιτυχόντας
εὕροις ἂν τῇ τοῦ ἀκονίτου. λέγεται δ᾽ οὖν ἡ αὐτὴ
καὶ μυοκτόνος [3] ἡ βοτάνη. διότι δὲ λέγεται καὶ τοῦτο, ἡ αἰτία δηλοῖ, ὅτι τοὺς ἀχρειοτάτους ἀναιρεῖν
δοκεῖ καὶ λίχνους καὶ δυσεργοὺς μύας, ἢν αὐτῆς γεύ-
σωνται. ἀλλὰ μὲν δὴ καὶ παρδάλη, ἀγχίση δὲ παρ᾽
ἐνίων προσαγορεύεται, ἐπεί τοι καὶ ταύτῃ τῇ βοτάν
πρὸς ἀναίρεσιν τῶν θηρίων οἵ τ᾽ ἂν αἰπόλοι κ᾽ ποιμένες
καὶ νομεῖς [4] τῶν βοῶν ἔν τε τῇ Φαλάκρᾳ καὶ τ
Ἴδῃ τοῖς ὄρεσιν κεχρῆσθαι δοκοῦσιν. ἄλλως τε δὴ καὶ
παντὸς θήλεος, καὶ δὲ ἐντεθεῖσα μορίῳ ζώου ἀποθνή-
σκειν ποιεῖ ἡ βοτάνη αὕτη, ἧς ἐστι τοὔνομα ἀκόνιτον.

τὸν

___

[1] ηπερ. [2] ερημους. [3] μυοκτονον. [4] νομης.

pag.
182.

τὸν τοίνυν ἀντίδοτος ¹ πενήρως ποτὲ ἐκ ταύτης ἔχοντε
ἰάση μεστὴ κονίας μὲν ποιήσας μέτρῳ τὴν σεαυτοῦ χεῖρα ὡς οἷόν τε ² δέ γε μάλιστα καταλιωθείσης κοτύλη
οἴνου, καὶ ταῦτα μέλανος ἐπίμεστος ³, εἴσω τὴν χεῖρα τῆς κονίας ταύτης ἐπιβαλεῖν ⁴ σε χρὴ, ἀβροτόνου τε
δὴ καυλία ἐν θάμνοις ἐπιτυγχανούσῃ, πρασίου τε ὁ-
μοίως τῆς καὶ μελιφύλλου καλουμένης, ἀλλὰ ⁵ καὶ τῆς
ἀγήρω καὶ ἀειθαλοῦς ⁶ χαμελαίας βλαστοὺς, καὶ πήγα-
νον σὺν ⁷ πᾶσι τούτοις κομίζων ἔμβαλε. αὐτὰρ οὖν δὴ
διάπυρον πάνυ σφόδρα ἐμβαλὼν μέλιτι σβέννυε σίδηρον,
καὶ τὴν ἐν ταῖς καμίνοις τῶν σιδηρίων γιγνομένην τρύγα, ἣ σκωρία κ' κληται, φέρων δὴ σὺν ταύτοις, καὶ
ταύτη ⁸ μίγνυε χρυσόν τε αὖ πεπυρωμένον ἄργυρον ⁹
ἀφρόδ.... ¹⁰ τῷ πυρὶ καὶ τοῦτον προσ:μιληκότα ἐμβαλὼν σβέννυε τῷ μέλιτι, εἶτα δὴ τὴν χεῖρα εἰς ἥμι-
συ τῶν φύλλων ποιήσας τῆς συκῆς, χαμαιτίτυος τε
τῆς ὀρίας, καὶ ταύτης τὰ φύλλα αὐανθείσης μέν τοι,
τῆς τ' ἀκονίτιδος ὁμοίως, καὶ πολυκνήμου τῆς βοτάνης
τοὺς κλῶνας, εἴ τι νεαροὶ, τετράδι κυάθων οἴνου γλυκέος
ἀκραιφοῦ. ἄγε δὲ καὶ καθεψηθείσης πάνυ σφόδρα σχεδὸν, ταχὺ διαλυομένης ὑπὸ πυρὸς τὸ ὕδωρ ὄρνιθος τῶν
ἐν ποσὶ δήπου καὶ ἐν ταῖς οἰκίαις ἀναστρεφομένων, ἤ-
τοι νεοττῶν γε ὧν τρίφουσιν αὗται, ἑψηθέντων καὶ τούτῳ

---

¹Deeſt ἀντίδοτος in contextu Vindobon., ſcriptum tamen eſt
in marg. a recenti manu. ² ἀσσται, ἐπίμιστος μίτρον.
ὑπαρχέτω. ⁴ ἐπιβαλλειν, & ſic infra ter cum duplici λλ. ⁵ αλλα μην. ⁶ καιθαλλους. ⁷ συμ. ⁸ ΤΑΥ-
την. ⁹ και αργυρον. ¹⁰ In Vindob. σφοδρα. In Mediceo vero per quasdam ſiglas effertur, unde praeter dictas
litteras nil aliud valeas exſculpere.

των τὸ ὕδωρ κιρνῶντα δεῖ πίνειν μετὰ τοῦ μέλιτος. ἀλλὰ μὴν καὶ τῶν βοΐων καθεψηθέντων [1] κρεῶν, αὐτῇ
πιμελῇ τὸ ὕδωρ ἄδην πινόμενον τοῖς ἄλλοις ὁμοίως
ὠφελεῖ.

Δύναται δὲ δὴ ταῦτα καὶ μιγὶν βάλσαμον γάλα- pag.
κτι, νῦν μέν τοι τετοκυίας πώλου ὑπαρχέτω γάλα. ἀλλ' 186.
ἤν τις αὐτῷ [2] πιεῖν μὴ παραιτήσηται, ὀνήσει σφόδρα.
δεῖ δὲ καὶ ὕδατος ἐπιπίνειν εἰς τοσοῦτον τούτοις, εἰς
ὅσον ἀν πᾶσαν ἀτεμέσας τις τὴν τροφὴν, τὸ δεινὸν
δυνηθῇ διαφυγεῖν. ἀλλὰ γὰρ καὶ ἡ πιτύα πρὸς τούτοις
χρήσιμα [3] τοῦ λαγωοῦ, καὶ μετὰ [4] ταύτην ἡ τοῦ νεβροῦ, ἀμφότεραι μέν τι φυραθεῖσαι οἴνῳ, ἑκατέρα κ,
καθ' αὑτὴν ὑπάρχει χρήσιμος. ἀλλ' οὖν καὶ ἡ ῥίζα
τῆς μορέας πρότερον ἐν ὅλμῳ συ ριβεῖσα, εἶτα ἑψη-
θεῖσα ἐφ' ὅσον οἷόν τε μετ' οἴνου διδοσθαι, μέλιτος
προσπλακέντος αὐτῇ, τοῖς πάσχουσιν ὠφελεῖ. ὅπως
γὰρ ἀν δόξῃ τις οὖν ὑπὸ τοῦ δεινοῦ κεκρατῆσθαι, χρησάμενος τοῖσδε δὴ τοῖς βοηθήμασι τὸ [5] ἀσφαλὲς ἕξει, κ,
σῶος ἀπελεύσεται χρώμενος οἴκαδε τοῖς ἑαυτοῦ ποσίν.

ΠΕΡΙ ΨΙΜΙΘΙΟΥ.

Μετὰ ταῦτα ταίνυν λέγεσθαι χρὴ καὶ περὶ ἧς
ἐνατομόργνυται τὸ ψιμίθιον τοῖς ἀνθρώποις πινόμενον
βλάβης. λωβᾶται γὰρ αὐτῶν τὴν ὑγιείαν, καὶ τοῦ
βαδίζειν ἄρα αὐτοὺς ἐμποδὼν ἵσαται. ἔοικε δὲ δή που
τὴν [6] χροιὰν ἐν ὥρᾳ ἔαρος φαινομένῳ γάλακτι τὸ ψιμίθιον δὲ [7] τοῦτο καὶ ἐπαφρίζοντι, ὁπόταν ἢ κατὰ ἄλ-
λας ἐν τῇδε δείκνυται τῇ ὥρᾳ τροφιμώτερόν τε ὅνομα
C c   καὶ

[1] καταιψηθὲντων. [2] αυτο, [3] χρησιμος. [4] μιτα τοι.
[5] ωρα το. [6] την γευν. [7] δη.

κỳ διαυγέςερον ἐαυτοῦ[1]. τοῦτο δὴ τὸ ψιμίθιόν ἐςι προσ-
φερὲς τὸ εἶδος. ἀλλ᾽ οὖν ἐνταῦθα τοῦ πιόντος τὸ
μὲν πρῶτον ῥυτοῦται τὰ οὖλα, ὀπὸς δέ τις κατὰ τῶν
γενύων οἷον συνίςαται, πολὺς ἐπὶ τούτοις ἀφρὸς ἐπιπε-
πλασμένος. ὥσπερ οὖν καὶ οὗτος δακνώδης κατ᾽ αὐτῶν
ὁρᾶται τῶν ςομίων, ἥ τε γλῶττα ὑποφλεγομένη ξηρὰ
καθίςαται, καὶ τὸ φθέγμα πρόεισι τετριγὸς καὶ βα-
ρύ. τά τε λεγόμενα παρίσθμια αὐαινόμενα καταπολὺ τῦ
κατὰ φύσιν ἐνεργεῖν εἰς λήθην ἔρχεται, βήξ τε ἐπι-
γιγνομένη[2] καρτερὰ, καὶ οὔτε ἠρεμεῖν συγχωροῦσα
τῦ κακοπαθοῦντι διὰ τὴν κατὰ τοῦ ςήςους ςηριχθεῖσαν
ἐκ τῆς βηχὸς ὀδύνην ἄσχετον, οὔτε ἀναφορὰν τοῦ φλέγ-
ματος λεπτοτάτου λίαν καὶ σχεδὸν ἀποίου τυγχάνοντος
ῥᾳδίαν συγχωρούσης γίγνεσθαι ἐπίτασιν τόπου[3] ἐμεῖν
μὲν δοκεῖν ταλαιπωρίαν, μηδὲν δὲ καὶ κακοπάθειαν τῶν
ἀνθρώπων[4] ἄγειν. Ἄγει[5] οὖν ἐπ᾽ αὐτοῖς τὸ φάρμακον καὶ τοῦτο πρὸς ὕπνον, καὶ ἀποψύχεται ὁ μετα-
σχὼν αὐτοῦ, καὶ τὰ μέλη τοῦ κινεῖσθαι ὥσπερ τὸ
πρότερον ἐκ τοῦ κατὰ φύσιν ἀφαιρεῖται, καὶ τὸ ἐντεῦθεν ὁ θάνατος τὸν κάμνοντα ἄγει. Παραχρῆμα
τοίνυν τῷ βληθέντι τῇ ἀπὸ τοῦ ψιμιθίου ἐπιβουλῇ ἐν-
ταῦθ᾽ ἀεί τις ἐπιπίνειν ἔλαιον διδότω. τὸ δὲ ἔλαιον ἐξ ὀρχάδος, ἢ πριμμαδίας ἐλαίας ὑπαρχέτω[6]. εἰς
τοσοῦτον μέν τοι πινέτω τὸ ἔλαιον οὗτος, ἐς ὅσον[7]
ἡ γαςὴρ ὑπομείνασα, ἐξελάσαι τῶν ἐντέρων τὸ συςρα-
φὲν δυνήσεται κακόν· καὶ μὴν καὶ γάλακτος ἡ πόσις,

ἀλ-

---

[1] Inter verba ἐαυτοῦ & τῦρο, haec alia leguntur: κỳ ἐν τω
αγγιι ἐτι πυρ... ἐγω αν ὁ ἐβαλλων αυτο ἐκ του παραχρημα διξαμενος. [2] ἐπιγινομενη. [3] ἐπι την ςπο του.
& quidem melius. [4] τον ανθρωπον. [5] αγει δ᾽ ουν κ. λ.
[6] υπαρχετω τουτο. [7] οσον ελιςθον.

ἀλλὰ τοῦ προσφάτου , πρὸς τόδε ὠφελεῖν ¹ . ἡ γὰρ δὴ
τοῦ παλαιοτέρου ἐςὶν , οἶμαι , λαμπρῶς ἀφελής . καὶ
τὸν χυλὸν ναὶ μὴν τῆς μαλάχης παρεγγύα πίνειν ὡς
πλεῖςον τοῖς φλαύρως ἔχουσι , καὶ κατειλημμένοις ὑπὸ
ταύτου ἀκέςεις ³ ἅμα κατακόψας καὶ λιήνας , αὐτὰ δίδοθι μετ᾽ οἴνου . καὶ γὰρ τινόμενα τυγχάνει λυ-
σιτελέςατα πρὸς ὑγιείαν .

A᾽λλὰ μὴν καὶ ἡ τῶν κλημάτων τῆς ἀμπέλου τέ-
φρα ἐςὶν ἐπωφελὴς θερμῷ μὲν ὕδατι ποθεῖσα ⁴ , διυλι-   pag.
θεῖσα ⁵ δὲ ἐπιμελῶς ὡς ὅτι μάλιστα . καλαθίσκος δὲ   190.
ὑπαρχέτω , ὁ ταύτην διηθῶν τὴν τέφραν κ̣ ἀποκαθαίρων,
ἤ τις ἰθμὸς τυχὼν , ὅς τις ἐπισχεῖν τὴν ὕλην τὴν ἀπὸ
ταύτης δυνήσεται , καὶ σφι μετ᾽ ἐλαίου τὴν ἰλὺν συνα-
ναμιγνύων κέχρηςο πρὸς τὰ προκείμενα. ῥύεται τοῦ κακοῦ
τούτου καὶ ὁ ξηρὸς δὴ τοῦ τῆς περσέας ⁶ καρπὸς , περσέας ⁷ ἐκείνης , ἣν καὶ ⁸ ὁ Περσεὺς ἐξ Αἰθιοπίας μετὰ
τὸ τὴν τῆς Μεδούσης ἐκτεμεῖν κεφαλὴν τῇ χρυσῇ ἅρπῃ
χρησάμενος ἤγαγεν εἰς Μυκήνας , καὶ κατεφύτευσε
Κηφέως δωρησαμένου , ὃς τότε βασιλεὺς ὢν ⁹ Αἰθιόπων
ἐτύγχανε τῷ Περσεῖ τὸ φυτόν . πλησίον τοίνυν ἐστὶ τῶν
Μυκηνῶν ὄρος , ὃ καλοῦσιν οἱ ἐπιχώριοι Μέλανθον , κ̣
κρήνη ἐν αὐταῖς Μυκήναις . ἀλλὰ καὶ ταύτην τοι Λαγ-
γίαν ἐπονομάζουσι τὴν πηγήν , ἔνθα δὴ καὶ τὸ τῆς Θή-
βης ¹⁰ ἄκρον ¹¹ μύκην καλοῦσιν , αὐτὸς ἧς ἔφερεν ἅρπης
ὁ Περσεὺς , ἐκπεσεῖν λέγεται , γενέσθαι μέν τοι λέγου-

---

¹ ωφιλιν . ² ωφιλης . ³ ιικισις . ⁴ πλυθιισα . ⁵ διητ-
τηθιισα . ⁶ πιρσιας . ⁷ πιρσιας . ⁸ abeſt κ̣ .
⁹ των . ¹⁰ θηκης . ¹¹ Poſtremis litteris huius vocis adſcri-
ptum eſt ον , ut legi poſſit etiam ἄκρονον , quae Vindo-
bonenſis etiam eſt lectio .

σι τὸ κατατρετὸν μύκην, πλίς τε τῆς δακίης πρὸς τροφὴν μέλλοντος. ὠφελήσειε δ' ἂν τὸ [1] τοιοῦτον καὶ τοῦ
ἐν Γέρρῃ τῇ Ἀράβων χώρᾳ γεωργουμένου λιβανωτοῦ
ἐπιπασθέντος δηλαδὴ ὀπτηθείσῃ τροφῇ, καὶ δοθείσῃ τα-
χύ. ναὶ μὴν ἀλλὰ καὶ δάκρυον καρύης τοῦ φυτοῦ,
καὶ μέν τοι καὶ τοῦ ἀταλύμνου, οὕτω δὴ τοῦτο τὸ φυτὸν ἀτάλυμνον προσαγορεύεται, ἀτὰρ δὴ καὶ τὸ τῆς
πτελέας ἐπιβάλλον [3] ὑγρὸν, ὃ δὴ καταρρεόντων ὀχέων
αὐτῆς οὐκ ἔστι χαλεπὸν θεάτασθαι, ἐπιφέρων ταῦτα
τῷ κάμνοντι πίνειν ἐπίτρεπε. ἐμῶν γὰρ οὗτος ἀπὸ μὲν
ἐσίων τῶν τοιούτων, ἀπὸ δὲ τούτοις ἑψητοῖς ἐντυγ-
χάνειν ὑδατίοις καὶ πίνειν ἕξει διαφορούμενος τὸ ἀσφαλὲς, καὶ ἄλλοτε μὲν ἐσθίων καὶ ἱδρῶν, ἄλλοτε δὲ
πίνων, τὸν δυσώνυμον ἂν οὕτω [4] καὶ ἄδοξον διαφύγοι [5]
ῥᾳδίως θάνατον.

ΠΕΡΙ ΚΑΝΘΑΡΙΔΟΣ [6].

Κανθαρίς ἐστι σιτοφάγος, καὶ τὸ ὄνομα αὐτῇ ἐ-
πίκειται ἀπὸ τοῦ πράγματος. ὄδωδε δὲ βαρὺ μὲν αὕτη, καὶ οἰονεὶ κίσσα. οἷα δὲ τὰ τῆς κέδρου κάρφη
φαίνεται τῷ μασηταμένῳ, τοιαύτη καὶ ἡ τῆς κανθάρι-
δος ποιότης ὁτιωῦν ἀπαντᾷ. τῷ δὲ [7] ἐκ ταύτης μήποτε
γένοιτο πόματι κατεσκευασμένῳ [8] ἐντυχεῖν ἀνθρώπῳ.
ἅμα τε γὰρ προσενεχθῆναι [9] τὸ ἐξ αὐτοῦ [10] ποτὸν κατ-
εσκευασμένον ἀνθρώπου χείλεσιν, αὐτίκα δὴ καὶ παραχρῆμα δριμυτάτης ὀδύνης ἐμπίμπλησιν αὐτὰ, προϊὸν δὲ
ἐπ' τὰ εἴσω κατεσθίει πάντα, τὸ στῆθος, τὴν γα-
στέ-

---

1 τον. 2 αταλυμινου. 3 επιβαλλων. 4 τουτο. 5 δια-
φυτοι. 6 ΚΑΝΘΑΡΙΔΕΣ. 7 abeſt δὲ. 8 κατισκινο-
μινω. 9 προσινιχθη. 10 αυτων.

στέρχ, καὶ τὰ τῆς κύστεως χωρῆσαν εὐθὺς ἐκβιβρώ-
σκει αὐτήν. ἐκ τούτου ἵστανται ὀδύναι πολλαὶ καὶ χα-
λεπαὶ περὶ τὸν χόνδρον. ἔστι δὲ ἕτερον ὁ χόνδρος, ὃ
πλησίον μὲν αὐτῶ πη τῶ θώρακος κεῖται, πρὸς αὐτῶ [1] κύτει
τῆς γαστρὸς ἠρεμιᾷ. λύει δ᾽ οὖν τὸ ἐντεῦθεν ὑπό τε ἀ-
μηχανίας καὶ φροντίδων ἀπροσδοκήτων οὐ συγχωρούμε-
νος ἡσυχάζειν. ἀλλ᾽ εἰδός [2] φατι τῶν κικαρῶν τὰς ἐκ-
γήρους καὶ παλαιὰς γεγενημένας ἐφ᾽ αὑτῶν γηρία κο-
μίζειν, καλοῦσιν, οἶμαι, αὐτὰ πάππους ὑπὸ τῶν ἀνέμων οὗτοι πανταχοῦ ὁρῶνται κινούμενοί τε οἱ πάπποι
καὶ ῥιπιζόμενοι τοῦ ἀέρος. τοιαῦτα ἄττα μοι δοκεῖ κὶ ἡ
γνώμη διακοπτομένη τοῦ ἀνθρώπου τοῦ πιόντος πάσχειν,
καὶ μεριζομένη τὸ φάρμακον ὑπὸ τῶν φροντίδων. πληρε-
στάτην τοίνυν κύλικα ποιήσας τοῦ λεγομένου κυκεῶνος
δίδοθι πιεῖν ἀσίτῳ ταύτης ἐντὸς γενέσθαι λαχόντι τῆς
κακοπαθείας. ἔστι δὲ ὁ κυκεὼν γλήχους ποταμίας μί-
ξις καὶ ἀλφίτων ὁμοῦ μεθ᾽ ὕδατος. ὁ μὲν οὖν δὴ κυκεὼν οὗτος γενέσθαι γὰρ οὖν λέγεται τῆς Δήμητρος πο- **pag. 194.**
τὸν τρόπῳ τοιῶδε [3]. Ὡς ἀφίκετο [4] Δημήτηρ εἰς Ἐλευσῖ-
να τῆς Ἀττικῆς μετὰ τὴν πολλὴν ἐκείνην πλάνην καὶ
κακοπάθειαν, ἣν ἁρπασθείσης τῆς θυγατρὸς ἔδοξε πλα-
νᾶσθαι, ξενίοις ὑποδέχεται Μετάνειρα αὐτήν. γυνὴ
δὲ ἦν ἄρα, οἶμαι, ἡ Μετάνειρα τοῦ Κελέου. οὐ γὰρ
δὴ παρὰ τῇ τυροῖ [5] τῇ Ἱπποθόωντος κατήγετο. βαρυνο- **[5] sic.**
μένην γοῦν τῷ πάθει, καὶ ἐν συνοίᾳ καθημένην, αἰ-
σχρορρημονήσασα [6] ἡ Ἰάμβη μεταβάλλει αὐτήν. ἡ
δὲ τέρπεται μὲν καὶ σφόδρα ἐπὶ τοῖς ῥηθεῖσιν, ἡ δὲ
μὴ

---

[1] αυτω δε τω. [2] αλλ οια δη. [3] τοιουτω. [4] αφικετο
δε. [6] αισχρορημονησασα.

μήτηρ ¹ παρὰ τῆς Ἰάμβης γελάσασα δὲ ἐπιθυμεῖ πιεῖν,
καὶ τὸ ἐντεῦθεν γίγνεται τῆς Δήμητρος οὗτος ² ὁ κυκεὼν
ποτόν. ἔστω δὲ πρὸς τοῖς εἰρημένοις εἰς τὴν περὶ τούτων θεραπείαν ἐγκέφαλος συὸς εὐτραφοῦς μετὰ τῆς βοτάνης ἀμνοῦ καὶ τοῦ λεγομένου λινοσπέρμου. χρησιμώ-
τατός σοι καὶ νέας αἰγὸς ἐγκέφαλος καὶ καθεψηθέντος
ὕδωρ χηνὸς, ὡς πλεῖστον εἰς ποτὸν διδόμενον. ἄχρι
μέν τοι τοσούτου τὸ ὕδωρ ἐστὶ πινόμενον, ἄχρις οὗ
κορεσθεὶς ὁ πίνων εἰς ἔμετον τραπῇ. καθιέτω δὲ δὴ
τοὺς δακτύλους διὰ τοῦ στόματος, ἵνα μηδέπω τῆς τροφῆς εἰς πέψιν ἐλθούσης ἀποβληθείη τὰ σιτία. πάντως
γὰρ τῇ τροφῇ τὸ φάρμακον συμπλακὲν ³ δήπου συνεξε-
λεύσεται. ἀλλὰ γὰρ καὶ ἐνιέσθαι τὸν τοιοῦτον προσήκει γάλακτι. ὑπαγομένη γὰρ ῥᾷον ⁴ ἣν ἡ γαστὴρ
τούτῳ καθάπαξ κομίζει.

Οὐ μὴν ἀλλά τοι καὶ δεινοπαθοῦντι καὶ ἐκλυομένῳ
τὸ γάλα ἐπωφελέστατον, ἣν πίνῃ τις αὐτὸ τῶν πεφαρ-
μαγμένον, καὶ τὰ τῆς ἀμπέλου φύλλα, σὺν αὐτοῖς
ὁμοίως τοῖς κλήμασι μετ᾽ οἴνου κοπέντα τοῦ γλυκέος,
ἀπεριόπτως ἐκσώζει τὸν κακοπαθοῦντα, ἐπειδάν τις πίῃ
αὐτοῦ εὐπετῶς δύναται. ἀτὰρ δὴ καὶ ἡ λεγομένη σκορπίουρος μετὰ μέλιτος, ὥστε πίνειν αὐτήν ἐστιν ἐπιτήδεια ⁵. εἰς ὕψος ⁶ αἴρεται καὶ θάλλει ἡ σκορπίουρος
αὕτη καὶ τὰ καυλία φέρει λεπτὰ, καὶ ἡ μολόθουρος
διὰ ταῦτα προσέοικεν αὐτῇ. ἐν Σάμῳ δὲ τῇ νήσῳ ⁷ γίγνεται ⁸, ἣν οἱ τὴν νῆσον οἰκοῦντες καλοῦσιν ἀστέρα.

pag. 196.

τε-

¹ ρηθείσιν ἡ δήμητηρ. ² ὕτως. ³ σὺν πλακὶν. ⁴ ρᾷων·
⁵ ἐπιτήδεια λαμβάνεσθαι. ⁶ ὕψος δὶ. ⁷ σω. ⁸ γίγνεται γη.

τετράδραχμόν τα χρὴ τῆς γῆς ταύτης εἰς τὴν περὶ τύ-
των θεραπείαν ἐμβαλεῖν [1] φέροντα.

Παρθένιον δὲ ἐκαλεῖτο Σάμος, καὶ Φυλλίδα αὐτὴν ἐπὶ τούτοις οὐκ ὤκνησαν καλεῖν, καὶ ἀπὸ Ἰμβρά-
σου τοῦ ποταμοῦ αὖθις τὸ ὄνομα ἔσχεν Ἰμβρασίας.
κριὸς δὲ τῆς γῆς, ἧς ἀστήρ ἐστιν ἡ προσηγορία, ταύτης γέγονεν [2]. τοίνυν τοῦ γλυκέος οἴνου τὸ διπλάσιον
τοῦ ῥηθέντος μέτρου διδόμενον ποτόν. τούτῳ μέν τοι τῷ
οἴνῳ, εἴτουν ἑψήματι πηγάνου κλωνία συνεκλύου [3], καὶ
ῥόδινον μύρον ἐπίβαλε, εἶτα συντάραττε ἐπιπολύ. οὐ
γὰρ μὴ τοῦ δεινοῦ περιγενόμενον διοίσει, καὶ περισώσει
τοῦ κινδύνου τὸν πλημμεληθέντα.

ΠΕΡΙ ΤΟΥ ΚΟΡΙΟΥ [4].

Τό γε μὴν οὕτω καλούμενον κόριόν ἐστι μὲν δυσαλθὲς πόθεν τοῦτο δὴ καὶ δυσθεράπευτον. τῶν γὰρ με-
τασχόντων αὐτοῦ, καὶ πιόντων ὅλως, οἱ μὲν ἔκφρο-
νες καὶ φλύαροι [5] αὐτίκα γίγνονται, καὶ ὁ λόγος αὐτοῖς οὐ σώζει τὴν τάξιν, οἱ δὲ παραπληγές τε ἄλλως
καὶ ἐκμανεῖς, καὶ βοῶσιν ὀξύ περ οὗτοι, καθάπερ αἱ
Βάκχαι οἰστρηθεῖσαι. ἀλλὰ τούτοις μὲν βοηθεῖ οἶνος ὁ
παλαιὸς ἄκρατος, καὶ οὗτος εἰς πλῆθος πινόμενος. ὠ-
φελιμώτατος δὲ καὶ ὁ τράμνιος, ἔτι μέν τοι καὶ ἄλμη
πρὸς τούτοις ποθεῖσα δριμεῖα, ἐπίκουρος γίγνεται τῇ
συνενεχθείσῃ τῷ ἀνθρώπῳ τῇ ἀπὸ τοῦ κορίου τούτου
κα-

---

[1] ἐμβάλλειν . [2] Hic locus mutilus in Mediceo, integer ex
Vindobonensi restituitur hoc pacto: γιγονιν ιυριτης. χησιον δι ο τοπος καλειται, ιν ω πιρ ηκ ιυριθηκαι ταυτην
την γην λογος. το δε ερ?ι ιν ω το χησιον κιρκιτιον .ιπι-
δκξιον τοινυν, κ. λ. [3] ευνικλειου. [4] ΚΟΡΙΟΝ.
[5] Φλοιαροι.

κακοδαιμονία , καὶ ὣ ὄρνιθος κενωθέντα καὶ θαλάσσης
ἀφρῷ συναφυρέντα ζωὴν περιποιεῖ τῷ τοιούτῳ, τὸν [1] θάνατον ἐπιόντα προσελθεῖν οὐκ ἐᾷ . τούτῳ τοι ἁλισκόμε-
νόν ἐστι καὶ τὸ κέπφος ἰδεῖν . ἔστι δὲ ὄρνεον θαλάττιον,
ὃ καλοῦσι κέπφος. θηρῶσι δ' οὖν τὸ ὄρνεον τοῦτο, ἀφρὸν
συναναμιγνύντες τοῖς ὠοῖς ἁλιέων παῖδες . ἐπειδὴ γὰρ
δεῖπνον ἀφρὸς ὀρνέῳ [2] γιγνόμενός ἐστι , καὶ ζωῆς αἴτιον
τὸ αὐτό , καὶ θανάτου πρόξενον γίγνεται . οὗτοι δὴ οὖν
οἱ [3] ταύτην ἐπιμελῶς [4] τὴν ἄγραν [5] εἰδότες [6] κατὰ σμι-
κρὸν τὸν ἀφρὸν μετὰ τοῦ ὠοῦ μίξαντες πέμπουσιν εἰς
δέλεαρ τούτοις τοῖς ὀρνέοις . οἱ δὲ ἑπόμενοι τῇ τούτων
ἀπάτῃ καταβραχὺ , καὶ μεταπιούμενοι , καὶ κατε-
σθίοντες , ἐνίσχονται μὲν δὴ τῇ ἄγρᾳ , δολερᾷ τε οὔ-
σῃ καὶ ὑπούλῳ, οὐ δὴ [7] διαφυγγάνουσι γὰρ οὖν τῶν
ἀσπαλιευτῶν ἐπιμόχθους χεῖρας . ἀλλὰ γὰρ σύ γε
τὴν ἀγλαυκὴ καὶ μελάνην ἐπὶ τούτοις λάμβανε [8]
θάλασσαν , ἣν ὑποτάττεσθαι , καὶ δουλεύειν ὁ τοῦ
Ποσειδῶνος ἐθέσπισε τοῖς ἀνέμοις νόμος . ἐθέσπισε
δὲ ἄρχειν ἄρα καὶ τοῦ πυρὸς ὁ Ποσειδῶν τοὺς ἀνέ-
μους δεῦρο . ἡ μὲν οὖν θάλασσα ταραχώδης οὖσα κα'
χαλεπὴ δεσπόζει τῶν νηῶν [9] καὶ τῶν διαφθειρομένων
ἀνθρώπων ἐν αὐτῇ ὑπὸ τῶν ἀνέμων αὕτη βασιλευομένη.
τὸ δὲ δὴ πῦρ ἄρχει μὲν τῆς ὕλης ἄρα , καὶ ἀπηχθημέ-
νον ἐστὶν αὐτῇ, δεσποζόμενον δὲ ἀνέχεται πάλιν ὑπὸ
τῶν πνευμάτων . ἔτι μὴν καὶ ἔλαιον , ἀλλὰ σὺν οἴνῳ
διδόμενον, τοῦτο ἐπωφελέστατον τῷ κάμνοντι , καὶ χιὼν
με-

[1] ᾧ τοῦ. [2] τῳ ὀρνίῳ. [3] οἷς . [4] ἐπιμελὲς.
[5] ἄγραν τῶν ὀρνίων . [6] ἰδέναι . [7] δὲ . [8] λαμβάνει
ἐνταῦθα . [9] νεῶν .

μετὰ δὴ γλεύκους τιμωμένη ἀπαλλάττει πόνον. ψιθίας
δὲ ἔξω τῆς ἀμπέλου παραχρῆμα ὁ τρυγηθεὶς οἶνος,
καὶ κατὰ τὸν καιρὸν ἐκεῖνον, καθ' ὃν οἱ τρυγήσαντες
πατοῦντες θλίβουσι τοὺς βότρυς, ὅτι τε δὲ [1] αἵ τε pag.
μέλιτται καὶ σφῆκες καὶ αἱ τευθριδόνες [2] περιτετομε- 100.
ναι, καὶ ἐφιζάνουσαι ταῖς σταφυλαῖς μάλιστα εὐλο-
χοῦνται [3] τοῦ γλεύκους, ταὶ τῷ τῶν ἀμπέλων ἀλώπε-
κες λυμαίνονται καρπῷ.

ΚΩΝΙΟΝ.

Ὑπάρχει δὲ πιόντι κώνιον βλάπτεσθαι μάλιστα τὴν κεφαλὴν, φοινίττεσθαι δὲ ὡς ὅτι μάλιστα
τὸ σῶμα, ἀχλύν τε τοῖς ὀφθαλμοῖς ἐπικεῖσθαι πολλὴν, καὶ οὖν καὶ ὁρᾶν σφαλερὸν τούτῳ δὴ συμβαίνει,
καὶ περιδινεῖσθαι δοκεῖ τὰ ἐν ὄψει πάντα, πόδες τε
οὐκ ἔτι δύνανται αὐτοῖς τὸν χρώμενον φέρειν, καὶ α[']
χεῖρες, ὡς ἀετῶν σκότῳ [4] βαδιζόντων ἀνὰ τοὺς ςεν-
ωπούς πλανώμεναί εἰσι, καὶ ἐπαφωμένων τὸν ἀέρα.
ὑπολαμβάνει τοιγαροῦν αὐτὸν ἐπὶ τούτοις πνιγμὸς,
καὶ στενουμένης τῆς φάρυγγος [5] ἐμφράττεσθαι δοκεῖ.
ἀλλὰ γὰρ καὶ τῶν ἄρθρων ἐπαλυχομένων, οὐκ ἔτι
σωφρονεῖ, ἀλλὰ σκοτούμενος ὡς τὰ πολλὰ κατὰ τῆς
γῆς πίπτει, καὶ καθάπαξ πρὸς τὸν θάνατον ὁρᾶν ὁ
τοιοῦτος δοκεῖ. δόξαις μέν τ' ἂν βοηθεῖν τῷ κάμνοντι ταύτῃ, καὶ τῆς ἀπὸ τοῦ φαρμάκου αὐτὸν ἐξείρ-
γειν συμφορᾶς, εἰ δίδως ἔλαιον καθ' ἑαυτὸ καὶ οἶνον [6]
ὥστε πίνειν θερμὸν καὶ ἄκρατον τούτῳ, ἵνα δὴ τοῦτο
τὸ φάρμακον μετά τε τοῦ οἴνου καὶ ἐλαίου ἀναμιγνύ-

Dd   μενον

---

[1] δη.   [2] τευθρηδονες.   [3] ευωχουνται.   [4] ως αι των θη
σκοτω.   [5] φαρυγος.   [6] οινον εις κορον.

μενον ἔνδον, εἶτα ἀποβλυσθὲν ἀπαθῆ τὸν μετεσχηκότα
αὐτοῦ φυλάξῃ τῶν ἐξ αὐτοῦ κακῶν. ἔνιοι δὲ καὶ τὴν
γαςέρα ἐλαίῳ πρότερον ὑπέχριον. καθαίρων γὰρ αὐτὴν διὰ τοῦ κλυστῆρος εἰς ῥαστώνην ἄξεις. ἀλλὰ μὴν
καὶ οἴνου μετὰ καὶ τούτου ἀκράτου, δαύκου τε ὁμοίως
τῆς βοτάνης τὰ ἁπαλώτατα καυλία, ἢ δάφνης τὰ
φύλλα, ἣν τὰ Θεσσαλίας μὲν τὸ πρῶτον ἐκόμισε Τέμ-
τη, ἐστεφανώσατο δὲ ὁ ἐν Δελφοῖς Ἀπόλλων τὴν κεφαλὴν τοῖς ἐκείνοις κλάδοις, πέπερί τε καὶ κνίδης σπέρμα ἅμα τρίψας συναλάμβανε, προσεπιβάλλων δηλαδὴ
καὶ ὀποῦ καὶ ἰρίνου μύρου, σίλφιόν τε μετ᾽ ἐλαίου λευκοῦ λειώσας, τὸν νοσοῦντα πίνειν ἀπλείστως κέλευε.
ἀλλά τε καὶ γλυκέος οἴνου μετὰ γάλακτος ἑψῶν ἠρε-
μαίῳ πυρὶ, δίδοθι καὶ τοῦτο ὥστε πίνειν αὐτῷ¹.

pag.
202.

ΤΟΞΙΚΟΝ.

Παραχρῆμα δ᾽ ἂν ἐπαμύνειν ἔχοις τῷ πεπωκότι
τὸ τοξικὸν, ἢν θεασάμενος τὸν ἄνθρωπον εὕροις μὲν
πρῶτον βαρυνόμενον καὶ πεφορτισμένον ὥσπερ αὐτὸν,
ἔπειτα κάτωθεν μὲν παχεῖαν τὴν γλῶτταν ἔχοντα,
ξηρὰ δὲ τὰ χείλη. καὶ τὰ στόμια οἰδαίνεται, ἥ τε
δὴ φάρυγξ τὰ αὐτὰ ὑπομείνασα τοῖς χείλεσι, φλέγ-
μα λεπτὸν καὶ ξηρὸν ἀναπέμπει σφόδρα. ἔπειτα ἐκ
βάθρων αὐτοῦ τὰ μὲν οὖλα ῥῆξιν ὑπομένει, ἡ δὲ διά-
νοια ταράττεται, βοᾷ τέως ὑπ᾽ ἐκπλήξεως γεγονὼς κάτ-
οχος δειλίᾳ, φωνῇ τε αἰγὸς ἐοικυῖα χρῆται, κ᾽ ὥσπερ
οἱ μισανθρωποῦντες μοχθηρὸν φθέγγεται, καὶ ἁπλῶς
οἷον αἱ τῶν ἀποκοπτομένων τὰς κεφαλὰς κεφαλαὶ παρα-
σύρει τὴν γλῶτταν, οἷα δὴ τῆς κερνοφόρου Ῥέας ἡ ὑπο-
ζά-

¹ αυτου.

ζάκορος , ἀνά τε δὴ τὰς ὁδοὺς καὶ τὰ χωρία στρεφο-
μένη , ἐμμανής τε οὖσα καὶ ἔνθεος , ἀθρόᾳ κέχρηται
καὶ μακρᾷ τῇ φωνῇ. οἱ δὲ ἀκούσαντες εὐλαβοῦνται
τῆς Ἰδέας Ῥέας τὸ φοβερώτατον ὕλαγμα , οἶον καὶ
μυίας πλῆρες. τοιαῦτα καὶ αὐτὸς ἐσφαλμένα καὶ λύσ-
σης γέμοντα φθέγγεται , καὶ ὥσπερ οἱ παῖδες τὰ πολλὰ κλαυθμυριζόμενος καὶ ὠρυόμενος διατελεῖ , ταυρηδόν
τε ὑποβλέπεται , καὶ ὑπαφρίζει τῷ στόματι , καὶ
τοὺς ὀδόντας παρατρίβων ἦχον ἀποτελεῖ [1] , ὥστε χρὴ τοῦτον μὲν φυλάττειν τοπρῶτον δείσαντα , ἔπειτα οἶνον
ἐγχεῖν τούτῳ πολὺν καὶ μὴ βουλομένῳ , κἂν [2] συνηγ-
μένους τοὺς ὀδόντας ἔχων , ἀνήθει [3] τὸν οἶνον διεπαί-
ρων αὐτοὺς , ὅπως ἂν ἐξέμῃ , ἵν᾿ ἐξεμόντος μετὰ βίας
αὐτοῦ τῆς ἐκ τῶν δακτύλων , συνεξέλθῃ τὸ δεινὸν ἐκεῖνο φάρμακον θανατηφόρα [4]. ἀλλά τοι καὶ καθεψηθέντος νεογνοῦ που χηρὸς , καὶ διατακέντος τὸ ὕδωρ πρὸς
ἴασιν ἄγει πινόμενον σφόδρα , τῆς τε μηλέας τῆς ἐν
ὄρει ὁμοίως ὁ καρπὸς , καὶ ὁ φλοιὸς τῆς αὐτῆς μηλέας
δεῦρο κοπεὶς , ἄριστα ἴαται , καὶ τῆς ἐν κήποις δὲ
τραφείσης μηλέας ὁ καρπὸς πρόσφορος. ἔστω δὲ τὰ
μῆλα εἰαρινά. εἰ δὲ μὴ παρείη ταῦτα , τοῖς λεγομένοις
ἐνταῦθα κέχρησο στρουθίοις , οἶοις [5] ἐκόμισεν ἡ Κρήτη ,
στύφου [6] τὰ Κυδώνια μῆλα. πάντα τοίνυν σφύρῃ ταῦ- pag. 106.
τα συγκόψας [7] εἰς ὕδωρ ἔμβαλε [8] , τὸ δὲ ὕδωρ ἰχέτω
καὶ γλήχους. διαπσιγομένου δὲ τὸ στόμα , ἐνσταζέτω
τις τοῦ ἀνθρώπου τούτου τὸ ῥόδινον μύρον , ἢ ἴρινον ,
ποιῶν τε τοῦτο συνεχῶς , καὶ ἐν ἡμέραις πάνυ πολλαῖς

Dd 2

ῥύ-

---

[1] απολει. [2] καν η. [3] ενθι. [4] και θανατ... [5] η οις.
[6] ςυφουσι. [7] συνκοψας. [8] εμβαλλι.

ρύσασθαι τῆς τε μανίας καὶ πλάνης καὶ κακοπαθείας
τῆς ἐκ τοῦ τοξικοῦ τούτου δυνήσεται τὸν ἄνθρωπον.
ἐπαλείφουσι δὲ τούτῳ μὲν τὰς αἰχμὰς τῷ φαρμάκῳ
Ἄριβαν Νομάδες, καταχρίουσι δὲ τὰς ἀκίδας τῶν
βελῶν οἱ τὴν παρὰ τὸν ποταμὸν κειμένην τὸν Εὐφρά-
ταν γεωργοῦντες χώραν. ἔστι δὲ ὡς ἐπίπαν τοῖς τιτρω-
σκομένοις τοῦτο τὸ ' τοξικὸν πολέμιον. ἐμπεσὸν μὲν γὰρ
τῷ σώματι, καὶ γευσάμενον καθάπαξ ἀνθρωπίνου χροὸς,
μελχνὸν μὲν τὸ σῶμα πρῶτον κατεργάζεται τοῦ τρω-
θέντος, ἔπειτα τρέπει αὐτὸ, καὶ νεκρῶδες ποιεῖ, καὶ
διαδέχεται αὐτὸ ἐκ τούτου ὑγρὸν ², ὁ δὲ ἰὸς τοῦ ἀνθρώπου κατασηπομένου, καὶ ῥήξεις ὑπομένοντος τούτου,
κατὰ παντὸς μέρους ἐξαχωρεῖν βιάζεται σὺν ὕδατι κάκ
πολλῷ καὶ ἀκαθαρσίᾳ.

ΠΕΡΙ ΚΟΛΧΙΚΟΥ.

Ἀλλὰ γὰρ καὶ τοῦ τῆς Μηδείας ἐπειδὰν ὅλως
τις μετειληφὼς εὑρεθῇ φαρμάκου, ὀλεθρίου τε δὴ τούτου
καὶ ἀκυττικωτάτου τυγχάνοντος, ἐφημέρου τε πρὸς τά-
των ἐπονομαζομένου, πρῶτον μὲν ἔνδοθεν ἐγείρεται, κ
περὶ τὰ χείλη τοῦ πιόντος ἀμήχανος κνησμός. καὶ οἷος δὴ τοὺς χρωμένους τῷ ὀπῷ τῆς κράδης κνησμὸς κατέ-
χειν πέφυκεν, ἢ τούς γε τῇ τραχύτητι τῶν κνίδων
ἐντετυχηκότας, ἢ οἷος ἀπὸ τῆς σκίλλης προστριβείσης
κνησμὸς ἐγγενέσθαι ³ μετ' ἐρυθήματος τοῖς σώμασι φι-
λεῖ, τοιοῦτος ἰνδεῖ ⁴ τοῦ πιόντος τῷ στόματι δακνώδης
καὶ βαρὺς καθάπαξ εὑρίσκεται κνησμός. καταπιὼν μὲν
οὖν τὸ φάρμακον τοῦτο, τὸν στόμαχον εὐθὺς εἰς ἕλ-
κωσιν τοῦ ἀνθρώπου φέρει. ἐπεὶ δ' οὖν πονηρὸν ὁ τοι-
οῦ-

pag. 208.

____
¹ Deeſt το. ² υδαρος. ³ εγγιγνεσθαι. ⁴ ινδη.

ὗτος καὶ ὕφαιμον. τέως δόξειεν ἄν τις χροῆς [1] τὸ
ὕδωρ τοῦτο εἶναι ὕδωρ πλυθέντων ἐν αὐτῷ. ἔπειτα
τῆς θεραπείας ἀφυστεριζούσης ἐπίτασιν ἡ χροιὰ δέχεται, καὶ τὸ προϊὸν διὰ τοῦ στόματος τοῦ πάσχοντος
αἷμα, τοὐντεῦθεν [2] ταῖς ὄψεσι δείκνυται καθαρὸν, πολλάκις τε δὴ καὶ τῶν ἐντέρων οἷον ἀφρὸς αὐτῷ ἀναμεμιγ-
μένος συνέξεισιν, καὶ τὰ περιττώματα ὁμοίως τῆς γαστρὸς συναναφυρέντα τῇ ἔξω διὰ τοῦ στόματος πορεύε-
ται. τοσαῦτα μὲν δὴ τὸ κολχικὸν κακὰ ἐργάζεται τὸν
πιόντα αὐτόν. ἐπειδὰν δέ τις βουληθῇ τὸν δεινπαθοῦν-
τα ἰάσασθαι, ἐκεῖνα ποιείτω. φύλλα τοῦτο μὲν δὴ
κόπτω [3] ὁ τοιοῦτος δρυὸς, τοῦτο δὲ καὶ φηγοῦ, ἀλλὰ σὺν αὐτοῖς φύλλοις κοπτέτω τὸν καρπὸν τῆς φηγοῦ, ἐμβαλὼν [4] μέν τοι τῷ γάλακτι ταῦτα, πινέτω τὸ γάλα. ἐπειδὰν δὲ πλῆθος [5] μετάσχῃ τούτου
τοῦ [6] γάλακτος, καὶ αὐτῇ προσάγων τῇ θηλῇ τὸ ςόμα τοῦ ζώου πινέτω τὸ γάλα. βοηθήσει δὲ [7] καὶ τὸ πο-
λύγονον ἡ βοτάνη, καὶ αὖθις [8] ταύτης τὰ ῥιζία τούτῳ,
ἢν ἑψηθῇ ταῦτα ἐν γάλακτι. καὶ ἀμπελῶιος ἕλικες
ὡσαύτως ἰάσκιντ' ἂν βλάβος ἐναποβρχύντες ὕδατι,
καὶ κάςτανοι τὸν φλοιὸν περιαιρεθεῖσαι, ἃς ἡ λεγομένη Κασταναία τὸ τῆς Θεσσαλίας ὄρος ἐκόμισέν ποτε, pag.
κάρπηκός τε τὸ ὄντὶς δὴ τῇ τοῦ Προμηθέως ἐπὶ τῷ πυρὶ 210.
λέγεται γενομένη συλλαβέσθαι κλοπῇ, κ᾽ ἕρπυλλος ἡ
βοτάνη, καὶ μύρτα ὁμοίως, ὅ τε τῆς σίδης ἐπὶ τούτοις ἀποβρεχθεὶς ἐν ὕδατι σὺν τοῖς ἄλλοις φλοὸς ὠφελεῖν

[1] χροιας. [2] το εντευθεν. [3] κοπτιτω. [4] ενβαλλων.
[5] τις πληθος. [6] Deest τοῦ. [7] βοηθησις δ᾽ αν.
[8] Pro αὖθις habet αλλοτι.

358 ΤΩΝ ΑΛΕΞΙΦΑΡΜΑΚΩΝ

λεῖν δύναται. μάλιστα δὲ πάντων ὠφελιμώτατον πι-
νόμενόν ἐστι τοῦτο¹ τὸ ἐκ πάντων ὕδωρ.

ΠΕΡΙ ΙΞΙΑΣ.

Μήποτε οὖν² σε τῆς ἰξίας τὸ δολερὸν³ ὅλως διαλάθοι ποτὲν, μηδέ γε ἔλθοιεν τοῦ⁴ τινος στόματος πλησίον δεινὸν ὂν φάρμακον. τὴν μὲν γὰρ ὁλκὴν⁵ προση-
δεῖναι τούτῳ τῷ ὠκίμῳ δοκεῖ. ποθεῖσα δὲ τραχύνει
τὴν γλῶτταν, καὶ ἐξελκοῖ σφόδρα. ἔπειτα τοῦ πιόντος ἡ ψυχὴ πεπλανεῖσθαι δοκεῖ, καὶ κατεσθίεσθαι⁶
μὲν τὴν γλῶτταν ὑπὸ τῶν ὀδόντων. ἔμπληκτος δέ ἐστι,
καὶ ὡς ἀπολωλεκὼς τὰς φρένας μετεωρίζεται. ἀμφοτέ-
ρους τοίνυν τοὺς πόρους ἐκ τούτου στένωσις λαμβάνει,
ὥστε μήτε τὰ οὖρα προχεῖσθαι τοῦ λοιποῦ, μήτε τὴν
γαστέρα κατὰ τὴν ἑαυτῆς ἐκκρίνεσθαι φύσιν συγχωρεῖ-
σθαι. ἀλλά τοι τὸ πνεῦμα διαδρομὰς μὲν ἔνδον ἀπο-
κλεισθὲν ἀπεργάζεται, ἠχεῖ δὲ μένον ἐν ταὐτῷ, κỳ
βορβορύσσεται, ὁτὲ μὲν βροντῆς ἦχον ἀπεργαζόμενον,
ὃν ἠχεῖν τὴν βροντὴν ἐν⁷ Ὀλύμπῳ λόγος, ὁτὲ δὲ
τὸν ἐκ τῶν κυμάτων τῆς θαλάσσης περὶ τὰς πέτρας
γινόμενον ἐκμιμεῖσθαι κτύπον. ἀλλά τε καὶ μετὰ κινδύνου τὸ πνεῦμα ἄνεισι πολλάκις τῷδε, ἀτὰρ οὖν καὶ
μόλις. τὰ τοίνυν φαρμάκων δὴ ταῦτα ἐπειδὰν καὶ ποθῇ,
ἐκκρίσεις ἀπεργάζεται τῆς γαστρὸς χαλεπὰς, καὶ οἷα
τῶν ὠῶν τυγχάνει τῶν διεφθαρμένων⁸, ὅτ' ἂν αὐτοῖς
αἱ κατ' οἶκον ὄρνιθες ἐπικαθήμεναι ἐποίσωσι βλάβας⁹,
ἢ καὶ ἄνευ τῶν κελύφων οὐκ ἐν ὥρᾳ τεχθῇ, ἢ πληγῆς αἰτίαν παρασχούσης, ἢ νόσου συνεπιλαβούσης εἰς
τὴν

pag.
212.

---

¹ τούτων. ² Μὴ μὲν οὖν ποτε. ³ δολερὸν ποτε. ⁴ τουτο.
⁵ ολκην, melius tamen ὀσμὴν. ⁶ κατεσθιεσθαι.
⁷ την εν. ⁸ τα διεφθαρμενα. ⁹ βλαβη.

τὴν τούτων φθοράν . θεραπευθείη μέν τ᾽ ἂν ὁ βλαβεὶς
ὑπὸ τῆς ἰξίας , ἢν πίνη γλεῦκος ἐνατοβραχέντος ἀψινθίου . ἢ τερεβινθίνης ῥητίνης , ἢ πευκίνης ἐπιλαμβάνει , τῆς τε θρηνώδους ἐπὶ τούτοις δάκρυον πίτυος , παρ᾽
ἣν ἀπέδειρεν ¹ ἐρίζοντα Μαρσύαν ὁ Ἀπόλλων ἐλθὼν , ἣ
δὲ ἀπ᾽ ἐκείνου ὀδύρεται κατά τε ἄγκη ² καὶ τοὺς δρυμοὺς , τὸν παρὰ πάντων ᾀδόμενον μόρον τοῦ Φρυγὸς
ἐκείνου . λαμβάνων τοίνυν τοῦ πολιοῦ τοῦ λευκοῦ πρὸς
τούτοις τὰ ἄνθη , βοτάνη δέ ἐστι τὸ πολιὸν , κ᾿ καλοῦσιν
αὐτὸ μυκτόνον , πηγάνου τε βλαστοὺς , καὶ νάρδον ,
καὶ κάστορος τοὺς κρεμαστῆρας , ὀβολὸς δὲ δὴ τοῦ κα-
στορίου τυγχανέτω σταθμὸς , καὶ σίλφιον , ὁ δὲ σταθμὸς ὑπαρχέτω καὶ τούτου ὀβολὸς , τραγοριγάνου τε τοσοῦτον , ὅσον περ χεὶρ χωρεῖ . ὠφελεῖ σὺν οἴνῳ πινόμενα , καὶ τηρὸς ἔτι μὴν ἁπαλὸς , προβάτιος ἐσθιό-
μενος .

ΠΕΡΙ ΤΑΥΡΕΙΟΥ ΑΙΜΑΤΟΣ.

Ἀβουλήτως ³ πταίσας τῷ αἵματι τῷ ταυρείῳ
πρὸς ⁴ ποτὸν , τῇ ἀπὸ τούτου περιπίπτει κακώσει , τοιάδε ἐμπεσοῦσα τοῖς στέρνοις ἡ τροφὴ πήγνυται , ἔπειτα
διὰ τῆς γαστρὸς χωρῆσαι θρομβοῦται τὸ αἷμα , ἐμ-
φράτσονται δὲ οἱ πόροι οἱ τῆς ἀναπνοῆς . εἶτα τοῦ πνεύματος ἔνδον ἀπῶσθαι ⁵ βουλομένου , ἐπὶ θάτερα μὲν ὁ
αὐχὴν ἀποκλίνει μέρη , ὑπό τε ἀδημονίας καὶ σπα-
σμῶν συνεχόμενος, ἀδύνατός τε ὢν ἀντέχειν , κατὰ τῆς
γῆς πίπτει , καὶ οὐδὲ ἁπλῶς , ἀλλὰ ὑπαφρίζων καὶ
σπαίρων , καὶ ὅσα τοιαῦτα ὑπομένων , οὕτως ⁶ ἀπαλ-
λάσ-

---

¹ ἐπεδειρεν . ² τε τα αγκη . ³ Επειδαν δε τις αβουλητως.
⁴ χρησηται προς . ⁵ αποθλαι , legi p.test etiam απο-
θαι . ⁶ ουτος.

λάσσει κακῶς. τῷ μέν τοι ταῦτα ὑπιστάντι ἐπειδὰν
θελήσῃς βοηθῆσαι, ἀμύναι τοιῶσδε. τὸν τῆς ἀγρίας
συκῆς ἀπόκοπτε καρπὸν, ἐμβαλὼν δὲ ὄξει τοῦτον ἅμα
πλεῖστον ὅσον μεθ' ὕδατος, ἀπ' αὐτοῦ τοῦ ὄξους δίδοθι τῷ τοιούτῳ πίνειν. τό τε καταγαγεῖν πεπληρωμέ-
νην τὴν γαστέρα, καὶ κενὴν ἐμέντα αὐτὴν, τούτῳ κε-
χρημένον τὰ περιττώματα ποιεῖσθαι χρὴ λόγον. αὖθις δὲ
ὀθόνῃ δι' ἀραιᾶς διηθῶν πυτίαν ἄλλοτε μὲν κεβρῷ, ἄλλοτε δὲ ἐρίφου, τοτὲ δ' αὖ λαγωοῦ, μετευωχεῖσθαι
ἐπιδιδοὺς, οἴσεις προς ὑγιείαν τὸν κάμνοντα. λάμβανε δὲ καὶ ὀπὸν τὸν ἰσοστάσιον τῷ σιλφίου σταθμὸν, κ̄
κράμβης ἐν ὄξει τὸ σπέρμα ἐναποβραχείσης, καὶ κονύζης ἔτι μὲν τοὺς κλῶνας τῆς βοτάνης κόπτων καὶ
πέπερι, ἥκιστα μὲν τὸν καρπὸν λέγω, ἀφ' οὗ δὲ γίνεται τὸ πέπερι, τὰ φύλλα δὲ λέγω τῷ φυτῷ, μετὰ
ταῦ δὴ τῶνδε καὶ βλαστοὺς σύγκοπτε τῆς βάτου.
τοῖσδε γὰρ οἷς εἶπον χρησάμενος ὧδε τό τε παγὲν ἔνδον
ἤδη καὶ θρομβωθὲν αἷμα διαλύσαι καὶ ἀποσμῆξαι ῥᾳδίως δυνήσῃ.

ΠΕΡΙ ΒΟΥΠΡΗΣΤΕΩΣ.

Μὴ διαλάθῃ δέ σε μηδὲ ἡ βούπρηστις, καὶ τὸ ἐκ
ταύτης ὑπό σου περιγιγνόμενον ἀγνοηθῇ τοῖς ἀνθρώποις
κακόν. πεύσῃ γὰρ πρῶτον μὲν ὡς ἄρχεται ὀδύνας παρέχειν τοῦτο τοῖς ποιοῦσιν αὐτὸ, λειτριώδης τέ τις αὐτίκα
πι-

---

[1] ἐνωχεῖσθαι.   [2] οἴσης.   [3] Heic quoque pauca defunt in
Mediceo. Sed praesto est Vindobonensis, ex quo defectum ita supplemus: ναι μὴν καὶ λίτρου κομιδὴν λιωθέντος
καλῶς τριῶν ὑπάρχοντος ὀβολῶν, καὶ τούτου δηλαδὴ τοῦ
σταθμοῦ ἔσω μετ' οἴνου δὴ τῷ πάσχοντι διδόμεν πίειν.
[4] γίγνεται.   [5] μετὰ δὲ.   [6] σύγκοπτε.

περί τε τὰ χείλη καὶ τὸ ςόμα, καὶ οἷά πέρ ἐςιν ἡ
γεῦσις τοῦ μάκου ¹ τούτου ποιότης. ἵςαται ἐπὶ τὰ κάτω γιγνόμενον ², ἀλγεῖν μὲν τὴν γαςέρα τὸ φάρμακον ποιεῖ ³ ταύτης, καὶ ὡς ἐπίπαν πονηρὸν τῷ ⁴ ςό-
ματι γίγνεται, ἐμφράσσεται δὲ τῶν ⁵ οὔρων πόρος, ᵖᵃᵍ·
ἥ γε μὴν κύςις ὑπὸ πνευμάτων ὀχλουμένη ὑπομένει ²¹⁵·
ψόφους, καὶ οὖν καὶ ὄγκος περὶ τὴν γαςτέρα τούτου
ἐγείρεται πολὺς, καὶ τοῖς ὑδέρῳ περπεπτωκόσιν ἔσι-
κε τὴν χροιάν. ὥσπερ οὖν καὶ διωδυμένοις συῤῥέοντος
εἰς αὐτὴν παντὸς δήπου τοῦ κακοῦ τῶν ἔνδον συνιςα-
μένου ⁶, τὸ δ' οὖν δέρμα ἐκτέταται, καὶ τοῦτο ἐπὶ
πάντων ὥς ἐστιν τῶν μελῶν δείκνυται. πάλιν δ' αὖ
ὥσπερ τὰς δαμάλεις καὶ τοὺς μόσχους ἐμπίπλαςθαι ⁷
καυλία φαγόντας ἐκ παντὸς συμβαίνει, οὕτω δὴ τῶν ⁸
ὑπὸ τούτου κατεσχημένων τοῦ φαρμάκου ὀγκοῦσθα'
συμβαίνει τὴν γαςτέρα, διά τοι τοῦτο καὶ λέγουσιν,
οἷμαι, οἱ νομεῖς παρ' ἐφ' ὧν τὸ ζῶον, βούπρηςτιν.
ἀλλὰ σὺ μὲν ξηρὰ σύκα μετ' οἴνου ἑψήσας πίνειν ἐπίτρεπε τῷ τῆς θεραπείας δεομένῳ ταύτης. ὡσαύτως
δὲ σφύρῃ κόψας πάλιν ⁹, καὶ ἑψήσας ¹⁰ σύκα ξηρὰ,
ἄριςον ἕξεις δὴ τῷ νοσοῦντι βοήθημα τοῦτο, ὥστε χρὴ
πίνειν ἐπιτρέπειν εἰς κόρον ¹¹. ἄμεινον γὰρ ἕξει. ἐπὶ
τούτοις μὲν δὴ ξηρὸν τὸν φοινίκων καρπὸν ἐναποβρέχειν
ἄρα προσῆκον γάλακτι, εἶτά που διδόναι τὸ γάλα
πίνειν τούτῳ ¹² δὴ τῷ πεφαρμαγμένῳ. ξηρανθεισῶν τε

Εε   ἀπίων

¹ Sic in utroque Codice, forte tamen φαρμάκου. ² γινο-
μενον. ³ ποιει· τω δε δη ταυτης ως, κ. λ. ⁴ Deeſt
τῷ. ⁵ ο των. ⁶ και συνιςαμενου. ⁷ εμπιμπραςθαι.
⁸ και των. ⁹ πτυν. ¹⁰ εψησας παλιν. ¹¹ Inter κόρον
& ἄμεινον haec habet: εκ αυτου σοι τω κακοπαθουντι.
¹² τουτο.

ἀπίων ὡσαύτως κ̄ ἀποβραχεισῶν ἐν οἴνῳ τὸ πόμα λυσι-
τελέστατον, ἥν τε τῆς βάκχης λεγομένης ὁ καρπὸς, ἥν
τε τῆς μυρτάδος ᾖ, ἥν τε τῆς σύρινδος[1]. πίνειν τε αὖ κ̄

pag. 220.

γάλα γυναικὸς ἐπωφελέστατον, ᾧ πίνειν ὁ λόγος ἐπι-
τρέπει παραιρούμενός σφι τῆς συμφορᾶ̈. ὥσπερ μέντοι
τὰ βρέφη προσάγοντα αὐτὸν τῇ θηλῇ τὸ στόμα, τῆς
γυναικὸς τὸ γάλα χρὴ πίνειν. καθάπερ δὲ τῶν μόσχων
οἱ ἄρτι τεχθέντες[2] θηλάζοντες ἀνακρούουσι τῷ στόματι τοὺς μητρῴους μαζοὺς, ἵνα δὴ αὐτοῖς τὸ ῥεῖθρον ἐπιδίδοι πλέον τοῦ γάλακτος, οὕτω καὶ τῇ τῆς γυναικὸς
χρὴ τότε τὸν κακοπαθοῦντα προσφέρεσθαι θηλῇ. καὶ μὴν
κ̄ ἔλαιον τὸ θερμὸν ἐπιτρεπτέον ὥστε πίνειν, εἶτα πρὸς
ἔμετον ἄγειν δεῖ καὶ μὴ βουλόμενον, καὶ[3] τοὺς δακτύλους ἐμβάλλοντα, ἢ πτερῷ χρώμενον, ἢ βιβλίον[4]
καθιέντας τρίψαντα[5] δι᾽ αὐτοῦ τοῦ λαιμοῦ. ἐὰν δὲ τὸ
γάλα ἐν τῇ γαστρὶ παγὲν μὴ ἀποβλύξηται, ὁ δὲ
πηγμὸς ἐπιθέμενος ἀναιρεῖ τὸν ἐν τῇ συμφορᾶ̈, πάλιν ἐπ᾽ ἐκεῖνα ἴεσο τῶν βοηθημάτων, καὶ πρῶτον μὲν
οἶνον γλυκὺν ὥστε πίνειν δίδου, εἶτα τὸ δεύτερον ὄξους
μετὰ δὴ τοῦτο τυγχανέτω, καὶ ὁ τρίτος πάλιν οἴνῳ
πινέσθω ὑπ᾽ αὐτοῦ ἐπὶ τούτοις κρατήρ. πάντως γὰρ
ἡ γαστὴρ ὑπαχθήσεται τοῦ πιόντος. οὕτως γὰρ ἀλλὰ καὶ τῶν ἀπὸ τῆς Λιβύης ῥιζῶν ἀποισῇ τὸ κέρ-
δος, ἐναποβρέχων δηλαδὴ τῷ ποτῷ ταῦτα τῶν δεινο-
παθούντων. τοῦτο δὴ σιλφίου καὶ ὀποῦ πρὸς τοῖς ἄλλοις λέγω. καὶ μέν τοι καὶ νίτρον[6] προσμιγνὺς τῇ
πόσει ὀνήσεις τοῦ πεφαρμαγμένου[7]. ἀτὰρ οὖν καὶ θύ-
μῳ

---

[1] σύριδος. [2] τυχθέντε. [3] η. [4] βιβλίνον. [5] τρύψαν-
τα. [6] λίτρον. [7] τοῦ πεφαρμαγμένου.

μου ςάχυν συμβαλλόμενον εὑρήσεις πρὸς τὴν βοήθειαν.
καὶ βότρυς ἐν οἴνῳ βεβρεγμένος μετὰ εὐκνήμου τῆς
βοτάνης βρωθεὶς, οὐκ ἔστι βοηθεῖν ἀδόκιμος. καὶ τάμισον δὲ πινόμενον διαλύει τὸ ἐντέροις [1] ἀναπεπηγμένον [2] pag.
κακὸν, καὶ ἡδύοσμον ἐπὶ τούτοις, καὶ ὃ λέγουσι με-
λισσόφυλλον. καὶ γὰρ δὴ ταῦτα οἴνου μετὰ στύ-
φοντος ὠφελεῖν δύναται τοὺς δεομένους πινόμενα.

ΠΕΡΙ ΔΟΡΥΚΝΙΟΥ.

Τὸ δορύκνιον γάλακτι μὲν ἔοικεν τὴν χροιὰν, γάλακτι δὲ ἔοικεν ὁμοίως τὴν γεῦσιν. ὁ μέν τοι τοῦ δορυκνίου τούτου τῆς κακῆς πόσεως μετεσχηκὼς ὑπομε-
νεῖ τοιάδε. λυγμῷ συνέχεται χαλεπῷ, ὑπανακρούε-
ταί τε τὸν αὐχένα. δυσφορεῖται δὲ [3] αὐτοῦ τῆς γαστρὸς τὸ στόμα. ἐμεῖ σὺν αἵματι τὴν τροφήν. αἱ διὰ
τῶν χωρίων κάτω ἐκκρίσεις μυξώδεις γίγνονται. τη-
νεσμὸς δέ ἐστιν αὐτῷ [4], ᾧ κατεχόμενος ἀνιᾶται, κα-
λύει δὲ [5] δυσεντέριον τηνεσμὸν οἱ ἐξ Ἱπποκράτους. ἀ-
νιώμενος τοιγαροῦν ἐπὶ τούτῳ σφόδρα, κάμνων τε τὸ
σῶμα ὑπὸ ξηρότητος, ἔφεσιν οὐδεμίαν ἔχει μεταλα-
βεῖν ποτοῦ. ἀλλὰ σὺ τούτῳ μὲν εἰς πλῆθος γάλα ἐπί-
τρεψον πίνειν, καὶ ποτὲ μὲν μίξας δίδου, ποτὲ δὲ
καθ' αὑτὸ, ἔπειτα χλιανθὲν τοῦτο, οὐ γὰρ ἄλλως
κρεῖσσον. καὶ μὴν καὶ ὄρνιθος καθεψηθείσης ποθὲν ἐπα-
μύνει τὸ ὕδωρ, καὶ τὸ στῆθος ἁδρυνθείσης κατεσθιό-
μενον ἐπωφελέστατον, καὶ χυλὸς πτισάνης ῥοφούμενος
πρὸς τούτῳ [6] χρήσιμον. ἀλλ' [7] οὐδὲ τῶν ἐν τῇ θαλάττ- Pag.
τῃ τρεφομένων πρὸς ταῦτα ἐπιεικῶς ἀφεκτέον ζώων, 224.

Ee 2 ὧν

ὦν τὰ μὲν ὠμὰ, τὰ δὲ ὑττηθέντα, καὶ ἄλλα ἑψηθέντα κατεσθιόμενα, παρέχει τῷ κακοπαθοῦντι ¹ χο-
ρηγίαν ζωῆς. οἵ τε δὴ κοχλίαι πολὺ πλέον, καὶ α'
κυραφίδες τίνονται ² ὁμοίως, κ̥ ἔχινοι, κ̥ τῶν κτενῶν
γένος. αἱ γὰρ δὴ κήρυκες οὐχ ὁμοίως τοῖς τοιούτοις
δύνανται βοηθεῖν. αὔξεται δὲ ἄρα καὶ τρέφεται ἐν
τοῖς βρύοις ταῦτα. ἄπεστι δὲ τοῦ βοηθεῖν τοῖς ὑπὸ
τοῦ δορυκνίου κακουργημένοις ³, οἱδὲ. τὰ ὄστρεα ⁴.

ΠΕΡΙ ΤΟΥ ⁵ ΦΑΡΙΚΟΥ.

Τὸ δέ γε ἐκ τοῦ φαρικοῦ γιγνόμενον ποτὸν, θανάσιμον ὂν ⁶ μηδεὶς ἀγνοείτω. διατίθησι ⁷ μὲν κάκι-
στα τὸ στόμα, ὀδμὴν δὲ παρέχεται εἰς ταὐτὸ τῇ νάρδῳ. ποιεῖ δὲ ἐπισφαλῶς τὸ βαδίζειν χρῆσθαι, ἔκ-
φρονα πρὸς τούτοις καθίστησιν, ἐν μιᾷ τὸν πιόντα αὐτὸ ἡμέρᾳ ἀναιρεῖ. χρῆσθαι τοίνυν ἀναγκαῖον εἰς τὴν
βοήθειαν τῆς ῥᾳδίως πρὸς τὴν ὑγίειαν νάρδους πεφυ-
κυίας καλεῖν νάρδου τοῖς ῥιζίοις σταθμῷ. φέρει δὲ
ταῦτα μὲν τὰ ῥιζία, τὰ Κιλίκων ὄρη, ὅθεν περ ὁ
Κέστρος δεῦρο τοῦ ῥεῖν ἄρχεται ποταμός. σμύρνιον δὲ,
καὶ γὰρ τοῦτό ἐστιν ἐπωφελέστατον πρὸς ταῦτα,
λάμβανε, καὶ ἴριν ὁμοίως, καὶ λίριον. ἔστι δὲ βοτάνη τὸ λίριον, καὶ τὸ ἄνθος αὐτῆς ὡς ὄνου δείκνυται τὸ μόριον. ἐρίσαι γὰρ οὖν τῇ Ἀφροδίτῃ περὶ λευ-
κότητος ἡ Φήμη, καὶ τοῦτο διαγγέλλει, τὴν τοίνυν
Διώνης καὶ Διὸς νεμεσῆσαν ἐπὶ τούτῳ μεταξὺ τῶν φύλλων τοῦ ⁸ λιρίου ἀνέχειν, ὥσπερ τὴν τοῦ ζώου κορύνην
ἔδωκεν. ἀλλὰ ⁹ καὶ τῆς κεφαλῆς τὰς τρίχας ξυρῷ πε-

ρι-

---

¹ κακωτπθ... ² πίνεται. ³ κεκακουργ... ⁴ οςρια.
⁵ deest τοῦ. ⁶ deest ὂν. ⁷ οιον κευ ϲιπτιθ. ⁸ της.
⁹ αλλα μεν.

ριαιρούμενος, κατάπλαττε αὐτὴν, ἄρτι μὲν ἀλεσθει-
σῶν κριθῶν τῷ ἀλεύρῳ, ἄρτι δὲ πηγάνου συναχθέν-
τος Φύλλοις ὁμοῦ συναναφυρέντων προσάγε τῇ χρείᾳ,
πρότερον μέν τοι ποτίζων τὴν κεφαλὴν νάρδῳ, εἶθ᾽
οὕτως θάλπειν αὐτὴν ἐκ τοῦ παραχρῆμα ἐπίτρεπε.

ΠΕΡΙ ΥΟΣΚΥΑΜΟΥ.

Ὡς ἐστι χαλεπὸν καὶ λίαν ὁ ὑοσκύαμος, δεῖ
τε ἀπέχεσθαι αὐτοῦ, καὶ μὴ δι᾽ ἄγνοιαν φαγόντα,
τοῖς ἀπ᾽ αὐτοῦ γιγνομένοις ὁμιλῆσαι κακοῖς, μηδεὶς
ἀγνοήσει [1] νηπίων. ἔνιοι γὰρ δίκην ἀγνοοῦντες περιπί-
πτουσιν ἐσθίοντες αὐτοῦ, εἶτα τὸ σπέρμα ἀπέχοντα,
ἢ τἀπικείμενα τῇ κόμῃ τῶν ἄρτι ἀπαγορευσάντων μὲν
νηπίων τοῦ τετραποδίζειν, πρὸς δὲ τὴν ὀρθὴν χωρησάν-
των ἐξ ἀνάγκης βάσιν, τοῖς τε συσπασμοῖς ἐκείνοις,
καὶ τοῖς κνησμοῖς περιτυγχάνουσιν οἱ τοιοῦτοι, οἷοις
περ οὖν καὶ τὰ παιδία, ὁπότ᾽ ἂν ὑποφύεσθαι αὐτοῖς τὸ πρῶτον οἱ ὀδόντες ἄρχονται [2]. ἀλλὰ τούτῳ
μὲν πίνειν γάλα χρὴ διδόναι. ἔστι δὲ βουκέρως τις
βοτάνη, ἢ διὰ τοῦτο βουκέρως προσαγορεύεται [3], διότι τοῖς κέρασι τὸ σπέρμα ἔοικε τοῦ βοός. εἶναι δὲ
καὶ ἄλλως ἀγαθὴ πέφυκεν ἥδε πρὸς τροφὴν τοῖς ζώοις.
αὕτη τοίνυν ἡ βοτάνη [4] ἅμ᾽ ελαιω εψηθεισα τους απο
του υοσκυαμου βλαβεντας εστι περισωζειν δειη.

Ου μην αλλα και το σπερμα της κνιδης ξηρανθεν ωφελει και αυτα της κνιδης τα καυλεια τον μα-

Ee 3   σπ

---

[1] αγνοηση. [2] αρχωνται. [3] προσἴγορευται.
[4] Quae sequuntur, a vocibus ἅμ᾽ ελαιω εψηθεισα, usque
ad verba ὑπὸ της σικυιας pag. 368. verf. 7. incluf. ex
Vindebonenfi defcripta proferimus, quum in Mediceo,
unius folii abfcissione, deeffent.

pag.
228.

σησαμενον αρα και απομυζησαντα τον χυμον . παλιν δη
και τουτο το τε δη καρδαμον ἡ κιχορον , αγρεια δε γε
ταυτα τυγχανει λαχανα . ετι μην και το λεγομενον
παρυον περσικον και ραφανον παλιν την αγρειαν . να-
πυ τε ομοιως σωζει . και αι λεγομεναι γηθυλλιδες ,
κρομυα δε γε τα λεπτα γηθυλλιδες εισι . και αγλι-
θες αι των σκοροδων σ' αρκεσαι δυνανται . ταυτα παντα την ¹ . . . . . . του νοσκυαμου δικσασθαι βλαβην . . . .

ΠΕΡΙ ΜΗΚΩΝΟΣ.

Μηκων⊙ δε της εν κεφαλη φερουσης το σπερμα οι του οπου πεπωκοτες ταχουσι τοιαδε . καθυ-
πνουσι πολλα . επιςι τα αρθρα αυτων ψυγμος . τους
οφθαλμους κεκλεινους εχουσι . ιδρουσιν αθροον και δυσ-
ωδες . οκοιαν της μηκων⊙ οπος αφησιν οδμην , τοιαυ-
την τουτων ιδρως παρεχεται πνοην . ωχροι τα προσω-
πα τυγχανουσι . τα γενεια ανεχειν ουχ οιοι τε εισιν
των επι τουτοις σφισι χαλασθεντων δεσμων . κεχη-
νασι δ' ουν δια παντ⊙ , και τα χειλη την προτεραν
αυτων ου φυλαττι ταξιν . ψυχρον δε δια του αυχεν⊙
⊙φων διερχεται πνευμα . πελιδνωθεντων δε των ονυχων ,
διαστροφευ φανεισης στοτουν της ρειν⊙ παραποδας ο
θανατ⊙ εφισταται τουτοις . αλλα συ ταυτα μεν
ορων καταπληγης μηδενα . αλλ επαμυνε και μετα του
καρτου των μελιττων οινον μιγνυς παραποδας τω πα-
σχοντι διδου . το δε τουτων γεν⊙ των μελιττων εκ
μοσχου σκηνους μεν την αρχην ειναι κατα φυσιν εδεξατο . εγενοντο δ' ουν αι μελιτται εν νεμεα πρωτον

κ α ι

---

¹ Heic abfciſſae aliquot litterae cum pergameni particula ,
id quod & paullo poſt factum eſt .

pag.
230.

και αι ταυτη δρυες ειχον αυτας. μιμουμεναι γαρ δη την
δημητρα ανα μεσον τουτων δρυων και των εν ταυταις
τυγχανοντων κοιλων εργαζοντο δη που τα κηρεια και
ετοιουν μελι, την τε δη ερικην και τον θυμον αιδε ποιη-
μεναι τροφην. αταρ δη και ροδα αποθλειβων αυτου
το υγρον εναζε δια των χαλινων[1], μαλλον δε εριον
αποβρεχων εις . . . . . εν[2] ροδων επιτιθει πληρες το
στο . . . . . ποτε μεν εξανισταν τις αυτον . . . .
ποτε δε ενβοαν αυτω και διασι . . . . υδοντα, ινα
τον οντα και δοκουντα της καρηβαρειας υπνον αποθε-
μεν@ διασωθη εξεμεταξ το εν αυτω δηλαδη φαρμακον.
προσαγεσθω δε ῃ ραχεια ελαιω προτερον ῃ οινω βραχεν-
τα κατα παντος μελους ιϛ' αποψυγεντα εκθερμανθη ταυτι. αποβρεχεσθαι δε εν πυελω και λουειν το σωμα αυτου καθαπαξ προσηκει ωστε το μεν αιμα υγρανθηναι,
το δε δερμα κατεσκληκος το τουτου καταχαλασθηναι.

pag. 232.

ΠΕΡΙ ΛΑΓΩΟΥ ΘΑΛΑΣΣΙΟΥ.

Κατ' αυτα δε και του λαγωου γιγνωσκειν περι
δη σε γε που χρη του εν τη θαλασση ος δη τυγχανει
μεν την φυσιν των παντων ολεθριωτατος. οδμην δε τοι-
ανδε παρεχεται οιαν περ αν το υδωρ οιμαι πλυθεν-
των ιχθυων. την δε γευσιν απ' αυτων ως οντων αυτων και διεφθαρμενων. μελας δε εστιν την ειδεαν ῃ
υπο ταις της τευθιδ@ η τευθου πλεκταναις φερεται.
υποφερεται δε γε ομοιως και ταις της σηπιας, ητερ δι-
λειας εινεκα που αφιησι θολον ω το υδωρ θολοι. ο γαρ

Ee 4 δη

---

[1] Priores quatuor litteras, scilicet χαλι utpote prorsus fere detritas, ita restituendas censuimus.

[2] Aliquot litterae abscissae cum pergameni particula, quod
& de sequentibus lacunis observandum est.

δὴ ταύτης τῆς σηπίας λεγομέν⊕ θολ⊕ διὰ τὸ φο-
βεῖσθαι τοὺς ἁλιεῖς καὶ τὴν γιγνομένην εἰς αὐτὰς παρ
ἐκείνων θήραν ἀφίεται ὑπὸ τῆς σηπείας κατὰ τοῦ
ὕδατος, καὶ οὐκ ἐνέχονται παρὰ σφῖν ἐκ τούτου τῇ
ἄγρᾳ, ἀλλὰ διαφυγγάνουσιν οὕτως τοῖς παρ' αὐτῶν
δόλους. χολὴ μέν τοι παρ' ἐνίων ὁ ἐξ αὐτῶν ὠνόμα-
σται γιγνόμενος θολός. ἀλλ' οὖν ζοφώδης μὲν τοῦ ἀνθρώπου ἐπανθεῖ τοῖς μέλεσι καὶ δυσαλθεὶς χροιᾷ, ἴ-
κτερος δὲ ἐπινέμεται παντὶ τῷ προσώπῳ, τηκόμεναι δὲ
κατ' ὀλίγον αἱ σάρκες αἱ τούτου φθείρονται, καὶ τὸ
ἐντεῦθεν εὑρίσκεται σύμπας ¹ διαταχείς. τροφῆς τοιγαροῦν τὸ παράπαν οὗτος ἔτι προσοίεται οὐδέν, οὐδὲ
ἀνέχεται. οἴδεταί ² τε τὸ δέρμα, καὶ ὑποπίμπρα-
ται τὰ τῶν κνημῶν, καὶ ἐπανθεῖ ταῖς παρειαῖς ἔρευ-
θος, καὶ βραχεῖα μὲν τῶν οὔρων ἔκκρισις γίγνεται,
τὴν δὲ χροιὰν τὰ μὲν οὖρα ἔοικε πορφύρᾳ, ἔκκρισις δὲ
ἐνταῦθά τις αὐτῶν αὖθις ὡς πλείστη γίγνεται. ἀνέχεται μὲν οὖν πάσχων ³ ταῦτα, οὐδὲ ὁρᾶν ἰχθὺν, οὐδὲ τροφῆς μεταλαμβάνειν, ναυτιῶν δὲ οἷός ἐστι καὶ
μυσαττόμενος. ἀλλὰ τούτῳ μὲν ἐξ ἑλλεβόρου φωκικῷ
μετατοιητέον δὲ ⁴ καὶ σκαμμωνίας αὐτῷ νεωστὶ καὶ
προσφάτου ⁵ αὐτῆς ἐπισκευασθείσης, ὥστε τὸν ἐκ λαγωοῦ ⁶ ποτὸν οὕτω ὀλέθριον τυγχάνοντα ἅμα δὴ τοῖς
ἐκκρινομένοις ἐκβληθέντα ἔξω τοῦ λοιποῦ μετὰ τῶν ζών-
των ἀδεῶς διάγειν, τοῦ θανάτου παραιτησάμενον τὴν
μέλαιναν ψῆφον. καὶ μὴν προσχρηστέον τῷ τοιούτῳ κὴ
ὄνου γάλακτι, καὶ μαλάχης ἀφεψηθείσης ⁷ ἱκανῶς τῷ

χυ-

¹ συντας. ² οἰδνεται. ³ ὁ πασχων. ⁴ δοτεον δε.
⁵ προσφατος. ⁶ ἐκ του λαγω. ⁷ ἀπεψηθεισης.

χυλῷ [1] τῆς ἴσης τὸν σταθμὸν ἕλκοντος εἰς ὀβολόν. πί-
νοντι μέν τοι αὐτὰ [2] προσχρηστέον τούτοις. ῥοιᾶς τε
πρὸς τούτοις ἐσθιέτω, τῆς τε δὴ πρημνίου οὕτως ὀνο-
μαζομένης, καὶ ἄλλης Κρησίδος, καὶ οἰνώτης ἄλλης,
ἃς οἱ τῶν Μεγαρέων δήπου γεωργοῦσι κῆποι. εἰσὶ
δὲ ἁπαλαὶ, καὶ καλοῦσιν αὐτὰς ἀπυρήνους. καὶ μὴν
καὶ τὸν τῆς ἀμπέλου καρπὸν ὑποβαλὼν κυρτοῖς, ἐν
οἷς ὁ τῆς ἐλαίας καὶ δῆτα ἐκθλίβεται καρπὸς, τούς
τε δὴ μεταξὺ τῶν κόκκων ὑμένας γιγνομένους τῆς ῥοιᾶς τῷ τῆς ἀμπέλου συνέκθλιβε καρπῷ, ἔπειτα καὶ
καθ᾽ αὑτοὺς τῆς ῥοιᾶς τοὺς κόκκους ἀποθλίβων, τῷ ἐξ
αὐτῶν πρὸς ταῦτα κέχρησο πόματι.

ΠΕΡΙ ΒΔΕΛΛΗΣ.

Εἰ δέ τις εἴη γεγονὼς ἐν ἐπιθυμίᾳ τοῦ πιεῖν,
εἶτα βουλόμενος ἄκεσιν παρ᾽ αὐτὰ τῆς δίψης εὕρασθαι
ἐλθὼν που πλησίον οὗτος, καὶ παρὰ τὸ χεῖλος τοῦ
ποταμοῦ, καθάπερ ταῦρος ἐπιπεσὼν πίνει τοῦ ὕδατος,
τὰ λεπτὰ τῶν μυιῶν [3] τῇ χειρὶ τοῦ ὕδατος διασέλ-
λων φύλλα. Φερομένη δὲ ὑπὸ τοῦ ῥοῦ βδέλλα ἐμπεσοῦσα [4] τῇ τοῦ πίνοντος κατὰ ποθῇ ῥώμῃ [5] προσφῦ-
σα ἔνθα περ ἂν τύχῃ ἐκμυζᾷ τοῦ ἀνθρώπου τὸ αἷμα
ἐφέσει τῆς τροφῆς. ἔστι γὰρ ἡ βδέλλα λαγαρή τε
καὶ αἵματος ἐμπαρᾶσθαι διαπαντὸς θέλει. ὁ τοίνυν
καταπιὼν τὸ θηρίον τοῦτο, οὐκ ἂν πιεῖ καλῶς εἰ
πίνοι χλιαρόν. ἐπινηχόμενον γὰρ δὴ τῷ χλιαρῷ τούτῳ
ἄλλοτε ἀλλαχοῦ, καὶ δὴ τοῖς ἔνδον χωρίοις ἐμφυόμε-
νον προσπελάζει καὶ ἀμέλγει τοῦ ἀνθρώπου τὸ αἷμα
καὶ.

---

[1] τῳ χυλω και κεδρινης πισσης τον σταθμον, κ. λ.
[2] αυτω. [3] μυιων. [4] εμπαισουσα. [5] ρυμη.

καὶ ποτὲ μὲν ἤδε δι' ὄχλου γίνεται τῇ φάρυγγι, ὅθεν
περ τοῦ πνεύματος ἡ ὁρμὴ τραχωρεῖ, ποτὲ δὲ ἐν τῆς γαστρὸς τῷ στόματι κεῖται, λυμαινομένη τῷ ἀνθρώπῳ,
καὶ τῆς τροφῆς οὕτως αὐτῷ σύντομος γίγνεται. ἀλλὰ τούτῳ μέν ποτε ὄξος τῷ ἀνθρώπῳ τό τε χιονο-
φαγητέον δ' αὖ, καὶ πάλιν κρύσταλλον μασητέον.
καὶ λήτρου γενομένου διύγρου λίαν, ὡς ποτὸν πρός-
φερε, ἢ ἁλῶν ἐκλυομένων καὶ τούτων τὸ ὕδωρ, ἢ αὐτοὺς τοὺς ἅλας αὐτὸν μασᾶσθαι κέλευε. καὶ μέν τοι
καὶ τὴν ὑπὸ τῶν πηγνύντων τοὺς ἅλας συναγομένην
γῆν, εἰς ὕδωρ ἐκλύων, πίνειν ἐπίτρεπε τῷ κακῶς
ὑπὸ τῆς βδέλλης διατιθεμένῳ. ἁλοσάχνην δὲ τὴν γῆν
ταύτην προσαγορεύουσιν οἱ μιγνύντες πρὸς τὴν τῆξιν
τῶν ἁλῶν ὕδατι τὸ ὕδωρ.

ΠΕΡΙ ΤΩΝ ΜΥΚΗΤΩΝ[1].

Οἱ δὲ μετὰ τὴν βρῶσιν λυπηροὶ τοῖς ἀνθρώποις
ἀναφαινόμενοι πολλάκις μύκητες[2]. ἀνοιδοῦνται γὰρ οὖν
ἐν τῇ γαστρὶ, καὶ ὀδύνας σφοδρὰς τοῖς αὐτοὺς φα-
γοῦσι παρέχουσιν, ὅτ' ἂν[3] ἐκ τοῦ τῆς ἐχίδνης ἰώδους
ἄσθματος ἐφυπνωτάτης αὐτοὶ μεταλαβόντες εὑρεθῶσιν.
ἄλλοι γὰρ[4] ἄλλως ὀνομαζόμενοι εὑρίσκονται. οὗτοι
δή τοι[5] πονηρὸν οὐκ ἂν δράσαιεν τὸν φαγόντα,
εἴπερ ἔχει[6] κατεσθίειν οὗτος τοὺς τῆς κράμβης καυλοὺς, καὶ τοῦ πηγάνου τὰ κλωνία[7] τυγχάνοντα, κ
τὸ λεγόμενον χαλκοῦ ἄνθος. προσταττέσθω πίνειν ἐπὶ
τούτοις ἀμπέλινον τέφραν ὄξει φυραθεῖσαν. λαμβανέτω καὶ μέν τοι τοῦ καλουμένου πυραίθρου τὰς ῥίζας

συγ-

---

[1] ΠΕΡΙ ΜΥΚΗΤΟΣ.   [2] In marg. Vindob. Cod. scriptum
heic eβ ἐωλητα.   [3] ὁκοταν.   [4] παρ.   [5] τι.
[6] ιχοι.   [7] κλωνια χλωρα.

συγκόπτων ¹, καὶ σὺν λήτρῳ λείων. πράσον τε πρὸς
τούτοις, καὶ ὡσαύτως μῆλον, σίηπτί τε ὁμοίως, κ̓
τὴν λεγομένην καρδαμίδα, καὶ πεφρυγμένην οἴνου τρύγα, καὶ ὄρνιθος τῆς ἐν ποσὶ τὰ περιττώματα διαφό-
ρως λαμβανέτω. εἴτα καθιεὶς τοὺς δακτύλους· τὸν ἐκ
τοῦ μύκητος τῷ φαγόντι κατασκευαζόμενον ἀποβλύζειν
ἐῶν παραιτοῦ θάνατον.

ΠΕΡΙ ΣΑΛΑΜΑΝΔΡΑΣ.

Τοῦ ἐκ τῆς σαλαμάνδρας κατασκευαζομένου θα-
νατικοῦ, οὗ ῥαδίως οὐκ ἄν τις ὑπερέλθοι πιὼν, ἐπειδάν τις λάβῃ, τὴν μὲν γλῶσσαν παχύνεται, καὶ μάλα ἱκανῶς. αὕτη δὲ ἡ σαλαμάνδρα τὸ μὲν εἶδα παρέχεται οἵῳ περ ἡ σαύρα, δέρμα δὲ λιπαρὸν ἔχει,
ἐν πυρὶ δὲ οὖσα πάσχει οὐδέν. τῶν μέν τοι πεφαρ-
μαγμένων, σαρκῶδες γίγνεται τὸ σῶμα, καὶ ὅλον
ἀσθενὲς, καὶ κομιδῇ τρέμειν, οἵ τε πολλὰς ² φέρειν ᵇᵉ
σφαλλόμενοι τοῦτο ἥκιστα δύνανται. καὶ ἁπλῶς ἔοικεν ἀεὶ μέλλοντι τῷ πίπτειν παιδίῳ, ἄν τις εἰκάσειεν
αὐτὸν ἄρτι τοῦ βαδίζειν ἀρχομένῳ. τὰ δέ γε τῆς
διανοίας καὶ ταῦτα ἐξησθενηκότα, καὶ παραπολὺ τυγχάνει τοῦ φρονεῖν ὑγιεινὰ, ἢ ἄρτια. καὶ οὐ πᾶν
ἐρυθρὸν, ἀλλὰ κατὰ τόπους τὸ σῶμα γίγνεται, καὶ
μώλωπας ἔχει, κ̓ ζοφώδης αὖθις αὐτοῖς ἐπιτρέχει χροιά. ᵖᵃᵍ·
ναὶ μὴν ἀλλὰ σὺ τούτῳ ³ φέρων μέλι τενθρηδόνος με- ²⁴²·
τὰ πίσσης λαμβάνειν κέλευε, χαμαιπίτυός τε βλαστοὺς, καὶ κώνους, ὅτους πεῦκαι φέρουσι, ἑψηθέντας
ὁμοῦ καὶ ποθέντας οὐκ οἴονται μὴ ἐπαλεξῆσαι, ὥστε
τούτῳ σὺ χρῶ, ἀλεύροις τε ὀρόβων ἅμα ἑψῶν κνίδης
στέρ-

¹ συγκόπτων. ² πολλὰς. ³ τούτῳ μὲν.

σπέρμα , ἐσθίειν εἰς κόρον δίδου καὶ μὴ βουλομένῳ
τῷ κάμνοντι τούτῳ , ἐλαίου δὲ ἐχέτω , οὐ γὰρ μὴ
οὐκ ἔσται εἰς τόδε κάλλιστον ἰσχύται , καὶ ταμιδέ-
σθαι τοῦ κινδύνου τὸν ἐπὶ ¹ τῇ συμφορᾷ. ῥητίνην τοίνυν
ἐπὶ τούτοις καὶ μέλι καὶ χαλβάνης ῥίζας καὶ ὠὰ χελώνης ἑψημένα, συμμίξαντα ταῦτα πάντα διδόναι προσήκει τῷ κάμνοντι . ἔτι μὴν καὶ συὸς θεραπεύει τὰ
ἔκγονα, χελώνης τε αὖ μετὰ τούτων ἑψηθέντα κρέα .
ἡ μὲν οὖν χελώνη αὕτη θαλαττία ἔστω. κέχρηται δὲ
οἷον πτεροῖς τέμνουσα τὸ ὕδωρ ἤδε τοῖς ἑαυτῆς ποσί ,
καθάπερ τὸν ἀέρα τοῖς πτεροῖς τέμνει τὸ τῶν πτηνῶν
γένος . ἔστι δὲ καὶ τῆς ² ἐν ὄρει τρεφομένης χελώνης τὰ κρέα χρήσιμα . ταύτης δὲ νομὴ μὲν ἡ βοτάνη
κύτισος γίνεται . λέγει δὲ ὁ λόγος τῆς χελώνης , ὡς
αὐτὴν ὁ Διὸς καὶ Μαίας οὐ πρότερον οὖσαν Μούσαις
φίλην, ἐποίησε φίλην. τῶν γὰρ δὴ σαρκῶν τὴν χέ-
λυν αὐτῆς ἀποφαίνει γυμνήν, καὶ προσχησάμενος ἀγ-
κῶνι , καὶ τούτους αὐτὸς ³ ἐπιθεὶς τοῖς ἄκροις πρώ-
τος , ἐποίησε κιθάραν , καὶ ἐκιθάρισεν . καὶ μὲν δὴ
βατράχους τῶν παλαιῶν , καὶ ἠρυγγίου δὴ τὰς ῥίζας εἰς ταὐτὸ ⁴ ἅμα τῇ ⁵ σκαμμωνίᾳ ἑψῆσθαι πάρ-
εχε , εἶτα εἰς κόρον πίνειν δίδου τῷ πεφαρμαγμένῳ.
ἀνώλεθρον γὰρ τοῦτόν πως διαφυλάξαι δυνήσῃ ⁶ , κἂν
ᾖ πρὸς αὐταῖς ὡς εἰπεῖν τοῦ ᾅδου ταῖς πύλαις .

ΠΕΡΙ ΤΟΥ ΦΡΥΝΟΥ .

Ἐπειδὰν δὲ πίῃ τις ἐκ Φρύνου φάρμακον κατε-
σκευασμένον , ἄφωνος δέ ἐστιν ὁ Φρῦνος ; καὶ τῶν

λι-

¹ ἐν. ² τῆσδε. ³ αὐτῆς. ⁴ ταῦτα συμβάλλων.
⁵ Deest τῇ. ⁶ δυνήσει .

λιμναίων εἰς μέγεθος βατράχων, ἀπολιμπάνεται κα-
τατολύ. ἔστι δ' οὖν ὡς ἔπος εἰπεῖν οὗτος χερσαῖος
βάτραχος, βόσκεται μέν τοι τὴν δρόσον, καὶ τῷ
θέρει διηνεκῶς τὰς θάλπους διώκει. ὠχροὶ δ' οὖν οἱ πι-
όντες μάλιστα ἐκ τούτου γίγνονται, καὶ τῇ θαψίᾳ
τὴν χροιὰν [1] ἔχουσι, τὰ μέλη ὑποπιμπράμενα αὐτῶν ἐστιν, ἀσθμαίνουσι πολὺ καὶ συνεχὲς, ἐχθωδαπὸν [2]
δέ ἐστιν αὐτοῖς ὅπερ ἀσθμαίνουσι, διότι χαλεπὸν ἐξό-
ζει καὶ χωρεῖ διὰ τοῦ στόματος αὐτῶν βαρεῖά τις ὀδμή.
ἀλλὰ τούτοις μὲν ὠφελιμώτατον τυγχάνει ἑψηθεὶς βάτραχος, γένοιτο δ' ἂν εἰς τροφὴν κάλλιστον καὶ ὀ-
πτὸς, καὶ [3] τού τισιν δοθῇ. καὶ πίσσα σὺν οἴνῳ ἑψη-
θεῖσα ποθεῖσα μέγιστα ὠφελεῖ. αὔταρκες δὲ πρὸς σωτηρίαν καὶ στλὴν ἂν γένοιτο τῷ λαβόντι εἰς ὀβολὸν
σταθμοῦ λιμναίου βατράχου τοῦ ἔτι τῶν βρύων ἀνιόν-
τος, καὶ προαγγέλλοντος τὴν ἔαρος ὥραν, καὶ ὡς οὐδὲν ἄρα τοῦ ἔαρος τυγχάνει κάλλιον. ὁ δέ γε ἕτερος

pag.
246.

τῶν βατράχων, ὁ τὰς θάμνους ἐπιὼν τῷ θέρει, φωνὴν δὲ οὐκ ἔχων, ποιεῖ ποτὲ μὲν ὡς πύξου γίγνεσθαι
τοῦ βλαβέντος τὸ χρῶμα, ποτὲ δὲ μοχθηρᾶς τὸ στόμα ἐμπίμπλησιν ὀδμῆς, λυγμούς τε ἐπιγίγνεσθαι καὶ
σπασμοὺς συνεχεῖς παρέχει. ἔτι μὴν ἀγόνους ἄνδρας
καὶ γυναῖκας ἀντικρὺ [4] καὶ δεινὸν τίθησιν. ἐξασθενούν-
των γὰρ τῶν μορίων καὶ ἐλαττουμένων τῆς σφῶν κατὰ
φύσιν δυνάμεως, τὸ σπέρμα προχωρεῖ ἀτάκτως καὶ ὁ
κατὰ λόγον. καὶ τούτοις τοίνυν οἶνον πολὺν ἐγχέων
καὶ παρέχων πίνειν αὐτῷ, σφόδρα ἐμεῖν ἀνάγκαζε.
ὡσαύτως καὶ τὰς δι' ὀστράκων πίθου τῷ παθοῦντι [5]
πυρίας πρόσφερε. καὶ γὰρ ἢν λίαν ἀνιάτως φαίνοιτο

καὶ

---

[1] τὴν χροίαν τὴν αὐτὴν. [2] ἐχθοαπον. [3] ἢν. [4] ἀντικρυς το
δεινον, κ. λ. [5] κακοπαθοῦντι.

καὶ πονήρως ἔχων ἰδρῶτας, οὐκ ἂν μὴ ῥᾷον διατι-
θήσεται. ἀλλὰ γὰρ [1] καὶ τῶν μεγάλων καλάμων τὰς
ῥίζας ἀποτεμὼν, εἰς οἶνον ἐμβαλὼν ἀπόβρεχε. τρέ-
φουσι δὲ τοὺς καλάμους οἱ δίυγροι [2] τούτους πάντως
κ̣ λιμνώδεις τόποι. ἆρ [3] οὐν κ̣ ταῖς κυπερίσι κέχρησο
πρὸς τὸν τούτου τόπον. ἄλλως δὲ ἀπότρεπε τῷ πίνειν
ἢ ἐσθίειν ὅλως, ἐκ τυχῶν δὲ αὐτὸν ὠφελήσεις [4] τροττί-
νειν ἀνακμάζων ὡς οἷον τε συχνοῖς περιπάτοις χρῆσθαι.

ΠΕΡΙ ΛΙΘΑΡΓΥΡΟΥ.

Οὐκ ἂν λιθάργυρος ποθεῖσά τινα διαλάθοι ποτέ.
αὕτη γὰρ πρῶτον μὲν βαρύτητα προστρίβεται τῇ γαστρὶ ποθεῖσα. ἔπειτά τε περὶ τὰ σπλάγχνα πνευμάτων τε κινήσεις ἰσχυρὰς καὶ ἤχους οἷον δή τινας περὶ
τὸν ὀμφαλὸν ἐργάζεται, εἰλιγγιαῖον [5] παρασκευάζει,
τὰ ὦρα προχεῖσθαι ἢ συγχωρεῖ, ὑποπίμπρησι δὲ κ̣
τὰ μέλη, τῷ μολίβδῳ τὸ χρῶμα ἔοικεν [6], καὶ τομῇ
πάντα ταῦτα. ἀλλὰ καὶ [7] θεραπεύει [8] σμύρνα σταθμι-
ζομένη τὴν ὁλκὴν εἰς ὀβολὰς δύο, κ̣ ὅρμακων ἡ βοτάνη, ὑπέρικόν τε δὴ τὸ ἐν τοῖς ὄρεσι τρεφομένη [9],
καὶ ὑσσώπου κλῶναι, κράδη τε πρὸς τούτοις, κα-
μέν τοι κ̣ τὸ τοῦ σελίνου ἐπὶ πᾶσι στέμμα, ὃ δὴ
ἐν Ἰσθμῷ τοπρῶτον λόγος ἔχει φῦναι. ἔχει δὲ ὁ αὐτὸς περὶ αὐτῷ ὧδε διαγγέλλων λόγος, ὡς οἱ Σισίφου
ἀπόγονοι τὸν ἐπὶ τῇ Μελικέρτῃ ταφῇ ἐν Ἰσθμῷ ἄγοντες
ἀγῶνα, ἐχρήσαντό τε τῷ σελίνῳ πρῶτοι, καὶ ἐστεφα-
νώσαντο. πρὸς τούτοις ἣν δὴ τέκειν [10] προσαγορεύουσι
τοῦ φυτῷ κλωνία κ̣ ἐρύσιμον τὴν βοτάνην, ἅμα κό-
ττων

[1] γαρ δη. [2] διοιγροι. [3] αταρ. [4] ὠφιλησις προσαναγ-
καζων ως, κ. λ. [5] ιλιγγιαν. [6] τοικιται ποιει, κ. λ.
[7] Deest καὶ. [8] θιραπιυιι ταυτα παντα.

πτων ταῦτα , τῷ κακῶς ὑπὸ τοῦ φαρμάκου διακειμένῳ
ἐπάμυνε , διδοὺς οἴνου μέν τοι . ἀλλὰ μὴν καὶ κύπρου τῆς βοτάνης βλάστους , καὶ τὰ πρῶτον ΄ ῥοιῶν
ἄνθη ἐπ᾽ αὐτοῦ γιγνόμενα τοῦ φυτοῦ τῆς ῥακὸς , καὶ
τοῦ κυτίνου τοῦ εὐανθοῦς καρτὸν σὺν οἴνῳ , καὶ ταῦτα τῷ νοσοῦντι δίδου .

ΠΕΡΙ ΤΟΥ ΣΜΙΛΟΥ.

Σμῖλός ᾽ ἐστι φυτὸν , καὶ παρέοικε τῇ ἐλάτῃ . pag.
θανάσιμον δὲ γίγνεται τῦτο τοῖς αὐτὸ λαβῦσι , καὶ ¹⁵⁰.
ἀκράτου πόσις οἴνω αὐτὸ ὐκ ἰᾷ κακουργεῖν . ἰᾶται δὲ
ὁ οἶνος αὐτὸ ἐκ τοῦ παραχρῆμα , ἢν μὴ φθάσῃ ἀπο-
φαγῆναι ᾽ ὅ τε λαιμὸς καὶ τὰ παρίσθμια . ἐνακοτί-
θεται γὰρ τὸ δεινὸν ἡ σμῖλος τοῖς μορίοις τοῦ ἀνθρώπου , οὕπερ ἂν καὶ ἡ πόσις ἡ ταύτης γένηται ᾽ .

A᾽λλά σέ γε , ὦ Πρωταγόρα , τῶν παρ᾽ ἐμῦ pag.
ῥηθέντων ὅλως ἡ μνήμη τῶν ἐτῶν μήποτε παρέλθοι , ²⁵².
φυλάττεσθαι ᾽ ὑπό σου κ᾽ τοὺς τοῦ ξενίου Διὸς εἰς
ἐμὲ καθήκοι διαπαντὸς θεσμούς τε κ᾽ νόμους .

᾽Τέλος τῆς παραφράσεως Εὐτεκνίου τῦ σοφιστῦ .

---

¹ πρὸ τῶν. ² λεγόμενος , corr. λεγόμενον , σμῖλος .
³ αποφραγῆναι . ⁴ Vltimi paragraphi , in quo aliud contra
fungorum venena remedium proponitur , deest in utroque Codice Metaphrasis . ⁵ φυλάττεσθαι δὲ .
⁶ ΠΑΡΑΦΡΑϹΙϹ ΕΙϹ ΤΑ ΝΙΚΑΝΔΡΟΤ ΑΛΕΞΙΦΑΡ-
ΜΑΚΑ ΕΤΤΕΚΝΙΟΤ ϹΟΦΙϹΤΟΤ . Inde sequitur idem
fragmentum , Eutecniaeae credo Paraphraseos in Oppia-
ni de Piscatione libros , quod in Florentino etiam occurrit , huic tamen Metaphrasi praemissum .

QVAE IN HOC VOLVMINE CONTINENTVR HAEC SVNT.

IMPRESSVM FLORENTIAE
QVAM DILIGENTISSIME
IN AEDIBVS MOVCKIANIS
ANNO CIƆ. IƆ. CC. LXIIII.
DIE VI. MENSIS SEPTEMBRIS
IN PERVIGILIO NATIVITATIS DEIPARAE
FELICITER.

ILLVSTRISS. ET . CLARISS. VIRO

GERARDO . LIBERO . BARONI

VANSWIETEN

MAGNI . BOERHAVI . COMMENTATORI
MORVM . INTEGRITATE . PRVDENTIA . COMITATE
IN . EXEMPLVM . SPECTATISSIMO
AVGVSTORVM . ARCHIATRO . ET . BIBLIOTHECARIO
DE . ARTE . HVMANAE . SALVTI . SACRA
DEQ. LITTERATIS . HOMINIBVS
OB . EXIMIVM . IN . EOS . FAVOREM . ET . BENEVOLENTIAM
OPTIME . ET . PRAECLARE . MERITO
IN . PROMOVENDA . VINDOBONENSIS . ACADEMIAE . GLORIA
QVAE . VETERI . DETERSO . SQVALORE
ELEGANTIORA . STVDIA
GVSTAT . ORNAT . AMPLIFICAT
SEMPER . ADSIDVO
QVOD . CAESAREAM . BIBLIOTH . RARIORVM . LIBRORVM
SVPELLECTILE . LOCVPLETARIT
ATQ. AD . STVDIA . AMPLIFICANDA
INGENS . PROMTVARIVM . CONSTITVERIT
ET . OMNI . CVLTV . EXORNARIT
QVOD . LOCVPLETISSIMVM . EIVSDEM . BIBLIOTHECAE
CATALOGVM . MAXIMO . LITTERARVM . INCREMENTO
CVRET . EXCVDI
NOMINIS . IMMORTALITATEM . ADEPTO
EVTECNI . SOPHISTAE
IN . NICANDRI . THERIACA . ET . ALEXIPHARMACA
NVNC . ELEGANTISSIMIS . TYPIS . EXPRESSA . METAPHRASIM
EX . ANTIQVISSIMO . ET . CELEBERRIMO . CODICE
CAESAREAE . VINDOB . BIBLIOTHECAE
DESCRIPTAM . ET . A . SE . PRIMVM . EDITAM

ANG. MAR. BANDINIVS

IN . PERENNE . SVI . CVLTVS . AMORIS . ET . AMICITIAE
EXOPTATISSIMVM . MONVMENTVM
OFFERT . DICAT . DEDICAT .